ELAZAR BENYOËTZ

VIELZEITIG

Briefe 1958 - 2007

Brockmeyer Verlag, Bochum 2009

Bibliografische Information der Deutschen Nationalbibliothek
Die Deutsche Nationalbibliothek verzeichnet diese Publikation in der Deutschen
Nationalbibliografie; detaillierte bibliografische Daten sind im Internet über
http://dnb.d-nb.de abrufbar

Zeichnungen des Schutzumschlags von Metavel, Tel Aviv 2009

ISBN: 978-3-8196-0687-8
wg 117

© 2009 by Universitätsverlag Dr. N. Brockmeyer
Im Haarmannsbusch 112,
D-44797 Bochum
Telefon 0049 (0) 234 9791600,
Telefax 0049 (0) 234 9791601
universitaetsverlag.brockmeyer@web.de
www.brockmeyer-verlag.de

Gestaltung, Satz und Layout: Helmut Granowski

Gesamtherstellung: Druck Thiebes GmbH
Altenhagener Str. 99, 58097 Hagen, Tel. (02331) 808176
www.DruckThiebes.de

Gedruckt auf chlorfrei gebleichtem Papier

Inhalt

Vorwort... 6

Editorisches... 9

Briefe 1958-2007 11

Anmerkungen.. 271

Namenverzeichnis.. 331

Verzeichnis - Adressanten und Adressaten 361

Viele haben ihre Laufbahn, nicht viele ihren Weg. Die Laufbahn zieht sich mit dem Rennen hin, vom Weg kennt man nur die Strecken; oft bleibt man auf der Strecke und war bloß unterwegs. Die kleinen Schritte, die man aus dem Gefühl heraus unternimmt, man bliebe ungern bei sich, ja, man ließe am liebsten sich selbst hinter sich, diese Schritte sind's, die einen Weg ergeben.
Versucht, von meiner Laufbahn zu sprechen, wage ich diesen Schritt lieber nicht. Mein Weg - ein großes Wort auch dies, ich lass' es lieber fallen; zerbricht es, findet es Anklang vielleicht. Splitter sind die Bedeutungen dessen, was Sinn hatte. Das Krumme wird gerade; das Wort, ob fallengelassen oder aufgehoben, bleibt ein gerichtetes

Elazar Benyoëtz, Keineswegs

Briefe hebt man auf, um sie nie wieder zu lesen; man zerstört sie zuletzt einmal aus Diskretion, und so verschwindet der schönste unmittelbarste Lebenshauch unwiederbringlich für uns und andere.

Johann Wolfgang v. Goethe, Die Wahlverwandtschaften

Zufluchtsort der Liebe wie der Poesie ist der Brief

Kosal Vanít

Ein Weg - mit Briefen belegt: mein Weg aus der Verheißung in die Erkaltung, aus dem Hebräischen ins Deutsche, aus dem Kernlyrischen ins Prosalytische.
Das Thema ist angeschlagen, der Rahmen vorgegeben, der Umfang ausgemacht, die Route vorgeschrieben, die einzige Wahl heißt Auswahl. Wie viel hängt bloß davon ab, dass Briefe erhalten bleiben.
Es ist keine Auswahl aus freien Stücken

Ob erhellend, ob verdunkelnd:
was zur Sprache kommt,
kommt auch an den Tag

Kommt zur Sprache,
was an den Tag gekommen ist,
ist der Weg vollstreckt

Man legt seinen Weg
zurück:
Ursprung ist das Ziel

Jede Schrift und Niederschrift setzt ein lesendes Auge voraus. Das ist die älteste Voraussetzung der Literatur

Briefe, von denen man spricht, sind keine Intimitäten; Briefe, von denen man gut sprechen kann, sind Literatur

Mit dieser ersten Auswahl aus meinen Briefen blicke ich auf fünfzig Jahre zurück: Hinter mir gelassen, liegen sie mir als meine Hinterlassenschaft vor.
Nirgends bin ich mir so nah, wie im Aphorismus, im Brief aber werde ich mir ähnlich.
Renan rühmt sich einmal, dass er auch mit seinen besten Freunden nie einen Brief gewechselt habe. Das soll heißen: wenn Ernest Renan doch einmal schreibt, so wäre es ein Raub an der Welt, nicht für die Welt zu schreiben.
Es genügt aber nicht zu sagen, homo cogitat: »Der Mensch, der wirklich denkt, schreibt Briefe an seine Freunde.« (Guido Ceronetti)
Die Adressaten wechseln, der Brief bleibt das ewig gerichtete Wort.
Ich weiß nicht, was zu sagen ist, da hier alles steht, was zu sagen war, dass also mehr nicht zu sagen wäre.
Ich lasse meine Briefe für sich sprechen; sie mögen auch für mich ein Wort einlegen.
Nun ist es ein Buch und will unbehelligt gelesen werden.

Jerusalem, Ner rischon schel Chanukka 5769/ 22. 12. 2008

Editorisches

Namen, die in den Briefen nicht zum Tragen kommen, sind wie ein Wort, das man fallen lässt: es gibt einen Klang oder es haucht ab. Alle Namen werden in ein Register aufgenommen. Bekannte Personen werden in der Regel mit knappen Daten und einem Werk angemerkt, berühmte gehen von Mund zu Mund und sind auf Anmerkungen nicht angewiesen. Beziehungen werden kurz erläutert. Konsequenz ist nicht gefragt, Laune spielte mit, der Leser hat, wie immer, das Nachsehen: hier, in Lexika, im Internet

»Wo der Name eines Malers, eines Dichters oder eines Originals sich im Geiste des Lesers nicht mit einem Gesicht, einem Satz oder einer einfachen Gebärde in Verbindung bringen lässt, ist es zwecklos, durch eine Fußnote oder eine Vorbemerkung Erklärungen zu geben« (Cesare Pavese)

Ich habe allen zu danken, die mir meine Briefe zur Verfügung stellten, und denen, die mir, wo es ausnahmsweise darauf ankam, ihre eigenen aufzunehmen erlaubten.
Für die Genehmigung der Aufnahme von Hilde Domin, Karl Otten, Kurt Pinthus danke ich dem Deutschen Literaturarchiv, Marbach; von Claire Goll dem Wallstein Verlag, Göttingen; von Oskar Maria Graf dem List Verlag in der Ullstein Buchverlage GmbH, Berlin; von Frau Avital Ben-Chorin, Jerusalem, für Schalom Ben-Chorin; Frau Dr. Claudia Mertz-Rychner, Frankfurt/M., für Max Rychner; Frau Iris Schnebel, Berlin, für Marie Luise Kaschnitz; Herrn Daniel Brücher, München, für Ernst Brücher; Herrn Dr. Hans Magnus Enzensberger, München, für Nelly Sachs.

Nicht in allen Fällen konnten die Inhaber von Urherberrechten ermittelt werden. Berechtigte Ansprüche wird der Verlag auch nachträglich anerkennen.

Zwei Freunden bin ich zu großem Dank verpflichtet: Jürgen Stenzel hat die Briefe, die zur Auswahl standen, geduldig und kritisch gelesen.
Monika Fey hat die Briefe auf ihre Rechtschreibung hin geprüft, in wiederholten Arbeitsgängen korrigiert, die Anmerkungen besorgt oder ergänzt.
In den Jahren 2006-2008 haben Frau Dr. Barbara Hoiß und Frau Julija Schausberger im Brenner-Archiv, Innsbruck, unter Leitung von Herrn Professor Johann Holzner, hundertachtundzwanzig Briefe aus meiner Korrespondenz ausgewählt, transkribiert, kommentiert und als Bildschirmpräsentation unter dem Titel »Das gerichtete Wort« ins Netz gesetzt, einzusehen unter www.uibk.ac.at/brenner-archiv/editionen/benyoëtz

Es bleibt zu wünschen übrig, damit nach und nach immer mehr und mehr erfüllt werde.
Jede Zeit hat ihre Verspätung

1 Shin Shalom an Elazar Benyoëtz

Haifa, den 12. 7. 1958

Mein lieber Elazar Benyoëtz,
ich glaube an Deine Zukunft in unserer Poesie, darum will ich Dir mit klaren Worten meinen Eindruck beim Lesen Deiner Gedichte und Deines letzten Briefes mitteilen.
[...] Wenn ich Dich vor dem Heidnischen warnte, so wollte ich damit sagen: das Heidentum mit seiner Selbstvergötterung genügt sich selbst, ist ohne Bedürfnis nach *schöpferischem* Auftrieb und strengt sich nicht an, das andere ›Ich‹ zu erreichen [...]. Die ›heidnische Magie‹ nun, die Deine Dichtung bedroht, offenbart sich mir im Ausbleiben jenes letzten Auftriebs, jener höchsten Anstrengung um eine *große* schöpferische Leistung, um die Erschaffung des ›Ichs‹. Deine neuen Gedichte stehen auf dem hohen Niveau, das die hebräische Dichtung gerade erreichte. Von einer jungen, echten, quellenreichen Kraft, wie Deine, muß aber verlangt werden, daß sie schon zu Beginn ihres Wegs die Dichtung vorantreibe.
In Deiner magischen Selbstvergötterung wittere ich die Gefahr eines Sich-Genügens. Es ist ja kein Zufall, daß das Heidentum eine Schöpfung aus dem Nichts weder lehrte noch akzeptieren konnte. Bei Gott steht: »und Gott schuf«. Es ist Dir auferlegt, das ›Ich‹, nach dem Du Dich sehnst, Dein eigenes, selbst auch zu schaffen und nicht in einer Nirwana ähnlichen Zufriedenheit zu versinken. Die Schöpfung kann sich in Zeilen der Dichtung ausdrücken, derart, daß *jede* Zeile eine neue wäre und einem *Wunder* gleich. Doch will mir scheinen, daß die Schöpfung aus einer quellenreichen Seele wie Deine, auf einer großen Grundform sich bewegen und in der Architektonik eines großen Gedichtwerks gipfeln müßte, in dem alle Teile einander entsprächen, gleichsam als vielfaches Fragen einer einstimmigen Antwort.
In dem mir vorliegenden Manuskript, das neue und schöne Gedichte enthält, gibt es noch ein Hin und Her zwischen den Richtungen, so ist es zwar eine wichtige Errungenschaft im Vergleich zu Deinen früheren Gedichten, aber noch nicht *die* Errungenschaft, welche Dir durchaus möglich wäre, hörtest Du nur auf, Dich von außen her auf Dein ›Ich‹ zu lehnen; wenn Du nur lerntest, das ›Ich‹, mit allen Gliedern, in allen Fasern, in steigender Wachsamkeit und steter Anspannung - von innen nach außen zu erschaffen.
In Liebe
Dein Shin Shalom

2 Elazar Benyoëtz an Felix Uri Rosenheim
                                                              Jerusalem, 18. 2. 1959
Lieber Uri,
heute bin ich ein guter Bote.
Vielleicht wurde es Ihnen schon gesagt, möglich, daß es Ihnen auch schon zu Gesicht kam, dennoch möchte ich es Ihnen auch selbst und direkt mitteilen: Am letzten Sabbat wurde in ›Hazofeh‹ ein Gedicht von Ihnen veröffentlicht. Ein kleines Gedicht, das ich ohne Ihre Kenntnis und Zustimmung übersetzte, eine geringe Tat, wie auch immer. Ich wünschte, mehr für Sie tun zu können. Indes hoffe ich doch, daß es Sie ermutigt und Ihnen hilft, Ihre Lage, beim Suchen und Ersuchen, zu verbessern. Wichtiger als das Gedicht ist der kleine Begleittext, der Sie in ein Licht stellt, das Aufmerksamkeit verlangt.
Sie wissen, daß ich es herzlich gern getan habe und im Glauben an Ihre Dichterexistenz. Mögen andere dem Beispiel folgen. Weitere Übersetzungen erscheinen vielleicht in ›Perakim‹, Sie hätten dann schon ein kleines Stück ›Literatur‹ in der Hand. Ich freue mich, es getan - und als erster es getan zu haben. Meine Freude darüber soll nun die Vorhalle zu Ihrer sein, wenn sie Sie davon überzeugt, daß nicht alle Stränge reißen und das Schiff auch nicht so schnell versinkt. Neugierige Blicke begleiten Ihr Schaffen und keiner kommt auf die Idee, es gäbe Sie nicht. Nun ist es Zeit, daß Sie sich die Zeitung besorgen! Schicken Sie mir bitte weitere Gedichte, sie mögen bei mir bleiben, bis ihre Stunde gekommen ist.
Ihr Elazar

3 Von Shin Shalom
                                                              Haifa, 12. 10. 1959
Mein lieber Elazar Benyoëtz,
am Jom-Kippur gab ich mich endlich Deinem Buch hin, und ich empfand große Befriedigung darüber, daß ich Dir den Schmerz meiner Kritik des Manuskriptes nicht ersparte. Denn nun hast Du alles durch-und-durch gesiebt, und obwohl Du auch in diesem Buch nicht zum vollen Ausbreiten Deiner Flügel gekommen bist, ist doch dieses kleine, in sich gekehrte Buch eine weitere Etappe Deines Hochflugs, derer Du Dich nicht schämen müßtest, wenn Du eine höhere erreichst. […]
Die Bedeutung dieses Buches ist im Erlangen höherer Sphären; die Bilder freilich, die Du im Hochflug nach Dir ziehst, sind mehr geschaut als gesehen, ›Geistesbilder‹ [reút ruach] auch sie. Die Welt der Materie, der Gestalt, der Farben und der Sinne bleibt unerlöst. Darin sehe ich die nächste Stufe Deines Aufstiegs. ›Aufstieg‹, denn natürlich wird alles das einen Wert in Deiner Dichtung

gewinnen, sofern Du es zu seiner idealen Ursprünglichkeit hinaushebst. Möge Gott mit Dir bei diesem Aufstieg sein.
Dein Shin Shalom

4 An Kurt Pinthus
Jerusalem, 13. 9. 1960

Sehr geehrter Herr Dr. Pinthus!
Endlich habe ich Sie gefunden und gestatte mir, mich mit einer großen Bitte - jedenfalls für mich - an Sie zu wenden.

Seit einigen Jahren beschäftige ich mich mit den expressionistischen Dichtern in Deutschland. Ich schreibe über sie, sammle Material, vor allem jedoch befasse ich mich mit der Übersetzung ihrer Schriften in die hebräische Sprache.

Gegenwärtig interessieren mich besonders zwei Dichter, Else Lasker-Schüler, deren Gedichte ich übersetze und daran bin, eine Auswahl dieser durch mich übersetzten Gedichte zu veröffentlichen. In einem zweiten Bande beabsichtige ich, biographisches und anekdotisches Material über die Dichterin zu veröffentlichen, welches mir durch Erzählungen von Freunden und Bekannten derselben aus dem In- und Auslande zugänglich gemacht wurde.
Nachdem Sie Gedichte Else Lasker-Schülers in Ihrer Anthologie ›Menscheitsdämmerung‹ veröffentlichen und die Dichterin eines ihrer Gedichte Ihnen gewidmet hat, nehme ich an, daß Sie die Dichterin gut kannten und mir sicherlich über sie erzählen könnten.

Der zweite Dichter ist Walter Hasenclever, dessen ›Die Entscheidung‹ ich in die hebräische Sprache übertragen habe.

Herr Erwin Loewenson, der mich bat, Ihnen seine besten Grüße weiterzugeben, erzählte mir über Ihre nahe Freundschaft mit Hasenclever, und ich wäre Ihnen sehr verbunden, wenn Sie mir über ihn erzählten - und mir auch Hinweise dafür geben könnten, woher ich mir für meine Arbeit Material und Zeugnisse verschaffen könnte. Hier in Israel ist die Beschaffung von Material sehr beschwerlich, besonders schwer ist es, aus dieser Periode Bücher zu erhalten.

Ich hoffe, daß Sie meine Bitte verstehen werden und danke Ihnen im vorhinein für die Erfüllung derselben.
Hochachtungsvoll
Elazar Benyoëtz

5 Von Kurt Pinthus

Reinbek, 28. 9. 1960

Sehr verehrter Herr Benyoëtz,
vielen Dank für Ihren freundlichen Brief, der mir hierher nachgesandt wurde, wo ich, in dem mir seit mehr als 50 Jahren eng verbundenen Rowohlt Verlag, für kurze Zeit arbeite. In diesem Verlag sind ja auch während vieler Jahre die Werke Walter Hasenclevers erschienen, über die Sie bei mir anfragen. Hasenclever war mein bester und beinahe brüderlicher Freund von 1908 bis zu seinem Tode. Es ist unendlich viel von ihm und über ihn veröffentlicht worden, und es ist ein gewaltiger Nachlaß bei seiner Witwe, Frau Edith Hasenclever, (Av. de la Gaude, Villa Le Puits, Cagnes sur mer, A. M., France); es werden auch zur Zeit mehrere Doktorarbeiten über ihn geschrieben.

Natürlich ist es unmöglich, brieflich Biographisches und Anekdotisches über sein sehr bewegtes und abenteuerliches Leben zu berichten. Aber Sie finden in aller Kürze eine zuverlässige Biographie und Bibliographie in der ›Menschheitsdämmerung‹. Allerdings müssen Sie unbedingt die *neue* Ausgabe von 1959 bis *1960* benutzen, die als rororo-Klassiker-Band 155/56 im Rowohlt Verlag erschienen ist und nur DM 3.30 kostet. Falls Sie dort diese Neuausgabe nicht erhalten können, so schreiben Sie doch bitte direkt an den Rowohlt Verlag (obige Adresse), der Ihnen, wie ich höre, sogar ein Freiexemplar senden würde. Wenden Sie sich damit bitte an Frau Ullmann, Sekretariat Ernst Rowohlt.

In dieser neuen Ausgabe der ›Menschheitsdämmerung‹ finden Sie auch neues bio- und bibliographisches Material über Else Lasker-Schüler, die eine gute Freundin von mir war. Ich freue mich sehr, daß Sie ihre herrlichen Gedichte ins Hebräische übersetzen, aber auch hier sollten Sie mir, wie im Falle Hasenclever, präzise Fragen vorlegen, denn es ist so sehr viel über sie geschrieben und auch über ihr Leben bekannt geworden. Es leben doch gerade in Israel sehr viele Menschen, die sie sowohl in Deutschland, als auch in Israel sehr nahe gekannt haben, und die Ihnen viel mehr über sie erzählen können als ich.

Ich würde an Ihrer Stelle zunächst einmal an Frau Edith Hasenclever schreiben und ihr alle Sie interessierenden Fragen vorlegen; bitten Sie sie doch auch um das Hasenclever-Heft des Deutschen Theaters in Göttingen, in dem Sie die beste Bio-Bibliographie über Hasenclever finden und auch einen aufschlußreichen Artikel von mir, neben Beiträgen von anderen seiner Freunde.

Ich hoffe, daß ich Ihnen mit diesen Mitteilungen behilflich war und stehe gern mit weiteren Auskünften zur Verfügung - vorausgesetzt, daß Sie mir ganz bestimmte Fragen vorlegen. Bei der Beschaffung von Material wird sicher Herr Dr. Felix Weltsch von der Universitäts- und Nationalbibliothek behilflich sein können. Grüßen Sie ihn bitte von mir, ebenso bitte Herrn Loewenson. Übrigens kennen Sie doch sicher die große Ausgabe der gesammelten Werke der Lasker-Schüler von Ernst Ginsberg im Kösel-Verlag, in der Sie sehr viel Biographisches und Anekdotisches über die Dichterin finden. Im Kösel-Verlag ist soeben auch eine neue Ausgabe sämtlicher Gedichte der Lasker-Schüler mit Einleitung und Kommentaren erschienen.

Mit den besten Wünschen für Ihre Arbeit und
mit besten Grüßen
Ihr Kurt Pinthus

6 Von Anna Nussbaum
New York, 10. 11. 1960

Sehr geehrter Herr Benyoëtz –
da ich annehme, daß Sie gut deutsch verstehen, schreibe ich Ihnen deutsch, da es mir natürlicher ist. Ich danke Ihnen herzlich für Ihren Brief u. den Artikel, den Sie über meinen Bruder Van Hoddis geschrieben. Ich sehe daraus Ihr großes Interesse u. Verständnis für moderne Dichtkunst u. für die Sprachgewalt, die sich in seinen Dichtungen ausspricht. Ich glaube, daß Sie alle Einzelheiten über Van Hoddis am besten von Erwin Loewenson erhalten.
Er kannte ihn aus seiner Jugend- u. Schülerzeit; u. es ist nun mal so, daß Jugendliche viel mehr voneinander wissen als Geschwister. Er hat auch viel in dem schönen Bändchen des Arche Verlags verwertet. Ich hätte nicht mehr viel hinzuzufügen. Er hat sicher unter Qualen produziert, jedes Gedicht immer wieder bis zur Meisterschaft vervollkommnet. Diese Meisterschaft lag in der Qualität u. nicht in der Quantität seiner Schaffenskraft, die irgendwie begrenzt war, wohl auch ein Zeichen oder ein Grund seines frühzeitigen Verfalls. »Er war unzufrieden jeden Augenblick.« Er liebte griechische Dichtkunst über alle Maßen. Meine Mutter pflegte jeden Sonntag mit uns ins Museum in Berlin zu gehen. Dann wollte er als kleiner Knabe in die griechische Abteilung, um sich »die Augen zu reinigen!« Seine Worte. Ich werde im Sommer wieder in Jerusalem sein u. werde mich freuen, Sie bei mir zu sehen! - Mit bestem Gruß u. Dank
Ihre Anna Nussbaum

7 An Friedhelm Kemp/Kösel-Verlag

Jerusalem, 16. 11. 1960

Sehr geehrter Herr Dr. Kemp!
Anläßlich meiner Arbeit an der Übersetzung der Werke Else Lasker-Schülers, erhielt ich vom Verwalter ihres Nachlasses, Herrn Manfred Sturmann, die ›Gesamtausgabe des lyrischen Werkes‹, welche durch Sie herausgegeben wurde, und er war es auch, der mir riet, mich an Sie, als Kenner der deutschen Literatur im Allgemeinen und der Gedichte von Else Lasker-Schüler im Besonderen, zu wenden.
Gestatten Sie mir, daß ich Ihnen vor allem meine aufrichtige Anerkennung für Ihre wissenschaftlich musterhafte Ausgabe ausspreche [...]. Es ist ein in seiner Schönheit abgeschlossenes Buch und überflüssig zu betonen, daß es mir von großem Nutzen ist.
Ich möchte mir nun erlauben, eine Bemerkung über eine Abweichung zu machen, die mir aufgefallen ist, und zwar im Gedicht ›An den Ritter‹. In Ihrer Ausgabe steht auf Seite 198 »- und die Nacht *ohne* Wunder -«; in den Anmerkungen habe ich keine andere Version gefunden, in den ›Gesammelten Gedichten‹ (bei Kurt Wolff 1920) steht aber geschrieben: »- und die Nacht *voll* Wunder -«, so habe ich's auch übersetzt.
Momentan beschäftige ich mich mit Else Lasker-Schüler, mit der ich als Dichter durch besondere seelische Bindung verknüpft bin. Ich beabsichtige, eine Auswahl ihrer Schriften in Prosa und Poesie herauszugeben, außerdem eine Sammlung von Begebenheiten aus ihrem Leben und Anekdoten, die ich mir aus Erzählungen verschiedener Menschen aufgezeichnet habe, die sie teilweise noch aus Berlin kannten, teilweise in Jerusalem kennen gelernt haben. Ich hoffe, die Auswahl ihrer Gedichte in Kürze in Druck geben zu können.
Meine Arbeit über Else Lasker-Schüler ist nur ein Teil meiner Arbeit über die deutsche Dichtung am Anfang dieses Jahrhunderts, mit besonderer Beobachtung der Dichter jüdischer Abstammung.
Ich verfolge mit meiner Arbeit ein doppeltes Ziel. 1. die Herausgabe einer allgemeinen Anthologie, in welcher die jüdischen Schriftsteller den Hauptteil bilden sollen, 2. einer Anthologie, welche sich mit den Hauptträgern der deutschen Literatur - besonders der expressionistischen Richtung - befassen soll, deren Namen - aus bekannten Gründen - hier bis jetzt unbekannt geblieben sind.
Meine Arbeit besteht aus zwei Teilen:
a) die Übersetzung der Werke selbst
b) die Zusammenfassung von biographischem und literarischem Material über die Dichter, die ich in Form einer Einleitung vor den, dem Dichter gewidmeten Teil setzen will.

Es ist mir gelungen, einige Menschen für meine Arbeit zu interessieren, wie die Herren Erwin Loewenson in Israel, Ernst Rowohlt in Deutschland und Peter Schifferli in Zürich, die mir mit Rat und Material zu Hilfe kommen. Trotzdem ist und bleibt das Ganze die Arbeit eines einzelnen und jede weitere Hilfe ist mir sehr erwünscht. Es wäre mir daher eine Freude und eine Ehre, wenn ich auch an Ihnen einen Freund finden könnte bei dieser, auf rein idealistischer Grundlage geleisteten Arbeit.

Ich gestatte mir daher, mich mit einer Bitte an Sie zu wenden und hoffe, daß Ihnen die Erfüllung derselben nicht allzu schwer fallen wird - mir eine Ihrer Arbeiten über Else Lasker-Schüler einzusenden. Die meisten Arbeiten über sie, zumeist Dissertationen, habe ich bereits erhalten, selbstverständlich auch alle Arbeiten von Dr. Werner Kraft.

Wichtig für mich wäre besonders die Ausgabe von Ginsberg, die ich wohl kenne, jedoch nicht erwerben konnte und deren Besitz mir bei der ständigen Arbeit unentbehrlich erscheint.

Ich wäre Ihnen sehr zu Dank verpflichtet, wenn Sie mir dieses Buch durch den Kösel-Verlag übersenden könnten, ebenso auch andere Werke, besonders von Schriftstellern jüdischer Herkunft aus dieser Epoche, wenn sie in Ihrem Verlag erschienen sein sollten.

Für jedes Material und jeden Hinweis, den Sie mir zu meiner Arbeit beisteuern könnten, sage ich Ihnen im voraus meinen besten Dank.

Ich erwarte Ihre frdl. Antwort und grüße Sie mit aufrichtiger Anerkennung
Ihr Elazar Benyoëtz

8 Von Kurt Pinthus
New York, 22. 12. 1960

Sehr verehrter Herr Benyoëtz,
trotz Arbeitsüberlastung und augenblicklich etwas geschwächter Gesundheit antworte ich Ihnen gleich und ausführlich auf Ihren Brief, weil er mich sehr gerührt hat, und weil ich Ihnen viel unnütze Arbeit ersparen möchte. Ich freue mich sehr über die freundlichen Worte, die Sie über meine ›Menschheitsdämmerung‹ schreiben, und ich hoffe, daß Sie inzwischen ein Exemplar der Neuausgabe erhalten haben, die eine neue Einleitung hat, welche für Sie besonders aufschlußreich sein wird und Ihrem Gefühl Recht gibt, daß es sich um ein Buch der Freundschaft und Gemeinschaft handelt. Vor allem aber finden Sie dort einen sehr ausführlichen biographischen und bibliographischen Teil über jeden einzelnen der in dem Buch enthaltenen Dichter, der in dieser Ausführlichkeit und Genauigkeit bisher noch nicht existierte und wohl auch nur von mir zusammengebracht werden konnte. Ich habe aber, wie ich Ihnen wohl schon schrieb, im Auftrag jüdischer

Organisationen auch über die anderen deutsch-jüdischen Dichter ähnliches Material zusammengebracht, so daß es vollkommen unsinnig wäre, wenn Sie diese ganze Arbeit noch einmal machen würden, noch dazu von Israel aus, von wo aus dies ganz unmöglich wäre.

Ich bitte Sie nocheinmal herzlich und dringend, mir zu glauben, daß die Dichter der expressionistischen Generation während der letzten Jahre, augenblicklich und in Zukunft durchaus nicht als vergessen betrachtet werden können, denn zur Zeit wird in allen deutschsprechenden Ländern wie auch in Amerika über keine einzige Epoche der deutschen Literatur mehr gearbeitet und geschrieben als über die expressionistische. Das gilt auch gerade von der Lasker-Schüler, über die kaum noch etwas Neues zu ermitteln sein wird, weder über ihre Jahre in Deutschland, noch über ihre Leidensjahre in Israel. Ich möchte Sie auch auf die großartigen und kolossalen Anthologien v. Karl Otten aufmerksam machen: ›Ahnung und Aufbruch‹, 1957 (etwa 600 Seiten, etwa 50 Prozent jüdische Autoren), ›Schrei und Bekenntnis, expressionistisches Theater‹, 1955, etwa tausend Seiten, (etwa vierzig Prozent jüdische Autoren), ›Das leere Haus; Prosa jüdischer Dichter‹, 1955. Das letztere Buch enthält, wie der Titel sagt, nur Beiträge der bedeutendsten expressionistischen jüdischen Prosadichter dieser Generation, z. T. Ungedrucktes oder wenig Bekanntes, mit einem großartigen Nachwort Ottens über die Bedeutung der jüdischen Prosadichter der deutschen Literatur (Otten selbst ist Nichtjude). Alle drei Bücher, aber besonders ›Das leere Haus‹, enthalten gründliche biographische u. bibliographische Dokumentation jedes Dichters. Sie werden staunen, was da für eine Arbeit, und gerade in Ihrem Sinn geleistet worden ist. Hiermit gebe ich Ihnen aber nur den Hinweis (neben mir selbst) auf einen einzigen der vielen Literaten u. Gelehrten, die sich bemühen, jene Generation, wie Sie sagen, »zu erlösen und zu retten.«

Ich möchte Sie nicht entmutigen, sondern im Gegenteil, ich möchte Sie ermutigen, Ihre Arbeit fortzusetzen, diese deutsch-jüdischen Dichter ins Hebräische zu übersetzen, allerdings zweifle ich, ob das möglich ist, und ob die israelische Bevölkerung genügendes Interesse für eine solche Arbeit haben wird. Ich glaube auch, daß es am schwersten sein wird, gerade die am meisten jüdischen Dichter ins Hebräische zu übersetzen, etwa Paul Adler, Albert Ehrenstein, Simon Kronberg usw..

Aber vielleicht irre ich mich, und ein junges, lesehungriges Land ist besonders aufnahmefähig für Dichter von solcher Sprachgewalt und Neuformung, wenn auch diese Sprache und Form heute absonderlich erscheinen. Der Anteil der Juden an der deutschen Literatur von 1910 bis 1930 war tatsächlich kolossal, und der Einfluß dieser Literatur lebt heute noch weiter, selbst wenn die von ihr beeinflußten heutigen Dichter es selbst nicht wissen. Ich möchte Sie auch warnen, zu großen Wert auf das Anekdotische zu legen. Diese expressionistische

Generation liebte das Anekdotische nicht, die meisten lebten nach Möglichkeit anonym, und fast jeder hatte ein tragisches Schicksal, - und diese Tragik im Werk und Leben dieser Dichter herauszuarbeiten ist viel wichtiger als das Anekdotische, das in seiner Unwesentlichkeit doch schon bekannt ist. Jeder literarisch Interessierte weiß, daß die Lasker-Schüler stets ein absonderliches, bohemehaftes Wesen zur Schau trug, stets in billigen möblierten Zimmern lebte, allerlei billigen Schmuck an sich hatte, stark in ihrer Liebe, aber ebenso stark in ihrem Haß und in ihrer Wut sein konnte, und unermüdlich Karten und Briefe schrieb, die sie mit Buntstiftbildern verzierte, besonders mit Selbstportraits u. orientalischen Figuren, in deren Gesichtern Stern und Blumen blühten. Ich selbst habe von ihr eine ganze Anzahl solcher Karten und Briefe erhalten, die aber mit meiner übrigen Briefsammlung in die Hände der Nazis gefallen und verloren sind. Da der gesamte Nachlaß der Lasker-Schüler in Jerusalem ist, so werden Sie ja gerade in Ihrer Stadt mehr Material als irgendwo anders haben. Noch mehr Material ist aber dort von meinem Freund Albert Ehrenstein, dessen Nachlaß in 14 Paketen von seinem Bruder Karl der National Bibliothek überwiesen wurde und wie mir Herr Ben-Gavriel schreibt, inzwischen geöffnet worden ist. Ben-Gavriel betont in seinem Brief, daß es leider in Jerusalem keine jungen Leute gibt, die genug Deutsch können oder genügend mit deutscher Literatur jener Epoche vertraut seien. Haben Sie sich mal an ihn gewendet? Oder an Herrn Dr. Weltsch? Herr Dr. Weltsch würde Ihnen doch auf jeden Fall sehr behilflich sein und würde sich wahrscheinlich freuen, wenn er einen Helfer auf diesem Gebiet finden würde. Sie sehen, sehr verehrter Herr Benyoëtz, mit Begeisterung allein ist es in unserer heutigen materialistischen Zeit nicht getan. Es gibt Schwierigkeiten aller Art, die gerade für Sie besonders groß sein werden. Wenn Sie mir wieder schreiben und weiter fortgeschritten sind, werde ich Ihnen gern, was Ihnen noch fehlt, über mich und andere mitteilen (!).
Mit besten Grüßen und Wünschen
Ihr Kurt Pinthus

9 Von Margarete Susman

Zürich, 19. 1 .1961

Lieber Herr Benyoëtz,
haben Sie herzlichen Dank für Ihren guten Brief! Es ist mir eine große Freude, daß Sie mich so in Israel einführen wollen. Ich bin natürlich nicht zum erstenmal darüber traurig, daß ich nicht zur rechten Zeit Hebräisch gelernt habe und darum Ihre Übersetzungen nicht beurteilen kann. Ich habe Ihre Gedichte einer Freundin gegeben und nach ihrer Rückübersetzung scheinen mir Ihre Übersetzungen sehr gut zu sein. Mein Buch Hiob wurde ins Französische und Englische übersetzt;

beide mußte ich zurückweisen. Das letzte Kapitel der ›Deutung biblischer Gestalten‹ ins Italienische war sehr gut, aber mein Verleger, der das letzte Wort hatte, hat leider versagt.
So stehen Sie mit Ihrer Übersetzung allein und ich freue mich umsomehr darüber.
Daß Sie eine Abhandlung über meine biblischen Gestalten schreiben wollen, ist mir natürlich sehr erwünscht. Zu der Veröffentlichung meiner beiden Aufsätze aus ›Gestalten und Kreise‹ gebe ich Ihnen natürlich gerne meine Einwilligung. Ich frage mich nur, ob der Mendelssohn-Aufsatz nicht von allen der geeignetste wäre? Ein Vorwort zu der Auswahl, die Sie treffen werden, werde ich gerne schreiben. Bloß ist alle Arbeit durch meine Augen sehr verlangsamt. Mein letzter Gedichtband, den ich im übrigen gleichzeitig mit den anderen Büchern an Sie bestellt hatte, lasse ich heute an Sie abgehen. Jetzt sind auch noch zwei andere Bücher von mir erschienen: mein vor Jahren noch in Deutschland geschriebenes Buch ›Frauen der Romantik‹, und ein kleines zusammengefaßtes Werk über Georg Simmel. Beide dürften für Israel nicht bedeutsam sein, - und Sie haben ja noch genug zu verarbeiten... Meine früher in Deutschland erschienenen Bücher erwähne ich darum gar nicht.
Auf den Besuch von Lajser Ajchenrand freue ich mich sehr und hoffe, er bringt mir wieder neue Gedichte mit.
Mit den herzlichsten und dankbarsten Grüßen bin ich
Ihre Margarete Susman

10 Von Karl Otten
[Locarno/Schweiz, Januar 1961]
Sehr geehrter, lieber Herr Benyoëtz,
ich danke Ihnen herzlich für Ihren ›Wunschbrief‹, der mich sehr interessiert hat und aus dem ich ersehe, daß im Lande Israel sich allmählich, langsam, langsam, die Erinnerung an die größte Zeit deutsch-jüdischer Zusammenarbeit durchzusetzen beginnt.

Selbstverständlich gestatte ich Ihnen die Übersetzung meiner Dichtungen ins Hebräische, ja, es macht mir eine besondere Freude, Ihnen hierzu die Genehmigung erteilen zu können.
Biographisches und bibliographisches Material zu jener Periode deutsch-jüdischer Dichtung finden Sie reichlich in den von mir herausgegebenen Anthologien, die - soviel ich weiß - alle in der Universitätsbibliothek vorhanden sind:

Ahnung und Aufbruch, Expressionistische Prosa, Luchterhand Verlag,

Schrei und Bekenntnis, Expressionistisches Theater,

Das leere Haus, Prosa jüdischer Dichter, Cotta Verlag, Stuttgart.

In meinen Vor- respektive Nachworten zu diesen drei Anthologien und in dem Autorenregister finden Sie alles, was mir über die betreffenden Autoren bekannt geworden ist.
Im übrigen verweise ich Sie an Herrn Dr. Hans Tramer, Leo-Baeck-Institut, Tel-Aviv. Dr. Tramer hat in einer längeren Besprechung sich mit den Problemen der deutsch-jüdischen Dichtung, wie sie in dem Bande ›Ahnung und Aufbruch‹ dargestellt wird, beschäftigt.

Über meine Person finden Sie Angaben in der Pinthusschen ›Menschheitsdämmerung‹ und in meinem Schauspiel ›Der Ölkomplex‹: (in der Einleitung des Herausgebers der Serie), das in der Reihe ›Dramen der Zeit‹ im Lechte Verlag, Emsdetten/Westfalen, erschienen ist. Es kostet nur DM 1.80, falls es nicht in der Bibliothek vorhanden ist, könnten Sie es bestellen.

Bitte halten Sie mich über den Fortgang Ihrer Arbeit auf dem Laufenden, damit ich Ihnen im Notfalle beispringen kann. Im übrigen erscheint dieses Frühjahr im Luchterhand Verlag eine Sammlung meiner Gedichte - nicht der frühen - sondern der letzten 20 Jahre.

Mit besten Grüßen und Wünschen für Ihre Arbeit
stets der Ihre
Karl Otten

11 Von Claire Goll

Paris, 6. 3. 1961

Sehr verehrter Herr Benyoëtz,
Ihr Schreiben und die Übersendung der beiden übersetzten Gedichte meines Mannes machten mir eine ganz besondere Freude. Und zwar deshalb, weil Yvan - aus Pietät zu seinem frühverstorbenen Vater - fromm an den religiösen Gebräuchen festhielt. Er ging immer zu den Feiertagen in die Synagoge, fastete am Yom Kippur etc.. Diese Ehrfurcht steckte auch schließlich mich an, und ich begleitete ihn in die streng orthodoxen Synagogen in New York, Paris und zuletzt, fünf Monate vor seinem tragischen Tod (Leukämie), im Ghetto in Venedig. Es rührte mich sehr, daß Sie seines Todestages gedachten. Die (!) Pariser Radio machte am 27. Februar 1960 eine Feier, die drei und eine halbe Stunde dauerte.

Ich beauftrage heute den Verlag Hermann Luchterhand, bei dem voriges Jahr der Sammelband von Yvans Dichtungen erschien (950 Seiten), Ihnen diesen zu senden nebst dem Einzelband: ›Pariser Georgika‹. Die deutsche Kritik schreibt begeistert über den Sammelband: »Es genügt beinahe ein einziger Blick in die Goll'schen Gedichtzyklen ›Traumkraut‹ und ›Zehntausend Morgenröten‹ um zu erkennen, daß es heute keinen Lyriker von solchem Format bei uns gibt. Aber es ist nicht paradox, daß es seine Größe ist, unklassifizierbar zu sein, erst das macht ihn eben zu dem Goll, den wir lieben, es macht ihn einmalig als jenen irdischen Heimatlosen mit den zwei Muttersprachen und dem jüdischen Blut...«
Sie werden übrigens in dem Sammelband das längere jüdische Gedicht: ›Noemi‹, finden. Das Gedicht: ›Abraham und Isaak‹, das ich diesem Brief beilege, ist unveröffentlicht. Ich fahre am 19. März nach Deutschland zur Premiere des satirischen Dramas ›Methusalem oder der ewige Bürger‹ von Yvan Goll. Der Intendant des Großen Schauspielhauses, Frankfurt, schreibt mir: »Wir halten das Stück für außerordentlich wichtig. Welch grandiose Vorwegnahme Ionescos!« Nun müssen Sie wissen, daß Goll das Stück 1919 schrieb, daß es 1922 bei G. Kiepenheuer, Berlin, erschien und daß die erste Szene von Ionescos ›Kahle Sängerin‹ wie ein Zwilling der ersten Szene von ›Methusalem‹ ähnelt.
Die deutschen Theaterkritiker werden erstaunt sein. Die Vorläufer, die noch dazu emigrieren mußten, haben halt immer das Nachsehen.
Mit freundlichen Grüßen
Ihre Claire Goll

Es wäre schön, wenn Sie das Bändchen: ›Malaische Liebeslieder‹ in die hebr. Sprache übersetzen und herausgeben würden.
Das Büchlein (40 Gedichte) hat einen Welterfolg.

12 Von Erwin Loewenson
Tel Aviv, 7. 3. 1961
Lieber Elazar Benyoëtz,
Ihr Essay über Else Lasker-Schüler finde ich das Beste, was je über sie geschrieben worden ist, es ist Dichtung und Analyse in Einem und als ob Sie jahrelang die Dichterin persönlich gekannt hätten. Ganz erstaunlich! Wir freuen uns, Sie übermorgen wiederzusehen
herzliche Grüße
Erwin Loewenson

13 An Friedhelm Kemp/Kösel-Verlag

Jerusalem, 10. 3. 1961

Sehr geehrter Herr Dr. Kemp!
Vor allem möchte ich Ihnen für Ihren frdl. Brief und die mir übersandten Prospekte herzlich danken. Ich habe um die Überweisungsbewilligung der erforderlichen Beträge bei der Devisenstelle angesucht und werde Ihnen meine Bestellung sofort nach Erhalt übermitteln. Als erstes Gertrud Kolmars Gedichte.
Was ich jetzt besonders von Ihnen möchte wäre,- da ich vor der Herausgabe eines Auswahlbändchens aus Gedichten Else Lasker-Schülers stehe - mir Ihre frdl. Zustimmung zur hebräischen Ausgabe zu erteilen, deren Erscheinen auch vom Nachlaßverwalter, Herrn Manfred Sturmann, unterstützt und mit Freude erwartet wird.
Ich erwarte Ihre zustimmende Antwort und grüße Sie
Mit vorzüglicher Hochachtung
Elazar Benyoëtz

14 Von Nelly Sachs

Bromma-Stockholm d. 26. 4. 1961.

z. Z. Beckomberga Sjukhus Avd.
Sehr geehrter Herr Benyoëtz,
vielen Dank für Ihre lieben Zeilen v. 18. 4. 61. Es ist mir eine große Freude, daß Sie an meinen Dingen interessiert sind.
Was ›Eli‹ betrifft, so weiß ich nicht, ob Sie mein Original Buch als Vorlage haben oder das Manuskript des Süddeutschen Rundfunks Stuttgart. Dort sandte man ›Eli‹ aus und nun wird es in einer anderen Fassung auch Hamburg tun. Aber eigentlich sind meine dramatischen Versuche (es liegen noch mehrere im Manuskript) für die Bühne gedacht und vereint mit einem mimisch-tänzerischen Ausdruckswillen - dort wo das Wort seinen Grenzen nahte. Es macht mir darum besondere Freude, da ja grade Israel mit den mimischen Darstellungen vertraut ist.
Was meine Lyrik anbetrifft, so sind die Gedichtbücher ›Und niemand weiß weiter‹ 1957 erschienen, bei Ellermann Verlag München 13 Hiltenspergerstr. 32 und ›Flucht und Verwandlung‹ Deutsche Verlagsanstalt Stuttgart 0 Neckarstr. 121, zu erhalten. Sie werden, wenn Sie sich auf mich beziehen wollen und den Zweck für Übertragung oder dergleichen angeben, ganz bestimmt von den Verlegern ein Exemplar erhalten. Die beiden ersten Gedichtbücher ›In den Wohnungen des Todes‹ und ›Sternverdunkelung‹ sind vergriffen. Aber im September wird meine gesamte Lyrik im Suhrkamp Verlag Frankfurt am Main Untermainkai 13, erscheinen [,] herausgegeben von dem jungen Dichter und Lektor des Verlages Hans Magnus Enzensberger, der Ihnen auch alle gewünschten Auskünfte über meine gesamte

Arbeit erteilen kann, da er während ich hier im Krankenhaus bin einen großen Teil meines Schriftwechsels übernommen hat. Wenden Sie sich also, falls Sie interessiert an meinen Dingen sind, vertrauensvoll an ihn. Er ist mir nicht nur ein guter Freund, sondern einer der besten und mutigsten Menschen in der jungen guten Nachkriegsgeneration und selbst ein hervorragender Dichter und Kritiker.
Ich habe das Glück, trotzdem ich selbst in einem schweren Schicksal stehe, die Jugend, die angereist kommt von überall, begrüßen zu können und ihre Liebe ist mir Trost.
Ein Photo kann ich Ihnen später senden. Im Augenblick habe ich keines zur Hand. Enzensberger selbst hat einen eingehenden Aufsatz in der deutschen Zeitschrift ›Merkur‹ über meine Arbeit und Dasein geschrieben. Bitten Sie ihn, denselben an Sie zu übersenden. Seine Privatadresse will ich Ihnen auch angeben: Dr. Hans Magnus Enzensberger Frankfurt am Main Westendstr. 88.
Mit herzlichen Grüßen und guten Wünschen!
Ihre Nelly Sachs

PS. Schreiben Sie bitte auch mir Bescheid, was Sie zu tun gedenken!

15 Von Claire Goll

Paris, 8. 5. 1961

Lieber Elazar Benyoëtz,
Dank für Ihren schönen Brief, Ihre Entgegnung in ›Moznaim‹ und Ihre Bücher, leider kann ich nichts davon lesen. Yvan hat zwar versucht mich Hebräisch zu lehren, aber ich war eine schlechte Schülerin. Also bitte warten Sie mit meiner Würdigung Ihrer Gedichte bis ein Dolmetscher sie mir vorliest. Und wenn Sie mir wieder einen Ausschnitt über uns senden, dann bitte mit einer Erklärung.
Von Ehrenstein, mit dem wir sehr befreundet waren, hatte ich wohl allerlei, aber die Nazis haben auf zwei Lastwagen alles aus unserer Pariser Wohnung abgeführt. Unersetzliches. Darunter eine 20jährige Korrespondenz mit James Joyce.
Meine Mutter und deren zwei Schwestern wurden vergast. Acht Angehörige aus Yvans Familie ebenfalls. Vielleicht haben die blutigen Hände Eichmanns auch diese Todesurteile unterzeichnet.
Ja, der tüchtige Celan hat die Kabale gegen seinen ›Freund‹ Yvan auf Grund der Nichtkenntnis des Werkes von Yvan Goll geschickt zu seinen Gunsten geleitet. Die Journalisten, die Golls Dichtungen kaum gelesen oder nur angelesen haben, wollen den Schüler Celan gegen den Meister Goll ausspielen. Aber es wird ihnen auf die Dauer nicht gelingen. Celan bat uns geradezu flehend, im Oktober 1949, fünf Monate vor Yvans Tod, uns aufsuchen zu dürfen. Er und seine Gedichte wären so verkannt. Als er kam, kannte er Golls Werk ausgezeichnet. Da er vor dem Krieg in Paris studierte,

konnte er sich Yvans Gedichtbände überall kaufen oder in der Nationalbibliothek einsehen. Daher der Einfluß. Denn Yvan schrieb schon 1928 (Die siebente Rose) ›à la Celan‹ und 1930 durchzieht sein Werk die charakteristische Metaphorik und verschlüsselte Traumsprache, die die Verehrer Celans nun diesem als seine Erfindung zusprechen möchten. ›Pariser Georgika‹, 1936 in Paris geschrieben, ist typisch späterer Celan.
Und wenn man das längere Gedicht: ›Die Unbesiegbaren‹, das Yvan 1944 veröffentlichte, liest, denkt man sogar an die ›Todesfuge‹:

»Schwarze Milch des Elends
Wir trinken dich
In den Schlachthäusern
Der ermordeten Brüder«

Sie haben recht: Carmody ist pedantisch und ich werfe es ihm auch immer vor. Er bringt jetzt ein größeres Werk über Yvans ›Jean sans Terre‹ heraus, das von der Universität von Californien verlegt wird.
Bitte benutzen Sie beiliegendes Kuvert, wenn Sie mir wieder schreiben. Jemand stiehlt immer die Briefmarken von Ihren Umschlägen. Und ich habe Freunde, die sie so gerne möchten. Nochmal Dank für alles.
Ihnen, lieber Dichter, sehr zugetan
Ihre Claire Goll

16 An den Kossodo-Verlag

Jerusalem, 5. 6. 1961

Sehr geehrte Herren!
Herr Dr. Max Brod erzählte mir, daß letztens in Ihrem gesch. Verlag Robert Walsers Dichtungen in Prosa erschienen sind.
Da ich die Absicht habe, eine Auswahl aus Walsers Schriften, die leider hier völlig unbekannt sind, in hebräischer Sprache erscheinen zu lassen, wäre ich Ihnen sehr zu Dank verpflichtet, wenn sie mir durch Einsendung obengenannter Werke behilflich sein könnten. Ich möchte darüber in einer hiesigen Zeitung eine Abhandlung veröffentlichen.
Ich erwarte Ihre frdl. Antwort und danke Ihnen im voraus.
Mit vorzüglicher Hochachtung
Elazar Benyoëtz

17 Von Hugo Bergmann

Sichron Jaákow, 30. 6. 1961

Mein lieber Freund Elazar,
als ich Dein Buber gewidmetes Gedicht hier in ›Haárez‹ las, wollte ich Dir sofort schreiben und als Dank dafür ein schönes Gedicht abschreiben, das ich in den ›Kommenden‹ gefunden habe. Es ist das Gedicht einer Frau, die ihre Seele vor sich treten sieht, sie anklagend, daß sie ihr Leben verraten und nicht erfüllt habe, was ihr zu erfüllen aufgetragen wurde. Doch ist das Gedicht zu lang, darum verzögerte sich mein Brief. Indessen schicktest Du mir Dein Buch und erwiesest mir damit eine Wohltat. Ich las es - nur einmal, und das ist bei Gedichten allgemein, bei Deinen besonders nicht ausreichend - und kann Dich nur beglückwünschen, daß es erschienen und so schön erschienen ist. Auch der Umschlagzeichner verdient gelobt zu werden. Ich weiß nicht, ob er die Gedichte las ehe er die Zeichnung machte. Doch trifft seine Zeichnung mit dem Inhalt insofern überein, als auch in ihr das Schwarz das Weiß überschattet.
Über die Gedichte selbst wage ich Dir nicht zu schreiben. Sie sind so lebensvoll, Dein Leid spiegelt sich so mächtig in ihnen, daß es fast verboten wäre, sich darüber zu äußern. In dem Jaákov Kahan gewidmeten Gedicht ist Deine große Liebe zu ihm fühlbar. (Nebenbei, am Ort, wo ich sitze und dies schreibe, sah ich ihn zum letzten Mal. Er kam vom benachbarten ›Bet Daniel‹ herüber, mich zu besuchen.)
Deine Gedichte sind betörend melodiös - z. B. beide Gedichte S. 38, 39, besonders letzteres ist, als würde es sich selbst weiter dichten. Sehr schön ist das Gedicht für Margarete Susman. Ich hoffe, sie weiß davon.
Sei bedankt und gegrüßt, mein Freund.
Hoffentlich sehen wir uns Anfang des nächsten Jahres.
Dein [Hugo] Bergmann

18 Von Margareta Morgenstern

Breitbrunn am Ammersee, Obb., 2. 7. 1961

Sehr geehrter Herr Benyoëtz,
von einer Reise heimgekehrt, wo zunächst viel Dringliches auf mich wartete, beeile ich mich jetzt, Ihnen zu sagen, daß mir Ihre freundlichen Zeilen und Ihr Interesse für Christian Morgensterns Werk eine aufrichtige große Freude sind. Durch den Verlag Piper ließ ich Ihnen bereits vor einigen Tagen die Biographie Christian Morgensterns senden (die unser Freund Michael Bauer begonnen hatte, und die ich dann, unter anfänglicher Mitarbeit von Rudolf Meyer beendet habe). Außerdem erhalten Sie noch die im Jahre 59 erschienene Sonderausgabe gesammelter Gedichte (mit einem leider recht unbefriedigenden Nachwort von mir, das ich damals - vom

Verlag gedrängt - in Eile abfassen mußte, aber inzwischen für die Neuausgabe, wie ich glaube, erheblich verbessert). Auch ließ ich Ihnen eine kleine Sammlung Sprüche und Gedichte für jeden Tag belegen und den Band ›Egon und Emilie‹. Da Sie die ›Stufen‹ bereits besitzen, so wurde - mindestens zunächst - die kürzlich erschienene Sonderausgabe ›Aphorismen und Sprüche‹ nicht mitgesendet, die allerdings eine Anzahl noch unveröffentlichter Aufzeichnungen aus dem Nachlaß von Christian Morgenstern enthält. Die im Insel-Verlag erschienenen Briefe werden nächster Tage an Sie abgehen. Von Christian Morgenstern sind auch einige illustrierte Bände mit Kinderliedern erschienen im Verlag Stalling Oldenburg i. Oldenburg. Zwei vor Jahren von mir dort herausgegebene Kinderbücher sind inzwischen vergriffen und werden aus verschiedenen Gründen nicht mehr neu aufgelegt. Hingegen hat der Insel-Verlag, jetzt Frankfurt/Main, Feldbergstraße, unlängst (in kleinem Format) Osterhasenverse von Chr. Morgenstern neu gedruckt, die er für den Verlag von Bruno Cassirer zu bereits vorhandenen Aquarellen von Freyhold verfaßte.
Die früher erschienenen lyrischen Sammlungen, sind, außer dem Band ›Wir fanden einen Pfad‹, durch die erwähnte Sonderausgabe der Gedichte abgelöst (die eine Auswahl aus allen Bänden enthält). Was in kleinen Einzelausgaben an Sprüchen noch vorhanden ist, habe ich in den zweiten Band der Sonderausgabe hineingenommen.
Soweit es mir möglich ist, werde ich Ihnen gern Ihnen schwer verständliche Stellen aus den ›Stufen‹ zu erklären versuchen. - Eine große Freude für mich ist es natürlich auch, daß Sie von Ihrer Annäherung an Rudolf Steiners Werk schreiben konnten. - Von hier aus will ich Ihnen doch noch den Sammelband ›Aphorismen und Sprüche‹ nachsenden. Mit den allerbesten Wünschen Ihre Sie freundlich grüßende
Margareta Morgenstern

[handschriftlicher Nachsatz:]
Chr[istian]. M[orgenstern]. hat Prof. Martin Buber sehr geschätzt

19 Von Margarete Susman
                                                                                  Zürich, 28. 7. 1961
Sehr geehrter und lieber Herr Benyoëtz,
es drückt mich sehr, daß ich Ihren letzten Brief und die Sendung Ihrer beiden Bücher, sowie die Besprechung des Buches ›An den Wind geschrieben‹ noch immer nicht beantwortet habe. Der Grund ist vielfach: vor allem, daß ich keinen Übersetzer für Ihre Gedichte gefunden habe, aus der Besprechung wurde nur die so schöne Stelle über mich übersetzt, für die ich Ihnen sehr herzlich danke. Ich bat zunächst die Bibliothekarin der hiesigen jüdischen Bibliothek darum,-

aber es fehlt ihr die Zeit auch nur zu dem bescheidensten Versuch. Selbst gegen Bezahlung fand ich hier niemanden und verzweifle wie schon so manches Mal darüber, daß ich nicht selbst Hebräisch kann. Ich muß aber doch noch jemanden finden. Der dritte Grund meines Schweigens ist sehr viel Arbeit und mein nicht immer gleiches Wohlbefinden,- von den hemmenden Augen gar nicht zu reden. Ich glaube, ich habe Ihnen nie darauf geantwortet, daß Sie in meinen Gedichten hauptsächlich das ›Musikalische‹ empfunden haben, das ist mir aber eine besondere Freude, obwohl ich nicht eigentlich musikalisch bin, hat mir die Musik die höchste der Künste und eine Sehnsucht meines Lebens bedeutet. Wollen Sie mich bitte auch wissen lassen, zu welcher Zeit Sie das Vorwort brauchen und auch wie Sie es sich etwa denken. Ich habe meine Gedichte zwar zum großen Teil gegenwärtig, müßte sie einmal im Zusammenhang lesen lassen. Das Buch ›An den Wind geschrieben‹ ist mir zu einem der liebsten Bücher geworden und ich habe einem Freunde versprochen, sobald ich mit meiner Arbeit fertig bin, eine Besprechung darüber zu schreiben. Umsomehr möchte ich die Ihren lesen können. Ich bin mit nochmaligem herzlichen Dank und vielen guten Wünschen und Grüßen
Ihre Margarete Susman

20 Von Jacob Mittelmann

Zürich, 21. 8. 1961

Lieber Freund Elazar,
nachdem in der Schweiz nur sehr wenige Verlage für Lyrik in Frage kommen, so wird nichts anderes übrig bleiben als Ihre Gedichte einem deutschen Verlag einzusenden. Ich erwarte Ihre Nachricht, ob ich mich an einen deutschen Verlag wenden darf.
Mit Carl Seelig sprach ich über Ihr Interesse an Haringer. Er hat ihn gut gekannt. Der Mann war Morphinist, ging umher mit einem Stock in der Hand und lauter falschen Ringen an allen Fingern, war stets in Geldverlegenheit und lebte von Pump. Dann verlobte er sich mit einer Zürcherin. Die Verlobung wurde aber wieder aufgelöst. Haringer pflegte handschriftlich geschriebene Gedichte an Bekannte zu versenden, die ihm dafür 10 oder 20 Franken zahlen sollten. Falls Sie weitere Auskünfte wünschen, wird Ihnen Carl Seelig dieselben schriftlich erteilen. Nun zu einem erfreulicheren Thema. Heute hatte ich eine Besprechung mit Dr. Walter Meier, Chef-Lektor des Manesse-Verlages. Dr. M' hat meine Übersetzung von Kahans ›Begegnungen‹ gelesen und für gut befunden. Jedoch ist er nicht in der Lage auf Grund der von mir übersetzten Einleitung und ersten Erzählung zu entscheiden, ob er das Buch annehmen kann. Er empfiehlt mir, alle sieben Erzählungen zu übersetzen. Gleichzeitig wiederholte er mir, daß er eine Anthologie

hebräischer Erzähler herausgeben will unter dem Namen ›Neuhebräische Meister-Erzählungen‹. Darin will er sechs bis acht Erzählungen hebräischer Autoren bringen, darunter mindestens eine von Agnon. Was sonst noch in Frage kommt, müssen Sie entscheiden. Zu diesem Zwecke müßten Sie mit den Autoren Fühlung nehmen, um festzustellen, ob sie überhaupt bereit sind, in der Schweiz in deutscher Übersetzung zu erscheinen. Sobald Sie eine genügende Anzahl von Autoren und Erzählungen beisammen haben, wollen Sie mir bitte ein Exposé einsenden. Übrigens denke ich daran, dem Verlag später vorzuschlagen, Sie als Lektor für hebräische Literatur zu beschäftigen. Dann würden an Sie laufend Anfragen wegen Übersetzungen erfolgen, die auch ganz schön honoriert werden. Bei dieser Gelegenheit möchte ich Ihnen noch mitteilen, daß der Manesse-Verlag besonders an Agnon interessiert ist. Sollten Sie also mit Agnon wegen der Kurzgeschichte sprechen, so fragen Sie ihn auch bitte, was für Romane noch nicht zur Übersetzung ins Deutsche vergeben sind. Denn nach Erscheinen des Kurzgeschichtenbandes will der Verlag noch weitere Werke Agnons bringen. Ich erwarte jetzt die Luftpost-Übersendung Ihres neuen Gedichtbandes.
Mit vielen herzlichen Grüßen
Jacob Mittelmann

21 Von Jehoschua Amir

Jerusalem, 13. 9. 1961

Sehr geehrter Herr Benyoëtz,
aus dem Munde von Professor Bergmann habe ich Ihren Namen vernommen, und nicht Ihren Namen allein, denn er hat, als er in unserer Synagoge ›Emeth weEmunah‹, Narkissstr. 1, seine Rosch Haschanah-Predigt hielt, diese mit einem Gedicht aus Ihrem Band *Variaziot al nosse awud* [Variationen über ein verlorenes Thema] eröffnet. Das Gedicht faszinierte mich deshalb gerade, weil für mich das Thema nicht verloren ist, hänge ich ihm vielmehr mit ganzer Seele nach (ohne ›fromm‹ zu sein in dem hier zu Lande üblichen Sinn).
Bitte schicken Sie mir umgehend Ihr Buch und legen Sie eine Rechnung bei. Denn ich selbst gehöre auch zu den Predigern jener Synagoge, unter deren Besuchern, zumal an den hohen Feiertagen, es viele gibt, für die das ›Thema‹ sehr zweifelhaft ist. In der Kol Nidre-Nacht möchte ich, nach Vermögen, auf Ihr Gedicht antworten, und wenn Sie zu hören begehren, was ein gläubiger Mensch über seinen Glauben zu sagen versucht, werde ich mich sehr freuen, Sie von Angesicht zu Angesicht kennen zu lernen.
Wie auch immer, bitte ich Sie, mir das Buch sofort zu schicken!
Mit Hochachtung
Dr. Jehoschua Amir

22 Von Schalom Ben-Chorin
                                                    Jerusalem, 26. 9. 1961
Variation über ein vergebliches Thema...
Für Elazar Benyoëtz
Ist es für den Lyriker
Wirklich so viel schwieriger
Den poetischen Erguss
Zuzustelln als ›Divrej Dphuss‹?
Sieh: der Torr wird lang u. länger
Und mir selbst wird bang und bänger
Steh ich Posten auf der Post
Mit Zeitverlust u. tief erbost.
Ja, man spart an den Moneten
Und versendet in Paketen
‚Was bequem und sehr viel netter
Zu mir käm als ›Printed Matter‹.
Mit herzlichem Dank!
Schalom Ben-Chorin

23 Von Hermann Kasack
                                                    Stuttgart, 5. 12. 1961
Sehr geehrter Herr Benyoëtz,
gern beantworte ich Ihren Brief, für den ich vielmals danke, vor allem, weil er ein glückliches Zeichen für die beginnende Verständigung nach den unsäglichen Schicksalsschlägen bedeutet. Ihre Vorarbeiten für die ›Anthologia Judaica‹, die sehr zu begrüßen sind, könnten vielleicht für die Verwirklichung durch das Leo-Baeck-Institut unterstützt werden.
Angesichts der mir bekannten Ablehnung der deutschen Sprache in Israel scheint es notwendig, daß die Dichtungen jüdischer Autoren, die in deutscher Sprache geschrieben hatten, ins Hebräische übersetzt werden.

Da die Deutsche Akademie für Sprache und Dichtung, um zum bescheidenen Teil zu der geistigen Wiedergutmachung beizutragen, in ihrer Schriftenreihe eine Anzahl jüdischer Autoren sichtbar gemacht hat, lasse ich Ihnen gern - auf normalem Postwege, die Bände, so weit noch vorhanden, durch das Sekretariat der Akademie in Darmstadt zugehen.

Wichtig in diesem Zusammenhang sind die Dichtungen von Simon Kronberg, mit dem ich eng verbunden war. Was zu seiner Lebenszeit erschien, ist in dem Katalog der Ausstellung des Expressionismus genau verzeichnet - unlängst erschienen im Verlage Langen-Müller. Darüber hinaus hat Herr Karl Otten eine Anzahl von Dramen für den Westdeutschen Rundfunk hergestellt. Die Manuskripte könnten durch den Westdeutschen Rundfunk, Köln, bezogen werden.

Eine ergiebige Quelle für Ihre Arbeit bildet die Anthologie AN DEN WIND GESCHRIEBEN, Verlag Agora, Darmstadt. Sie sollten nicht versäumen, sie sich zu beschaffen.

Enttäuschen muß ich Sie, weil ich nicht in der Lage bin, Ihnen einige Zeilen über Else Lasker-Schüler zur Verfügung stellen zu können. Aber dafür wäre Herr Ernst Ginsberg, der die großartige Auswahl-Ausgabe im Kösel-Verlag herausgegeben hat, zweifellos gern bereit.

Zu Gertrud Kolmar könnten Sie gern das Nachwort von mir verwenden, das ich für die Ausgaben ›Welten‹, 1947 im Suhrkamp Verlag, Frankfurt/M., geschrieben hatte.

Was Ihren weiteren Plan anbelangt, deutsche Dichter in das Hebräische zu übertragen, so scheint es mir fast ein utopisches Unterfangen. Was mich dabei betrifft, so wäre es irrtümlich, wenn Sie sich auf meine frühen Gedichtveröffentlichungen in Ihnen bekannten Anthologien bezögen. Charakteristisch ist der Band DAS EWIGE DASEIN, noch vorrätig im Suhrkamp Verlag, Frankfurt/Main, dort auch das CHINESISCHE BILDERBUCH.

Als Gruß sende ich Ihnen einen unlängst erschienenen Privatdruck von 13 bisher unveröffentlichten Gedichten von mir.

Es wäre willkommen, wenn Sie von sich hören ließen.
In freundlicher Begrüßung
Ihr Hermann Kasack

24 Von Wilhelm Schindler; Bayerischer Schulbuchverlag
München, 12. 2. 1962
Sehr geehrter Herr Benyoëtz,
ich komme heute auf meinen Brief vom 11. Oktober v. J. zurück, mit dem ich Ihnen in Aussicht stellte, noch einmal zu den von Ihnen in Ihrem Schreiben angeschnittenen Fragen wegen der Nichtbehandlung einiger Dichter in unserer LITERATURGESCHICHTE nach Rücksprache mit den Autoren Stellung zu

nehmen. In der Zwischenzeit habe ich die Sache zu einer Redaktionsbesprechung gemacht und kann Ihnen mitteilen, daß Ihre Anregungen mit Interesse zur Kenntnis genommen wurden. Soweit sie sich für ein Schulbuch realisieren lassen, sollen sie bei einer künftigen Auflage berücksichtigt werden. Betont muß dabei allerdings werden, daß wir den Charakter der Literaturgeschichte als Schulbuch, d. h. als erste Einführung in die Literaturgeschichte, aus begreiflichen Gründen nicht ändern können. Schon dieser Grundsatz legt sowohl den Autoren als auch dem Verlag Beschränkungen auf, die sich hinsichtlich des Inhaltes und des Umfanges auswirken müssen. In dem beschränkten Rahmen einer Literaturgeschichte für den Schulunterricht ist ohnehin ein vollkommenes Bild nicht gegeben.
Es muß immer eine Auswahl bleiben. Bei aller Objektivität können doch die subjektiven Meinungen und Ansichten der Autoren auch bei bestem Willen nicht ganz ausgeschaltet werden. So stellt jede Literaturgeschichte ein Experiment dar und jede Auswahl, besonders was die Gegenwartsdichtung betrifft, muß immer gewagt werden und kann nie unbedingte Geltung beanspruchen. Was für ein Schulbuch richtig ist, kann für eine große Literaturgeschichte falsch sein und umgekehrt. Aber dies brauche ich Ihnen ja nicht alles zu sagen, dies wissen Sie selbst. Bei den einzelnen von Ihnen genannten Dichtern glauben wir, die Gruppe Becher, Zweig, Hermlin usw. nicht in der Literaturgeschichte vertreten zu dürfen. Nach unserer Ansicht erweisen wir der Jugend keinen Dienst, wenn wir sie auf Bechers expressionistische Gedichte aufmerksam machen, die doch nur eine pompöse Hohlheit sind. Jedenfalls müßte man dann, was echte Substanz betrifft, eine ganze Reihe anderer Expressionisten vorher nennen, was aber den Rahmen des Buches sprengen würde. Ich darf hier einen Ausspruch von Robert Neumann, der Ihnen sicher kompetent erscheint, anführen, der in einem Artikel in der ›Welt‹ in diesem Zusammenhang von »konventionellster Gebrauchslyrik, zu niveaulosestem Versgebimmel nach dem Geschmack der arbeitenden Massen verbilligt« spricht. Wir meinen, wenn Hermlin mit seinen Stalin-Hymnen vermißt wird, so müßte man gerechterweise auch Schumann mit seinen Hitler-Hymnen vermissen. Uns erscheinen sie beide für unsere Jugend nicht opportun genug. Hans Henny Jahnn in eine Schulliteraturgeschichte aufzunehmen, werden Sie selbst nicht im Ernst für möglich halten. Man mag als Literaturkenner manches von ihm bedeutend und stark finden, von der Jugenderziehung her müssen wir es mit aller Entschiedenheit ablehnen, diesen Dichter der Jugend nahezubringen. Wir glauben, daß es nicht angeht, ›grausigste, anormale Erotik‹ und die Enthüllung und Darstellung ›hemmungslos perverser Triebe‹ für eine Schulliteraturgeschichte besonders geeignet zu halten.
Daß Karl Kraus nicht in die Literaturgeschichte unserer Art gehört, dürfte klar sein. Es handelt sich bei ihm nicht um einen Dichter, sondern um einen Literaturkritiker. Nach dieser Seite eine Schulliteraturgeschichte auszubauen,

verbietet der Raum. - Wegen Else Lasker-Schüler habe ich schon in meinem letzten Brief Ihnen meine Ansicht mitgeteilt. Die beiden Verfasser sind mit mir der gleichen Meinung; sie muß in einer Neuauflage aufgenommen werden.
Ebenso werden Goll und Wolfskehl dort nicht fehlen dürfen.
Über die Bedeutung von Grimm und Kolbenheyer kann man geteilter Meinung sein. Wir glauben, sie in unserer Literaturgeschichte nicht fehlen lassen zu dürfen. Die künstlerische Bedeutung von Grimms Novellen und Kolbenheyers frühen Romanen wurde erst kürzlich von Walter Jens ausdrücklich betont.
Ich hoffe, sehr geehrter Herr Benyoëtz, Ihnen unseren Standpunkt, der bei der Auswahl unserer Literaturgeschichte maßgeblich war, klar gemacht zu haben.
Sie müssen dabei bedenken, daß man bei einem Schulbuch von einer ganz anderen Voraussetzung ausgeht als dies bei einer wissenschaftlichen Literaturgeschichte der Fall ist.
Mit meinen besten Grüßen und Empfehlungen bin ich
Ihr Wilhelm Schindler
Bayerischer Schulbuch-Verlag

25 Von Walter A. Berendsohn

4. 3. 1962

Sehr geehrter Herr Benyoëtz,
meine Freundin, Frau Nelly Sachs, hat mir Ihre Adresse gegeben und mir erzählt, daß Sie mit der Übersetzung von ›Eli‹ beschäftigt sind. Ich komme vom 05. 04. bis zum 01. 06. nach Israel, zum 6. Male, da meine beiden Töchter dort verheiratet sind.

Ob und wann ich nach Jerusalem komme, ist unbestimmt, aber ich wäre Ihnen dankbar, wenn Sie mir schreiben möchten, ob Sie das ganze Mysterienspiel übersetzt haben. Es ist jetzt in Frankfurt vom Studententheater in Versen aufgeführt worden, die den Intentionen der Dichterin entsprach, in manchen Szenen dazu Mimus geändert. So müßte es auch in Israel dargestellt werden. Dann würde es ergreifend wirken.
Ihr ergebener
Prof. Dr. Walter A. Berendsohn

26 Von Walter Helmut Fritz

Karlsruhe, 24. 3. 1962

Sehr geehrter Herr Benyoëtz!
Ich war einige Zeit nicht hier, entschuldigen Sie deshalb bitte, daß ich Ihnen erst heute auf Ihren so guten, herzlichen Brief antworte. Sie fragen mich, ob

ich Ihnen nicht etwas über mich selbst erzählen möchte. Gern. Ich bin oft von Zweifeln geplagt, ob das, was ich mache, wirklich etwas taugt. Jeden Tag habe ich das Gefühl, von vorne anzufangen. Manchmal ist mir auch, als hätte ich noch gar nicht begonnen. Seit einiger Zeit versuche ich mich hin und wieder auch an Prosa. Aber das Gedicht soll die Mitte bleiben. Außer Lyrik schreibe ich Essays, Rezensionen für einige Zeitungen und Zeitschriften hier.
Im Augenblick bin ich dabei, einen französischen Lyriker, Jean Follain zu übersetzen [...]. Mit Karl Schwedhelm zusammen bereite ich eine Anthologie zeitgenössischer französischer Lyrik für die Deutsche Verlagsanstalt vor. Seit etwa zwei Jahren stehe ich in brieflicher Verbindung mit Werner Kraft, den Sie vielleicht auch kennen. Er lebt in Jerusalem. Ich hatte seinen Roman ›Wirrwarr‹ besprochen.
Daß Sie mein Gedicht übersetzt und veröffentlicht haben - darüber bin ich in der Tat sehr glücklich, denn ich kann mir gut vorstellen, wie schwierig es ist, einen deutschen Autor in Israel erscheinen zu lassen. Ich möchte Ihnen deshalb noch einmal meinen allerherzlichsten Dank dafür sagen. Ein solcher Gruß gibt wieder Mut. Das werde ich Ihnen nicht vergessen. [...]
Mit meinen herzlichsten Grüßen und besten Wünschen bin ich
Ihr Walter Helmut Fritz

27 Von Margarete Susman
Zürich, 8. 4. 1962
Lieber Herr Benyoëtz,
Sie werden es kaum begreifen können, daß ich Ihnen für Ihren Brief und Ihre geradezu erregende Selbstdarstellung so lange Zeit nicht gedankt habe.
Es gibt mehr als einen Grund dafür: Ich plage mich über Gebühr mit meinen ›Erinnerungen‹; ich bin auch durch meine versagenden Augen weit mehr an all meiner Arbeit gehindert als ein entfernter Mensch sich vorstellen kann. Dazu kommt noch eine Inanspruchnahme von vielen Seiten, die ich Ihnen unmöglich aufzählen kann. Ihr Brief liegt mir aber seit langem schwer auf dem Herzen.
Es wäre so einfach, wenn ich nur ein einziges Mal, wie mit Herrn Dr. Mittelmann, mit Ihnen persönlich sprechen könnte.
Ich habe ja auch so viele Ihrer Fragen noch zu beantworten; zunächst: Über Buber habe ich mehr als einmal geschrieben. Ich habe aber die entscheidenden Arbeiten über ihn durch ein wahres Unglück nicht zur Hand und würde sehr viel Zeit brauchen sie zu finden. Es ist aber auch keine in mein Buch aufgenommen worden, da ich kurz vor seinem Erscheinen schwer erkrankte. Wie auch durch die Schuld des Verlegers einige andere Gestalten fortgeblieben sind, die mir wichtig gewesen wären. Ich bin überhaupt durch mehrere schwere Erkrankungen in den letzten vergangenen Jahrzehnten viel in meiner Arbeit behindert worden. Auch

eine Arbeit über Husserl ist aus diesem Grund unvollendet geblieben. Über Ernst Bloch habe ich auch nur die Besprechung über den ›Geist der Utopie‹ geschrieben, obwohl ich nah mit ihm befreundet bin und er mir ja auch seinen ›Thomas Münzer‹ gewidmet hat.

Über Stefan George habe ich viel geschrieben, zuerst in meinem Buch ›Vom Wesen der modernen deutschen Lyrik‹ und dann zahlreiche Aufsätze in Zeitschriften und Zeitungen. Ich habe ihn öfters persönlich gesprochen und immer in ihm eine überragende, wenn auch mir schwer zugängliche Gestalt gesehen. Ich kannte ihn auf der höchsten Höhe seines Lebens und habe in meinen Erinnerungen noch einmal etwas davon mitgeteilt. Schon was im ›Siebenten Ring‹ begann und sich dann im ›Stern des Bundes‹, im ›Neuen Reich‹ und in seinem ›Krieg‹ vollendete, habe ich erst in einer späteren Zeit begriffen. Daß fast alle seine Jünger Juden waren, wissen Sie natürlich. Die Schlichtheit, in der er sich gab, die Größe, die ich gerade in dieser Schlichtheit erblickte, sein überwältigendes Gesicht, das mir den ganzen Raum zu erfüllen schien und das keines seiner Bilder wiedergibt - das alles vermittelte mir ein Bild von ihm, das von der esoterischen Rolle, die er durchwegs in seinem Kreise einnahm, nichts merken ließ. Am wenigsten habe ich aber etwas von der Kälte oder von dem Bösen in seinen Zügen oder seinen Worten gesehen, die ihm, ich weiß nicht, ob später oder schon damals, zugeschrieben wurden.

Wohl aber etwas Dämonisches, doch fast rein im Sinne des sokratischen Daimonions, wie es in jedem großen Menschen lebt.

Obwohl mir seine Zeitgedichte nur zu einem Teil entsprechen, ist doch auch echte Prophetie darin.

Daß aus seinem engsten Kreise und gegen seinen Willen der National-Sozialismus eine Förderung erfuhr, daß später ein Stauffenberg diese Gefahr zu spät erkannte, hängt wohl mit der ganzen verwirrenden Struktur dieser Gestalt und Epoche und des damaligen deutschen Schicksals zusammen.

Mit der von Ihnen aufgestellten Liste meiner Arbeiten bin ich im übrigen durchaus einverstanden. Nur eine Frage bleibt: warum Wolfskehl in ihr fehlt?

Aber sonst bleibt mir nichts als Ihnen von ganzem Herzen für all Ihre Bemühungen mich in Israel heimisch zu machen - wie gerne hätte ich es noch selbst gesehen! - zu danken.

Ihre Margarete Susman

PS. Das Vorwort, an dem ich noch etwas zu ändern habe, folgt in den allernächsten Tagen.

28 Von Hugo Bergmann

Jerusalem, 10. 9. 1962

Mein Freund,
ich bedauere, daß ich Dich nicht mehr sehen werde. Vier Empfehlungen lege ich bei. Buber wird sich vom 15ten an eine Woche lang in Zürich aufhalten und könnte Dir sicher auch Empfehlungen geben. Du schreibst aber nicht, *wann* Du abreisest. Wenn Du willst, kann ich seine dortige Adresse feststellen.
Auch Brod befindet sich gegenwärtig in der Schweiz, seinen Aufenthaltsort erfährst Du über seine Wohnung. Zur Zeit hält sich hier im Lande Johannes Urzidil auf. Bei Anlaß seines Vortrags in Jerusalem werde ich ihn sehen und mit ihm über Dich sprechen. Sobald ich Deinen Abreisetermin bzw. Deine nächste Adresse in Europa erfahre, könnte ich Dir womöglich noch einige Empfehlungen zukommen lassen.
Ich wollte Dir noch mitteilen, daß ich einen langen Aufsatz über die Briefe Morgensterns schrieb, er wird zum Neujahr im MB erscheinen. Du hast also Gutes bewirkt. Deine Kritik von Pannwitz' ›Aufbau der Natur‹ für ›Iyun‹, fand ich noch keine Zeit zu bearbeiten; eine Kürzung wird unumgänglich sein.
Wie lange gedenkst Du fortzubleiben? Ich wünsche Dir viel Erfolg
Dein Hugo Bergmann

29 Paul Engelmann an Paul Schick

Tel Aviv, 15. 9. 1962

Lieber Herr Dr. Schick!
Die mir so wertvolle briefliche Verbindung mit Ihnen, die vor einigen Jahren bestanden hat (ausgehend von Ihren Bemühungen um die Auslegung des Testaments von Karl Kraus), ist leider, wie so manche andere von mir hochgeschätzte Beziehung, durch meine mit den Jahren immer schlimmer werdende Schreib-Unlust eingeschlafen.
Wenn ich mich heute wieder an Sie wende, so geschieht das, um den Überbringer dieses Briefes, Herrn Elazar Benyoëtz, einen der fähigsten jüngeren hebräischen Dichter, dessen Arbeiten ich ins Deutsche übersetze, Ihrer freundlichen Aufmerksamkeit aufs Wärmste zu empfehlen. Er ist jetzt nach Europa, unter anderem auch nach Wien, gekommen, um für seine ›Anthologia Judaica‹, die im Ausland lebende und nicht-hebräisch schreibende jüdische Autoren zur Geltung bringen will, Material zu sammeln.
Er ist ein ausgezeichneter Kenner der gegenwärtigen deutschen Literatur, und wird Ihnen selbst sagen, worin die Förderung besteht, die er von Ihnen erhofft und die er, wie ich sicher weiß, von Ihrer Freundlichkeit erwarten darf.
Ich würde mich natürlich sehr freuen, durch ihn oder von Ihnen selbst, wieder einmal

etwas von Ihnen zu hören und bin mit herzlichen Grüßen Ihr sehr ergebener
Paul Engelmann

30 Von Max Rychner   Zürich, 18. 12. 1962
Lieber junger Dichter,
hier, meditieren Sie dieses Bild der Stadt, die Sie ja nun kennen, es wird Ihnen helfen und Sie heiter stimmen. Schaue ich aus dem Fenster, so ist alles weiß, ganz flaumig, denn die Nacht über hat es geschneit, alle Farben sind ausgelöscht.
Wir denken an Sie, auch zusammen mit Manfred Schlösser, der gestern bei uns war. Es war ein freundliches Schicksal, das Sie uns übers Meer herbrachte. Was macht Ihre Unternehmung, die Anth(ologia) Jud(aica)?
Alle unsere Wünsche und Grüße in herzlichem Gedenken!
Und: Auf Wiedersehen!
Schalom Ihre Elly und Max Rychner

31 An Paul Engelmann   Wien, 25. 12. 1962
Lieber Engelmann,
ich schreibe schnell deutsch, damit Sie auch einmal lesen, was ich schreibe.
St' geht mich nichts an, und ich werde ihn nicht aufsuchen. Vielleicht hören Sie auf, so angstvoll zu sein.
Verleger: Ich sprach mit Hans Weigel, dem mein Urteil gilt, und darum auf ein Exposé verzichten kann; es genügt ihm, wenn Sie schreiben:
Lieber Herr Weigel, ich habe ein Werk, es handelt von, sein Titel ist, sein Umfang…Ich wäre dankbar, Grüße, P. E.
Er versprach mir, alles Mögliche zu versuchen, und er wird es tun. Berufen Sie sich auf mich. Seine Adresse: Burggasse 72/3, Wien.
Weigel war mir eine sehr angenehme Überraschung.
Gruß an Zweig! Und vergessen Sie nicht den Aufsatz für die Susman-Festschrift.
Herzliche Grüße
Ihr Benyoëtz

32 Von Paul Engelmann

Tel Aviv, 10. 1. 1963

Lieber Benyoëtz!
Vielen herzlichen Dank für Ihren deutsch geschriebenen Brief und die Karte, die heute gekommen ist. Ich habe aber auch alle hebräischen trotz großer Mühe bis auf das letzte Wort entziffert und genau zur Kenntnis genommen.
Ich habe vor etwa 4 Tagen einen ausführlichen Brief an Weigel abgesendet, mit Beilagen, zu deren Maschinenschrift ich mehrere Tage gebraucht habe […].
Ich schreibe ihm erst wieder, wenn ich von ihm selbst eine Antwort habe, bisher hat mir noch niemand von den von Ihnen Genannten, auch Rychner nicht, geschrieben, […].
Mein ungünstiges Urteil über Weigel bezog sich nur darauf, daß er als Kritiker Dinge tut, die nur Kraus angemessen waren (von dem er alles gelernt zu haben scheint). Trotzdem hat er wahrscheinlich ein sichereres kritisches Urteil als die andern, und ich würde seine Empfehlung bedenkenlos annehmen.
Mit vielen herzlichen Grüßen
Ihr Paul Engelmann

33 Von Manfred Schlösser

Zürich, 29. 1. 1963

Lieber Herr Benyoëtz,
haben Sie herzlichsten Dank für Ihre Karte aus Köln, ich habe schon gedacht, Sie hätte der Tartarus verschlungen, da ich garnichts mehr von Ihnen hörte.
Nun schimpfen Sie mich einen Narren oder unbegabten Literaturkritiker, aber ich muß Sie fragen, ob das Gedicht, das Sie mir sandten, von Haringer ist, was ich vermute, sollte es jedoch von Ihnen sein, so hätten Sie sich schon einen ganz schönen Haringerton einverleibt. Die letzten Zeilen sind ja so typisch für Haringer und ich glaube, das ist auch ein Grundgefühl, das Sie mit ihm verbindet, nämlich jene berühmte Zeile von Jakob Haringer, die da lautet:
»Dichter wie ich haben keine Heimat.«

Sagen Sie, was machen Sie in Köln und wie lange dauern bei Ihnen Monate?
Ich denke auf alle Fälle im Frühjahr eine Deutschlandreise zu machen (wie sich das anhört) und müßte sogar nach Köln zur Besprechung mit mehreren Leuten, vor allen Dingen wäre es mir sehr interessant von Ihnen zu erfahren, was Sie alles von und über Haringer gefunden haben. Nun höre ich zwar hie und da mal von Frau Susman oder Herrn Dr. Rychner, daß Sie eine Karte geschickt haben aus irgendwelchen Teilen der Welt und das ist ja auch sehr sympathisch, aber sagen Sie um Gottes Willen, ob es mit der Beschwichtigung, daß ich mir

keine Sorge um Haringers Bücher machen soll, sein Rechtes hat, denn wahrlich ich bin ein wenig in Unruhe, wenn ich an Ihre außerordentlich liebenswürdige Art des Daseins denke, die doch sehr viel mit den Vögeln und Brunnen gemeinsam hat: Sie sind mit dem Weltall in Fühlung, aber immer nur Dank eines Prozesses, eines Fließens und Fliegens, Sie haben keinen Sinn für die verfestigten Zustände des Seins.
Der Tagesspruch:
»Auch Du eine Wimper am Auge der Welt,
blinzle nur,
und Deine Zeichen weisen die Richtung des Sehens.«
Mit herzlichem Gruß
Ihr Manfred Schlösser

34 Von Max Rychner
Zürich, 30. 1. 1963
Lieber junger Freund,
wir haben mit Erstaunen festgestellt, daß Sie von Wien nach Köln geraten sind, einer Stadt, wo wir auch gelebt haben, sieben Jahre lang. Es scheint, Sie haben Heimweh, und dieser greuliche Winter ist dazu angetan, von dem sanfteren Mittelmeerklima zu träumen. Waren Sie in München? In Stuttgart?
Ihre Sprachtheorie, daß die deutschen Dichter jüdischer Abstammung in der deutschen Sprache nie ganz daheim waren, macht mir schon darum Schwierigkeiten, weil die Nazis das behauptet haben. Wenn Sie aber das Problem vom Jüdischen aus erweitern und verallgemeinern, indem Sie sagen: der Mensch vermag nicht aufzugehen in der Sprache - jeder Sprache, weil er metaphysischen Wesens und in seiner eigenen Schöpfung nicht die endgültige, bergende Heimat finden kann, wenn Sie es so meinen, bin ich schon eher einverstanden. Das Dichten, d. h. das Formgeben in der Sprache wäre dann eine Annäherung an etwas Außersprachliches: alle religiöse Dichtung, das heißt alle Dichtung in ihrem Ursprung war sich dessen auf ihrer Stufe bewußt.
Ihr Muttersprachkomplex, von dem Sie schreiben, ist mir begreiflich; ich möchte Ihnen nur raten: schreiben Sie, dichten Sie täglich etwas in Hebräisch - es braucht nicht für die Ewigkeit zu sein, sondern für die Stunde, wo Sie die Nähe zur Muttersprache nur aktiv, nur schöpferisch zurückgewinnen können.
In Ihrer Nähe, Düsseldorf, kam Heine zur Welt, der Jahrzehnte in Paris, in fremder Umgebung lebte und seine Dichtersprache dagegen behauptet hat. Er ist ein Vorbild, ist es auch dafür, daß etwas im Menschen die Sprache, das Sagbare transzendiert. Schicken Sie uns keine Blumen, sondern raffen Sie bei guter Laune Ihre Finanzen zusammen, laden Sie einen guten Menschen zu einem Nachtessen oder einem

Kaffee ein und denken Sie an uns.
Was macht Ihr Plan? (Die Anthologia Judaica). Kommen Sie auf der Heimfahrt wieder nach Zürich? Tun Sie es, wir werden uns freuen!
Seien Sie nicht traurig, Ihre Jugend verlangt von Ihnen auch Freude!
Schalom!
In herzlichem Gedenken grüßen wir Sie, meine Frau und ich
der Ihre
Max Rychner

35 Von Paul Engelmann
Tel Aviv, 30. 1. 1963
Lieber Benyoëtz!
[...]
Für Ihre vielen, fortgesetzten Bemühungen um meine Arbeiten danke ich Ihnen sehr, und der Erfolg hängt von mir selbst ab, d. h. wieviel ich aus diesen Gelegenheiten machen kann.
Von [Hans] Weigel habe ich erst vorgestern einen sehr freundlichen Brief bekommen. Ich hatte ihm, wie ich Ihnen schon mitgeteilt habe, auf Ihre Anregung einen ganz ausführlichen Bericht über meine Arbeiten geschickt, und genau geschrieben, wie es mit der Fertigstellung steht. Er hat sich aber, ganz wie S', trotzdem sofort an Insel Verlag u. Langen-Müller Verlag gewendet und von beiden negative Antworten erhalten. Jetzt versucht er Weiteres, worüber er mir berichtet, und ich werde alles in meiner Macht stehende tun, um das Kraus-Loos-Wittgenstein Buch möglichst bald fertig zu machen.
[...]
Ich bin seit vielen Wochen, <u>über meine Kraft</u>, mit Berufs-Arbeiten beschäftigt, da ich doch von literarischen Aussichten nicht leben kann. Leider ist es entsetzlich schwer, die sehr bescheiden berechneten Honorare einzukassieren, eine Arbeit, die mir <u>viel</u> schwerer fällt als die Berufsarbeit selbst. Es ist eine ewige Frotzelei, daß ich meine kostbare Zeit statt auf die Fertigstellung meiner literarischen Arbeiten auf diesen Dreck verwenden muß.
Was die Gemeinheiten in ›Haárez‹ betrifft, so antworten Sie <u>ja nicht</u> oder nur ganz sachliche Richtigstellungen, man zieht gegen journalistische Canaillen immer den Kürzeren. Die einzige treffende Antwort ist es, selbst Erfolg zu haben, dann zerspringen sie vor Neid. Etwas anderes interessiert solche Leute überhaupt nicht.
Vielen Dank und herzliche Grüße von Ihrem
Paul Engelmann

36 Von Hans Weigel

Wien, 3. 2. 1963

Lieber Herr Benyoëtz,
schönen Dank für Ihren Brief - aber ich bin ein schlechter Briefschreiber [...]. Dies für die Zukunft, damit Sie sich nicht beklagen, wenn ich Ihnen nicht oder spät antworte.
Dem Engelmann hab' ich geschrieben. Ich habe zwei Verlage vergeblich für sein Kraus-Loos-Wittgenstein-Buch zu interessieren versucht, aber weiß einen Weg zu einem dritten, und den hat er vermutlich inzwischen begangen.
[...]
Alle guten, herzlichsten Grüße!
Ihr Hans Weigel

37 Von Alice Jacob-Loewenson

Tel Aviv, 4. 2. 1963

Lieber Benyoëtz,
ganz ebenso geht es mir. Ich krame in seinen Manuskripten herum. Welche Fülle. Ach, es ist nicht zu begreifen. Ich bin traurig, daß Sie *ihn* in seiner Glanzzeit nicht gekannt haben. Was für ein *Redner*! Was für ein Formulator! Was für ein humorvoller Schauspieler! Was für ein Stilist! Was für ein Mensch! - Den versprochenen Brief an Sie hat er wohl nicht mehr geschrieben. Ja, bitte, trösten Sie mich, lieber Benyoëtz,
nur S i e *können es*! Als er in meinen Armen verlöschte, war es wie eine Quattrocento- Pietà. Hell, gläsern, kein Wort.
Ihre Alice

38 Von Paul Engelmann

Tel Aviv, 22. 2. 1963

Lieber Benyoëtz!
[...]
Der Gedanke, daß ich noch vor dem Erscheinen des Wittgenstein-Buches meinen Beruf aufgeben könnte, ist leider ganz unrealistisch; ein junger Mensch wie Sie kann eventuell eine Zeitlang auch auf abenteuerliche Weise ohne ein gesichertes bürgerliches Minimalauskommen leben, aber ein alter Mann wie ich wäre dann durch die Sorge um den nächsten Tag vollkommen gelähmt, denn Einnahmen aus literarischen Quellen wären auch <u>im besten Fall</u> viel zu unsicher und unregelmäßig, als daß man darauf bauen könnte, und ich würde so nicht das Geringste mehr schreiben können. Ich habe augenblicklich genügend

Berufsarbeit, die mich aber so müde macht, daß alle privaten und literarischen Arbeiten nur sehr langsam vorrücken. Das tut mir selbst am meisten leid, jedenfalls übernehme ich augenblicklich keine neue Berufsarbeit mehr, deren Fertigstellung die literarische Arbeit länger hinausschieben würde.
Sehr wichtig ist mir Ihre Empfehlung bei Kiepenheuer, ich habe einen Brief von dort bekommen und antworte bald.
Sehr gefreut hat mich der Druck des ›Monolog‹, den Bar-Yuda, der mich bei meiner Abwesenheit besucht hat, mir in den Briefkasten gesteckt hat. [...]
Zweig will noch dranschreiben, daher grüße ich Sie heute nur noch herzlich und danke Ihnen nochmals für Ihre Freundschaft
Ihr Paul Engelmann

39 Von Ernst Brücher
Köln, 7. 3. 1963
Sehr geehrter Herr Benyoëtz,
nach vielem Hin- und Hergereise und anderen seltsamen Aktivitäten kam ich endlich dazu, in aller Ruhe zu Hause Ihre Gedichte mehrmals zu lesen. Es war für mich eine für mich in mehrfacher Hinsicht bewegende und gedankenvolle Lektüre. Daß diese Gedichte schön sind, wissen Sie, glaube ich, selber. Ich wiederum bin dieser Welt sehr nahe und weiß deshalb auch ein wenig, welche Freuden und Schmerzen danebenstehen. Ich danke Ihnen sehr, sehr herzlich.
Was Sie in Ihrem Aufsatz über das Wesen der Übersetzung von Gedichten schreiben, gilt für mich auch beim ›Lesen‹ von Gedichten. Auch das Lesen von Gedichten ist im Grunde ›eine Übersetzung‹. Und in diesem Sinne, aber *nur* in diesem Sinne, noch eine kleine persönliche Bemerkung:
Selbst unter dem Opfer, mir die Haut abzureißen, gehe ich seit vielen Jahren einen anderen Weg. Das Wort, mir von allen Dingen am nahestehendsten, hat mich so krank gemacht, daß ich einfach nicht anders konnte. Die von mir gewünschte Distanz, der neue Raum, mußte so groß wie möglich werden. Ich möchte fast sagen, daß mir persönlich das *schweigen*, das *warten* die einzige Chance der Hoffnung gibt. So überrascht mich nun die Wirklichkeit in nie vorausgesehener Weise. Solange ich lebe, soll mich der mystische Kern alles Lebens nicht trösten.
Herzliche Grüße
Ihr Ernst Brücher

40 Von Paul Engelmann
                              Tel Aviv, 24. 3. 1963

Ihre Bücher, die in Zweigs Zimmer stehen, sind in fast gänzlich <u>unberührtem</u> Zustand und in der Ordnung, in der Sie sie gelassen haben. Das Regal mit [S.] Fischers Rundschau, von der ich manchen Band gelesen habe, habe ich auch in schönste Ordnung gebracht, so daß es einen zweiten Zimmerschmuck bildet. Wegen Ihrer Bücherpakete, von denen Sie schreiben, daß sie Ihren Freund, bei dem sie jetzt untergebracht sind, zur Last fallen - habe ich mich bereits umgesehen, und schreibe Ihnen, sobald ich etwas Positives berichten kann, sofort. Wegen eventueller Kosten brauchen Sie sich keine Sorgen zu machen.-
Ich möchte gern, daß im Prozdor No. 6 auch die Schlußszene von Zweigs ›Tolstoi‹, die für sich allein sehr stark wirkt, hebräisch erscheint, - <u>falls die Annahme gesichert wäre</u>, - würden Sie eventuell die Szene übersetzen? Sehr einfach im Ausdruck, müßte aber trotzdem von einem <u>Dichter</u> übersetzt werden, da sie sonst sprachlich ornamentiert und so um die Wirkung gebracht würde. Schreibe Ihnen darüber sobald ich sicher sein werde, daß es nicht umsonst ist.
Falls Sie ›Pundak Haruchot‹ [Die Geisterherberge] von [Natan] Altermann lesen wollen, könnten Sie vielleicht etwas hebräisch darüber schreiben, und an eine Ihre Telaviver Zeitungen schicken - ich könnte Ihre Besprechung eventuell auch rasch übersetzen, damit Sie sie in Europa veröffentlichen. Nicht bedeutend, scheint mir aber dichterisch besser als alles, was bisher vom hebräischen Original-Theater da war. Habe Mittelmann angeregt, es zu übersetzen, da ich ja leider absolut keine Zeit dazu habe. Soll ich Ihnen das Buch schicken?
Ihr Paul Engelmann

41 Von Jacob Picard
                              Den Haag, Hotel Harrison, 30. 4. 1963
Lieber Herr Benyoëtz,
verzeihen Sie mir, daß diese Antwort auf Ihren guten Brief und seine Begleitung durch die Gedichte etwas verspätet kommt; wenn ich sie entsprechend dem, was sie bei mir auslösten geschrieben hätte, so hätte es sofort sein müssen, aber ich komme einfach nicht nach mit meiner Correspondenz [...].
Ihre Worte sowohl wie das noble Buch haben mich besonders berührt in der Tat; was die ersteren anlangt, so hätte ich sie umgekehrt von meinen Gefühlen als einem Alten her, der der Jugend begegnet ist und in ihr den Widerhall fand, der seinem Eigentlichsten entsprach, das er seit je zu erfüllen suchte, ebenso schreiben können, wenn ich unser Gespräch zuerst fortgesetzt hätte. Wäre die Wirkung unseres Zusammenseins, diese Bestätigung, nicht so gewesen, so würden wir

wohl nicht so lange beieinander gesessen sein, dieses Gefühl, ja, etwas weiter geben zu können, das einen selbst so lange erfüllt hat, und mit dem man ein Besonderes leben durfte. Sie werden mich sicher recht verstehen. Betrübt bin ich nur, daß ich Ihre Verse zwar lesen, aber nicht verstehen kann, wenn mich auch der Klang, wenn ich laut lese, wie magisch immerhin berührt. Ich mußte dabei an ein frühes Jugenderlebnis denken [...]: meinen ersten Lateinunterricht hatte ich bei unserem alten Dorfpfarrer, katholisch, und wenn ich zu ihm kam, nachdem ich Religionsunterricht beim Chasan gehabt hatte, ließ er mich aus der Tefilla vorlesen, und sagte danach: »Aber gell, übersetzt kansch's nit, aber I ka's«; Sie werden den Dialekt wohl verstehen. So ist es leider geblieben.

Wenn Sie mehr über Ernst Blass erfahren wollen als ich noch weiß, so besuchen Sie doch einmal seine Schwester in Haifa, indem Sie sich auf mich beziehen [...].

Ach, und Martin Beradt! Er war einer der edelsten und vornehmsten Menschen, die mir begegnet sind, aber obwohl ich ihn schon in Deutschland persönlich kannte, haben wir uns allzu wenig gesehen, weil er ja in Berlin lebte und ich am Bodensee und im Rheinland, trafen uns freilich dann in der New Yorker Emigration, doch das war auch allzu selten, weil er oft krank war an einem schweren Augenleiden. Doch kannte ich eben seine Produktion, und seine Prosa war eine der besten, die damals in Deutschland geschrieben wurde. Versuchen Sie, davon etwas zu erlangen. Und sicher wird seine Frau Ihnen Auskunft geben, die ihm sehr geholfen hat in der schweren Zeit; ihre Adresse, Frau Charlotte Beradt, können Sie vom ›Aufbau‹ New York erfahren, wo jüngst ein feiner Artikel von ihr über Karl Otten gestanden hat. Auch ihr können Sie Grüße von mir sagen.

Eben sehe ich, daß Sie nach Pessach von Köln nach Frankfurt fahren wollten; aber dieser Brief wird Ihnen ja sicher nachgeschickt werden. [...] Leider habe ich niemanden in Frankfurt, der mir so nahe ist, daß ich Sie an ihn weisen könnte, ja wenn ich's recht überlege, überhaupt niemanden; das war einmal. Aber Sie werden schon das Ihre erreichen, woran Ihnen auch dort liegen könnte.

Nehmen Sie freundlichste Grüße und meine warmen Wünsche auf Ihren Weg
Ihr Jacob Picard

42 Von Hannah Arendt
                                                                             Athen, 9. 5. 1963
Sehr geehrter Herr Benyoëtz!
Sie sehen, daß Ihr Brief mich verspätet erreichte, und ich hoffe, der meinige trifft Sie noch an der Kölner Adresse. Und enttäuscht Sie nicht zu sehr. Ich kann kaum etwas über Erwin Loewenson, der ein guter Freund war, schreiben; aber falls eine Veröffentlichung von Erwins Briefen etwas konkretere Gestalt annehmen sollte, so

will ich natürlich sehr gerne die Briefe, die in meinem Besitz sind, zur Verfügung stellen. Vorläufig dürfte doch wohl eine Veröffentlichung nachgelassener Schriften, wenn sie zustande kommen kann, erheblich vordringlicher sein.
Sie fragen mich nach Martin Beradt. Ich habe ihn nicht gekannt. Aber seine Witwe ist eine sehr nahe Freundin von mir, und sie wird Ihnen gern weitere Auskünfte geben. […]
Mit allen guten Wünschen für Ihr Vorhaben
Ihre Hannah Arendt

43 An Paul Engelmann
Hamburg, 26. 8. 1963
Lieber Engelmann,
obwohl ich Ihre Antwort auf meinen letzten Brief noch nicht habe, lasse ich einen zweiten Brief folgen. Ich habe zwei wichtige Mitteilungen zu machen.
Bezüglich Ihres Wittgenstein-Buches schrieb ich, daß ich Ihnen trotz allem einige Möglichkeiten offen lassen möchte, falls Sie sich überlegten, das Manuskript doch einem deutschen Verlag anzubieten. Wie Sie wissen, habe ich mit einigen Verlegern unverbindlich gesprochen, hatte auch vor, den Suhrkamp Verlag, Frankfurt, zu interessieren. Nun weiß ich aber nicht, ob ich wieder nach Frankfurt komme.
Hier, in Hamburg, besuchte ich einige Verlage, darunter den kleinen aber sehr soliden Claassen-Verlag. Ich sprach mit Frau Dr. Hilde Claassen und konnte sie derart begeistern, daß sie sich bereit fand, mit Ihnen sofort einen Vertrag zu schließen.
Erschienen Sie da, fänden Sie sich in bester Gesellschaft: Karl Wolfskehl, Elisabeth Langgässer, Heinrich Mann, Elias Canetti, Werner Kraft. Dies ist eine ungewöhnliche Gelegenheit - ›ungeprüft‹ akzeptiert zu werden. Da es so weit zu sein scheint, nehme ich mir weiter nichts vor. Ihre Sache wäre damit erledigt. Ich machte Frau Claassen auch auf andere Ihrer Arbeiten aufmerksam und es wäre nicht ausgeschlossen, daß sie auch einen Essay-Band herausbrächte. […]
Ich fahre nächste Woche nach Berlin
Schalom und herzliche Grüße
Ihr Benyoëtz

44 Von Helene Grell
Duisburg, 12. 5. 1963
Sehr geehrter Herr Benyoëtz!
Haben Sie vielen Dank für Ihren so freundlichen Brief. Unsere Wünsche begegnen sich.

Wie gern würde ich Sie sehen und sprechen! Wie schön, daß Sie von den Zeiten der namenlosen Tragik doch noch sagen können: sie waren großartig.
Nach Ihren Worten waren Sie also noch jung während all der Tragik.
Haben Sie Loerke noch persönlich gekannt?
Wenn Sie Fragen stellen, kann ich Ihnen besser aus jenen Tagen erzählen.
Heimann war schon sehr, sehr leidend, als ich 1923 Julius Levin kennen lernte, und zwar über die Musik.
Zu Loerke bin ich über Johann Seb. Bach und über Loerkes Gedichte gekommen. Damit vor allem waren die Abende mit Levin und Loerke angefüllt. Greiners waren manchmal als Zuhörer mit dabei. Emanuel bin Gorion kannte ich nur sehr oberflächlich, etwas mehr seine Mutter, die ja einen Verlag führte. Levin bekam immer eine Einladung zu den Literatur-Vorträgen vom jungen Bin Gorion. Auf einer dieser Vorlesungen lernte ich Elisabeth Langgässer kennen. Sie las aus ihrem ersten Romane, den Frau bin Gorion druckte und einige Gedichte, um deren eines ich sie bat. Dieses zeigte ich Julius Levin, der sehr davon angetan war und dieses Gedicht an Loerke schickte, mit dem Vermerk:
»leider nicht von mir.«
Es entspann sich dann eine sehr schöne Freundschaft mit der Langgässer, für Levin und mich.
Daß Herr Kunz leidend ist, war auch mein Eindruck. Hoffentlich kann er noch arbeiten. Sonst käme er wohl in große Not. Ist da irgend eine Stelle, die ihn unterstützen könnte?
Nach Loerkes Aufsätzen über jüdische Autoren will ich einmal suchen: Nur müssen Sie etwas Geduld haben.
Ich arbeite noch. Also anbei nun die Gedichte. Mögen Sie erfreut und vielleicht auch getröstet davon werden!
Mit vielen schönen Grüßen
Ihre Helene Grell

45 Von Oskar Maria Graf

New York, 15. 6. 1963

Lieber Herr Elazar Benyoëtz!
Bitte, seien Sie mir nicht böse, wenn ich erst heute auf Ihren lieben Brief vom 17. 5. reagiere. Mein verdammtes Asthma wirft mich immer wieder wochenlang aus jeder Arbeit, und da häufen sich dann Briefe und weiß Gott was auf meinem Schreibtisch, und zuletzt liegt alles so durcheinander, daß ich's vergesse.
Kurzum, wegen Ihrer Bitten. Natürlich kannte ich viele jüdische Kollegen, Feuchtwanger, Toller, Bruckner, die leider schon gestorben sind, und ich kenne wohl auch eine Menge lebender noch mehr oder weniger, aber ich habe kaum

Erhebliches von ihnen. Dem armen Toller hielt ich seinerzeit in NY die Totenrede und mit ihm und Bruckner war ich nahe befreundet, seit langer Zeit - aber, lieber guter Herr, ein Archiv halte ich nicht, Briefe bewahre ich kaum einmal länger auf, und jener ›Victor S‹, den ich in einem Essay behandle, ist eine aus mehreren jüdischen Freunden zusammengesetzte, fictive Figur, die ihre Verlebendigung nur vielen Diskussionen mit jenen Menschen verdankt. Umso mehr schmeichelt es, wenn man als Autor von einem Leser erfährt, daß er des Glaubens ist, es handle sich um einen Freund, der um einen lebte.
Ich kann Ihnen also recht wenig behilflich sein, lieber Herr Benyoëtz, denn, sehen Sie, ich müßte da alles niederschreiben - und dazu habe ich jetzt weder die nötige Arbeitskraft, noch die ›Gestimmtheit‹, noch die Zeit. Ich bin mitten in einer großen Arbeit, und selbst die bleibt immer und immer wieder liegen, weil ich mit meinen Anfällen zu ringen habe. Seien Sie mir also nicht böse, daß ich absage - säße ich vor Ihnen, wär's wohl möglich, einiges zu erzählen, aber wie sollt ich denn? Das letzte Mal anno 61, als ich in Deutschland war, wurde ich wegen des Klimas schwer krank und lag sieben Wochen in einer Schweizer Klinik.

Ich hoffe dennoch, daß Ihre Arbeit gut fortgeht, und wenn ich wirklich einmal die Totenrede für Toller wieder finde, so schicke ich sie Ihnen. Daraus sehen Sie schon, wie schlampig ich mit Manuskripten umgehe. Wenn sie fertig sind, sind sie für mich kaum mehr sehr bedeutungsvoll. Sogar meine vielen Briefe von Isaak Babel, Tretjakow und etliche von Pasternak sind verloren gegangen, als ich aus der Tschechoslovakei wegmußte. Die Emigration war nicht immer so nett wie man's auf der Gegenseite hinstellen will.
Recht gute Grüße
Ihr Oskar Maria Graf

46 Von Walter Muschg
                                            Basel, 11. 8. 1963
Sehr geehrter Herr Benyoëtz,
Ihr Brief aus Köln vom 5. Juli ist mir leider erst jetzt, [...] zu Gesicht gekommen. Verzeihen Sie die Verspätung meiner Antwort; ich schreibe Ihnen trotz dieser an Ihre Kölner Adresse in der Hoffnung, daß Ihnen dieser Brief nachgeschickt wird.
Ich denke mit Freude an unser Gespräch zurück und bestätige Ihnen gern auch schriftlich, daß mich Ihre Ausführungen über den Plan einer Bibliographia Judaica nicht nur gefühlsmäßig beeindruckt, sondern auch sachlich überzeugt haben. Er hat sich bei Ihnen aus überlegener Einsicht in die heutige geistige Situation und ihre geistigen Konsequenzen gebildet, ist auf weite Sicht gedacht und scheint mir

tatsächlich geeignet, die wirkliche Rolle des Judentums im modernen Europa, namentlich in Deutschland, auf objektive Weise klarzustellen und die Grundlage für eine unvoreingenommene Untersuchung der damit zusammenhängenden Fragen zu schaffen, vor allem auch die Grundlagen für die Sammlung des in Betracht kommenden riesigen Materials.
Wie ich Ihnen sogleich sagen mußte, werde ich selbst nicht imstande sein, an der praktischen Verwirklichung und Auswertung Ihres Vorhabens tätigen Anteil zu nehmen. Ich sichere Ihnen aber mit Freude meine grundsätzliche Unterstützung zu, die vor allem darin bestehen wird, daß ich die für diese Arbeit Geeigneten unter meinen Doktoranden ermuntern werde, sich auf dem von Ihnen gewiesenen Feld zu betätigen.
Ihre Nachricht von Frau Margarete Susman hat mich sehr gefreut. Meine Jean Paul-Rede wird Ende des Jahres gedruckt vorliegen, und ich werde Frau Susman gern ein Exemplar schicken. [...]
Empfangen Sie meine herzlichen Grüße und Wünsche
Ihr Walter Muschg

47 Von Hugo Bergmann
                                                                    Jerusalem, 25. 8. 1963
Mein Freund,
ich habe Deinen Brief vorgestern erhalten, doch waren alle meine Versuche, ihn zu entziffern, vergeblich. Dies obwohl ich mich mit einer Brille ausrüstete, ein starkes Vergrößerungsglas dazu nahm und mich des Lichts der Schabbatkerzen bediente. Das einzige Ergebnis dieser Anstrengung war, daß ich den Kidduschwein auf das Gebetbuch ausgegossen hatte, und wenn Du, mit Gottes Hilfe, bald zurückkehrst, wirst Du den Fleck auf dem Gebetbuch wohl noch riechen und sehen können.
Ich las, daß Du [Fritz] Mauthners Nachlaß entdeckt und daß Du bei Annette Kolb und Ernst Bloch warst, was Du über sie aber schreibst, konnte ich nicht entziffern. Es scheint, Du wollest uns die Einladung Blochs empfehlen, Du weißt aber doch, daß es unmöglich ist, an der Universität deutsch vorzutragen, und dies sowohl aus politischen wie aus sachlichen Gründen, haben wir doch keine deutschen Hörer.[...]
Dein S. H. Bergmann

48 Von Marie Luise Kaschnitz
                                                          Frankfurt a.M., 6. 9. 1963
Lieber Elazar,
Sie finden anliegend einen feierlichen Maschinentext, wenn Sie ihn verwenden können bin ich froh, wenn er ganz falsch und blöd ist, in den Papierkorb damit. Dolf Sternberger ist verreist und niemand weiß wohin, alle Professoren die ja jetzt Ferien haben sind fort, aber Adorno schon wieder zurück, ich habe mit ihm ausgemacht ihn am Sonntag zu treffen. Eppelsheimer werde ich heute Abend anrufen. Soviel ich mich erinnere äußerte er bei einem Gespräch über die B[ibliographia] J[udaica] die Bedenken die ich zuerst auch hatte, aber nicht mehr habe: daß es gerade uns Deutschen schlecht anstünde eine Art literarisches Ghetto aufzurichten und daß die großen Schriftsteller und Dichter jüdischer Herkunft (etwa die Lasker-Schüler) ohnehin in den deutschen Parnass eingingen (nicht E's Worte).
Inzwischen meine ich daß wir sie, die großen jüdischen Dichter vielleicht schon wieder zu selbstverständlich für uns in Anspruch nehmen und die poeti minores völlig unter den Tisch fallen lassen.
Danke sehr für die lieben Briefe, ich zuckte selbst zusammen, hörte die Züge donnern, wie jung und wie stark Sie doch sind daß Sie solche ›Prüfungen‹ auf sich nehmen.
Ihre Gedichte habe ich, mit vielen kleinen sogenannten Verbesserungen noch immer hier, warte auf den Herrn Verfasser, so etwas läßt sich nur durch*sprechen*. [...] Ich arbeite immer noch an meinen Kurzgeschichten, wünschte ich könnte wieder Gedichte machen was eben doch das einzig Wahre und Schönste ist. Aber Sie werden das Märchen der Dichter schreiben.
Viele liebe Wünsche
Ihre Marie Luise Kaschnitz

49 Von KA
                                                          Stuttgart, 11. 9. 1963
Lieber Elazar,
Sie haben mir soviel geschrieben in Ihren beiden Briefen, die ich hier vorfand (u. die mich freuten, weil sie die einzigen waren in meinem Stapel von Postsachen, die mir nicht lästig waren). Sie haben mir soviel geschrieben, daß ich gar nicht weiß, was ich zuerst sagen soll. Ich freu mich, daß Sie so angeregt sind u. Pläne machen. Sie scheinen sich in einer positiven Phase zu befinden - kann ich so sagen? Daß Sie Korrekturen eines neuen Gedichtbandes gelesen haben, daß Rowohlt (oder Claassen) sich für Ihre Gedichte interessieren u. daß Sie *eine* gute Bearbeiterin gefunden haben in M. L. Kaschnitz - all das finde ich schön, es macht Ihnen

Mut. Und mir fällt dabei ein, daß ich Ihre echten originalen Gedichte nie werde lesen können, weil ich Ihre Sprache nicht verstehe. Daß ich es nie wissen werde, was Sie wirklich sagen, weil Sie es auch in Ihrer Sprache so sagen, wie Sie es fühlen. Es schmerzt mich. Neulich hatten wir Besuch von einem israelischen Mädchen, die an der Jeshiwah-University in New York studiert, u. ich bat sie, mir ein paar Gedichte zu übersetzen. Eines, welches ich schon in deutscher Übersetzung habe, war sehr anders im Ton als die Übersetzung Ihrer ›Männer‹. Aus dem Unterschied der beiden Fassungen ergab sich für mich *ein* ganz anderer Ton, u. ich glaubte, daraus das zu hören, was Sie etwa sagen wollten. Bei dieser ganzen Beschäftigung fiel mir ein, wie schwer es für Sie sein muß zu schreiben, wenn Sie in einem fremden Sprachgebiet leben. Es fällt mir an Ihren Briefen manchmal auf: Sie bewegen sich in Worten, die nicht Ihre eigenen sind - im zweifachen Sinn gemeint. Sie haben eine so unglaublich rasche Auffassungsgabe, ein starkes Gefühl für literarische Qualität, das Sie nicht trügt, Ihr Urteil ist sicher, Sie fassen die Nuancen, Sie kombinieren blitzschnell - aber Sie müssen, wenn Sie produktiv und nicht nur rezeptiv sein wollen, dauernd umdenken und selbst Ihre Hand muß umdenken zum Schreiben in einer anderen Schrift und anderen Buchstaben in einer anderen Richtung - das ganze automatische Gehirnsystem muß zweigleisig sein - so sehr Sie das auch gelenkig macht, birgt das nicht die Gefahr des Sich-verzetteln in sich? (Verzetteln - zerteilen u. dadurch schwächen) oder den Verlust der Wortkraft? Sie schreiben nun, daß Sie nach Israel zurück gehen, nach Hause, um Ihre Sprache zu stärken. Das müssen Sie, daran dachte ich auch schon, denn Sie verdorren in Ihrer Ausdrucksmöglichkeit, wenn Sie wirklich ein ›Mann des Wortes‹ sind. Oder irre ich mich? Ist das nicht hemmend, in fremder Sprache zu leben? Und glauben Sie, daß Sie im fremden Sprachgebiet schreiben können? Sie können Eindrücke sammeln u. sich selber bilden, aber schreiben? Ich will gern Ihre ›Muse‹ sein, wenn Sie glauben, daß ich das sein könnte (Ich weiß das nicht so sicher. Als Muse müßte ich Sie küssen). Aber sicher könnte ich jemand sein, auf dem Sie stehen können, das weiß ich u. das würde Ihnen vielleicht auch genügen für eine Weile, damit Sie ganz sicher sind u. fest bleiben, weil Ihr eigener Grund noch nicht tief genug ist. Oder irre ich mich auch hier? - Ist es die Ruhe, nicht der feste Untergrund, die Sie brauchen, um arbeiten zu können?
Warum machen Sie sich Gedanken bzw. Sorgen um die Bibliographia Judaica? Sie kommt, das ist sicher. Wichtiger für Sie selbst ist doch die Anthologie jüdischer Lyrik. Das ist Ihr spezielles Feld. Sie sind sicher ein sehr guter Übersetzer mit all den Vorzügen, die Sie haben, sich in anderes Gedankengut zu versetzen (u. wie oben schon geschildert - entschuldigen Sie das indiskrete Eindringen in Ihr Wesen).
Haben Sie Gedichte v. Gertrud Kolmar schon übersetzt? Ich habe den Band, den Sie mir geschenkt haben, mit in Paris gehabt u. habe vor dem Einschlafen drin gelesen. Auch wenn ich noch so todmüde u. wirr von französisch u. englisch durcheinander

sprechen war, war ich jedesmal fasziniert u. gelöst von diesen Gedichten. Es quält mich immer neu, daß ich nur den kleinen deutschen Teil Ihres Ausdrucks kenne. Stehen Sie mit Margarete Susman noch in Verbindung? Wenn ja, schreiben Sie ihr, daß eine Frau in Deutschland ihr Buch ›Frauen der Romantik‹ gelesen hat u. absolut fasziniert davon ist. Diese Darstellung ist heute noch nicht erreicht, wenn auch die heutige Zeit anders auf die Romantik blickt oder ein anderes Verhältnis dazu hat.

Vor allem das Bild Rahel Varnhagens ist großartig, obwohl gerade sie diejenige ist, die man als Frauengestalt vielleicht nicht ganz der Romantik zuteilen möchte. Lieber Elazar, Sie sehen, ich komme wieder ins Schwelgen hinein u. das ist ein geschwätziger Brief geworden. Ich würde ja am liebsten mich mit Ihnen unterhalten, über vieles. Ich möchte Sie sehen.

KA

50 Von Arthur Hübscher

Frankfurt/Niederursel, 18. 9. 1963

Lieber Freund,

verargen Sie es mir nicht, daß ich Sie warten ließ. […] Ich will Ihnen aber jetzt sagen, daß ich den Plan der Bibliographia Judaica, den Sie mir in manchen Gesprächen seit Ihrem ersten durch Herrn Professor Bergmann vermittelten Besuch und seither schriftlich entwickelt haben, für ausgezeichnet halte. Die Durchführung wird viel Zeit und Kraft erfordern - darüber waren wir uns ja klar - aber sie wird die bisher fehlenden Grundlagen schaffen für jede objektive Prüfung und Beurteilung der jüdischen Kulturleistung in Deutschland und in Europa.

Diese objektive Prüfung und Klarstellung scheint mir, nach allem was geschehen ist, heute notwendiger denn je. Sie ist keineswegs eine Sache der historischen Betrachtung, sondern eine wesentliche Aufgabe der Gegenwart und der Zukunft. So wünsche ich Ihrem Unternehmen den besten Erfolg.

Lassen Sie wieder von sich hören und nehmen Sie die herzlichsten Grüße der Familie und Ihres Arthur Hübscher

51 Von Gertrud Strich

Bern, 2. 10. 1963

Mein lieber Wanderer!

Ganz besonders danke ich Ihnen für Ihren lieben, verstehenden Brief. Daß Sie sein Lächeln festgehalten haben bedeutet mir so viel, wie ich gar nicht sagen kann. Das Bild - es ist das letzte, das es von ihm gibt - steht vor mir und zeigt ihn mir so ganz, wie er war, wenn er sich freute. -

Der Tod kam als Erlöser zu ihm. Er war bereit und durfte friedlich sterben, seine liebe Hand in der meinen.
Ihre Gertrud Strich

52 Von Paul Engelmann

Tel-Aviv, 27. 10. 1963

Lieber Benyoëtz!
[...]
Wie ich gehört habe, war in einer hebräischen Zeitung, vermutlich ›Haárez‹, (jetzt schon vor Wochen) wieder ein gemeiner Angriff auf Sie wegen Ihres Aufenthalts in Deutschland. Ich habe den Dreck nie zu Gesicht bekommen, falls Sie ihn aber gelesen haben, sende ich Ihnen zum Trost beiliegenden Ausschnitt, der die ganze Infamie dieser Affenbande beleuchtet. Fühlen Sie sich also von den Kokosnüssen, die Ihnen etwa von den Bäumen an den Kopf geworfen werden, nicht allzu sehr getroffen! [...]
Von allen durch Ihre Freundschaft angeregten Verbindungen mit Verlegern, wäre mir die mit dem Verlag Claassen in Hamburg am Erwünschtesten. Da der Brief von Frau Dr. Claassen auch ernstes Interesse für meine übrigen Arbeiten gezeigt hat, habe ich ihr die einzige <u>fertige</u>, ›Die urproduzierende Großstadt‹, empfohlen und ich möchte womöglich erreichen, daß diese noch vor dem Wittgenstein-Manuskript gedruckt wird. Die Arbeit ist außerordentlich gelungen und höchst aktuell [...].
Sehr gefreut hat mich Ihre Nachricht, daß Bar-Yuda mir das Manuskript eines neuen Gedichtbuches von Ihnen zeigen wird, [...] schreiben Sie ihm bitte, daß ich <u>sehr begierig</u> bin, es zu sehen und auch eventuell etwas für ›Prozdor‹ darin zu finden. Ich werde ihm sehr gern bei einer Redaktionsarbeit des Buches behilflich sein. [...] Schreiben Sie bald Ihrem, Sie herzlich grüßenden
Paul Engelmann

53 Von Helmuth Nürnberger

Hamburg, 31. 10. 1963

Lieber Elazar Benyoëtz,
vielen Dank für Ihren freundlichen Brief. Ab 5. November bin auch ich in Berlin, um im Märkischen Museum, bzw. evtl. auch in der Landesbibliothek in Potsdam Fontane-Manuskripte zu sichten. Wie lange ich bleibe, ist nicht ganz gewiß, aber voraussichtlich werde ich zwei Wochen brauchen, um wenigstens eine Übersicht zu bekommen. Fontane soll ganz reizende Einfälle gehabt haben, um die Germanisten ein wenig zu beschäftigen, z. B. schrieb er Roman-Entwürfe auf die

Rückseiten der Roman-Reinschriften, die seine Frau anfertigte. Diese Rückseiten waren bis vor kurzem noch nicht einmal katalogisiert. - Ich lege Ihnen einen Artikel bei, den Erich Lüth, bald nachdem Sie bei uns waren, im ›Hamburger Echo‹ veröffentlicht hat und den man ja wohl ein Attentat nennen kann. Nun, eine jede Kugel trifft ja nicht, wie es bei den Preußen hieß, für den Fall aber, daß Sie noch nichts davon bemerkt haben sollten, mögen Sie wenigstens wissen, daß geschossen wurde. Ich hatte übrigens vor einigen Abenden Gelegenheit zu beobachten, daß Erich Lüths Auskünfte nicht immer unbedingt zutreffend sind. Es handelte sich um einen Vortrag Hermann Kestens in den Räumen des ›Kongreß für die Freiheit der Kultur‹ über das Thema ›Warum lebe ich nicht in der Bundesrepublik‹ und Erich Lüth gab eine Erklärung ab, daß es keineswegs Schwierigkeiten gemacht hätte (wie der einführende Redner behauptete) Kesten in der Universität sprechen zu lassen, die deutschen Universitäten stünden Kesten offen. Es fanden sich dann aber noch weitere Zeugen, so daß Lüth zuletzt bei einem ›Esel in der Verwaltung‹ seine Zuflucht suchte, woraufhin er die Lacher auf seine Seite bekam. Also Vorsicht im Umgang mit Ungetümen, seien es nun Senatspressechefs oder Esel in der Verwaltung!
Mit den schönsten Grüßen
Ihr Helmuth Nürnberger

54 An den Theodor Körner Stiftungsfonds
Köln, 12. 11. 1963

Elazar Benyoëtz b. Besting
5 K ö l n   Ubierring 5

An den
Theodor Körner Stiftungsfonds
Wien IX.
Strudlhofgasse 13

Sehr geehrte Herren!
Ich erlaube mir, Ihnen ein Ansuchen um Gewährung eines Stipendiums zu unterbreiten, das mir ermöglichen würde, den umfangreichen Nachlaß Richard von Schaukals zu ordnen.
Durch meine langjährige Beschäftigung mit der deutschen Literatur, um deren Bekanntmachung in Israel ich durch Übersetzungen, Essays und Buchbesprechungen bemüht bin, habe ich auch eine innere Beziehung zu Schaukal gewonnen, dessen Werk leider zum größten Teil noch unerschlossen ist.

Während meines ersten Aufenthalts in Wien habe ich die Tochter des Dichters, Frau Dr. Lotte von Schaukal, aufgesucht, die mich darauf hinwies, daß ein sehr beträchtlicher Nachlaß vorhanden sei, der noch der Auswertung bedarf. Gleichzeitig sagte mir Frau Dr. von Schaukal, daß eine sechs- bis siebenbändige Ausgabe von Schaukals Werken geplant ist.
Als ich kürzlich wieder in Wien war, habe ich das Material gründlich angesehen und kann wohl behaupten, daß es sich um einen höchst interessanten und wichtigen Nachlaß handelt. Frau Dr. von Schaukal bat mich, ihr bei der Auswertung des riesigen Materials zu helfen. Ich würde diese Bitte gern erfüllen.
Es ist leider zu wenig bekannt, daß Schaukal, der zu Unrecht so gut wie vergessen ist, eine sehr bedeutende Rolle in der österreichischen Geistesgeschichte innehatte. Sein dichterisches Werk mag in mancher Hinsicht heute vielleicht unzeitgemäß erscheinen, im wesentlichen Teil ist und bleibt es jedoch überzeitlich. Schaukals geistige Haltung und seine künstlerischen Voraussetzungen sind in literarhistorischer Hinsicht von größter Aktualität, wenn man ihn wieder im Zusammenhang mit den geistigen österreichischen Persönlichkeiten sieht, zu denen er gehört und deren zeitkritische Gedanken ausschlaggebend wurden, - wie etwa Karl Kraus und Adolf Loos, dessen Bedeutung Schaukal als erster empfunden und gedeutet hat.
Im Nachlaß sind vor allem die vorhandenen Briefe wichtig. Schaukal war ein unermüdlicher Briefschreiber und seine Briefe sind von hohem literarischem und zeitgeschichtlichem Wert.
Ebenso interessant sind aber die Briefe, die von allen bedeutenden Schriftstellern seiner Zeit - etwa von der Jahrhundertwende an bis zum zweiten Weltkrieg - an Schaukal gerichtet wurden, u. a. von Ebner-Eschenbach, Ferdinand Saar, Adolf Loos, Arthur Schnitzler, Richard Dehmel, Thomas und Heinrich Mann.
Wie wichtig die Auswertung des gesamten Nachlasses ist, bedarf wohl keiner weiteren Begründung. Ich vermute, daß genaue Sichtung und Ordnung des nachgelassenen Materials etwa drei bis vier Monate dauern würden. Ich würde diese Arbeit gern übernehmen und hoffe, Ihre Unterstützung erwarten zu dürfen.
Elazar Benyoëtz

55 Von Hanns W. Eppelsheimer

Frankfurt a. M., 17. 11. 1963

Sehr geehrter, lieber Herr Benyoëtz,
ich stehe noch unter dem Eindruck unseres zweiten langen Gesprächs über Ihren Plan einer Bibliographie deutsch-jüdischen Geistes. Dabei tut es mir auch jetzt wieder leid, daß mein Alter und die Bedrängnis durch mancherlei öffentlichen Dienst und eine große eigene Arbeit, die nun nicht länger aufgeschoben werden

kann, es mir unmöglich machen, Ihnen meine Hilfe zu leihen. Indes bin ich sicher, daß man Ihnen helfen wird, Ihren grandiosen Plan durchzuführen. Die bibliographische Zusammenstellung aller von unseren jüdischen Mitbürgern im deutschen Sprachraum geleisteten geistigen Arbeit in den Humanities (Dichtung, Philosophie, Geschichte, Biographie, Erinnerung, Briefe), so wie sie Ihnen als Abschluß eines Zeitalters fruchtbaren Zusammenwirkens erscheint, sollte diese, wie wir beide wissen, abgeschlossene, so jedenfalls nicht wiederkehrende Epoche als ein mächtiges Gedenkwerk sichtbar schließen.

Sie, lieber Herr Benyoëtz, haben es nicht betont, aber ich darf es, ich muß es aussprechen, daß es - aus sehr bekannten Gründen - an uns Deutschen ist, diese Arbeit auf uns zu nehmen. Aus meiner Erfahrung darf ich Ihnen zugestehen, daß diese Arbeit keineswegs eine Utopie ist, keine unendliche, vielmehr klar begrenzte Aufgabe, aus dem deutschsprachigen Schrifttum der letzten zwei Jahrhunderte einmal festzustellen und nach den Titeln - rein bibliographisch, ohne Wertung - festzuhalten, was wir unseren jüdischen Mitbürgern am Werden deutschen Geistes verdanken. Ganz abgesehen, was sich etwa an Darstellungen dieser Mitarbeit aus dieser Bibliographie künftig entwickelt, und selbst für den (sehr unwahrscheinlichen) Fall, daß sich gar nichts daraus an schriftlich gefaßter Besinnung und Darstellung entwickeln würde, - es bleibt die bibliographische Bilanz, ein Akt, ein Schritt der Versöhnung mit dem jüdischen Volk, an der uns heute und morgen gelegen sein muß, - ein Akt, auf den das jüdische Volk einen Anspruch hat.

Soviel zu Ihrem Plan aus meiner Sicht, lieber Herr Benyoëtz, und nun meine guten Wünsche zur Verwirklichung!

Ihr Hans W. Eppelsheimer

56 Von Theodor W. Adorno

Frankfurt a. M., 28. 1. 1964

Sehr geehrter Herr Benyoëtz,

es ist wirklich schade, daß es nicht zu unserem Gespräch gekommen ist, denn Ihr Plan ist so wichtig und produktiv, daß er der allerernstesten Aufmerksamkeit bedarf. Unbedingt meine ich, daß die Grundkonzeption fruchtbar ist und eine überaus wichtige Funktion gerade auch in Deutschland erfüllen kann. Aber ich meine allerdings, daß der Plan einer wesentlichen Modifikation bedarf, nicht nur um sich zu konkretisieren, sondern auch um das geistige Gewicht zu gewinnen, das doch wohl Sie in erster Linie davon erwarten. Ich meine, man müßte von der rein quantitativen und geistig allzu unverbindlichen Gestalt einer bloßen Bibliographie loskommen und in einem höchst verantwortungsvollen Buch wirklich etwas *Qualitatives* über den jüdischen Anteil an der deutschen

Geistesgeschichte schreiben, wobei übrigens noch die Frage zu klären wäre, ob es sich dabei wirklich um etwas wie eine ›Symbiose‹ und nicht um ein viel tieferes Verhältnis wechselseitiger Durchdringung handelt. Mein Vorschlag wäre, das Buch nicht bloß in den beiden Richtungen des Bibliographischen und Biographischen anzulegen, sondern vor allem unter sachlichem Gesichtspunkt, also nach der geistigen Relevanz jenes Anteils. Mir jedenfalls würde es aufs äußerste widerstreben, bloß weil beide Juden waren, Alfred Kerr auf gleichem Niveau mit seinem Todfeind, dem Genie Karl Kraus, oder Stefan Zweig auf demselben wie Kafka zu behandeln. Die Forderung, möglichst wenig zu werten, entspricht zwar den gängigen Wissenschaftsvorstellungen, scheint mir aber gegenüber der Tiefendimension dessen, was Sie aufwerfen, nicht zulänglich zu sein. Ich weiß nicht, ob Sie mit meiner eigenen philosophischen Arbeit vertraut sind - sollten Sie es sein, so werden Sie gewiß verstehen, daß ich auch nicht glaube, daß man den Rang von Autoren bestimmen kann, indem man ›gewisse unumgängliche Wertmaßstäbe‹ erarbeitet, sondern nur durch Versenkung in die Sache selbst. Und ich glaube allerdings, daß das Gelingen Ihres Unternehmens davon abhängt, daß es von allen gängigen Vorstellungen über solche Fragen radikal sich unterscheidet. Das ist auch der Grund, warum ich so sehr bedaure, daß wir uns bisher nicht unterhalten konnten, denn wie ich mich schließlich selber zu dem Vorhaben stelle, wird davon abhängen, wie Sie jene Fragen anzufassen gedenken. Vielleicht findet sich, nach Semesterende, doch eine Möglichkeit...Ihr sehr ergebener Theodor W. Adorno

57 Von Paul Engelmann

Tel Aviv, 11. 5. 1964

Lieber Benyoëtz!
Endlich nach monatelangen unnötigen Verzögerungen ist jetzt der ›Prozdor‹ wieder erschienen, und im Ganzen, trotz störender Dummheiten, ein <u>sehr</u> gutes Heft.[...], und ich glaube, daß Ihre *Nowlot* an der besten Stelle des Heftes und ohne typographische Fehler gedruckt sind, so daß in dieser Hinsicht betont ist, daß sie zu den besten Beiträgen des Heftes gehören. [...]
Leider war ich in der Zeit Ihrer Anwesenheit hier im Lande noch in <u>sehr</u> erholungsbedürftigem Zustand. Das hat sich jetzt, unberufen! entschieden gebessert: ich arbeite <u>viel</u> und mit gutem Erfolg, hauptsächlich literarisch.
Ich war in der ganzen Zeit, seit der Sie mich kennen, in einem Zustand von <u>Willenslähmung</u>, hauptsächlich durch zuviel verschiedene Arbeiten <u>durcheinander</u>, und dadurch hauptsächlich war ich so überarbeitet. Das war der Hauptgrund meiner Erkrankung. [...]
Ihr Paul Engelmann

58 An Werner Stein

22. 7. 1964

Elazar Benyoëtz
1 Berlin 21
Bartningallee 11-13

An den Herrn Senator für Wissenschaft und Kunst
Herrn Professor Dr. Werner Stein
1 Berlin-Charlottenburg
Bredschneiderstraße 5-8

Sehr geehrter Herr Professor Stein,
um Ihnen den Anlaß meines heutigen Schreibens ins Gedächtnis zu rufen, darf ich Sie vielleicht an den Empfang der Ford-Stiftung und das Gespräch über die ›Documenta Judaica‹ erinnern, das Sie liebenswürdigerweise mit mir führten. Ich konnte Sie damals auf die Schwierigkeiten hinweisen, die es unmöglich machten, die ›Documenta Judaica‹ auch in Berlin zu zeigen, entwickelte Ihnen aber gleichzeitig den Plan, eine Ausstellung ›Juden in Berlin‹ hier durchzuführen. Herr Dr. Haas, der sich erboten hatte, Sie weiter über meine Pläne und Arbeiten zu informieren, riet mir jetzt, mich doch bei Ihnen schriftlich noch einmal vorzustellen, was ich hiermit tun möchte.
Zu meinem Plan einer Ausstellung ›Juden in Berlin‹ darf ich folgendes sagen:
Die Wichtigkeit und Bedeutung einer solchen Ausstellung in Berlin und für Berlin scheint mir offensichtlich zu sein. Berlin war nicht nur die Hauptstadt Deutschlands, sondern auch die Hauptstadt der deutschen Kultur und des jüdischen Beitrags zu dieser Kultur.
Mag man an die berühmten Berliner Salons der Rahel Varnhagen-Levin oder der Henriette Herz denken, in denen sich in der Goethezeit das geistige Leben konzentrierte, mag man sich an das Verlags- und Zeitungswesen oder an die große Theatertradition erinnern, - von Mendelssohn bis zu Tucholsky sind alle bedeutenden jüdischen Figuren des deutschen Geisteslebens in Berlin oder durch Berlin zu ihrem Rang und Namen gekommen - bis zum Untergang der jüdischen Kultur.
Zwar konnte die Kölner ›Documenta Judaica‹ eine ›zweitausendjährige jüdische Kultur am Rhein‹ vorstellen und in Berlin wären nur etwa dreihundert Jahre auszuschöpfen, aber dieser Zeitraum ist viel lebhafter, geistsprühender und von der deutschen Kultur aus gesehen viel dichter und schöpferischer gewesen.
Eine Ausstellung ›Juden in Berlin‹ wäre zur Erschließung der deutsch-jüdischen Kultur und ihrer Zusammenhänge von ganz einzigartiger Wichtigkeit und erschlösse zum ersten Mal einen völlig neuartigen Aspekt.

Die Vorbedingung dafür, einen detaillierten Plan für diese Ausstellung zu entwickeln, wäre allerdings eine genaue Fixierung der gegebenen Möglichkeiten, des Rahmens, des Raumes etc..

Solange ich in Berlin bin, werde ich natürlich gern alles, was mir nur möglich ist, zur Durchführung dieses Planes beitragen.

Mein Ausgangspunkt für alle meine Pläne, die sich auf das deutsche Judentum beziehen, ist die Arbeit an der Bibliographia Judaica gewesen, die mich auch nach Berlin geführt hat.

Um Sie, sehr geehrter Herr Professor, darüber am genauesten und schnellsten zu informieren, erlaube ich mir, Ihnen ein Memorandum beizulegen, das ich entworfen habe. Wie Sie daraus entnehmen können, hat dieser Plan mit Berlin eigentlich wenig zu tun und doch hat sich für mich, während meiner Arbeit an dieser Bibliographie, die Beziehung zu der Stadt, in der ich sie beginnen konnte, immer enger hergestellt. Denn Berlin war doch einmal das Zentrum jüdischen Geistes und Schaffens, war auch jetzt die Stadt, die das richtige ›Gehör‹ für diesen Plan hatte. Natürlich ist der Geist nicht dem Ort verpflichtet, aber Berlin als die freieste Stadt Deutschlands kann wohl doch ein Vermächtnis des Geistes am besten verwalten.

Als man erwog, meine eigene Arbeit in Zusammenhang mit dem Judaistischen Seminar der Freien Universität Berlin zu bringen, mußte ich einsehen, daß dieses Institut selbst noch zu sehr in Aufbauschwierigkeiten begriffen ist, um zusätzliche Aufgaben übernehmen zu können. Ich glaube auch, daß die Erforschung der deutsch-jüdischen Literatur nicht von einem schon bestehenden Institut als Nebenaufgabe durchgeführt werden sollte, sondern wichtig genug ist, daß ein autonomes Institut damit betraut wird. So möchte ich Ihnen denn gern zwei weitere Pläne skizzieren, die sich während meiner täglichen bibliographischen Arbeit, während des mühevollen Suchens nach Informationen, Quellen, verschollenen Büchern etc. ergeben haben:

1. In Deutschland fehlt eine jüdische Bibliothek, in der alles zusammengetragen werden müßte, was je von deutschen Schriftstellern jüdischen Ursprungs in deutscher Sprache geschrieben wurde.
2. Es fehlt ebenfalls ein jüdisches Archiv, in dem alles Material gesammelt ist, was heute noch vorhanden ist, also Manuskripte, Dokumente, Briefe, Nachlässe etc., wie sie etwa noch von jüdischen Emigranten zur Verfügung gestellt werden können; eine vollständige bio-bibliographische Kartei der jüdischen Schriftsteller des deutschen Sprachgebiets müßte das gesammelte Material erschließen.

Bibliothek und Archiv zusammen könnten Funktionen übernehmen, deren Wichtigkeit gar nicht abschätzbar ist.

Alles vorhandene Material, an einem Ort konzentriert, stände für die wissenschaftliche Forschung bereit. Damit wäre zugleich eine Auskunftszentrale geschaffen, die alle bio-bibliographischen Fragen beantworten könnte und für die Wissenschaft, das kulturelle Leben, die Presse etc. von großem Nutzen wäre.

Von allen bisher bestehenden Institutionen würde sich die geplante dadurch unterscheiden, daß sie ganz auf die Widerspiegelung des deutsch-jüdischen Phänomens in der Sprache und das Schöpferische im Zusammentreffen zweier Geistesarten spezialisiert wäre und nicht allein historische oder theologische Aspekte berücksichtigte.
Gerade so aber sind die vorhandenen Bibliotheken und Institute eingerichtet: Sie akzentuieren in erster Linie den historischen Aspekt, daneben erst andere Zusammenhänge oder widmen ihre Arbeit in erster Linie den hervorragenden Repräsentanten des Judentums, nie aber dem ganzen großen Phänomen dieser für immer versunkenen Kultur.
Das gilt für das Leo-Baeck-Institut in New York, für die Wiener Library in London, für das Institut für Zeitgeschichte in München, für die Bibliothek Germania Judaica in Köln, für das Institutum Judaicum in Tübingen und das Institut für die Geschichte der deutschen Juden in Hamburg (das allerdings noch im Entstehen begriffen ist).
Ein Institut für jüdisch-deutsche Literatur gibt es bisher überhaupt nicht. Wenn ein solches Institut in Berlin geschaffen würde, wäre der Stadt damit eine weitere wichtige Bedeutung im kulturellen Leben der Bundesrepublik gegeben.
Ich bin vorerst bemüht, mit eigenen Kräften nach einem Stück der versunkenen deutsch-jüdischen Kultur zu suchen. Deshalb verfolge ich jede Spur, die zu einem Resultat führen könnte, deshalb versuche ich, eine ganz neue, originelle bibliographische Methode zu entwickeln, mit der verstreute, vergessene Bücher wirklich erfaßt werden können. Deshalb sammle ich auch alles biographische Material, das ich nur finden kann.
Daß schon diese Arbeit meine begrenzten Kräfte übersteigt, ist mir klar, ich glaube jedoch nicht, daß meine Ihnen skizzierten weiteren Pläne ›unrealistisch‹ sind, weder was die aufzuwendende Zeit noch die aufzuwendenden Mittel betrifft. Wichtig ist überall nur, daß ein sinnvoller Anfang gemacht wird. Ich selbst habe viel Hilfsbereitschaft erfahren, viel private Initiative sehen können, wo ich von der Wichtigkeit meiner Arbeit überzeugen konnte. Ich habe auch schon eine vorzügliche deutsche Mitarbeiterin gefunden, die meine Arbeit zu ihrer eigenen gemacht hat und könnte auf verschiedene Angebote von Interessierten und Befähigten verweisen, die mitarbeiten möchten. Diese Angebote anzunehmen, dazu habe ich mich bisher nicht für befugt gehalten. Ich habe meine Anregungen, die über den Rahmen meiner eigenen Arbeit hinausgehen, immer nur als An-

regungen verstanden. Ich würde es sehr begrüßen, wenn man sie aufgriffe und durch eine offizielle Unterstützung und Förderung zu einem Plan Berlins machte.

Da ich befürchte, Sie schon allzu lange in Anspruch genommen zu haben, sehr geehrter Herr Professor, möchte ich von meinen eigenen Arbeitsproblemen vorerst nicht sprechen, obwohl ich auch da einiges auf dem Herzen hätte.

Ich darf Ihnen nur noch zum Schluß für Ihr Interesse an meinen Ausführungen danken!

Mit den besten Grüßen und in vorzüglicher Hochachtung
bin ich Ihr Ihnen sehr ergebener
Elazar Benyoëtz

59 An Joachim Günther

Berlin, 9. 10. 1964

Lieber Herr Günther,
ich hätte Ihnen gern mit der Hand geschrieben, doch Sie hätten es dann ungern gelesen. Und es soll ja möglichst klar sein - ganz klar. Tatsächlich ist es auch so klar wie einfach.
Das Sammelwerk von Siegmund Kaznelson, das nicht Bibliographia Judaica heißt, hat auch nicht das geringste mit einer Bibliographie zu tun, wie schon der Titel besagt: ›Juden im deutschen Kulturbereich‹. Die erste Auflage (1935) kam Ende 1934 zum Druck, durfte aber laut polizeilicher Verordnung nicht ausgeliefert werden, die 2. Auflage (1959) und die dritte (1962) gehen beide von dem alten Material aus, das zwar ergänzt und korrigiert wurde. Wie schon der Titel besagt, handelt es sich um monographische Darstellungen von Philosophie, Psychologie, Literatur, Theater, aber auch von Mathematik und Physik, in ihrem geschichtlichen Ablauf mehr als in ihrem lebensgeschichtlichen Aufstreben. Es kommen darin natürlich mehrere Namen, Daten und Buchtitel vor, sie reichen aber nicht zur Übersicht und können keine Bio-Bibliographie ersetzen. Am Ende, über Seiten hin seine falschen Quellen angebend, stellt sich das ansehnliche Sammelwerk selbst in Frage. Die Korrekturen blieben ohne Rückwirkung auf die falsch gewonnenen Resultate. Es bleibt also beim Alten, nur die Entschuldigungen sind neu.
[...]
Das Exposé sollte möglichst knapp und klar die Notwendigkeit einer solchen Bio-Bibliographie als Grundlage jeder künftigen objektiven Forschung darlegen.

Eine solche, in dem Umfang, der mir vorschwebt, ist noch nicht vorhanden, kann auch nicht vorhanden sein, wird aber einmal vorhanden sein müssen. Selbst wenn schon eine Bibliographie ähnlicher Art vorhanden wäre, könnte es doch nicht die sein, die mir vorschwebt und für die ich, erkennend, eine neue bibliographische Methode entworfen habe, die ich auszuführen gedenke. Sie soll sich wesentlich von anderen dadurch unterscheiden, daß sie a) genaue, redlich erforschte, über jeden Zweifel erhabene Daten bringt (eine Forschung für sich); b) daß jedes Buch einen charakteristischen Hinweis erhält (›werkimmanent‹, nicht wertend), der alles andeutet, was sich über den Titel hinaus von einem Buch schließen läßt. Dazu dienen reichlich Vor- und Nachworte, Motti, Widmungen, die selbst wieder zu neuen biographischen Beziehungen hinführen können. Vielleicht ist es aus dem Exposé und auch aus unserem Gespräch nicht klar genug geworden, daß ich die deutsch-jüdische Literatur als versunkene Kultur betrachte, von der jeder Rest und jede Spur zu retten sind.
Nun hoffe ich, lieber Herr Günther, Ihre Fragen zureichend beantwortet zu haben und möchte mich nochmals für Ihre Bemühungen und für den schönen Nachmittag bei Ihnen herzlich bedanken.
Ihren ernüchternden Aufsatz über Ortega lege ich, ebenfalls dankend, bei.
Mit herzlichen Grüßen
Ihr Elazar Benyoëtz

60 An Rose Ausländer

Berlin, [Oktober] 1964

Sehr geehrte Frau Ausländer,
ich war ganz verblüfft, erstaunt und glücklich, als ich Ihr Gedicht, Ihren Namen und Ihre Adresse in der letzten Nummer des ›Hortulus‹ fand. So habe ich mir vorgenommen, Ihnen sofort zu schreiben, und nun erkläre ich Ihnen auch den Grund meiner Freude.
Als israelischer Schriftsteller plane ich, eine Anthologia Judaica zusammenzustellen, in der jüdische Dichter, die in deutscher Sprache geschrieben haben, in hebräischer Übersetzung erscheinen sollen. Außerdem arbeite ich an einem Werk, das den Beitrag der Juden zur deutschen Kultur- und Geistesgeschichte abschließend erfassen soll, und zwar in Form einer Bio-Bibliographie.
Nun werden Sie verstehen, verehrte Frau Ausländer, wie wichtig mir jede Spur, jedes Lebenszeichen eines Autors erscheinen muß und wie glücklich ich bin, wenn ich eine finde, zumal wenn es in Zusammenhang mit einem Problem zu bringen ist, das mich seit längerem beschäftigt, mit der deutschsprachigen Dichtung in Rumänien.
Auf dieses Problem kam ich zunächst durch Zufall, als ich von der Stadt Wien

berufen wurde, den Nachlaß Richard von Schaukals zu sichten und eine neue Werkausgabe mit vorzubereiten. Sie werden sich vorstellen können, daß ich überrascht war, als ich bei dieser Arbeit eine Beziehung zur Bukowina in ganz unerwarteter Zeit entdeckte. Vielleicht rufe ich damit auch in Ihnen eine Erinnerung wach, vielleicht gar eine freudige - ich möchte Sie jedenfalls sehr herzlich bitten, mir aus Ihrer Erinnerung und dieser jetzt ganz verschütteten Sphäre etwas mitzuteilen.

Vor allem ginge es mir darum, etwas über den Verlag, bzw. den Kreis der ›Literaria‹ zu erfahren, wie auch über Zeitschriften, etwa die ›Buchenblätter, Jahrbuch für deutsche Literaturbestrebungen in der Bukowina‹. Besonders wichtig für meine Arbeiten ist natürlich der Anteil der Juden in diesem ganzen Zusammenhang, der mir nach meinem bisherigen Eindruck erheblich zu sein scheint, aber es würde mich auch alles interessieren, was Sie mir über einzelne Personen, etwa Alfred Margul-Sperber u. a. noch an Einzelheiten mitteilen könnten. Es ist mir, als wäre ich persönlich an dem Schicksal dieser Dichter beteiligt und ich wäre besonders dankbar, wenn Sie mir noch Spuren der Lebenden oder von deren Erben Adressen mitteilen könnten oder vielleicht gar hinterlassene Manuskripte, Briefe oder andere Unterlagen nachweisen würden, von deren Aufbewahrungsort Sie wissen oder die Sie vielleicht gar selbst besitzen. Interessieren würde mich aber auch sehr die Beziehung, die diesen Kreis mit Schaukal verband, denn zunächst fand ich es sehr seltsam, eine solche Beziehung überhaupt in Schaukals Nachlaß zu entdecken, weil sie aus einer Zeit stammt, in der er sich schon längst in seine selbstgewählte Einsamkeit zurückgezogen und durch Bitterkeit und Mißachtung von der Öffentlichkeit getrennt hatte. Auch besaß er zu dieser Zeit ja schon lange nicht mehr den Ruhm, den er bis zum Ersten Weltkrieg genossen hat. Es scheint, als wäre dieser frühe Ruhm in der Bukowina erhalten geblieben, und daraus ergäben sich ja bedeutungsvolle Rückschlüsse auf die damalige literarische Situation in der Zeit um den Zweiten Weltkrieg. Wenn Sie mir eine Auskunft darüber geben könnten, wäre das für mich sehr aufschlußreich und für eine Thematik bedeutungsvoll, die ich überhaupt höchst interessant finde. Sollte Schaukal zu einzelnen Mitgliedern dieses Kreises eine persönliche Einstellung gehabt haben, wüßte ich sehr gern, wie diese tatsächlich ausgesehen hat, welche Reaktionen von ihm kamen, ob es bei kritischen literarischen Äußerungen geblieben ist usw.. Vielleicht besitzen Sie selbst noch Briefe von ihm oder haben doch seine Antworten in Erinnerung? Sie sehen, ich hätte unendlich viele Fragen zu stellen, aber ich möchte mich doch beschränken und zu Ihnen selbst zurückkehren. Von Ihren Büchern kenne ich nur eins, nämlich den Gedichtband ›Der Regenbogen‹ von 1939, der mich sehr stark interessiert hat, abgesehen vom Dichterischen auch durch Ihre Beziehung zu Elieser Steinbarg und Itzig Manger. Ich nehme an, daß Sie Itzig Manger persönlich gekannt haben. Was mich jedoch hauptsächlich

interessiert sind Ihre Gedichte und Ihre Arbeiten, frühere und spätere, die ich sehr gern genau kennenlernen möchte.
Aber ich merke, daß ich für einen ersten Überfall bei weitem schon zuviel Bitten und Fragen geäußert habe. Ich hoffe sehr, daß Sie mir's nicht verübeln. Ich wäre Ihnen wirklich sehr dankbar, wenn Sie sich die Mühe machten, mir die erbetenen Auskünfte zu geben, noch dankbarer, wenn ich Ihre Antwort bald erwarten dürfte. Ich darf Ihnen versichern, wie sehr ich Ihre Hilfe zu schätzen wissen würde und bin mit den freundlichsten Grüßen Ihr Ihnen sehr ergebener
Elazar Benyoëtz

61 Von Michael Landmann
[Stempel] Berlin, 10. 11. 1964
Lieber Freund Benyoëtz,
Ihren Briefen immer auch Gedichte hinzugefügt zu erhalten, macht mich froh und versetzt mich in frühere Zeiten zurück, ungelebte (Romantik) und gelebte (Georgekreis). Wie ich Ihnen in unserm Gespräch zwischen Zürich und Bern schon sagte: für Sie gilt wie für Brentano, daß eigentlich sein Leben und er selbst ein Gedicht war, die objektivierten Gedichte nur Effloreszenzen davon. So nehme ich ›Kartoffiel‹ mehr als Ausdruck eines Augenblicks, als daß Sie auch in der Küche noch dichten und nicht zu ernst resp. versnobt sind, um das auch noch niederzuschreiben. Ich empfinde Sie insofern als Juden resp. Katholiken, bei denen das Sakrale den Alltag begleitet und aufhöht, im Unterschied zu den Protestanten, bei denen es eine eigene abgeschiedene Sphäre bildet. Für das Sakrale muß man nur das Ästhetische, Poetische einsetzen. Dennoch wird es auch Ihnen nicht erspart bleiben, Kriterien zu erarbeiten, die die ›Augenblicksgötter‹ (Usener) von den stet bleibenden unterscheiden, Kartoffiel von dem, was als Werk und Leistung von Ihnen neben Auden, Eliot und Ezra Pound gestellt wird. […]
Hier wurde ich unterbrochen und setze neu ein.
Ich habe über jenen Satz inzwischen nachgedacht. ›Deutsche jüdischen Glaubens‹ war eine alte Formel, es ist das von Jochanan Bloch so sehr bekämpfte Konfessionsjudentum. Viele Juden begriffen sich so, wenn sie auch faktisch keine Deutschen waren (man machte sich etwas vor) und dann auch von Hitler nicht nur wegen des Glaubens verfolgt wurden. Wie falsch diese Selbstinterpretation war, sehen wir freilich erst heute. Schlösser dachte vielleicht an die Zeit vor 1933. Grade Frau Susman aber hat schon früher gewußt, daß auch der sich deutschest glaubende Jude kein Deutscher ist (ihr Gespräch mit Jastrow). Die Umkehrung ›Jüdin deutschen Glaubens‹ ist dann wohl der sprachlichen Parallelität wegen gewählt. Diese Formel trifft schon eher, weil in ihr gesehen ist, daß unsere Substanz trotz aller Assimilation jüdisch blieb. Verfehlt an ihr ist nur die Bezeichnung der

Assimilation ans Deutsche als ›deutscher Glaube‹, da die Assimilation sich gerade auf weltlicher und nicht religiöser Ebene vollzog. Es gibt - heute abgelehnte - Bestrebungen, die Weltanschauung etwa der Goethezeit auch als eine Art Glauben aufzufassen (Korff), doch dachte wohl Schlösser hieran erst sekundär. Sofern Töne wie ›deutsches Bekenntnis‹, ›Bekenntnis zum Deutschtum‹ mitschwingen, ist der Ausdruck natürlich fatal. Aber vielleicht hat er ihn dann eben deswegen, durch Sie darauf aufmerksam gemacht, weggelassen. Das Mischgebilde des deutschen Judentums ist schwer zu fassen. Weder früher noch heute ist es uns selbst gelungen, unsere eigene Philosophie zu finden. Wollen Sie es einem spätgeborenen deutschen Studenten, der das deutsche Judentum in der einzigen Figur von Frau Susman noch vor Augen sieht, verdenken, wenn er Lösungen durchexperimentiert, zumal, wenn er die falschen dann auch wieder fallen läßt?
Herzlich,
Ihr M. L.

62 An Adolf Arndt

11. 1. 1965

Elazar Benyoëtz
1 Berlin 21 Bartningallee 11-13

Sehr geehrter Herr Dr. Arndt,
entschuldigen Sie bitte den Überfall mit dem beiliegenden Artikel und den folgenden Zeilen, die ihn begleiten. Ich meine mit beidem eine Sache, die Ihnen so wichtig ist wie mir - nicht aber etwa mich selbst.
Als ich mich vor eineinhalb Jahren an Sie gewendet habe, schlug ich Ihnen vor, ein Archiv für Emigrantenliteratur in Berlin zu errichten und zeichnete dabei die möglichen Funktionen eines solchen Archivs vor. Mittlerweile haben Sie Ihr Amt als Senator niedergelegt und sind deshalb begreiflicherweise nicht mehr in dieser Position ansprechbar, wohl aber doch als der mutige Mann, der es wagte, das, worauf es ankommt, gültig zu formulieren.
Es ist nun viel Zeit vergangen und obwohl ich mehrmals an den jetzigen Senator mit diesen und ähnlichen Plänen herangetreten bin, gelang es mir bis heute nicht, etwas Greifbares auszurichten, jedoch gewiß nicht, weil es an gutem Willen mangelte.
Da mein Stipendium bald abgelaufen ist und ich nicht weiß, ob ich noch länger hierbleiben kann, wende ich mich an Sie in der Hoffnung, daß Ihnen, von Ihrem weiteren Gesichtskreis aus, etwas zu diesem Thema einfallen könnte. Dies tue ich natürlich ganz privat und höchst unverpflichtend, was meine Person betrifft, um die es grundsätzlich nicht geht.

Für eine Antwort wäre ich Ihnen dankbar und bin mit verbindlichen Grüßen
Ihr sehr ergebener
Elazar Benyoëtz

63 An Michael Landmann
                                                                                  Berlin, 30. 3. 1965
Lieber Professor Landmann,
[…]
Vorige Woche traf ich doch noch mit Taubes zusammen. Nach seiner, wie er sagte begründeten Meinung, würde es mit der Forschungsgemeinschaft wohl doch klappen. Sollte es nicht der Fall sein […], findet sich vielleicht die Möglichkeit einer Zusammenarbeit im Rahmen des judaistischen Seminars […].
Ihr Elazar Benyoëtz

64 Shepard Stone an Michael Landmann
                                               New York, March 31, 1965
Dear Professor Landmann:
I hope you will forgive me for the delay in replying to your letter of February 8 with respect to an extension of Mr. Eleasar Benyoëtz' stipend under the Artists in Residence program in Berlin.
In the meantime, you will be glad to know that Mr. Benyoëtz' time has been extended. […]
Thank you for your interest in Mr. Benyoëtz and in our program. We agree with you that Mr. Benyoëtz is doing an important work.
Sincerely,
Shepard Stone, Director

[Auf der Rückseite:] Gutachten für die DFG: Bitte mit Ihrer Stellungnahme zurück. M. L.
Dank für Else.
War bei Frau Susman, es geht ihr gut.

65 Von Werner Stein

Berlin-Charlottenburg, den 1. 6. 1965

Sehr geehrter Herr Benyoëtz!
Für Ihren Brief vom 7. Mai 1965 danke ich Ihnen.
Wie ich erfahre, hat am 18. Mai 1965 die erste Arbeitsbesprechung über die von Ihnen angeregte Ausstellung in der Akademie der Künste stattgefunden. Voraussichtlich wird in etwa 3 Wochen ein aufgegliederter Kostenvoranschlag vorliegen. Die Akademie der Künste selbst wird sich an der Ausstellung beteiligen.
Über den Fortgang der Angelegenheit werden Sie nach Ihrer Rückkehr unterrichtet werden.
Mit verbindlichen Empfehlungen
Werner Stein

66 An Friedrich Pfäfflin

Berlin, 23. 2. 1966

Sehr geehrter Herr Pfäfflin,
diesmal - Sie können aufatmen - ganz kurz:
1. ich fahre morgen früh für etwa zwei Monate weg. Post wird mir selbstverständlich nachgeschickt.
2. Die Stimme Israels, die Sie mir so bescheiden ankündigten, habe ich erhalten. Sie ist, allein des Titels wegen, ein Ereignis, verdient, entsprechend gewürdigt zu werden.
Das will ich tun, sobald ich zurück bin. Einige Bemerkungen und Berichtigungen werde ich Ihnen vorher noch mitteilen.
3. Nach dem - wegen meiner Eile leider nur - Durchblättern des Lasker-Schüler Bandes, weiß ich mich seltsamerweise im Besitz eines anscheinend unbekannten Gedichts, das schon irgendwann, irgendwo doch erschienen ist. Ich will danach suchen, falls ich es bald finde und nicht gleich drucken kann, teile ich es Ihnen mit; das tue ich jedenfalls.
4. Sollten Sie irgendwann ein Mombert-Heft herausbringen wollen, lassen Sie es mich bitte rechtzeitig wissen, dann stelle ich Ihnen nicht nur aus meinen Übersetzungen etwas zur Verfügung, sondern auch eine Übersetzung Bubers, die er mir 1962 für meine Anthologie gab und die, soviel ich weiß, seine einzige Gedicht-Übersetzung ins Hebräische ist.

Ich hätte noch einige Hinweise und Vorschläge, doch warte ich lieber ab, bis ich weiß, daß es für Sie auch von Interesse ist.
Mit herzlichen Grüßen
Ihr Elazar Benyoëtz

67 An Clara von Bodman

Berlin, 29. 9. 1966

Sehr verehrte, liebe Frau von Bodman,
Ihr Brief kam gerade kurz vor Schabbat. Dies bleibt mir unvergeßlich, denn es war der schönste Brief, den ich je bekam, und ebenso das schönste Geschenk. Sie sind klug und würden meinen, man müsse der Freude nicht in Worten Ausdruck geben. Doch was bleibt mir - ja, mir bleibt sehr viel - aber zum Sagen?
Mein Gedicht in einem einzigen Kerzenexemplar - wie königlich.
Und sollte die Kerze brennen, dann vergeht das Gedicht in Gold.
Dies würde einer flammenreinen Poetik des Verschwindens docht- und dichtgenau entsprechen.
Die Kerze soll aber nicht brennen.
Und so lange soll das Gedicht Ihr Gold wert sein.
Und so lange wie das eingehaltene Licht soll Ihr Leben währen!
Ihr Elazar Benyoëtz

68 An Clara von Bodman

Berlin, im Oktober 1966

Liebe Frau von Bodman,
mein Vorhaben kann ich nicht gut ausführen, möchte die ausbrechenden Zeilen aber nicht mit Gewalt zurückhalten. Ihr guter Briefträger möge von mißtrauischen, enttäuschten Blicken verschont bleiben.
Wie ich zu Margarete Susman kam?
Ich war in den Jahren 1958-1960 Lektor und Bibliothekar am Rabbi Kook Institut, Jerusalem, und hatte vorübergehend mit deutschen Zeitschriften zu tun, die außer mir in diesem Institut keiner lesen konnte, ich selbst auch nur unzulänglich und mit Mühe. Eine dieser Zeitschriften, eine mit vornehmem Satzspiegel, hieß ›Der Morgen‹ und war im Philo-Verlag, Berlin, erschienen: ein jüdischer Verlag mit apologetischem Schwergewicht; kurz vorm Untergang des deutschen Judentums gegründet. Auch ›Der Morgen‹ war nicht aus dem Geist des Morgenlandes geboren, und die die vornehme Zeitschrift lasen, merkten nicht, daß es Abend geworden war und die Macht der Finsternis sich ausbreitete. ›Der Morgen‹ erschien tatsächlich bis in die Nacht hinein. Und so brach für mich ein Morgen an und mit ihm die Paradoxie meines Lebens.
›Der Morgen‹ heißt auf Hebräisch wortgetreu und titelmäßig ›HaSchachar‹, und so hieß eine hebräische Zeitschrift, die sechzig Jahre vorher in Wien erschienen war und soviel bedeutete wie die Morgenröte einer neuen hebräischen Literatur und das Erwachen eines neuen jüdischen Nationalbewußtseins. An diesem gemessen war der Berliner ›Morgen‹ ein tragischer Anachronismus; für unsereins im Israel der

50er Jahre gar nicht zu fassen. Gegeneinander und einander gegenüber hatte ich beide Zeitschriften auf meinen Regalen. Und doch hatte die Berliner Zeitschrift den großen Vorzug des literarischen Niveaus und des unverwüstlichen Stils. Sie war mit Vergnügen zu lesen. Das war ›HaSchachar‹ schon lange nicht mehr. Für den Anfänger, der sich ins Deutsche allmählich hineintastete, war schon das bloße Blättern ein Labsal. Alles daran roch angenehm nach Qualität. Bei diesem Durchblättern geschah es nun, daß ein Unverhofftes in mein Leben einbrach. Das ereignete sich im 5. Jahrgang, im Aprilheft des Jahres 1929, zwischen den Zeilen eines Aufsatzes, betitelt: ›Kafka und das Hiobproblem‹.

Ich las ihn mehr mit Ohren als mit Augen und mit allen Fingern, die ich dann nacheinander ableckte. Hier war unleugbar der Anfang eines Verständnisses nicht bloß für Kafka, sondern auch für uns heute, die wir Kafka zwar nicht vergessen können, aber schon vergessen dürften, denn was vor seinem seherischen Blick aufging, ist nur der von uns gebliebene Rest. Wäre er kein Dichter, er könnte bei uns in die Schule gehen. Aber Anno 1929 gab es noch nicht einmal diesen Kafka, und keiner war da, der es vermochte, ihn auf das Hiobproblem von morgen und übermorgen zu führen, bis auf die eine, die Margarete Susman hieß. Das nämlich war der Name der Verfasserin, und ich vernahm ihn hier zum ersten Mal. Meine Reaktion auf den Aufsatz war die eines ›Spätgeborenen‹, die Unruhe, die mich packte, schien mir selbst unzeitgemäß. Der Aufsatz tat längst seine Wirkung, und seine Botschaft erreichte die besten der Zeitgenossen; nur hatte ich das alles damals weder gewußt noch wissen können. Mich trafen die Sichtweise und die Stimme, die da zu mir, ja nur zu mir sprach. Daß die Verfasserin Dichterin sei, stand für mich außer Frage. Ich machte mich unverzüglich auf die Suche und fand tatsächlich Gedichte von ihr in Anthologien. Es blieb nun die entscheidende Frage: lebt sie noch? Meine Nachrechnungen liefen auf ›unwahrscheinlich‹ hinaus. Die Frau, die diesen Aufsatz geschrieben hatte, konnte, als sie ihn schrieb, nicht mehr jung gewesen sein. Die Zeitschrift selbst sprach andererseits nicht von einer Klarsicht, die ein Entrinnen und Überleben versprochen haben würde. Wer da schrieb, war dem Deutschen verfallen. Margarete Susman wäre demnach entweder von den Nazis gemordet oder vom Alter eingeholt. Ich begann herumzufragen und hatte bald Glück.

Mit Übersetzungen aus dem lyrischen Werk der Lasker-Schüler befaßt, stand ich in Kontakt mit deren Nachlaßverwalter, dem Dichter Manfred Sturmann. Eines Tages fragte ich ihn, ob ihm der Name M. S. etwas sage. O ja, sagte er, eine große Dichterin und sie lebt in Zürich; hochbetagt und dem Erblinden nah. Meine Freude war ohne Ende. Hochbetagt, dem Erblinden nah, jedoch: auf dieser Welt, ansprechbar und lieb zu haben. Ihr Geburtstag, der 85. denke ich, stand bevor. Ich säumte nicht, ich übersetzte schnell aus den von mir bereits zusammengetragenen Gedichten und ließ zwei, die mir besonders glückten, mit ein paar Zeilen als Geburtstagsgruß noch rechtzeitig abdrucken. Das war ein erster, lebendiger Gruß aus der ihr verlorengegangenen Heimat. Ihre alten, ganz deutschen Gedichte, suchte ich hebräisch zu beseelen. Das war der Anfang. Zu diesem gehörte ein Bild, das Gustav Landauer von ihr entworfen hatte und das ich in seinen Briefen fand, ein Bild, das mir unvergeßlich bleiben sollte: »Ich möchte Sie einer Palme vergleichen dürfen und meine damit: in Ihrem nach der Höhe und Tiefe Begehren, in Ihrem Verkehr mit den Säften der Erde, der hohen Luft und dem Licht sind Sie eine durchaus erhabene, heroische Natur.«

Ich hörte von da an nicht auf, sie als Palme zu sehen und im Verkehr mit den Säften der Erde, der hohen Luft und dem Licht.

Ich hatte damals auch einen Traum von ihr: Gustav Landauer war Herr von Bendemann im Traum. Es war mein erster jüdisch-deutscher Traum, und es war auch der Traum von der ankommenden Großmutter.

Von diesem Anfang muß ich zum Ursprung zurückkehren, zu meinem Elternhaus in Tel-Aviv. Im Jahre 1944, wenige Monate nach dem Tod meines Vaters, hieß es, die Großmutter und die Urgroßmutter dürften Budapest verlassen und sie wären eben im Kommen, gerade, bald...

Mein Schwesterlein und ich - ich sehe es wie heute - , wir liefen hinaus über einen nahen Hügel. Rundherum pflückten wir ›Margaretkelech‹ für die geliebten Großmütter, die da unterwegs zu uns waren. Allein, sie waren nicht im Kommen und trafen nie ein. Die Erwartung wurde furchtbar enttäuscht. Sie wurde zu einer tiefen, ewig klaffenden Entbehrung. Was mir von Großmutter und Urgroßmutter blieb, war nichts als diese Erinnerung an den Hügel.

Was mich beim Lesen jenes Aufsatzes so unverhofft ergriff, war das Erwachen des Lückenschmerzes und damit auch der Hoffnung auf ein Zusammenwachsen des auseinandergerissenen Gefühls. Ich war entschlossen, meine Großmutter zu finden und also entschlossen, nach Zürich zu reisen.

Als ich endlich das Dachzimmer in der Krönleinstraße 2 betrat, trat ich zwar vor die hin, die da thronte, der Boden war aber längst Heimatland und, was sich ereignete, war ja auch schon längst geschehen; bei mir wie bei ihr, bei ihr nicht weniger als bei mir. Ich habe sie gesucht, sie hatte auf mich gewartet. Sie ist mir ganz natürlich geworden, was sie mir - und nur mir war: Großmutter. Und so natürlich, von urher bestimmt und jäh wurde ich ihr Enkel. Allerdings war sie auch noch die Seherin und ich auch der Wanderknabe. Das galt der Phantasie und dem endlosen Gespräch. Wir hörten keinen Augenblick auf, Dichter zu sein.

Das war mein spätes ›Morgen-Glück‹, aber auch schon der Anfang einer Reise an das Ende meiner Nacht: mit dem neuen, ebenso echten wie falschen Ahnenpaß, als Enkel Margarete Susmans und dadurch legitimiert, ins deutsch-jüdische Schattenreich zurückzukehren und das Erbe, für dessen Schwere mir die Schulter noch nicht gewachsen war, anzutreten. [...]

Ihr Elazar Benyoëtz

69 An Werner Kraft

Berlin, 12. 12. 1966

Sehr geehrter Herr Doktor Kraft,
am letzten Freitag schickte mir der Kösel Verlag Ihre Gespräche mit Buber; das war sehr günstig, denn ich konnte Ihr Buch im Laufe des Schabbat ganz und gründlich lesen (obgleich ich den Bleistift erst Mozaei Schabbat barbarisch nachholend anlegen konnte). Dies war für mich eine ganz besondere Lektüre, so daß ich gar nicht umhin kann, Ihnen zu schreiben. Buber hat unendlich viele Gespräche geführt, einige sind im Laufe der Zeit erschienen (in Buchform, soweit ich weiß, allerdings nur Ben-Chorin), einige werden vermutlich noch erscheinen: sie werden sich in der Hauptsache ähnlich, in Einzelheiten voneinander abweichen. Ihr Buch wird einzig dastehen, weil Sie allein dazu fähig waren, Buber hartnäckig literarisch ›anzuwerfen‹ - konsequent und systematisch, wenn Sie auch an dieser Konsequenz zu leiden hatten durch Vorwürfe, die Sie sich selber machen mußten und die im Buch nur leise angedeutet sind, die aber völlig durch Ihre entschieden verehrende Haltung ausgeglichen werden. Da sehe ich den ›wunden Punkt‹, an dem eine Besprechung anzusetzen hätte, wollte sie wesentlich sein, das hieße aber, sich mit Ihrer Haltung (und mit Ihnen überhaupt) wertend auseinanderzusetzen. Das könnte nun durchaus nicht nur interessant, sondern auch lehrreich sein, würde aber doch - wie ungerecht das auch scheinen mag - das Verhältnis stören, da es in diesem dem Umfang nach kleinen Buch um Buber geht. Das Buch wurde mir nicht zur Besprechung geschickt und ich werde es wohl auch kaum besprechen. Ich würde es nämlich auch schade finden, wenn dieses Buch nicht von Deutschen besprochen würde. Nur dann kann der frappierende Aspekt heraus kommen: Wie intensiv und souverän wird deutsche Literatur behandelt - in Israel! Natürlich könnte das kaum jemanden verwundern, der Ihre Schriften kennt, müßte aber doch jeden in Staunen versetzen, der Buber nur als ›Religionsphilosophen‹ kennt (wenn nicht etwa nur als den Nacherzähler von chassidischen Anekdoten!).
Ich fürchte, ich komme in eine weitschweifige Erörterung, damit wollte ich Sie gewiß verschonen, wenn ich auch zu Ihrem Büchlein viel zu sagen hätte wie jeder, der nur ernsthaft lesen kann. Mein Brief sollte aber nur ein Zeichen sein. Ich habe Sie mit einem Mal kennengelernt, und diese Bekanntschaft freute mich fast kindlich. (Es kommt auch noch hinzu, daß ich mit Buber von 1960 an auch Gespräche hatte. Vieles davon deckt sich mit dem, was Sie berichten, erstaunlich genau, vieles dagegen erstaunlich nicht; ich kann mir das nur durch einige Ihrer Bemerkungen zu Bubers Art, die oft sehr charmant sind, gut erklären.) Meine Freude kann ich jetzt um so eindringlicher gestehen, als ich bei der Erwähnung Ihres Aufsatzes über Kraus und Wittgenstein ein wenig verstimmt war. Es tat mir seinerzeit sehr leid, ja, es schmerzte mich, daß Sie den edlen, armen Paul

Engelmann, der Ihnen doch den Einblick in sein einziges Vermögen gewährt hatte, lediglich als ›einen Freund Ws‹ und nicht mit Namen erwähnten, zumal eine solche Erwähnung vielleicht doch ein kleines Interesse für ihn geweckt hätte. Er hatte das bitter nötig gehabt. Ich konnte mir das gar nicht erklären und muß gestehen, ich habe es Ihnen tatsächlich nachgetragen. Dabei muß ich Ihnen sagen, daß Engelmann - er war doch Engelmann! - Ihren Aufsatz objektiv würdigen konnte, ohne sich diesen Eindruck durch die kleine Enttäuschung stören zu lassen. Jetzt bin ich froh, daß ich Ihnen dies sagen kann, ohne Ihre ›Gespräche‹ hätte ich das nicht tun können. Aber nun muß ich Sie auch bitten, mir diese Freimütigkeit zu verzeihen. Sie haben mir ja bewiesen, daß es Ihnen nicht um Eitelkeit gehen kann. Denn abgesehen von Ihren Gedichten und selbst vom ›Wirrwarr‹ stehen Sie in diesen Gesprächen authentisch da und werden erst von ihnen aus echt zu würdigen sein. Sie haben sich doch in diesem Buch derart ›ausgeliefert‹, daß Bubers an sich weiser und richtiger Satz (auch wenn er auf Ihre Gedichte nicht zutrifft) auf Sie im ganzen als Erscheinung paßt: Sie sind ›da‹!
Ich bin beschämt, soviel Worte gemacht zu haben, ich hätte darum besorgt sein müssen, daß Sie gleich fühlten, was ich dachte und empfand.
Ich hätte einige Korrekturen zu dem Buch, um Ergänzungen für die Anmerkungen zu machen, rasch möchte ich Ihnen etwas davon noch mitteilen, ich habe noch nicht alles systematisch geordnet und bearbeitet [...].
Zu Ernst Krieck S. 23 Prof. Dr. E. K., 1882-1947, gehörte zu den Begründern der national-sozialistischen Erziehungslehre. Veröffentlichung u. a. ›Volk im Werden‹ 1934 (worin er, seltsam genug, gegen Heidegger auftrat). In seinen jüngeren Jahren war er Anhänger - und trotz des Altersunterschieds wohl auch Freund - von Samuel Lublinski. Ich besitze einige Briefe an L., auch einen Nekrolog, den er auf ihn schrieb. Ein übel-übliches Verhalten Deutscher ihren jüdischen Freunden gegenüber und auch ihrer eigenen, nicht unglücklichen Vergangenheit.
Zu Blüher: Die Geschichte Bubers machte mich ein wenig verlegen, denn ich hatte eine ganz andere Erzählung in Erinnerung (ich glaube, sie aufgeschrieben zu haben, müßte jedoch eifrig meine Tagebücher zurückblättern, werde das aber noch tun.) Mir dämmert so etwas, als hätte Blüher Buber des Landesverrats bezichtigt - daß er sich aber später bei Buber entschuldigt hätte. Ich habe Blühers Erinnerungen (Werke und Tage) leider nicht bei der Hand, habe sie vor Jahren gelesen und weiß nicht mehr, ob darin auch von Buber die Rede ist. (In Erinnerung habe ich nur die sehr interessanten Abschnitte über Landauer und Schmitz.) Ich finde bei mir nur den fatalen Briefwechsel Blühers mit Schoeps und ›Secessio Judaica‹ in der 1. Aufl.; Sie erwähnen die dritte, die offensichtlich von der ersten sehr abweicht. Auf S. 35 steht bei mir zu lesen: »Das Judentum ist der Träger und Propagator der materialistischen Geschichtsauffassung, die sich inkonsequent im Liberalismus, konsequent im Sozialismus ausspricht.

Durch diese Charakterqualität ist es typisch gezeichnet. Aber, wendet man ein: wie kommt es, daß die größten und leidenschaftlichsten Attacken gegen den proletarischen Sozialismus von Juden stammen? Gustav Landauers ›Aufruf zum Sozialismus‹, Paul Adlers ›Vom Geist der Volkswirtschaft‹ und Martin Bubers soziale Auffassung sind die schärfsten Antipoden der ›Marxistischen Weltfälschung‹. Und es sind doch Juden. Die Lösung lautet: diese Theoreme sind nicht geschichtsfähig, sondern rein prophetisch. Sie sind nicht einmal im Kleinen durchführbar und bleiben immer Ideologie...«

Für Ihr zweites Blüher-Zitat fehlt übrigens auch die Seitenzahl. Das erste aber ließe sich vielleicht doch auf ›Landesverrat‹ deuten? Seit langem habe ich vor, den Nachlaß Blühers, der sich angeblich hier in Berlin in Privatbesitz befindet, auf Beziehungen zu jüdischen Persönlichkeiten auszuwerten.

Das will ich mir nun wieder ernsthaft vornehmen.

Damit soll es für jetzt genug sein. Sobald ich dazu komme, all meine Notizen zu ordnen, gebe ich Ihnen noch an, was sich evtl. Nennenswertes darunter finden sollte.

Mit herzlichen Grüßen

Ihr ergebener und nun auch dankbarer

Elazar Benyoëtz

70 Von David Niv

Port-Elisabeth, 15. 12. 1966

Elazar Benyoëtz Schalom!

Ich antworte Ihnen während eines Besuches in Südafrika. Ich habe mich gefreut, Ihren Aufsatz *Herrschaft und Schrecken* zu erhalten - stachelige Worte, mit siedender Tinte geschrieben. Es ist mir eine ausgesprochene Ehre, den Aufsatz in ›haUmah‹ veröffentlichen zu dürfen. Wir scheuen uns nicht vor »Ketzergedanken«, auch mangelt's uns nicht an Mut, Dinge zu veröffentlichen, deren »Geschmack bitter ist und sauer«, wie Sie sagen.

Das Echo auf Ihre Lasker-Schüler-Übersetzungen in der letzten Nummer war außerordentlich. Ich mußte dabei bestürzt feststellen, wie wenig die Dichterin doch denen bekannt ist, die verpflichtet wären, über ihre Dichtung besser Bescheid zu wissen. Ihre Übersetzungen waren demnach in zweifachem Sinn eine Wohltat.

Mit den besten Wünschen

Ihr David Niv

71 Von Werner Kraft

Jerusalem 16. 12. 1966

Sehr geehrter Herr Benyoëtz,
ich danke Ihnen für Ihren überraschenden und höchst interessanten Brief und möchte Ihnen sofort mit ein paar Zeilen antworten, die nicht dem Für und Wider gelten sollen, das Sie über mein Buch vorbringen, sondern Paul Engelmann. Wie sagt Kafka? Ein Mißverständnis ist es, und wir gehen daran zugrunde. Ich glaube, daß Ihr Vorwurf - den ich Ihnen natürlich nicht im Geringsten übel nehme - unberechtigt ist. Ich habe, wie Sie wissen, Paul Engelmann viele Jahre gekannt, er gehörte zu unserem Kreise, ich habe ihn geschätzt, ich habe mich an ihm geärgert, vielmehr an seiner absoluten Passivität, die zu überwinden ich mich immer wieder bemüht habe. Ich besinne mich noch sehr gut, wie er mir endlich einmal, nachdem er oft die Absicht ausgesprochen hatte, Wittgensteins Briefe vorlas. Ich habe ihm gesagt, er müsse unbedingt etwas für die Briefe tun, habe ihm den ›Merkur‹ genannt, Herr Paeschke würde wahrscheinlich mit beiden Händen zugreifen, habe meine Bereitschaft erklärt, die Briefe selbst auf der Maschine abzuschreiben. Nichts half. In dem Augenblick, in dem er praktische Aussichten hatte, wurde er am passivsten. Dieser Passivität stand sein ungeheures Selbstbewußtsein gegenüber. Ich hatte Anlaß zu glauben, daß er gerade durch die Nennung seines Namens und etwa die Briefe selbst gekränkt werden könnte. Mein einziger Fehler war, daß ich ihn nicht gefragt habe. Da ich fürchtete, daß er gegen die Veröffentlichung der Zitate sein könnte, habe ich nicht gefragt und *nur darum* seinen Namen nicht genannt. Er brauchte ja keine Empfehlung durch Nennung seines Namens, die Briefe selbst waren ja eine viel größere Empfehlung, und da hat er ›versagt‹. Dennoch tut es mir natürlich sehr leid, daß er über diese Nichterwähnung traurig war, und doch hatte ich eine auch nur im leisesten Sinne feindliche Absicht hierbei nicht, dessen bin ich ganz sicher, und ich bitte Sie, mir das zu glauben.
Über den eigentlichen Inhalt Ihres Briefes werde ich Ihnen in absehbarer Zeit noch mehr schreiben, möchte aber heute noch eines sagen: *Wenn* Sie überhaupt die Absicht hätten, eine Besprechung meines Buches zu schreiben, sehe ich nicht ein, warum Sie das nicht *mit allem Für und Wider* tun könnten, da Ihre positive Schätzung ja feststeht. Deutsche werden doch ohnehin darüber schreiben. Die Crux, daß Sie da etwas über mich mehr schreiben müßten als über Buber, ist doch keine. Die Aufgabe wäre eben, über mich weniger zu schreiben und ein potentielles Mehr mit einer Zeile anzudeuten. Aber in irgendeinem Sinne *gezwungen* sollen Sie sich natürlich nicht fühlen.
Ich grüße Sie herzlich
Ihr Werner Kraft

[...] - Übrigens stimmt das nicht ganz mit dem ›Anwerfen‹: es war Bubers Größe als dialogischer Mensch, auf natürliche Art, die Gespräche auf die Besonderheit des Partners abzustimmen.

72 An Paul Hirsch
Berlin, 24. 2. 1967
Sehr geehrter Herr Hirsch,
ich kann mir mein Versäumnis, Ihnen nicht früher geschrieben zu haben, selbst nicht verzeihen, darum Sie auch nicht um Entschuldigung bitten.
Ich habe mit Herrn Günther, dem ich Ihr Manuskript einen Tag nach dessen Erhalt schickte, abgemacht, daß er an Sie direkt schreiben sollte, selbst dann, wenn er Ihren Aufsatz nicht veröffentlichen könnte. Das wollte er tun. Nun überkam mich die Angst, er könnte an Sie vielleicht doch nicht geschrieben haben, so daß Sie möglicherweise noch um Ihr Manuskript bangen, für dessen Zusendung ich Ihnen nicht einmal dankte. Für den Fall, daß Ihnen Herr Günther noch nicht geschrieben hat - und für jeden Fall, damit Sie vorbereitet sind, teile ich Ihnen Auszüge aus meinem Briefwechsel in dieser Sache mit.
Herr Günther schrieb am 23. 1.: »… ich habe Sie etwas warten lassen; eigentlich sogar noch zu wenig für eine Entscheidung in der Sache Karl Kraus. Ich weiß nicht, ob ich ja oder nein sagen soll. Der Artikel ist gut, doch bringt er in der Wertung wie im Detail kaum ›Neues‹. Die NDH hatten vor zehn Jahren einen großen Kraus-Essay (von Hennecke), der in der Diskussion beträchtlich weiter war. Die Größe von Kraus ist ja ein Faktum inzwischen; ihre Differenzierung, die Verteilung der Schatten die eigentliche Aufgabe der Erkenntnis. Es kommt hinzu, daß auch der Anlaß des Todestages verstrichen ist. Andererseits ›mag‹ ich den Aufsatz, würde auch mit dem Autor gern in Verbindung kommen, so habe ich bei mir die Entscheidung etwas vertagt. Möchte die Sache nach einer Weile noch einmal überlegen; wenn das geht?«
Ich antwortete am 25. 1.: »…Sie haben es genau getroffen, indem Sie sagten, Sie ›möchten‹ ihn. Wenn Sie das sagen, da Sie doch so vieles, was über K. K. geschrieben wurde, kennen, kann das doch nur heißen, es wäre für ›Laien‹ eine unvergleichlich gute Einleitung zum Verständnis von K. K.? Und dies auf überzeugende Weise, da der Artikel aus einem Leben im Zeichen K. Ks geschrieben wurde, eine Art Würdigung aus dem erfahrenen Leben heraus, womit manch halbblinder Kritiker notwendig widerlegt wird, so etwa Ihr Freund Reisner: ›Er wurde von Juden wie von Nichtjuden häufig als großer Ethiker gefeiert und gepriesen, aber sehr zu Unrecht; denn eine echte Ethik muß vor allem sittliche Werte aufzeigen und aufrichten und darf nicht bloß Unwerte demonstrieren. Das reine Nein, auch noch zum Nein, bleibt unter allen Umständen unsittlich…‹ Die beste Kritik, die

Reisners Haltung, die sich in einem solchen Satz zeigt, finden könnte, stammt von einem andern Christen, den man doch wohl als ›echt‹ akzeptieren wird, nämlich Pascal: ›Der Glaube, die Wahrheit unmittelbar zu besitzen, ist eine Krankheit, die dem Menschen wesensmäßig ist. Daher rührt auch, daß er stets geneigt ist, alles zu verneinen, was ihm unbegreiflich ist; während er in Wirklichkeit auf natürliche Weise nur die Lüge kennt und nur das für wahr nehmen dürfte, dessen Gegenteil ihm offenbar falsch erscheint‹ - das tat aber Kraus, und daß er auch ganz praktisch als Ethiker verstanden wurde, beweist das Leben Herrn Hatvanis und noch anderer mehr. Wie auch immer, ich fände es sehr schön und richtig, wenn Sie sich mit Herrn Hatvani direkt in Verbindung setzen würden. Und selbst wenn Sie sich nicht zum Druck entschließen könnten, dann teilen Sie ihm Ihre Bedenken mit, damit er sich richtige Vorstellungen vom literarischen Leben im heutigen Deutschland machen kann, eben weil er so weit entfernt ist - damit sein Bemühen um Anschluß nicht stets scheitern muß.« So also sieht sich von mir aus die Lage an.

Haben Sie vielleicht Paul Engelmann gekannt? Er war ein Schüler von Adolf Loos, von Beruf Innenarchitekt, mit Ludwig Wittgenstein eng befreundet, mit K. Kraus gut bekannt, hat auch etwas in der ›Fackel‹ veröffentlicht. Er starb vor etwa zwei Jahren in Israel. Ich war mit ihm befreundet und hatte so die Möglichkeit, die Wirkung von Karl Kraus auf überzeugendste Weise kennenzulernen. Das sage ich Ihnen, weil ich in Ihrem Aufsatz die gleiche Wirkung verspürte, die gleiche Haltung, die Sprache wird. Um so mehr mußte ich Ihnen dankbar sein, daß Sie mir Ihren Aufsatz anvertrauten. Ich hoffe sehr, daß wir Herrn Günther dennoch ›herumkriegen‹, denn gewinnen wir ihn nicht, sehe ich schwer eine andere Möglichkeit. Auf alle Fälle käme Ihnen der direkte Kontakt mit ihm zugute.

Das Bulletin, gestehe ich beschämt, habe ich noch nicht gesehen, die Nummer aber notiert für den Fall, Sie hätten keinen Sonderdruck mehr, den Sie entbehren könnten. Die zu bearbeitende Literatur ist so massenhaft, daß mir notwendig vieles entgehen muß, wenn ich auch der Ordnung halber sämtliche in Deutsch erscheinenden Zeitschriften abbonieren sollte. Allein, wie wäre das zu machen? Das Buch, das Sie reuig gestehen, verfaßt zu haben, dürfte ich Sie wohl bitten, für mich zu bibliographieren? Das wäre schon eine Erleichterung, und ich nehme ja an, Sie besitzen noch ein Exemplar. [...]

Und was ich sonst noch gern von Ihnen erfahren würde, wenn Sie es mir angeben mögen: 1. Sonstige Veröffentlichungen (Zeitschriften, Mitarbeit wann und wo) 2. Unveröffentlichte Manuskripte. 3. ›Freundeskreis‹ (mit welchen anderen Schriftstellern Sie in Verbindung standen, auch in Korrespondenz, ob Briefe erhalten blieben.) 4. Angaben, die mich auf Spuren anderer Schriftsteller führen könnten, die ich in meiner Kartei noch nicht habe. (Einen Hinweis auf Ihre Familiengeschichte, Verwandte usw..) In diesen Stichworten klingt das

einigermaßen zudringlich, was ich da alles wissen möchte. Sie verstehen aber wohl, daß ich Ihnen nur das Gerüst meiner Arbeit gezeigt habe oder auch meine Arbeitsmethode, die mich bisher auf diesem schwierigen Untersuchungsgebiet doch zu einigen Erfolgen geführt hat. Ich würde mich freuen, wenn Sie mir mit Ihren Kenntnissen helfen würden; es geht bei meiner Arbeit ja nicht nur um ›Expressionismus‹ - das war nur ein naheliegendes Stichwort. Die Arbeit wird insgesamt unternommen für die Zeit von Mendelssohn bis zur Gegenwart, ein riesiges Gebiet also - und jeder kleinste Hinweis ist mir willkommen.
Jedenfalls würde ich mich freuen, wenn unser Kontakt sich erhielte. Ihr Manuskript hat mir gezeigt, daß ich an Ihren Arbeiten Anteil nehmen muß, und ich hoffe doch, daß Sie nicht entmutigt werden, weil das Wiederanknüpfen nicht einfach ist.
Mit herzlichen Grüßen
Ihr Elazar Benyoëtz

73 An Paul Hirsch

Berlin, 1. 11. 1967

Lieber Herr Hirsch,
ich gedachte meine Antwort auf Ihren Brief gleich zu verfassen, um Ihre guten Wünsche für die Feiertage zu erwidern und - so gut es geht -, schuldfrei ins Neue Jahr hinüberzugleiten. Nun ist es mir doch nicht geglückt, denn ich fand
es nicht so leicht, Ihnen zureichend zu antworten, vor allem, weil das Wichtige in Ihrem Brief mit etwas verbunden ist, das ich nur als Mißverständnis auffassen kann. Auch fürchte ich, Sie könnten vielleicht mehr von mir erwarten, als ich zu geben imstande wäre. Immerhin - erlauben Sie, daß ich mit dem Mißverständnis anfange, um dies gleich zu beseitigen. Ich habe nicht nur den Kösel-Verlag nicht angegriffen - was ganz ungerecht wäre, der Gedanke wäre mir nie gekommen -, sondern vielmehr habe ich den Verlag zu Beginn der Rezension von ›Die Stimme Israels‹ doch ganz eindeutig und hoch gepriesen. Es erstaunt mich, daß Sie das übersehen konnten. Ich habe dieses gebührende Lob auch bei anderen Gelegenheiten wiederholt. Tatsächlich ist die Leistung des Kösel-Verlags unvergleichlich in Bezug auf Publikationen jüdischer Autoren, aber meine Aufzählung dieser Autoren ist weit umfänglicher als Ihre. Das sind die Tatsachen. Grundsätzlich und abgesehen von diesen Tatsachen wäre jedoch zu fragen, ob ein Buch, das einem Kritiker mangelhaft erscheint (ich sage *einem* Kritiker, um die Meinung eines anderen, die anders sein könnte, nicht auszuschließen), deshalb nicht kritisiert werden dürfte, weil der Verlag, in dem das Buch erschien, besonders verdienstvoll ist.
Ist nicht vielmehr von einem verdienstvollen Verlag gerade das Beste zu erwarten? Und wie wäre es, wenn selbst die verdienstvollen Editionen mangelhaft wären?

Dürften deren Mängel dann nicht bemängelt werden, weil ein Verdienst darin liegt, daß ein deutscher Verlag so viele jüdische Autoren verlegt?
Die Werke sind nun bei Kösel zumeist höchst vornehm erschienen, mit Liebe und Sorgfalt gemacht, aber die Argumentation läuft doch Gefahr, bei den Schuldbewußten zu landen, während man sagen müßte: der Kösel-Verlag war anderen Verlagen in seiner Einsicht voraus, so gelang es ihm, eine ganze Reihe bedeutender Dichter herauszubringen, die Juden sind. Er erkannte vor anderen Verlagen und besser deren Bedeutung. (Es mag dabei dahingestellt bleiben, daß auch andere Gründe mitspielten, z. B. daß dieser Verlag es sich auch eher ›leisten‹ kann als andere.)
Ich habe diesen Punkt so breit behandelt, weil Sie ihm auch soviel Gewicht beilegten und weil ich auch jetzt noch nicht einsehen kann, wie und warum ich dem Kösel-Verlag »ein geringes Abweichen von der streng pro-jüdischen Linie verzeihen müßte«, denn er ist ja von dieser Linie gar nicht abgewichen. Und bemerkenswerterweise hat mir ein Lektor des Kösel-Verlages einen zustimmenden Brief zu meiner Rezension geschrieben. Der Autor der ›Stimme Israels‹ hingegen schob in einem Brief an mich die Fehler, die ihm unterlaufen sind, dem betreffenden Lektor des Verlages zu, der sich - im Gegensatz zu ihm selbst - auf sein fundiertes Wissen vom Judentum mittlerweile schon etwas einbilde.
Ähnlich verhält es sich mit Lissauer. In Ihrem Brief vom 8. Mai wollten Sie Lissauers ›Preußentum‹ nicht als Assimilationserscheinung nehmen, sondern als versnobten ›Opportunismus‹. Wegen dieses Satzes vor allem habe ich Ihnen den Lissauer-Artikel geschickt, denn für einen versnobten Opportunisten kann ich Lissauer ganz gewiß nicht halten. Und ihn mit Weinheber in einem Atemzug zu nennen, sozusagen als Gegenpol, das halte ich für irrelevant und ungerecht obendrein. Es waren auch keine künstlerischen Fragen, die erörtert werden sollten. Abgesehen davon, daß ich das Weinheber-Zitat an sich albern fand, gehört Weinheber auf keinen Fall in ein Buch, das ausdrücklich ermordeten oder emigrierten jüdisch-deutschen Dichtern gewidmet ist und für junge Deutsche (Schüler!) bestimmt ist, die unbefangen aufnehmen, denen aber keine verwirrenden Zusammenstellungen präsentiert werden dürfen, wenn man ihnen zu klarer Sehweise verhelfen will. Lissauer hingegen, als Typ, gehört unbedingt in ein Buch ›Die Stimme Israels‹, wenn der Komplex deutsche Juden sichtbar und verständlich gemacht werden soll. Ohne diesen wahrhaft tragischen Typ wird das Bild zu glatt, zu vereinfacht und dadurch verzerrt. Ich muß nun aber denken, daß Sie dies überlesen haben, denn selbst wenn Lissauer als Person so gewesen sein sollte, wie Sie annehmen möchten (ich glaube auch das nicht), so stand er mit seinem zitierten Gedicht stellvertretend für viele andere deutsche Juden da, die aber weder den Mut noch die Aufrichtigkeit hatten, sich ihre Situation so einzugestehen oder auch nur klarzumachen wie er. Ob es in Preußen einmal eine

›wertvolle Assimilation‹ gegeben hat, wie Sie annehmen möchten, das halte ich für sehr schwer entscheidbar. Was soll man heute daran ›wertvoll‹ nennen. Wenn ich an die Mendelssohns denke - der Preis für die ›menschliche‹ Anerkennung scheint mir zu hoch gewesen zu sein: Taufe - schon bei allen Kindern von Moses Mendelssohn. Und diesen selbst hat die Aufforderung Lavaters wohl lebensversehrend getroffen, weil sie ihm zu deutlich zeigen mußte, daß er nicht *als Jude* so anerkannt war wie er es tatsächlich war. Selbst wenn es ihm gelang, die öffentliche Aufforderung ›taktvoll‹ beizulegen, er konnte sich über die Folgen, die die Bewegung, die er eingeleitet hatte, haben mußte, von diesem Augenblick an nicht mehr im Unklaren sein.

Ich habe in einem andern Zusammenhang schon einmal ausgeführt, daß an Lavaters Aufforderung ein wesentlicher Schlußsatz gefehlt hat, nämlich der: »Wenn Sie mich aber überzeugen, dann werde ich handeln wie Sokrates, dann werde ich Jude.« - Dieser Satz wurde nicht ausgesprochen, nie ausgesprochen, die Anerkennung kostete immer ihren hohen Preis, und die Liebe - auch zu Preußen und zu allem, was es ideell einmal bedeutet haben mag - war einseitig, galt keiner Realität. Und wenn Sie Rahel Levin nennen - die vorzügliche Edition bei Kösel macht genug von ihren Schwierigkeiten deutlich, ›sich immer erst legitimieren zu müssen.‹ Nein, ›wertvoll‹ war die Assimilation höchstens für Preußen - es war ein ganz einseitig einkassierter Wert.

Schließlich geht es aber bei all diesen Dingen und auch in Ihren beiden Briefen um die Grundfrage, die Sie auch bei Kraus beschäftigt: um die der Ethik. Wenn Sie nun in Ihrem letzten Brief schreiben: »Freilich, Weinheber zu zitieren, kann gefährlich werden, sobald man seine rein sprachlich-formale Abhängigkeit von Karl Kraus hinter sich lässt«, dann begreife ich vollends nicht, worauf Sie hinaus wollen. Über solche Fragen kann man - glaube ich - gar nicht entscheiden. Sie werden dadurch entschieden, daß man sich ihnen gegenüber entscheidet, man wird entschieden nach dem Entschiedenen. Die Ansicht kann kritisiert, bemängelt, korrigiert werden, nicht die entschiedene Haltung.

Eine künstlerische Persönlichkeit, deren Entscheidung zur Haltung wird, hat den Anspruch auf ethische Beurteilung, sie ist ethisch verankert, sie erhebt - in der Kunst und durch diese - Anspruch auf das Lebensganze. Ein solcher Künstler treibt nicht Spiele mit Formen, sondern ringt sich durch alle zur Haltung durch.

Lissauer ist heute vergessen, Weinheber ist Literaturbeflissenen gegenwärtig, schon deshalb ist ein künstlerischer Vergleich unmöglich. Lissauer zählt als Dichter nicht mehr, wirkt nicht mehr. Er war aber mindestens so ›kunstbesessen‹ wie Weinheber, legte sich jedoch auf Formen fest, die seiner Haltung genau entsprachen. Gerade weil er so ›preußisch‹ wie ›jüdisch‹ fühlte und das in aufrichtiger Haltung bezeugte, offenbarte sich seine Tragik - eine in der Wirklichkeit nicht mehr lesbare Aporie. Ich verurteile Weinheber als Künstler nicht, aber ich bezweifle, ob es eine ›rein

sprachlich-formale Abhängigkeit von Karl Kraus‹ geben kann. Das scheint mir Übernahme eines Mißverstandenen zu sein.
Da ich bei Kraus halte, liegt eine Assoziation nahe und eine Bitte: Ich wäre Ihnen sehr dankbar, wenn Sie mir aus Ihrer Erinnerung etwas über Paul Engelmann und seinen Bruder mitteilen würden. (Der Bruder ist übrigens nicht nach Israel gegangen, sondern hat sich, soviel ich weiß, in Wien das Leben genommen.) Ich habe vor kurzem im Verlag O. Kerry, Wien, Paul Engelmanns Büchlein ›Dem Andenken an Karl Kraus‹ - aus dem Nachlaß erweitert - herausgegeben. Leider ist das kleine Buch aber in sehr begrenzter Auflage erschienen, so daß ich Ihnen kein Exemplar schicken kann, was ich sonst gern getan hätte. Und es wäre wohl ein Zufall, wenn Sie es dort irgendwo sähen oder fänden.
Nun bin auch ich sehr ausschweifig geworden und habe doch Ihre Briefe nur zum Teil beantworten können. »Ob das Volk Israel sich Idealen hingeben wird, die einer absterbenden Vergangenheit angehören« - Sie denken doch vermutlich an nationalistische - ich habe dort während des Krieges den Eindruck gewonnen, daß die Soldaten das Land Israel verteidigt haben, weil es verteidigt werden mußte, ohne besondere ›Ideen‹, auch ohne Begeisterungsrausch und Siegestaumel, vor allem ohne Fanatismus und ohne durch Haß motiviert zu sein. Das ist mein Eindruck. Mehr kann ich dazu kaum sagen. Wenig weiß ich auch über die gewandelten Stimmungen in Deutschland. Man sollte sich aber vielleicht auch hüten, in allen ›deutschen Stimmungen‹ Kompensationsphänomene zu sehen, vor allem bei den jungen Deutschen, auf die der den Älteren gegenüber möglicherweise berechtigte Verdacht übertragen wird. Aber allzu viele Spekulationen scheinen mir bei diesen beiden Themen - Israel und Deutschland - müßig.
Von Dr. Schick erhielt ich vor einigen Wochen einen Brief; es geht ihm gesundheitlich nicht zum Besten, vor allem ist er aber sehr mit Arbeit belastet. Und damit will ich mich für heute von Ihnen verabschieden.
Mit vielen guten Wünschen und Grüßen
Ihr ergebener
Elazar Benyoëtz

74 An Eugen Gürster

Berlin, 10. 1. 1968

Lieber Herr Doktor Gürster,
wieder bin ich da und versäume nicht, Ihrer zu gedenken, wofür ich nicht nur Grund, sondern auch einen Anlaß habe. Vor allem erfahre ich eben, daß Ihre ›Dummheit‹ nicht nur schon gemacht ist, sondern daß diese selbst bereits ein gemachter Bestseller wurde: ich gratuliere. Ich vernahm nur Ihre Seufzer im Laufe

der Geburtswehen. Ihr Erfolg freut mich sehr, ich finde das auch besonders köstlich, daß durch ›Dummheit‹ beste Volksaufklärung erzielt wird.
[…] Kommen Sie nicht nach Berlin?
Ich schreibe im Augenblick an einem kleinen Büchlein über Annette Kolb, in das ich Briefe und Gespräche mit ihr, die ich aufgezeichnet habe, mit hineinarbeite. Ein besonderes Kapitel widme ich ihrer Israelreise, die ich für sie organisierte. Ein interessantes Kapitel, das leider allmählich verwässert und verfälscht wird. In diesem Zusammenhang möchte ich überhaupt ihre Beziehung zu Juden, bzw. ihre Stellung zum Judentum behandeln.
Es wäre denkbar, daß Sie mir dabei behilflich sein könnten; ich glaube, Annette Kolb hat irgendwo auch Ihr Buch erwähnt, jedenfalls machte sie sich die Parole ›Die jüdische Frage - eine christliche Frage‹ zu eigen. Hat sie Ihnen darüber geschrieben? Haben Sie mit ihr je über diese Probleme gesprochen? Haben Sie etwas darüber aufgeschrieben oder in Erinnerung? Würden Sie mir mitteilen, was Sie diesbezüglich wissen? Bitte! Danke!
Mit herzlichen Grüßen
Ihr Elazar Benyoëtz

75 An Martin Glaubrecht

Berlin, 10. 1. 1968

Sehr geehrter Herr Doktor Glaubrecht,
überall sehe ich neue Probleme - und den alten Zopf. Wollte ich Ihnen alles schreiben, es nähme kein Ende. Das müßten wir einmal gründlich besprechen: falls Sie es noch für sinnvoll halten (d. h. wenn noch etwas zu ändern ist). Daß Auguste Hauschner ›übereinstimmend‹ gestrichen wurde, ist nichts als natürlich. Ich könnte wetten, daß kein einziger der Gutachter sie kennt. Sogar dann, wenn sie ihre ausgezeichneten Arbeiten nicht geschrieben hätte, müßte sie aufgenommen werden, weil sie eine außerordentliche Frau war. Das wird Ihnen ein Buch bestätigen, das keine Zeile von ihr enthält - und ganz sie ist. (Briefe an Auguste Hauschner. Berlin 1929, Rowohlt)
Walther Heymann ist genau (wenn auch dichterisch begabter) ein jüdisches Äquivalent zu Walter Flex. Das macht den einzigen Maßstab aus (wie sehr problematisch der auch ist, er gehört zur Gesamtproblematik der NDB). Rein künstlerisch betrachtet dürfte weder der eine noch der andere aufgenommen werden, wird aber Flex aufgenommen, so wäre es mehr als billig Heymann aufzunehmen: ein Schwerpatriot, ein Held des I. Weltkriegs, dessen Gedichte in unzähligen Anthologien aufgenommen wurden und der von deutschen Dichtern besungen wurde. Er gehört nicht in den ewigen Vorrat deutscher Poesie, aber durchaus in seine Zeit, da hatte sein Name einen besonderen Klang. Ich bin

keineswegs ›wild‹ darauf, über ihn zu schreiben, werde es aber tun, wenn es die Gerechtigkeit verlangt - und wenn Sie es wünschen.
[...] Franz Hessel schrieb ausgezeichnete Prosa, das ist alles, was ich weiß. Er war zudem mit Walter Benjamin befreundet, mit dem er Proust übersetzte. [...] Wenn ich nicht irre, war irgendwo geschrieben, daß seine Witwe in München lebt. Vielleicht können Sie es feststellen.
Ich fürchte, die Zeit für einen Georg Hermann-Artikel ist sehr knapp, um ordentlich zu schreiben, aber da er nicht fehlen darf, wird meine Mitarbeiterin auf alle Fälle einen zu Stande bringen. Wann müßten Sie ihn haben? Über Heymann könnte ich bald einen Artikel schreiben, wenn Sie ihn noch haben wollen. Über Hessel, da er Münchner war und in München lebte, beauftragen Sie besser einen Münchner, meine Unterlagen sind gering. [...] Nur wenn Sie keinen andern fänden, mir aber noch einige Unterlagen verschafften, würde ich den Artikel übernehmen.
Jedenfalls prüfen Sie bitte den Fall und lassen Sie es nicht auf den Nachtragband ankommen.
Ihre Liste schicke ich Ihnen mit einigen Ergänzungen zurück. Ich hätte noch mehr Namen, aber was sollen Sie nun mit all diesen anfangen, da die Liste offenbar schon die Runde gemacht hat? Ich habe alle Juden gekennzeichnet. Über Wert und Rang kann ich mich nicht äußern, da ich bis jetzt das Kriterium dafür nicht herauszufinden vermochte.
Ganz lächerlich finde ich es, einen jüdischen Schriftsteller zu be›Ja‹hen, weil er den Titel Rabbiner führt. Horowitz ist fast der einzige Jude auf der Liste (von den ganz wenigen bekannten abgesehen), der bejaht wurde. (Er wäre aber eher als Historiker zu berücksichtigen, sein Spezialgebiet: Geschichte der Frankfurter Juden.) Da haben Sie das Problem! Sie, bzw. die Redaktion kann nun aufatmen, daß nicht alle Possendichter gleich auch Rabbiner waren.
Aber was wäre wirklich das entscheidende Kriterium? Wohl der alte Zopf: das, was in den ihres Alters wegen geheiligten Literaturgeschichten seitenlang seichtweg behandelt wurde.
Den wunden Punkt der NDB sehe ich in der Wertung. Ich werde ja noch Gelegenheit haben nachzuprüfen, wie viel Mal die Wendung ›bedeutend‹, zu den ›Bedeutenden... gehörend‹ etc. da vorkommt. Das ist Zopfheiligtum. Wenn's aber bleiben müßte (es müßte nicht, es wird bleiben), dann fällt ja tatsächlich das Hauptgewicht auf die Biographie, in diesem Fall aber bestünde doch der besondere Wert der NDB darin, daß sie weniger bekannte Schriftsteller mit Sorge und Sorgfalt behandelt, denn die berühmten sind überall zu finden. Kurz, ich bin unschlüssig. Karl Hugo (Amber) z. B. war seinerzeit ein einflußreicher Bühnenautor, der seine Wirkung hatte, die zum Zeitbild gehört. Es mag gegen diese Zeit sprechen, die Zeit spricht aber für sich allein. Heute wären die Sachen

vielleicht ungenießbar - für uns! Aber für uns ist nicht nur eine Courths-Mahler ungenießbar, sondern auch ein wirklich braver und tapferer Mann wie Ernst Wiechert. Das ist ein Teilaspekt des Problems und bleibt es auch, denn andernfalls könnten wir ja den ganzen Brümmer abschreiben. (Wie auch immer, er war ein verdienstvoller deutscher Mann!) Viel schlimmer noch: diese vielen Schriftsteller gelangen in Wahrheit auch nicht einmal bis zum Stadium der Diskussion. Oder glauben Sie wirklich, Ihre Gutachter kennen alle diese Namen? Unbekannt - unbedeutend, also streichen! Und auch deshalb muß die Wertung so kümmerlich ausfallen, denn aufgenommen heißt ja, ein ›zöpfliches literaturgeschichtliches Heiligtum‹ kanonisieren. Der es dann zu schreiben bekommt, hat es schon im Vorhinein mit der ›Ehrfurcht‹ zu tun, es ist eben ›bedeutend‹. Freilich gibt es auch noch andere Gründe, nicht zuletzt technische, denn eine neue Wertung kann nur aus dem Bekanntwerden mit dem Werk gewonnen werden, wer aber hätte die Zeit zu lesen? Da es jedoch um ›Konservierung‹ geht, kann man schadlos auch das überlieferte Urteil übernehmen. Es ist eine alte Schwäche, die uns schließlich vertraut ist. Weil z. B. Hitler Hitler war und weil man seiner verteufelten Demagogie erlag - fanden sich schon ›Literarhistoriker‹, die ihm auch als Schriftsteller huldigten, seinen Stil groß u. erhaben fanden (siehe den traurigen Fall Fechter). Warum, frage ich mich, soll es aber nicht auch möglich sein - wie es im Falle Peter Hille doch möglich sein könnte - einen Mann seiner einzigartigen Erscheinung wegen aufzunehmen, weil der *Mann* einzigartig war, und dabei doch zu sagen, seine Werke, bis auf 3-5 Gedichte und eine Handvoll Aphorismen, sind nicht mehr genießbar? Wem entgeht was? Er ist schon ein Übel, dieser ›Bedeutungsaberglaube‹, allein, wer soll ihn abschaffen? Der langen Rede kurzer Sinn: Sie überlegen sich, an welchen Namen Sie interessiert sind, ich mache sie dann schon ›bedeutend‹.

Die alten Zöpfe hatten schon immer Abneigung dichtenden (noch mehr denkenden!) Frauen gegenüber. Tritt einmal eine Dame aber männlich auf, dann bekommen sie Respekt und kanonisieren gleich die ganze Familie. So bei Ricarda Huch. Damit will ich gar nichts gegen Friedrich und Felix und Rudolf Huch sagen, der nicht nur ein Vetter, sondern gar ein Bruder der prächtigen Ricarda war und bei Wilpert zu finden ist - mit dem denkwürdigen Fehlen des einen Werks: ›Israel und wir‹ - eine antisemitische Schrift. Auch er mag aufgenommen werden, vielleicht war er ein ›bedeutender‹ Schriftsteller, ich kenne seine sonstigen Werke nicht. Aber dann müßte eben dieser wichtige biographische Tatbestand erwähnt werden (denn wäre der für ihn nicht wichtig gewesen, hätte er ja nicht darüber geschrieben). Auch dafür müßte die Redaktion der NDB Sorge tragen. Eigentlich wollte ich aber nicht davon sprechen, sondern vom Familienheiligtum. Das haben Sie auch bei Karl Hillebrandt. Da folgt gleich auf ihn der bejahende Zusatz: ›sein Vater‹. Es mag ja sein, daß dem Zusetzer der Mann vertraut ist, vielleicht müßte er auch allen anderen vertraut sein (sonst würde er ja nicht gerade auf der Liste gefehlt haben), entscheidend aber wären doch nicht Name, Amt, Leistung des Mannes, sondern ›sein Vater‹. Zufällig bin ich in der Lage, diese Befürwortung zu unterstützen, denn seit langem habe ich vor, auf Joseph Hillebrandts ›Deutsche Nationalliteratur‹ (3 Bde.) hinzuweisen. Viel mehr noch, wenn es Zeit hat, würde ich gern diesen Artikel schreiben, wobei mir allerdings wieder mehr an der Wertung als an der Biographie gelegen wäre.

Vielleicht erörtern Sie mir gelegentlich die Prinzipien der Listenherstellung und der, wohl vorhergehenden Auswahl?

Wäre es Ihnen vielleicht möglich, etwas über Hanna Hellmann festzustellen? Ich kenne nur ihre sehr gute kleine Schrift über Kleist (mit der sich auch Ernst Cassirer auseinandersetzt in seinem Buch ›Idee und Gestalt‹. Berlin 1921).

Mein Vorschlag: Ich bin, wie schon gesagt, noch nicht bei ›H‹, Jacobson war eine Ausnahme, die ich zwecks Demonstration herstellte, doch habe ich natürlich je nachdem mehr oder weniger Material und einige Hilfswerke, die mir zur Not aus der Not helfen können. Nun betrachten Sie bitte alle Namen und die, für die Sie Artikel wünschten, stellen Sie (falls noch nicht vergeben) besonders zusammen auf einer Liste, vervollständigt durch Ihre Quellenverweise (ADB etc) nach Ihrem Karteistand. Danach könnte ich beurteilen, ob ich's entsprechend (ausreichend und ungeschwätzig) machen könnte, was ich Sie gleich wissen lassen werde, einverstanden?

Den Jacobson können Sie behalten, nur bitte ich Sie, meinen Namen hinzuzufügen, denn in 10 Jahren wird er wohl vergessen sein.

Mit freundlichen Grüßen
Ihr sehr ergebener
Elazar Benyoëtz

PS. Eben erhalte ich die Nachricht, daß mein Vorschlag, die NDB zu besprechen, angenommen und mir freigestellt wurde, es nach meinem Ermessen zu tun. Bevor ich Sie nun um ›besonderes‹ Material angehe, bitte ich Sie dringend, mir die beiden letzten Bände beim Verlag zu besorgen. Leihweise könnte ich sie schlecht gebrauchen, denn ich kann nur mit Bleistift lesen. Mir würden aber die beiden letzten genügen, den ersten könnte ich irgendwo einsehen, was Plan und Grundsätze betrifft oder aber Sie könnten mir diese wohl angeben. Das Prinzipielle wird sich wohl an den letzten Bänden auch zeigen. Das wäre das Nötigste. Ich werde lange daran arbeiten müssen, länger als ich dachte, denn nun bin ich allseits bedrängt. Sehr bald wird also die Besprechung nicht erscheinen können, aber sie wird geschrieben - und hoffentlich gut geschrieben werden. Sie wird dann in der ›Welt der Literatur‹ erscheinen. Da meine Bedingungen akzeptiert wurden, muß ich mich in keiner Weise einschränken. Wenn Sie glauben, es dadurch leichter zu haben, könnte mir der Verlag ohne weiteres die Bände (dann könnten es vielleicht auch mehrere sein?) als lose Bogen schicken, noch praktischer, denn diese lassen sich nicht nur bemalen, sondern auch zerschnibbeln.

76 Von Martin Glaubrecht

München, 18. 1. 1968

NEUE DEUTSCHE BIOGRAPHIE

Sehr geehrter Herr Benyoëtz!
Ich schulde Ihnen noch Dank für Ihren umfangreichen Brief vom 10. 1.. Besonders möchte ich Ihnen für das beigefügte Gutachten, das mir sehr willkommen und von großem Nutzen war, danken und für den Artikel über Seligmann Heller. Ich werde den Artikel in der nächsten Zeit der Redaktion vorlegen und mich wieder melden, falls noch Fragen offen sind. Für die Genealogie sehe ich ein bißchen schwarz, aber vielleicht bekommen wir doch noch etwas. Vielen Dank auch für den Musterartikel Jacobson, den ich sehr interessant fand, vor allen Dingen bewundere ich Ihre exzessive Bibliographie, die mir gründlicher erscheint als die Goedekes in vielen Fällen; wenn Sie es erlauben, werde ich den Artikel für die NDB einbehalten, nur müssen wir natürlich für unsere Zwecke die Bibliographie gut durchforsten. Aber das hat natürlich noch Zeit. Von den von Ihnen genannten vierzehn Namen haben wir fünf nicht, und zwar Handl, Hauschner, Georg Hermann, Franz Hessel und W. Heymann. Während Handl und Hessel gar nicht auf unserer Liste erschienen sind, waren es die übrigen wohl, aber Auguste Hauschner ist mir übereinstimmend zur Streichung empfohlen worden. Für Georg Hermann fand ich trotz langer Bemühungen keinen Autor, W. Heymann schien mir selbst nicht so wichtig zu sein. Wenn Sie oder Ihre Mitarbeiterin den Georg Hermann noch für uns schreiben, wäre das natürlich großartig, und wir könnten diese Lücke wenigstens noch stopfen. Handl und Hauschner müssen wir ganz für den Nachtrag zurückstellen und ob wir Hessel und Heymann bringen sollen, weiß ich nicht. Gehen tut es jedenfalls noch. Daß Ihnen die Liste jüdischer Gelehrter und Schriftsteller ein bißchen Kopfzerbrechen gemacht hat, verstehe ich gut, sie ist nicht aus unserer Hauptliste, sondern aus der Encyclopädia Judaica hervorgegangen, deshalb das Durcheinander mit den Berufen. Da ich sehe, daß Sie mir doch wertvolle Hinweise auf Schriftsteller geben können, lege ich Ihnen noch einmal eine Liste von Schriftstellern ›H‹ zweiter Teil bei, es ist das Exemplar, das Professor Martini in Stuttgart durchgesehen hat, leider habe ich kein anderes mehr, das noch einigermaßen lesbar ist. Wenn Sie die Zeit dazu finden, wäre ich Ihnen sehr dankbar, wenn Sie die Liste noch einmal auf aufnehmenswerte Namen hin durchsehen. Vielleicht wollen Sie auch selbst den einen oder anderen Artikel übernehmen. Diese Buchstaben werden im 9. Band der NDB erscheinen, mit dessen Vorbereitung wir im nächsten Jahr beginnen wollen.

Mit Schrecken sehe ich, daß nicht Sie von Ihrem Besuch bei uns profitieren, sondern ausschließlich wir und daß ich Sie mit allerlei Aufträgen überhäufe. Ich hoffe aber sehr, daß wir das einmal wieder gutmachen und Ihnen bei Ihren Genealogien helfen können.
Mit nochmaligem Dank und freundlichen Grüßen
Ihr sehr ergebener
Martin Glaubrecht

77 Von Else Gottlieb
                                                               Tel-Aviv, 28. 2. 1968
Mein geliebter Sohn Elazar!
Ich weiß, daß dieser Brief längst überfällig ist und ich noch keinen Tag verbracht, ohne mich selbst gehörig dafür auszuschimpfen, daß ich Dir noch immer nicht geschrieben habe. Aber wie Du weißt, ist Dr. Rd bereits seit 7. 1. 68 verreist und ich bin täglich von morgens bis abends im Büro. Es ist also nicht ganz meine Schuld, wenn Du so lange auf ein Lebenszeichen warten mußtest.
Dein jüngster Brief hat mir auch sehr viel zu denken gegeben, denn wie ich sehe, stehst Du vor sehr schweren Problemen, bei deren Lösung ich Dir nicht helfen kann und ich bitte G"tt täglich und stündlich, daß er Dir den Wirkungskreis verschaffen soll, der Dir für Deine Zukunft vorschwebt.
Die Schwierigkeiten, die Du in Deinem bisherigen Leben hattest, sind mir bekannt, teilweise hast Du Dir diesen Weg gewählt, in dessen Natur es liegt, Schwierigkeiten zu begegnen, welche nur durch Deine Zähigkeit und den Idealismus gemeistert werden konnten, welche Du aufbrachtest. Wenn ich an die vielen, mit Arbeit verbrachten Nächte Deiner Jahre denke, glaube ich, daß Dir jetzt schon ein leichteres Leben beschieden sein sollte, welches Dich Deinem Ziele näher bringen und Dir den Platz im Rahmen Deiner Berufung verschaffen sollte, der Dir gebührt. Mit diesem Wunsch verbinde ich auch die Hoffnung, daß sich Deine Zukunftspläne mit unserem Lande verbinden, in welchem Du ganz bestimmt wieder Anfangsschwierigkeiten zu überwinden haben wirst. Je früher Du Dich aber diesen stellst, desto eher kann auch mit einer Lösung gerechnet werden und in diesem Sinne hoffe ich, bald über Deine bevorstehende Rückkehr zu hören.
Deine Imma

78 An Helmuth de Haas

Berlin, 2. 3. 1968

Sehr geehrter Herr Doktor de Haas,
vielen Dank für Ihren Brief, auf den ich doch etwas lange warten mußte; denn einmal hatte ihn mir Herr Professor Torberg bereits in seinem Brief vom 2. 2. 68 an mich für bald in Aussicht gestellt, zum andern hatte ich Herrn Professor Torberg in meinem Brief vom 28. 1. aufgefordert, seine Eingriffe in mein Manuskript von sich aus rückgängig zu machen, und ich erfahre nun erst aus Ihrem Brief, daß er meine Aufforderung auch befolgt hat.

Sie schreiben, Herr Professor Torberg habe Ihnen seinen Briefwechsel mit mir zugänglich gemacht. Ich hätte Grund zu bezweifeln, daß Ihnen tatsächlich der ganze Briefwechsel vorlag (5 Briefe von Herrn Professor Torberg, 2 Briefe von mir), sonst könnten Sie nicht so leichtsinnig gewesen sein, mit Ihrem Brief - so unglücklich, aber in jeder Weise adäquat - die ›Welt‹-Korrespondenz zwischen Herrn Professor Torberg und mir abzurunden.

Da ich entfernt davon bin zu glauben, Sie wären imstande, eine Unwahrheit zu sprechen, muß ich von dem von Ihnen bestätigten Faktum ausgehen: ›Meine Korrespondenz mit Herrn Professor Torberg war Ihnen zugänglich.‹

Sie wissen also, daß Herr Professor Torberg, mit dem ich bis dahin nichts zu tun hatte, sich in seiner redaktionellen Funktion nicht vorstellte, als er unmotiviert und in persönlichem Ton seine Korrespondenz mit mir am 6. 12. 67 begann. Der Vorgang, der diese Korrespondenz verursachte und der sich in ihr widerspiegelt, ist Ihnen genau bekannt. Sie wissen auch, daß ich diesen Vorgang mißbilligte, ja, verachtens- und verabscheuungswürdig fand. Sie mißbilligen diesen Vorgang nicht nur nicht, Sie heißen ihn gut, und übernehmen die Verantwortung dafür, indem Sie schreiben, Herr Professor Torberg habe mein Manuskript »auf unser Ersuchen durchgesehen und für den Druck eingerichtet.« Sie erklären sich also nicht nur mit den Absichten und Methoden des Herrn Professor Torberg einverstanden, sondern Sie nennen sein Handeln »völlig korrekt« und rechtfertigen es. Sie rechtfertigen damit auch diese Sätze, die er am 19. 12. 67 an mich schrieb: »Es hat mich sehr überrascht, unter den zahlreichen Fehlanzeigen, die Sie gegen das J[üdisches]L[exikon]mit Recht vorbringen, das Fehlen dieses Autors nicht angezeigt zu finden. Er heißt Friedrich Torberg, und das war ja auch der Grund, warum ich die mir zugedachte Besprechung des Lexikons ablehnen mußte, denn ich selbst konnte auf diese Unterlassung nicht gut hinweisen. Daß Sie das tun würden, schien mir allerdings so selbstverständlich, daß ich in unserer telefonischen Unterhaltung gar nicht darauf zu sprechen kam.« Sie können sich vielleicht die Naivität leisten, die Bedeutung dieses Umstands nicht begreifen zu wollen. Aber es ist zuviel Naivität, wenn Sie jetzt noch annehmen, ich könnte auch nur die leiseste Lust zur weiteren Mitarbeit an *Die Welt der Literatur* verspüren. Nein. Ich habe eine Aufgabe, die ich, so gut ich konnte, auch in Form von Besprechungen zu erfüllen versuchte. Ich habe aber keinen Ehrgeiz, der mich dazu bewegen könnte, unangemessene Zugeständnisse zu machen. Solange mein Wort gewünscht war, weil es gehört werden sollte, solange es in seiner Eigenart respektiert wurde, solange die selbstverständliche uneingeschränkte kritische Freiheit und die Unantastbarkeit meiner erarbeiteten Texte garantiert waren, ließ ich mich auch zum Schreiben für *Die Welt der Literatur* gern bewegen und hatte meine Freude daran.

Sie sollten den Umstand aber doch nicht so arg unterschätzen, daß ich ein in jeder Weise freier und unabhängiger Mensch bin, der nur dann schreibt, wenn ihm Bedingungen gefallen. Sie können nicht gut von der Tatsache ausgehen, daß ich besonderen Wert darauf lege, weiterhin für *Die Welt der Literatur* zu arbeiten. Ich lege nun Wert darauf, nicht weiter mitzuarbeiten.

Sie »wünschen im Gespräch zu klären, ob sich eine vernünftige Möglichkeit der Wiederverständigung und Versöhnung finden lässt.« So diffizil wie Sie, vermag ich nicht zu unterscheiden. Wenn es die anständige Möglichkeit nicht gibt, dann kann es auch die vernünftige nicht geben - oder aber: diese Art der praktischen Vernunft interessiert mich nicht.

Ich habe lange Ihren Brief erwogen, ich versuchte, Sie als einen aus Verlegenheit oder Übereifer in die Falle Gegangenen zu betrachten, versuchte, die Widersprüche wegzudenken, die überall in Ihrem Brief stecken, und alles Unangenehme in ihm Ihrer ›Not‹ anzurechnen. Auch nach all diesem blieb - Ihr Ton. Ich glaube nicht sagen zu müssen, diesen lasse ich mir nicht gefallen, aber: er gefällt mir nicht.

Ich will Ihnen die Reise nach Berlin sparen, auch die Qual der Wahl. Ich beharre auf meinem Herrn Professor Torberg mitgeteilten Entschluß, meine weitere Mitarbeit an der *Die Welt der Literatur* sofort einzustellen, ein Entschluß, den Herr Professor Torberg bewirkte, den aber Ihr Brief endgültig befestigt hat.
Mit den besten Empfehlungen
Elazar Benyoëtz

79 An Clara von Bodman

Tel Aviv, 10. 7. 1972

Mein liebes Clärle,
ich sollte schon lange in Jerusalem sein, bin aber hier sitzen geblieben, wie gebannt durch meine Beschäftigung mit der Abschrift der Aphorismen. Je weniger ich sie billigen will, desto teurer werden sie mir. Schon sind sie mir, im Wortumdrehen zum Inbegriff meines äußeren Lebens geworden. »Und süße Früchte werden aus den herben«, ob nur für mich, zur Selbstkost? Ich will nicht ins Große und muß mich nicht bescheiden; ich meine, nicht viel: ein Buch, das man liebt, nicht weil

es beflügelt, sondern weil es auf unlästige Weise begleitet, nur leise mahnt, nur zwischendurch belehrt, von Trost nicht spricht, Bedeutung nicht verleiht, Sinn nicht beteuert, Ich und Selbst nicht sucht und nur Gefallen findet.
Das ist so leicht geschrieben wie gesagt, allein, es müßte leuchten. Nun habe ich wenig Zeit, und diese hat nur wenig für mich übrig. Ganz auf mich gestellt, fühle ich meine Hinfälligkeit, diesem Gefühl verfallen auch die Worte. Nicht viele bewähren sich in ihrer Zähigkeit und nur wenige erweisen sich als lichtecht.
Das Wort, das mir gehört, habe ich gehoben; Du mußt mir nun helfen, es zu halten, immer höher, bis es im Glanz des Unscheinbaren stehen und bestehen kann.
In Zefat gedenke ich demnächst eine hebräische Ausgabe vorzubereiten. Wie immer sie am Ende auch ausfiele, niemals würden sich beide Ausgaben decken können.
»Zu jeder Sprache gehört eine andre Zunge und ein anderer Mensch,« sagt Hippel. Das trifft auf das Denken in seinem Sprachgewand zu, nicht auf den Gedanken in seiner natürlichen Gewandtheit und seiner fremden, nur anheimelnden Anmut. Der Hebräer in mir bringt allen Eifer auf, das durch mich deutsch Gedachte zu widerlegen, während mein Deutsch sich standhaft genug erweist, den eifernden Hebräer zu fixieren und ihm mit einer fast jiddischen Geschmeidigkeit zu widersprechen. Diese Widersprüche, oder genauer Selbstwidersprechungen, sollen mein Werk im Deutschen ausmachen. Eben vernehme ich die Stimme meines augenblicklichen Gewährsmannes, Theodor Gottlieb Hippel, und ich glaube auch zu sehen, wie er sich vergnügt die Hände reibt, hat doch schon er gesagt: »Der beste Lateiner bleibt ein Deutscher, wenn er Deutsch gedacht hat. Cicero würde ihn für keinen Landsmann halten.«

Ich bin gerade in eine seltene Abwesenheit geraten, da ich dem Zitat nachgehen wollte und dabei meine Augen schloß. Während ich das tat, wurde ich Zeuge einer Verwandlung: der Lateiner stieg aus dem Satz heraus und ein Hebräer trat an seine Stelle, und wo Cicero gerade Protest erheben wollte, zeigte sich das licht- und würdevolle Antlitz Goethes. Goethe! Wenn ich auch Lateiner wäre, ich vernähme bei diesem Namen: Urpflanze, West-östlicher Divan, Lied der Lieder, Weltliteratur.
Dahin bin ich also geraten, und gern wäre ich geblieben in der so anschaulichen Abwesenheit. Wie lange kann man aber bei der Betrachtung der Urpflanze wachträumend bleiben? Ich legte die Worte zurück, und da ich das tat, streifte der junge Goethe an mir vorbei, und - Wunder über Wunder! - in überwältigender Plötzlichkeit stand vor mir Issachar Behr Falkensohn im fahlen Licht seines Buches ›Gedichte von einem pohlnischen Juden‹. In der Art seines Auftauchens schien er mir sagen zu wollen: betrachte mit deinen heutigen Augen jene berühmte

Rezension meines Buches auf ihre letzte Konsequenz hin, und du fändest im Ur-Goethe Hippels alten Cicero.

Du siehst, Clärle: wohin ich auch versinke, ich bleibe immer auf dem Boden der ›Bibliographia Judaica‹. Allein, als ich vor genau zehn Jahren auszog, mir aus Urnen, Grabsteinen, Archiven und Literatur *meine* Antwort auf die ›Frage der Fragen‹ zu holen, ließ ich mir nicht träumen, daß ich sie eines Tags, Jahre nach meiner Heimkehr, von meiner eigenen Haut würde abziehen können.

Dein Elazar

80 Von Martin Glaubrecht

München, 17. 7. 1972

Lieber Herr Benyoëtz,

ich antworte Ihnen gleich, Ihr Zorn, Ihre Klage machen es möglich.

Es geht mir oft, zu oft so, daß ich gerade Dinge unterlasse, die mir am Herzen liegen, daß ich Menschen enttäusche, die ich liebe. Es scheint, als müßte ich immer das zerstören, was mir wertvoll, lieb werden könnte. Im Wechselbad von Liebe und Haß aufgewachsen, glaube ich noch immer nicht, daß etwas Gutes, daß Liebe und Sympathie Bestand haben könnten für mich, und was mir nicht ohnehin unter den Fingern zerrinnt, das suche ich zu zerstören, absterben zu lassen. Und es verläuft dann in der Tat das Liebste im Sande, zerfällt, schlägt um in Negatives, gar in Haß. Und wieder und wieder habe ich mir bewiesen, daß Positives für mich nur im Moment besteht und sogleich umschlägt in Negatives. Ihr Brief damals, er hat mir den Atem genommen, soviel herzliche, anteilnehmende Begeisterung war ich nicht gewohnt. Ich war Ihnen sehr dankbar dafür. Vielleicht auch hätte diese Dankbarkeit angehalten, vielleicht wäre jener Umschlag nicht erfolgt, wenn nicht auf die Euphorie, die doch meinen Brief stärker bestimmt hat als realer Grund dafür da war, schmerzliche Enttäuschung gefolgt wäre: Ich habe die Stelle an der Universität nicht bekommen. Es war meine zehnte Bewerbung, und es schien mir damals die letzte zu sein, jedenfalls ist sie es bis heute geblieben. Der Mut, den Sie aus meinem Brief herauszulesen glaubten, war mehr eine Beschwörung meiner Kräfte als deren tatsächliche Wirksamkeit, und da passierte es, daß die Enttäuschung mir den Boden unter den Füßen fortzog, die ich auf eine große Hoffnung, die real nur ein kleiner Schimmer war, gesetzt hatte. Die Enttäuschung aus einem Punkt ist, wenn dieser Punkt noch der einzige Halt ist, so zerstörerisch, daß nichts an Halt, an Hoffnung mehr sichtbar wird. Und der Beruf, mein Beruf als Literarhistoriker, den ich wahrlich liebe, war mir damals zerstört. Aber genug, ich könnte - und da müßte ich mit der ›Wiege‹ beginnen - tagelang erzählen, Seiten füllen, um mich ganz verständlich zu machen.

Ich habe Ihr Buch gelesen. Ich verstehe, daß es nicht ›geht‹, es kann gar nicht ›gehen‹, geschweige denn, richtig verstanden werden, denn es ist eine Liebeserklärung. Eine Liebeserklärung an Annette Kolb, und zugleich eine Liebeserklärung an das von ihr repräsentierte andere Deutschland. Und das sollten die Deutschen verstehen, daß man sie liebt, wenn auch ihre besseren Seiten? Wie denn? Das würde ihnen, uns natürlich, doch das ›gute Gewissen‹, das im schlechten Gewissen seinen Grund hat, nehmen. [...]

Ein Jude, der die Deutschen haßt, jeden Deutschen, wird natürlich akzeptiert, er straft ja, und das befriedigt. Einer aber, der liebt, sehr liebt, und deshalb scharf sieht, differenziert, Schuld zumißt und dadurch das Gute auch sieht, anerkennt, liebt, der ist unheimlich, den will man am liebsten nicht zur Kenntnis nehmen. Der könnte ja Recht haben, weil er aus Liebe geschichtliche Verantwortung fordert. Der hassende, strafende Jude entlastet, der liebende belastet. Außerdem, wer sich gehaßt fühlt, fühlt die Ungerechtigkeit, die in jedem Haß gegen Menschen steckt, sehr wohl, und das macht ihn, der sich aus Schuldgefühl Haß ja nicht mehr leisten kann, ›gerecht‹ - er steht, mit all seiner Schuld - über dem Hassenden. Aber wie die Kritik des Liebenden aushalten? Nehmen Sie Axel Springer. Dieser pathologische Politträumer, dieser blind Wütende gegen alles Linke, Intellektuelle, er ausgerechnet ist der große Freund Israels. Dieser Springer ist der repräsentative Deutsche. Sein Schuldgefühl ›bestraft‹ er mit Philosemitismus, er ist der ›gute‹ Deutsche, der ›büßen‹ kann, weil den Haß noch aus den regierungsamtlichen Huldigungen herausspürt. Von einem Tag auf den anderen würde er der größte Hasser Israels, würde man ihm mit der Liebe begegnen, die ihm kritisch zeigt, daß er anstelle der Juden seiner Väter die haßt und verfolgt, die heute gesellschaftliche Außenseiter sind. Diese Leute hassen immer und verfolgen die Parias, die sie selbst miterzeugten. Die Mächtigen, die sie strafen können, und das kann Israel, können manche Israeli gegenüber Leuten seines Schlages, werden aus masochistischem Strafbedürfnis heraus verehrt. Wollen Sie von denen gelesen, gelobt werden? Die lasen ja auch Annette Kolb nicht, geschweige denn, daß sie ihrer liebenden Kritik gefolgt wären. Wie können Sie sich über Ihr gleiches Schicksal als Autor wundern? Dies alles wollte ich Ihnen schon im Februar schreiben. Es ist noch wie damals meine erste Empfindung.

Ja aber, werden Sie vielleicht sagen, kann man denn keine Bücher mehr aus Liebe schreiben, die dann auch gelesen werden? Nein, man kann nicht. Lieben, natürlich, man wird es noch immer können. Aber gehört werden, verstanden, wiedergeliebt? Ich bin sehr, sehr unsicher. Sie mögen es meinen Enttäuschungen, meinem ›anerzogenen Bedürfnis‹, das Geliebte auf allzugroße Geduldproben zu stellen, es dabei umzustürzen, zuschreiben, daß ich skeptisch bin. Aber Sie sehen aus diesem Bedürfnis ja auch eine verzweifelte Wut, an die Liebe zu glauben. Vielleicht ist Liebe nur noch möglich als kalte Sachlichkeit, als verdammte Arbeit.

Es fällt mir schwer, aber diese verdammte Arbeit leiste ich noch immer. Liebe ist da nur wenigen und wenigem gegenüber möglich, und da auch nur als sachliche, nüchterne, kritische Arbeit. Daß sie gerade gegenüber Liebenswerterem und der Liebe sehr Bedürftigen versagt, ist eine Schwäche, die aus zu großem Bedürfnis geliebt, gelesen, gelobt zu werden allzu leicht entsteht. Ich bin dabei, mir diese kindlichen, menschlichen Wünsche nüchtern, allmählich nur, natürlich, abzugewöhnen. Aber, Sie helfen mir doch noch dabei?!
Daß Sie aus der Enttäuschung gesprungen sind mit Ihrem Brief, rechne ich Ihnen hoch an. Das zeigt mir, wie unsinnig mein törichtes, selbstzerstörerisches ›Auf-die-Probe-Stellen‹ doch ist. Es ist überwindbar.
Ihr Martin Glaubrecht

81 Von Yaáqov David Abramsky

Jerusalem, 10. 9. 1972

Verehrter Benyoëtz -
Mensch, wo sind Sie? Es ist lange her, daß ich Sie sah, und schlimmer als dies: daß ich eine Übersetzung lyrischer Gedichte mit Ihrem Namen gezeichnet gesehen habe. Mensch - ja, wann verdient man diesen rühmlichen Titel? Sie verdienen ihn, nach meiner Ansicht, wenn Sie übersetzen. Ich glaube: über alle Hände, die sich je zum Übersetzen deutscher Lyrik ausstreckten, haben Sie die Oberhand. Fern aller Banalität, der fast notgedrungen jeder Übersetzer von Lyrik dann und wann erliegt [...]; Ihre Hand ist nicht matt, Ihre Sprache nie müde [...]. Aus Ihren Übersetzungen erhellt sich der Dichter und er trifft mich unmittelbarer als in Ihren anderen Arbeiten, welcher Art sie auch immer sind. Und jedenfalls gehen mich diese persönlich mehr an, denke ich nur an Ihre Übersetzungen der Else Lasker-Schüler! Ich flehe Sie an: tragen Sie Ihre Übersetzungen zu einem Band zusammen! Sagen Sie nicht, Eigenes wäre Ihnen wichtiger - es ist Ihr Eigenes; sagen Sie nicht, die Zeit sei wüst, man bedarf der Lyrik jetzt und hier nicht - man bedarf ihrer sehr wohl, wie würden Sie sonst diesen Brief erklären können, den ich mir selbst ja kaum erklären kann. Sie kennen mich, Sie wissen, wie schwer mir das Loben fällt, wie bitter schwer mir das Loben gar eines Lebenden sein muß. Es ist mir ein Schmerz, wenn ich nicht lästern kann. Und Sie wissen auch, daß ich so manches gegen Sie habe und Sie vielfach nicht ausstehen kann. Anfangs schätzte ich Sie nicht, dann zwangen Sie mich, Sie wenigstens im Herzen zu achten, seitdem aber beleidigen Sie mich unablässig in Ihrer verdammten Art. Es ist wahr: Was immer Sie schreiben, es ist originell, neu, unnachahmlich (eben jetzt las ich Ihren Aufsatz über Margarete Susman im ›Molad‹ - einmalig!); Sie wiederholen sich nie - aber Sie sind verwöhnt, zu ästhetisch, hochmütig, zu geistreich - kein wirklicher Schriftsteller: Sie arbeiten nicht, Sie überraschen

nur. Wir aber brauchen Schriftsteller, brauchen auch das heilige Gut unserer Sprache, das Ihnen zu treuen Händen gegeben wurde, und das Sie so schadhaft veruntreuen, da Sie deutsch schreiben. Dafür werden Sie bis ins dritte und vierte Glied heimgesucht werden, es sei denn, Sie kehren sofort um.
Gäben Sie Ihre Übersetzungen bald heraus, es wäre schon eine Art Umkehr, ein Zeichen der Reue. Darin will ich Sie gern unterstützen, würde auch keine materiellen Opfer scheuen. Bitte!
Ich umarme Sie
J. D. Abramsky

82 Von Meir Teich

Ramat-Gan, 14. 3. 1973

Lieber Herr Benyoëtz!
Als die zwei Exemplare meiner Rezension an den Verlag abgeschickt wurden, hatte ich zugleich ersucht, mir Ihre Adresse bekanntzugeben, weil ich Ihnen ein weiteres Exemplar zusenden und auch Ihnen persönlich schreiben wollte. Der Verlag verwies mich an eine Münchener Adresse, die ich vergeblich anschrieb.
Ich freue mich daher, Sie endlich persönlich kennen zu lernen. Wenn es Ihnen recht ist, rufen Sie mich ab Sonntag, den 18. d. Mon. an - bis dahin bin ich noch mit der Zusammenstellung der Aprilausgabe beschäftigt -, und wir vereinbaren, an welchem Tage Sie mich besuchen wollen, wobei ich bemerke, daß ich am liebsten ab 10 Uhr v. M. oder ab 5-6 n. M. empfange. Zur Begründung: Die 83 überschritten und nach NS-Verfolgung schwer leidend.

Daß ich trotzdem die ›Stimme‹ fast zur Gänze schreiben muß, ist darauf zurückzuführen, daß entsprechende Mitarbeiter nicht zu haben sind.
So bestehen Redaktion und Administration, Umbruch etc. ausschließlich aus mir und einem Sekretär.

Von Brod habe ich nur sein ›Streitbares Leben‹ (bei Kindler 1960) und das Gedenkbuch von Hugo Gold (Tel-Aviv 1969). Ich hatte seinerzeit jede Einladung, zu ihm zu kommen, abgelehnt.
Über Kraus habe ich - wie aus der Bibliographie von Otto Kerry zu ersehen ist - elf Aufsätze veröffentlicht.

Das Gedenkbuch enthält 48 Aufsätze von sehr verschiedenem Niveau: Manche, die eigene Themen, ohne jede Beziehung zu Brod, behandeln; andere, aus gemeinsamer Jugendzeit; die meisten, um Kraus zu zitieren: »wie ein Bissen von Brod!« Unbegreiflich war mir der sehr positive Aufsatz von Hermann Kesten.

Die von Ihnen angeführte Bibliographie ist mir nicht bekannt. Ich könnte sie natürlich als Rezensionsexemplar leicht bekommen. Als Rezensent habe ich bei den meisten deutschen Verlagsanstalten einen sog. ›guten Namen‹, offenbar deshalb, weil ich nicht zu jenen ›Wundermenschen des 20. Jahrhunderts gehöre, die Bücher besprechen, ohne sie gelesen zu haben.‹ Ich erinnere mich momentan nicht, wer das geschrieben hat; ich glaube: Arthur Miller. Sie dürften es besser wissen.

In Erwartung Ihrer Antwort oder eines Anrufs
begrüße ich Sie herzlichst
Ihr Teich

83 Von Albrecht Goes

Stuttgart-Rohr, 6. 11. 1973

Verehrter Herr Elazar Benyoëtz,
Ihr deutscher Verleger Gotthold Müller - München hat mir Ihre *Einsprüche* geschickt und es liegt mir daran, Sie herzlich zu dieser grundgescheiten, von Seite zu Seite lebenblitzenden und im Wesen aufleuchtenden Sammlung zu beglückwünschen. [...] Sie haben die zwei Sprachen wie einst Ludwig Strauss mit einer bewegenden Liebe einander zugeführt. [...]
Ich grüße Sie in Dankbarkeit: Schalom.
Albrecht Goes

84 Von Gotthold Müller

München, 26. 12. 1973

Lieber Herr Elazar Benyoëtz,
[...] Das Echo auf die *Einsprüche* ist allseits freundlich, gelegentlich sogar hymnisch, die meisten Empfänger regt es zum Mitdenken an. Sehr von Herzen wünsche ich, daß es auch Sie, den Schöpfer, mit vielen Klangfarben erreicht und bestätigt [...].
In dem Sinne grüße ich Sie mit Glück auf 1974 Schalom
Ihr Gotthold Müller

85 Von Gotthold Müller

München, 18. 3. 1974

Lieber Elazar Benyoëtz,
[...], heute erreicht mich Ihr Einschreiben mit dem Manuskript eines neuen Aphorismenbandes *Einsätze*.
Ich gestehe Ihnen offen, daß mich Ihr Vorschlag, diesen zweiten Aphorismenband gleichzeitig mit einem Gedichtband herauszugeben, lebhaft beschäftigt, aber auch in Zweifel gestürzt hat. Die deutsche Presse ist an den *Einsprüchen* vorbeigegangen [...].
Anders liegt es bei dem Gedichtband. Ihren Gedanken, der kleinen Auswahl eine Interpretation eines bestimmten Gedichtes von der Übersetzerin beizufügen, halte ich durchaus für gut. Skeptisch bin ich dagegen, auch noch Illustrationen hineinzunehmen. Dazu kann ich mich freilich erst äußern, wenn ich Gelegenheit bekomme, die Arbeiten der Malerin Meret Oppenheim, Paris, kennen zu lernen. [...]
Und nun zur wichtigsten Frage des Absatzes und der Aufnahme durch die Kritik. Ich kann mir nicht vorstellen, daß das gleichzeitige Erscheinen von zwei Titeln eines Autors, der sich mit seiner ›Produktion‹ an einen sehr erlesenen Kreis wendet und niemals ›den Markt‹ erobern wird, die Chancen wesentlich vermehrt. Vielleicht gelingt es, den einen oder anderen Kritiker zu einer Rezension dieser 3 Titel zu bewegen. Sie schreiben ganz richtig, lieber Freund, daß Sie die ›Vielen‹ niemals erreichen werden. Die Wenigen, zu denen Sie sprechen und die sich mit Ihren Arbeiten beschäftigen (die Aphorismen stellen an den Leser erhebliche Ansprüche an das Mitdenken), werden in erster Linie durch Empfehlung erreicht, durch kleine Zirkel, wie wir es ja schon erfahren haben.
Das Lyrikbändchen hat m. E. bessere Aussichten, gewürdigt zu werden. [...]
Ich weiß, daß ich Sie mit diesen Ausführungen enttäusche, aber ich kann beim besten Willen nicht Ihren Vorschlägen spontan zustimmen, ohne die Probleme sorgfältig zu durchdenken und zu diskutieren. Eigentlich ist das ein Thema, das man besprechen müßte, für den Schriftverkehr wenig geeignet. Es gibt tausend ›Fürs‹ und wenigstens tausend ›Widers‹ [...].
Mit meiner Frau grüße ich Sie herzlich und in der Gewißheit, daß Sie meine Ausführungen nicht als Kritikasterei, sondern als die begründeten ›Einsprüche‹ des Erfahrenen aufnehmen werden,
Ihr Gotthold Müller

[Handschriftlicher Zusatz]: Inzwischen habe ich mich mit dem Inhalt der *Einsätze* etwas vertraut gemacht und glaube zu spüren, daß Ihr Erleben der letzten Monate darin ihren [!] Niederschlag gefunden haben. Ihr Glaube dominiert viel stärker als in den *Einsprüchen*.

86 An Rufus Flügge

Zürich, 22. 10. 1975

Lieber Herr Flügge,
und wenn ich von Ihnen viel verlangt haben sollte, so doch nur, weil mir im Vertrauen weniger nicht möglich war.
Ehe ich ein Buch veröffentliche, muß ich mich seines Ranges vergewissern. Liebe und Zuneigung allein vermögen dies nicht. Aphorismen haben noch den besonderen Nachteil, daß sie leicht anmaßend wirken. Das ist immer peinlich; den Glauben streifend - sträflich. Ein ernstes Wort über den Glauben, wenn es diesem entstammt, ist nie vergeblich, doch sind die vielen Worte darüber nur hinausgeworfen. Keine Weitsichtigkeit kann diesbezüglich vorsichtig genug sein.
Wohl bin ich überzeugt, aus meinem jüdischen Glauben heraus zu sprechen, doch ist diese Überzeugung nicht im Deutschen begründet, und es bleibt die Frage, ob sie darin überhaupt einen Grund haben kann.
Sie sind mir für meine Selbstprüfung unentbehrlich, denn Sie denken biblisch, nicht hebräisch. Und Sie bleiben, bei aller Milde, streng.
Mit herzlichem Dank
Ihr Elazar Benyoëtz

87 An Clara von Bodman

Tel-Aviv, 30. 1. 1976

Mein liebes Clärle,
daß Dir Franz Rosenzweigs Verdeutschung des Jehuda Halevi wenig zusagen würde, habe ich befürchtet.
Worte lassen sich übertragen, Sprache läßt sich nicht übersetzen. Wo es um Sprache geht, da geht's hart auf hart.
Was wir von Rosenzweig empfangen, ist weder übersetzt noch übertragen, ist auch nicht nachgedichtet, sondern verdeutscht. Denn eben nur verdeutscht - und nicht im übertragenen Sinn - kann Jehuda auch im Deutschen Halevi, der Levite, sein. Der Sinn seiner Gedichte, besonders seiner Zionslieder, läßt sich nicht übertragen, sondern nur verdeutschen. Das versteht sich aus der ebenso großen wie fragwürdigen Übersetzungstradition des 19. Jahrhunderts nicht von selbst, und von daher rührt auch Dein Unbehagen. Rosenzweigs Verdeutschung ist eben gegen diese Tradition gerichtet.
Das 19. Jahrhundert, in seiner zweiten Hälfte zumal, ist für den Fragenkomplex ›Übersetzbar - Übersetzung‹ ein entscheidendes, ist an Talenten das reichste und - durch den Goetheschen Begriff von ›Weltliteratur‹ beschwingt, durch politische Verfolgung und Emigration schon damals ›gefördert‹ - auch das entdeckungsreichste. Das 19. Jahrhundert dauerte, auch übersetzungsgeschichtlich betrachtet, bis zum I. Weltkrieg.

Übersetzungen, Übertragungen, Nachdichtungen: man liest sie meist mit Vergnügen, selten mit Gewinn; man weiß: dieses Vergnügen läßt sich gleich- und regelmäßig, öfters unter verschiedenen Namen wiederholen. Freiligrath, Heyse, Geibel. Diese stehen für ihr Jahrhundert und können dafür gerade stehen: bedeutend, vielsagend und wertlos, weil poetisch vergleichgültigend.

Was Rosenzweig machte, läßt sich nicht wiederholen. Er gab im Deutschen dem Hebräischen nicht nach. Er machte sich große Gedanken und keine leichte Arbeit.

Wir begehren, das Fremde kennen zu lernen, wollen aber zugleich ins Vertraute gezogen werden. Doch nur derjenige Übersetzer verdient unser Vertrauen, der das Fremde vor uns schützt und als Nichtvertrautes zugänglich macht. Dem Gedicht, nicht unsren Lesegewohnheiten müssen wir folgen. Erst durch eine solche Folgeleistung wäre Entfremden möglich.

Unser Gewinn ist nicht im Gedichteten (der Übersetzer dichtet nicht), sondern im Übersetzten. Jede Übersetzung hat ihre Vorlage schon einmal vernichtet. Das könnte auch bedeuten: mit derartigen Leistungen will man gerade nicht auf ein Fremdes verweisen, sondern an seine Stelle treten.

Jeder Übersetzer gibt sein Wort und bleibt diesem treu.

Ein Übersetzer ist kein Dichter, wenn er nicht Nachdichter ist; oder aber er ist Nachdichter und insofern kein Übersetzer.

Kann der Reim nicht aufgegeben werden, so darf er doch auch nichts verdecken. Was auf den Reim gebracht wird, will auseinandergesetzt werden. Gerade in diesem Punkt hat uns das 19. Jahrhundert in seiner Übersetzungspraxis ein fragwürdiges Erbe hinterlassen.

Geht man nun an ein Gedicht als Philologe, Sprachdenker und keuscher Liebhaber heran, dann ist ›Rosenzweig‹ das Ergebnis.

Wenn eine große Liebe gerade keusch genannt wird, so nur, weil sie sich weder zeigt noch sehen läßt. Eine solche Liebe ist die Rosenzweigs zu Jehuda Halevi. Seine Arbeit an jedem Wort, seine Briefe um diese Arbeit, seine Noten zu einzelnen Gedichten sind Zeugen dieser Keuschheit und lassen das, was sich nicht sehen läßt, groß erscheinen. Hier ist alle Deutung - Liebeserklärung.

Jeder Übersetzer vernichtet seine Vorlage und erhebt zugleich den Anspruch, deren hinterlassene Spur zu sein.

Ich weiß nicht, ob mir nun gelungen ist, Dir einen Begriff von dem zu geben, was hier für ›Rosenzweig‹ steht, nachdem seine Bemühungen bei Dir auf Widerstand stießen. Doch war meine ursprüngliche Absicht eine andere, und diese möchte ich nicht verfehlen: Dir ein Stück jüdisch ›ergriffenes Dasein‹, ein Herzstück jüdischer Poesie näherzubringen. Ich werde es mit anderen Übersetzungen versuchen und gleich mit einer rühmlichen - also nachrühmlichen - Ausnahme aus dem Ende des 19. Jahrhunderts beginnen, mit Seligmann Hellers ›echten

hebräischen Melodien‹. Mit ihm war auch Rosenzweig bereit, eine Ausnahme zu machen.
Schabbat Schalom!
Dein Elazar

88 An Christoph Schlotterer/Hanser-Verlag
Tel-Aviv, 29. 3. 1976
Lieber Christoph,
[...] Ich wollte den Empfang Deiner Büchersendung nicht mit bloßem Dank, sondern auch schon mit einem ersten Eindruck bestätigen. Leicht ist es nicht, die Aufzeichnungen vor allem verlangen eine vielseitige und tiefgehende Betrachtung.
Canetti ist ein großer Mann, dem das Mittelmaß nicht nur abgeht, sondern zur Vollendung seiner Größe auch fehlt. Er muß es zuweilen selbst als Not empfinden.
In den Aufzeichnungen weiß er sich aus der Not herauszuhelfen: er stellt gleich umsichtige Betrachtungen über ›Aufzeichnungen‹ und ›Tagebücher‹ an.
Canetti - ein Mann der unerschöpflichen Einfälle; des großen, zusammengeballten Gedankens; der vielen kleinen Beobachtungen, gleichsam ein großartiger Cicerone durch die Vielschichtigkeit seines Verstecks. Greift er aber zum Mittelmaß, geht er unfehlbar unter sein Niveau. In den ›Ohrenzeugen‹ fällt es auf und ist manchmal schmerzlich, manchmal beleidigend. Mir wäre lieber, gingen die besseren Stücke des Buches in seine Aufzeichnungen ein, woher sie vielleicht sogar stammen.
›Das Gewissen der Worte‹ ist dagegen ein Buch ehrerbietiger Größe.
Dank!
Dein Elazar

89 An Werner Kraft
[Mai 1976]
Lieber Dr. Kraft,
Sie werden achtzig! Es ist ein Alter, dem sich Gnade hartnäckig zudrängt und die Gefahr mit sich bringt, die Leistung, die auch darin besteht, leicht zu verdecken. Das hohe Alter ist selbst schon die hohe Warte und macht es dem Gratulanten nicht leicht, dem es nun auch einen hohen Anspruch stellt. Ich würde mich hüten, Ihnen an diesem Tag mit Gratulationen zu nahen. Doch wie könnte ich's anders, angemessener tun? Wohl vermag ich in Ihrem Alter die Leistung, mit der Mühe Ihres fast ganzen Lebens erbracht, darzustellen und zu würdigen: hier, wohin Sie verpflanzt wurden und wo Ihr schöner Garten ist, in dem Sie sitzen

zu sehen mir ein unvergeßlicher Anblick ist. Doch ist Ihr Garten und sind Sie in ihm vielen sichtbar, die, wenn es Frühling und Sommer ist, ihren Weg durch die Alfassi-Straße nehmen. Nicht also ist es um Ihren anderen Garten bestellt, der in deutschen Versen blüht, aber auch in luzider Prosa seine Blüten treibt und die Jahre überwintert. Diese vermögen diejenigen nicht zu sehen, deren Weg durch die Alfassi-Straße führt. Für die Passanten sind Sie einer, der sitzen bleibt. Und gerade denen sollte es gezeigt werden. In einer der Ihrer ebenbürtigen Sprache wäre dies der angemessene Geburtstagsgruß. Daß ich's nicht vermag, so gern ich's täte, erfüllt mich mit Wehmut und erschwert die Geburt dieses Briefes. Müßte er Ihnen am Ende nicht unglaubwürdig scheinen? Doch ist es wahr: Für das Wenige, das ich hebräisch noch zustande bringe, steht mir eine einzige Zeitschrift von Niveau zur Verfügung, und diese, die gern einen Aufsatz über Sie gebracht hätte - Molad - wird , wie es aussieht, ihr Erscheinen einstellen müssen.

Bleibt mir aber diese Bezeugung, die ich für die angemessene halte, verwehrt, was sage ich Ihnen dann anderes, - nicht Sentimentales und nicht durch die Blume -, das Sie freut?

Nun habe ich einige Tage darüber nachgedacht, was wohl ein Einziger imstande wäre, bei einem solchen Anlaß, den viele wahrnehmen, zu sagen, das sich von dem, was die andern sagten, abhöbe und trotzdem für Sie Geltung haben könnte? Das Lohnende zu sagen, ohne Zwang und Anspruch. Beim Nachdenken gelangte ich zu zwei Einsichten: Die eine schien zu sagen, daß das Charakteristische an einem Menschen gerade nicht seine Eigenschaften seien. Die zweite klang wie eine Ergänzung der ersten, sie lautete: Ein Mensch läßt sich nur durch seine eigenen Worte charakterisieren.

Ob diese nun zutreffen oder nicht, sie waren jedenfalls durch einige Ihrer Aussprüche beeinflußt, die mir lange nachgingen und die ich behalten habe. Den einen taten Sie anläßlich einer Rezension Ihres neuen Kraus-Buches, in der Ihnen eine Überfülle von Zitaten vorgeworfen wurde.

Sie bemerkten dazu: Ich wünschte, ich könnte nur zitieren und hinter den Zitaten ganz zurücktreten. Das war ein Licht, war Ihr Licht: im Zitieren, Rezitieren, in Zitaten aufgehend. Das habe ich zuerst an Ihnen wahrgenommen, und es war allerdings eine überwältigende Wahrnehmung. Am herrlichsten wohl an jenem Abend, nach dem ersten Vortrag Erich Hellers in der Akademie. Da kamen Sie auf mich zu, strahlend und wie selbst beleuchtet, um in mir den Hippelschen Satz unauslöschlich einzusenken: »Eine Handvoll Erde ist eine Handvoll Welt, schaudre nicht vor Verwesung.« Das sprachen Sie, alles um Sie herum vergessend, und dazu: »Ist das nicht großartig?!« Sie waren der Überzeugung voll, und doch forderte Ihre rand- und freudvolle Überzeugung auch noch eine Bestätigung. Für Sie war das ein großes Wiederfinden, aber eine Dankbarkeit für mich sprach mit, denn Sie fanden den Satz bei Bogumil Goltz, einem von mir geliebten

Autor, dessen Buch ›Zur Geschichte und Charakteristik des deutschen Genius‹ ich Ihnen zu lesen gab. Ich wollte Ihnen Goltz ans Herz legen, er aber schenkte Ihnen das Gedicht von der ›handvollen Welt‹, worüber Sie ihn, den Vater eigener Kindheit - ein großer Wiederfinder auch er -, ganz vergessen haben. Sie haben das Gedicht so gesprochen, als wären Sie drauf und dran, mit ihm in lichtvolle Ferne aufzubrechen. Da sah ich zum ersten Mal mit Augen, was ›weg sein‹ bedeutet oder ist. Diesem unvergeßlichen Augenblick würde sich nun, als Dank und Gruß, nur ein Zitat würdig anschließen: »Ich habe Liebe in die Welt gebracht.« Sie haben Liebe in die Welt der mehr und mehr vereinsamenden Gedichte gebracht. Ich wünschte, ich wäre selbst ein Gedicht, um es Ihnen in echter und guter Prosa sagen zu können.
Herzlich,
Ihr Elazar Benyoëtz

90 An Fritz Arnold
Jerusalem, 29. 11. 1976
Lieber Herr Arnold,
über den Umbruch habe ich mich sehr gefreut. Vielen Dank. Mit der Antwort zögerte ich eine Weile, ich wollte den Text noch einmal mit meinem Gewissen übereinstimmen, mir aber auch den Untertitel in Ruhe überlegen, scheint er doch gewichtiger zu sein, als ich mir vorzustellen mochte. Die bisherige Schwierigkeit hat die falsche Alternative verursacht: Aphorismen - für mich nicht akzeptabel; Neue Einsätze - als Titel ganz schön, als Untertitel ungenau und wenig brauchbar.
In die Enge getrieben, stellte sich die echte Alternative ein: Sätze und Gegensätze. ›Sätze‹ betreffen das Buch, es ist ein Buch aus Sätzen, aus Ein-Sätzen; ›Gegensätze‹ betreffen die Gattung: Aphorismus - Gegensatz. Aber nicht alle Sätze sind Gegensätze, also sind nicht alle Aphorismen. Das wäre ein zutreffender Untertitel, gegen den nur eine gewisse Billigkeit der vorgeprägten Antithetik spräche, wie ›Sprüche und Widersprüche‹ (Kraus), ›Gründe und Abgründe‹ (Ewald). Er bliebe trotzdem genau, wäre darum mit gutem Gewissen zu gebrauchen, vorausgesetzt, er sei noch nicht belegt. [...]
Mit herzlichen Grüßen,
Ihr Elazar Benyoëtz

91 An Johannes Jacobus Braakenburg

Jerusalem, den 17. 1. 1977

Sehr geehrter Herr Dr. Braakenburg,
[...]
Daß es so still um [Leo] Berg gewesen sein sollte, glaube ich nicht. Und ›Fehlurteile‹ – gibt es das wirklich? Wer einen Nietzsche auf den ersten Blick erkannt hat, darf - gerade gegen die landläufige, sowieso immer nachträgliche Vorstellung - auch eine Marie Madeleine lobpreisen, wobei hier noch anderes mitgespielt haben mag und jedenfalls keine analoge ›Anstrengung des Begriffs‹ erforderte. Kritiker haben nur das Urteilsvermögen zu fördern, zu steigern, zu sichern. Dazu gehören die Fehlurteile: bei Lublinski nicht weniger als bei Berg. Das von einem Kritiker geförderte Urteilsvermögen, die von ihm und durch ihn gebildeten Urteile sind wichtiger als die jeweils von ihm abgegebenen Urteile. Dies, glaube ich, kann man gerade bei Lublinski in eindrucksvoller Weise lernen. Wenn Sie mich nach meiner Ansicht fragen, kann ich Ihnen, bei Unkenntnis des Ihnen vorliegenden Materials, nur soviel sagen: wenn Sie nicht durchweg Zufälliges haben und wenn sich darunter an sich Wertvolles befindet, wäre es gut, wenn Sie einen Weg fänden, dieses auch mitzuteilen: bei dieser Gelegenheit, die die beste ist und auf lange Sicht vielleicht die einzige bliebe. Auch wenn Sie [...] nur ein paar Rezensionen von Gewicht haben sollten, die Sie dann sehr gut bei den Werken selbst anführen könnten. Sie sind erfahren, einsichtig und unabhängig genug, um hierin nicht einer Mode nachzugehen bzw. nachzugeben und Sie fänden schon eine dem FALL entsprechende Lösung, und sei es auch nicht unter dem Stichwort ›Rezeption‹. Das ist nicht wichtig, wichtig ist und bleibt der mögliche Benutzer und daß man in jedem Fall auf seinen Nutzen und Vorteil bedacht bleibe. [...]
Ich grüße Sie herzlich
Ihr Elazar Benyoëtz

92 An Johannes Jacobus Braakenburg

Tel-Aviv, 13. 2. 1977

Sehr geehrter Herr Dr. Braakenburg,
da haben Sie Recht, nur daß bei Brahm und Schlenther das ganze THEATER hinzukommt, und darüber würden Quellen der Heuchelei reichlich in die ›Rezeptionsästhetik‹ fließen.
Doch um Brahm und Schlenther braucht man nicht so sehr besorgt zu sein, sie waren nie so ›verwaist‹, wie normalerweise ein Kritiker, der eigentlich Essayist sein möchte und auch um dieses Wenige erst in der Presse schindludern muß. Daß Sie Berg auf S. 86 als ›Journalisten‹ bezeichnen, hat mich etwas gekränkt.

Auch wenn Sie eine freundlichere Ansicht vom Journalismus haben sollen als ich, war Berg sicher mehr als dies.

Dagegen freute es mich, daß Sie Alberti's ›Natur und Kunst‹ als ›bedeutend‹ kennzeichnen, denn das ist es und jedenfalls war es in einem Ausmaß, das noch nicht genügend erkannt worden ist, wie ich meine. Alberti muß überhaupt einmal vom bekannten Artikel ›Alberti‹ erlöst werden. Von diesem Mann ließen sich einige Tragödien ablichten. Aber rein schulmäßig wird das nicht geschehen können.
[…]
Zu Berg kann ich Ihnen heute nur sagen, daß mir unbekannt ist, wo sein Nachlaß geblieben. […] Daß Sie Rezensionen sammeln, freut mich. Verzagen Sie nicht über deren Dürftigkeit: das war, das ist, das wird die Regel bleiben. Aber auf einen geistreichen Menschen stößt in der Regel immer auch ein geistreicher Kritiker, der ihn erkennt. Diesen zu entdecken und in sein Recht zu stellen, ist der Mühe Lohn, und uns das mitzuteilen - der dankenswerte Verdienst. Ich selbst bin ja der Ansicht, daß belanglose Rezensionen nicht überliefert, schon gar nicht in einer Art mitgeteilt werden dürfen, die Hoffnung erwecken könnte und einem Unschuldigen […] große Mühe verursachte. Das halte ich für gewissenlos. […]
Vor allem wäre wichtig, daß Sie KRAUS herausgeben. Das fruchtbare Weilen in der Nähe eines wirklichen Genies wäre sogar ein Opfer wert. Und der Verdienst wäre in jedem Fall ein großer. Lassen Sie sich ermuntern.
Mit herzlichen Grüßen
Ihr Elazar Benyoëtz

93 An Christoph Schlotterer
Tel Aviv, 4. 7. 1977

Lieber Christoph,
Du hast Recht, *Worthaltung* muß seine ›Entwicklungszeit‹ haben, soll darüber jedoch *seine* Zeit nicht versäumen. Ich glaube allerdings, daß es in sich eine Möglichkeit hat, die Aussicht vielleicht, ein modernes unerbauliches Andachtsbüchlein zu werden. Nur muß ich zweifeln, ob dies unter dem Marktartikel ›Aphorismen‹ zu erreichen ist.
Es ist sicher billig, meine Einsätze Aphorismen zu nennen, auch so werden sie sich ihren Platz sichern und ihren Einfluß auf die Gattung nicht verfehlen. Das wäre aber nur dann ›nicht schlecht‹, wenn ich mich in der Möglichkeit dieses Büchleins täuschte. Denn *Worthaltung* enthält ganze Gedankenreihen, die nicht darum verkommen sollten, weil ich sie nicht breitgetreten habe. Allein, wie erfahren diejenigen davon, die für Aphorismen nichts übrig haben? Wie erfährt zum Beispiel ein Theologe, daß dieses Buch vielleicht Wesentliches für ihn enthält? […]
Dein Elazar

94 An Christoph Schlotterer

Tel Aviv, 4. 9. 1977

Lieber Christoph,
Dank für Deinen aufrichtigen Brief, für Deine Mitteilungen und Ratschläge. Gewiß, ein freier Mensch soll nicht *freier Schriftsteller* sein wollen, aber so dumm wollte ich Dir auch gar nicht erscheinen. Meine Frage war durchaus in Deinem Sinne gestellt, sie betraf meine Unabhängigkeit und galt darum weniger der Zukunft meiner literarischen Produktion überhaupt, als der ihres momentanen sprachlichen Ausdrucks. Eine Gefahr, unter Produktionszwang zu geraten, besteht für mich ja nicht. Mein Ehrgeiz geht nicht dahin, mit vielen Worten viele Bücher zu schreiben, sondern mit wenigen Worten viele Bücher entbehrlich zu machen. Ob mir das auch gelingen kann, bleibt die Frage, es muß jedenfalls raffiniert versucht werden, mit dem Einverständnis aller Verbündeten, eines jeden Wortes also. Das erfordert eine große Konzentration und alle Zeit und darüber wäre das kurze Leben bald zu Ende.
Das Problem ist, daß jede Sprache auf dem Maß ihrer eigenen Zumutbarkeit beharrt. Ich darf der deutschen Sprache nur das zumuten, was aus ihr kommt und zu ihr gehört, allenfalls was ihr gehörig annehmbar sein könnte. Das ist die Schranke meiner Freiheit, aber auch der Damm gegen den Überfluß. Für Dich als Verleger wäre das wenig ermutigend, darum meinerseits nicht billig, Ermutigung von Dir zu erwarten. [...]
Zu *Eingeholt*: Da Dir das Buch bereits in seiner eilig abgeschlossenen Fassung gefällt, kann ich ruhiger daran weiterarbeiten. Es entwickelt sich gut und verspricht, ein schönes Buch zu werden. Wenn ich es in einigen Monaten abgeschlossen habe, wird sich meine Lage bei Dir, will sagen Deine Einstellung zu mir geklärt haben. Sagen will ich Dir, daß ich an einen andern Verleger nicht denke. Und noch dies: ich bin Dein Freund, das heißt - Du bist mir nichts schuldig.
Sei herzlich gegrüßt - Schalom!
Dein Elazar

95 An Michael Landmann

Jerusalem, 7. 9. 1977

Lieber Michael Landmann,
so hab ich Sie gern - temperamentvoll, anfechtbar; mit Liebe, Geschick und wenig Takt geschrieben - das ist ein Buch. Sie bekommen von mir ein Fähnlein, obwohl Sie kein ›Ivri nischt kennen‹, und - was schlimmer ist - versäumt haben, das bekannteste jiddische Lied anzuführen und zu analysieren: ›Der Alef-Bejs‹ von Warschawsky, das von allen Juden, unter jedem Himmelsstrich gesungen wurde: »Ojf'n pripetschik brennt a feier'l...« So etwas läßt man sich nicht entgehen, zumal

wenn man, wie Sie, so gern mit Versen demonstriert.
Ich darf Ihnen zu Ihrem Buch gratulieren, für das mir zugedachte Exemplar herzlich danken. Ihnen und Frau Abraham Schanah towa!
Ihr Elazar Benyoëtz

96 An Clara von Bodman Jerusalem, 31. 10. 1977

Liebes Clärle,
neulich holte ich mir aus der Nationalbibliothek Anthologien deutscher Dichtung der Jahrhundertwende; einige darunter waren illustriert, zwei mit Portraitfotos ausgestattet. Ich liebe Anthologien und betrachte mit Wonne Dichterköpfe. Diesmal ging ich, das kann ich sagen, mit der deutschen Lyrik durch dick und dünn: dicke Bände, dünne Dichtung. Aus dem Nebel hervortaumelnd, schaute ich die Dichterköpfe an: was mochte in ihnen bloß vorgegangen sein? Nicht, daß mir alles leer schien, manches war auch nur geistesverlassen. Das Beunruhigende in allem aber war: das ›stille Reifen‹ der Zeitlosigkeit. In Eindrücken zerlegt: geschmacklose Vergewaltigung einer sich anbiedernden Sprache; temperamentarm bei ausreißender Phantasielosigkeit; durchgehend ein trostloser Strophenbau, von Rosenträgern und Reimriemen gehalten; eine Wirklichkeit, der kein Wort Widerstand leisten kann, ohne dabei einzuschlafen. Heute noch, anno 1977, wollte es mir nicht gelingen, auch nur ein Wort aufzuwecken, dem einst ein Dichter seine Schlafmützigkeit einhauchte. Du glaubst mir nicht? Doch, ich hab's sowohl redlich als schweiglich versucht, und über einen ›Deutschen Dichterwald‹ schwang ich sogar eine Purimrassel, dabei erwachten aber nur Mörikes Rößlein und machten sich in munteren Sprüngen davon.
Was war mit der Dichtung damals geschehen? Es gab sie kaum, weil sie so leicht zu haben war. In Grimms Märchen eingehüllt, huschte man durch den dichten Wald und war rasch bei der Ewigkeit angelangt. Das will heißen: diese Dichtung ging an ihrer Sprachstunde vorbei.
George und Hofmannsthal, später auch Rilke, stellten die Chronologie wieder her; dann die Expressionisten - das rostfreie, wasserdichte Uhrwerk. Das Gedicht konnte wieder gezeitigt werden.
Wenn Du mich fragst: »Was war der Expressionismus«? So betrachtet, war er ein Aufstand gegen die Zeitlosigkeit.
Ich halte jene Dichtung für verdummend und kann mir doch keine Einsicht ohne sie vorstellen. Auch noch die dümmste, mit ihrem einschläfernden Reiz, erweist sich letzten Endes so weit ergiebig, daß man, ihrer gedenkend, einen Nachmittagsbrief ausfüllen kann.
Dein Elazar

97 An Hans Weigel

Gottlieben, [Juni 1978]

Lieber Herr Weigel,
als ich vor wenigen Tagen hierher kam, hörte ich zufällig durch einen lautstarken Nachbarsender, es würde dann und dann - das vernahm ich nicht mehr genau - an den 70. Geburtstag Hans Weigels erinnert.
Es ist vielleicht nicht weise von Ihnen, in den besten Jahren 70 zu werden, von mir sicher nicht klug, im schwächsten Augenblick zu gratulieren. Aber wann wäre es mir angenehmer, meine Schwäche zu gestehen, Ihnen leichter, von ihr wegzusehen, als eben bei diesem Anlaß? Die Schwäche - das ist die Anfälligkeit für meine eigene Erinnerung. Als ich Sie kennenlernte, war ich fast noch ein Jüngling, es ist lange her, ich bewahre seitdem - es sind rund 16 Jahre - eine nicht nur gute, sondern eine ausgesprochen warme Erinnerung an Sie. Mir ist noch fast jedes Ihrer Worte, sind alle Ihre Gebärden im Gedächtnis, unvergeßlich bleibt mir aber auch der Eindruck Ihrer ›Flucht vor der Größe‹. Später wurde dieser durch das ergänzende Gegenstück - Ihr Kraus-Buch - befestigt.
Sie haben im Laufe der Jahre manch österreichische Größe zu Recht und zu Unrecht enthauptet, mit der ›Flucht vor der Größe‹ aber doch den Nagel auf den Kopf getroffen. Dieser sitzt nun tief. Tatsächlich vermochte Ihre ›Flucht vor der Größe‹ Verblüffendes, sie wurde wegweisend. Mit Ihrem, in dem Sinne nachgetragenen Schnitzler-Aufsatz, gaben Sie mir dann sogar Aufschluß über mich.
Daß ich Ihnen den Dank dafür so lange vorenthielt, ist unverzeihlich, aber Sie nehmen ihn von mir jetzt wohl doch noch an.
Herzlich,
Ihr Elazar Benyoëtz

98 Von Hans Weigel

Maria Enzensdorf, 7. 6. 1978

Lieber Elazar Benyoëtz,
mitten in einer kaum zu bewältigenden Flut von Dankverpflichtungen kommt Ihr Brief - und ich schiebe alles weg und schreibe Ihnen, wie sehr mich Ihr Brief, Ihre Gesinnung und die neuen Proben Ihrer kostbaren Formulierungsmeisterschaft erfreuen
Ihr Hans Weigel

99 An Rufus Flügge
                                                        Tel Aviv, 3. 11. 1980
Lieber Freund,
Ihr Brief hat mich in jeder Zeile gefreut, in jedem Punkt beruhigt. Daß ich meiner Freude nicht gleich Ausdruck gab, lag daran, daß ich sie nicht mit leeren Händen entsenden mochte. Eine kleine Schrift von mir sollte ihr auf den Weg mitgegeben werden, doch deren Erscheinen hatte sich verzögert, und morgen muß ich meinen Militärdienst antreten, der bis Mitte Dezember dauert. Soll die kleine Schrift inzwischen erscheinen, werden Sie trotzdem der erste sein, der sie bekommt.
Von meinem ›großen‹ Buch sehe ich zunächst ab, trotz Ihrer Mahnung, die ich mir aber zu Herzen nahm. Es muß gedeihen, bis seine Zeit gekommen ist. Das wäre dann das, was man ›die Zeit ist reif dazu geworden‹ nennt. [...] Daß ich dem Buch Gedeihen wünsche, obwohl nur ich allein es vollenden könnte, liegt an meiner Angst vor einer Niederlage.
Meine Texte werden immer anspruchsvoller, aber noch sehe ich die Leser nicht, die von mir angesprochen werden wollen. Was nützte dann und was bedeutete überhaupt ein anspruchsvoller Text? Wessen Anspruch voll?
Der Spruch verlangt sein Maß, das An - den Adressaten.
Aus dieser Not erwuchs ein neues Buch: *Vielleicht - Vielschwer*, das 1981 bei Hanser erscheinen wird. Auch darin gäbe es noch ›Heikles‹ genug.
Herzlich,
Ihr Elazar Benyoëtz

100 An Clara von Bodman
                                                        Tel-Aviv, 28. 1. 1981
Mein liebes Clärle,
man verarmt schon am Wunsch, seine Erlebnisse zu berichten.
Gestern, 10.15 Uhr ist Benzion gestorben: durch viel Leid geläutert, von den Schwestern saubergewaschen und von mir reingebetet.
In den letzten zwei Wochen war er auf der rechten Seite gelähmt, konnte mit dem linken Ohr zwar noch alles wahrnehmen, aber nichts mehr von sich geben - einen einzigen ›Ja‹-ähnlichen Laut ausgenommen. Sein Interesse für die Abläufe und Verhältnisse dieser Welt ist kurz nach seiner Einlieferung ins Krankenhaus erloschen. Anfangs vermochte er noch schwach zu reden, dann wurde er immer stotteriger. Je eifriger er sich bemühte, desto weniger wollten seine Worte miteinander zusammenhängen. Nicht war bei alldem zu überhören, daß er schon mehr mit Gott zu tun hatte als mit uns. Ich ward bei seinem Anblick stark an Annette Kolbs letzte Wochen erinnert. Die abgewandte Rede, die auseinanderstrebenden Gesten,

das starke Leuchten einzelner Wörter. Dann schloß er seine Augen und mochte sie kaum noch öffnen; er tat's nur noch auf Wunsch, eher noch auf Drängen der andern: Ärzte, Krankenschwestern, Verwandte, Bekannte. Und mühsam. Er war nicht nur weg, er war auch nicht mehr zu haben. Sobald man mit ihm aber beten wollte, öffnete er von sich aus die Augen mit einem Blick, der nicht mehr das Leben suchte, aber Gott in diesem. Er war ganz dabei, manchmal sogar mit den Lippen. Benzion *Gottlipp*. Schabbat war unser letzter Tag zusammen. Von der Synagoge kommend, trafen wir uns an seinem Bett: meine Mutter, meine Schwester, Renée und ich. Nach dem Mittagessen gingen Renée und ich wieder zu ihm. Ich las ihm den Wochenabschnitt vor, dann betete ich Mincha mit ihm, später Maáriw und schließlich, bei Schabbatausgang, machte ich ihm Hawdala. Während des Betens ließ ich auch nicht von seiner Hand. Da ich aber stehen blieb und zwischendurch mich auch heftig bewegte, blieb sein Arm in aufrechter Stellung; plötzlich zwang er mit ziemlicher Kraft seine Hand herunter; sie wollte ihre Ruhe haben. Ich war über diesen Kraftaufwand erstaunt, denn er war schon ausgedörrt, eine einzige, saftlose Schwäche; er konnte nicht einmal mehr Flüssigkeit aufnehmen; so abgezehrt und verstochen war er, daß man keine Vene mehr für eine ›Zufuhr‹ fand. Ich rasierte ihn. Eingedenk der Überlegungen meiner Schwester, er könnte dem Deutschen vielleicht zugänglicher sein, bat ich ihn um einen leichten Händedruck bei Erwähnen des Hebräischen oder des Deutschen, je nach seinem Belieben. Mir schien, daß er bei ›Deutsch‹ die Hand bewege, und ich las ihm daraufhin den mich betreffenden Text im Programmheft des Hanser-Verlags vor, das ich einen Tag zuvor erhielt und bei mir hatte. Ich las zögernd, doch strahlte er am Ende über sein ganzes Gesicht, und es war ersichtlich, daß er mir einen breiten Kuß zugedachte. Er war über den Text froh, war mit mir zufrieden, meinte Renée. Ich verließ ihn nicht, ehe er einschlief, und kehrte um Mitternacht an sein Bett zurück. Er lag immer noch ›ausgeliefert‹, ohne Infusion, gnadenlos. Ich hatte den ›Faust‹ bei mir - er kannte ihn auswendig - und setzte gleich zum Vortragen an. Die Nachbarn fanden es zu laut, so mußte ich bald wieder aufhören. Seine Augen wanderten noch auf und ab; wie weit er auf mich reagierte, weiß ich nicht; sein Händedruck war eher schwach. Dann kam eine Ärztin. Es gelang ihr, eine Stelle unterm Hals zu finden, wo sie ihre Nadel einstecken konnte. Dann wurde ein riesiger Röntgenapparat hereingefahren ...Ich blieb bis 2 Uhr bei ihm. Seine Hand saß nur noch locker in der meinen; er schlief. Am Morgen war Renée bei ihm, sie fand ihn vom Monitor abgetrennt, abgestellt in einem Nebenzimmer. Sein Aussehen war verwandelt; er war ohne Bewußtsein. Überzeugt, ich sähe ihn kaum noch lebend, erflehte mich Renée eiligst zu ihm. -

Der letzte Sonntag in jenem Zimmer, man darf sagen: im Abstellraum des letzten Lebensrestes; sein Bett an die Wand gerückt, kaum Platz für einen Stuhl daneben; und da man ihn auf die linke Seite drehte, gab er, wund vom Aufliegen, einen

Schmerzschrei von sich – der letzte Laut. Wie weh mußte es ihm, dem noch unbewußt Beherrschten, getan haben! Der Wand zugewandt, war nun aller Kontakt mit ihm verloren. Da war nichts zu wollen, noch weniger zu tun. Und doch war ich voll Zuversicht. Es lag nicht an meinem Willen; ich war außerstand, ihn aufzugeben.
Sein Erlöschen war das Aufschimmern meiner Hoffnung. Hoffnung ist das Ende aller Erwartungen. Die Hoffnung kann es nur geben, wenn es keine Erwartungen mehr gibt. Das konnte ich jetzt sehen. Solange ich seine Hand noch halten konnte, blieb ich bei ihm. Als man ihn wieder umdrehte, gingen wir weg. Im Herzen rechnete ich mit ›Dienstag‹, doch mit dem ersten Sonnenstrahl trieb mich die Sehnsucht nach der scheidenwollenden Seele, zu ihm, ich rannte den ganzen Weg zum Krankenhaus, in deutlicher Ahnung, aber auch mit der Gewißheit, er warte auf mein Kommen, er würde seine Seele erst unter meiner Berührung entlassen. Erst das bitterste Ende war wieder seiner gemäß und annehmbar; ich bat die Schwestern, ihn zu waschen; dann betete ich mit ihm, nein – bereits für ihn, denn sein Atem wurde unruhig, und nach wenigen Minuten fuhr seine Seele aus, seine Augen sprangen auf: ein einziger Wunsch, von mir geküßt und geschlossen zu werden. Ich rief die Ärzte und die Schwestern von nebenan, sie kamen, und ich sprach: »Der Herr hat's gegeben, der Herr hat's genommen, der Name des Herrn sei gelobt!« Über mein Verhalten waren sie bestürzt; die erkaltende Leiche ließ sie kalt.
Leid – unser Platzanweiser in dieser Welt; Schmerz – unser Einführer in die andere. Vom Tod umgarnt, in ihn verstrickt, unverderblich in seiner Seele, sauber und vollkommen rein, und doch fehlte zu seiner Läuterung ein großer Rest an Leid, ohne den sein Leben nicht aufgehen mochte. Am Freitag hatte er noch lange mit meinem Bart gespielt, wucherte in ihm mit Besessenheit und unglaublicher Freude herum – als wollte er alle versäumte Nähe in den Bart hineinprojizieren. Meine Mutter sagte: »Dies war die Liebe, die er Dir alle Jahre nicht zeigen konnte.«
Dein Elazar

101 An Harald Weinrich

Tel Aviv, 29. 10. 1981

Lieber Herr Weinrich,
die eine Sprache hält mich durch die andere auf Abstand, so kann ich mir selber nicht in die Karten gucken.
Ich erinnere mich des Tags, an dem mich meine Mutter überredete, Mut zur Sprache zu fassen. Es war in Bnai-Braqe, die Sonne lehnte am Haus, meine Mutter saß an ihrer Nähmaschine, versehentlich, weil ich mich gerade in ihre Augen verlor, einen Sonnenstrahl einfädelnd.

In dieser Erinnerung, die einzige deutliche meiner Kindheit, ist alles beieinander: Sonne, Haus, Mutter, Sprache.

Meine Mutter, die mir deutsche und ungarische Lieder in die Wiege sang, sie war es nun, die mich zum Hebräischen hinüberführte. Es mußte meine Mutter sein, und es wurde meine Muttersprache so gründlich, daß darüber meine ganze frühere Kindheit für mich auf immer erlosch.

Das stimmt erinnerungsgenau; die Wahrheit aber ist, daß meiner Mutter Drängen mir mehr Legitimation war als Zuspruch. Als ich nämlich an jenem goldenen Tag meinen Mund zum Sprechen auftat, da stand ich bereits mitten in der Sprache. Der Fluß der hebräischen Rede spülte mich weit weg vom sich verlierenden deutschen Ufer. Ich war dreieinhalb Jahre alt.

Meine Mutter, die selbst in drei Sprachen aufwuchs, hatte schon als Mädchen, weil zionistisch orientiert, Hebräisch gelernt. Hebräisch wäre also von Anfang an die natürliche Sprache in unserem Haus gewesen, hätte mein Vater nur sein Wissen (aus Studium und Gebet) in Sprache umzusetzen vermocht. Das war ihm nicht möglich, auch reichte die Zeit nicht mehr aus. Als er 1943 starb, war ich sechseinhalb Jahre alt. Solange hatte ich immer auch Deutsch im Ohr, denn meine Mutter sprach mit ihm, er zu meiner Mutter nur Deutsch.

Der Tod meines Vaters war für mich in jeder Weise erschwerend, in einem Punkt aber erleichternd: mein Gehör konnte sich ganz dem Hebräischen schenken. Mit acht oder neun Jahren habe ich, durch mein Unglück beflügelt, meine ersten Verse gemacht, mit 12 Jahren erschien ein erstes Gedicht in Druck. Ich hörte nimmer auf, im Hebräischen ganz und gar schöpferisch zu leben. Mit zwanzig, ich war noch Soldat, erschien mein erstes Gedichtbuch. Als ich Ende 1962 zum erstenmal außer Landes ging, lagen vier Gedichtbücher von mir vor, ich war ein recht angesehener Dichter und ich galt auch als guter Kenner der gesamten hebräischen Literatur.

Wenn ich in meinem Leben je etwas groß liebte, so war es die ganze hebräische Sprache, vom ersten Buchstaben an. Daß ich je eine andere Sprache im Munde, geschweige denn in der Feder führen würde, das zu glauben - ja, könnte ich das je geglaubt haben? Wieso auch? Und wozu?

Ein ganz unbelesenes Blatt war ich indes nicht. Mit 16 Jahren erwachte meine Leidenschaft für Bücher; diese begnügte sich aber nicht damit, daß sie mich bald ganz besaß, sie wollte sich auch ihrer ständigen Nahrung in Greifbarkeit vergewissern. Mir fiel aber nur hin und wieder ein Groschen zu. Das meiste, was ich für diese sich läppernden Groschen haben konnte, waren deutsche Bücher. Für ein israelisches Pfund konnte ich bei ›Nissim‹ drei deutsche Bücher, gleichviel welchen Umfangs, bekommen. Ich suchte mir die dicksten heraus; welcher Art diese waren, können Sie leicht erraten. - Richtig, deutsche Literaturgeschichten. Ich hatte bald meinen Scherer, meinen Meyer, meinen Eduard Engel, meinen

Soergel und auch meinen Bartels, alles schön üppig und von ziemlichem Format. Das waren meine ersten deutschen Lesebücher, meine ersten deutschen Lesestunden. Durch diese Literaturgeschichten wurde ich zum weiteren Lesen angeleitet, und in wenigen Jahren war ich ein guter Kenner auch von so viel Vergessenem und Vergessenswertem der deutschen Literatur. Das alles sollte mir später zugute kommen.
Als ich Anfang 1963 nach Deutschland kam, kam ich mit dem bestimmten Plan, mir die jüdisch-deutsche Dichtung so weit zu erschließen, daß ich sie in einer gewissenhaften Auswahl, in meiner Übersetzung, dem israelischen Publikum überliefern könnte. 1963-1968 lebte ich, mit Unterbrechungen, in Deutschland. Ein Jahr davon als Gast der Ford Foundation in Berlin. Dieses Jahr nützte ich aus, um die Grundlage für eine *Bibliographia Judaica* zu schaffen. Das ist mir gelungen, allerdings unter Verzicht auf meinen ursprünglichen Plan und bei Verlust meines mir in Israel erworbenen Namens. Am Anfang befehdet, am Ende vergessen. Das war schmerzlich, hatte aber auch seinen süßen Lohn. In Berlin erreichten meine Sprache und meine Dichtung ihre schönste Blüte. 1965-1967 erschienen meine besten hebräischen Bücher, auch meine Übersetzungen aus Gedichten der Else Lasker-Schüler. Der Lasker-Schüler galt auch mein *erster* deutscher Prosatext, den ich selbst zu schreiben mich aber nicht getraute, sondern diktieren mußte; so viele Hemmungen hatte ich noch und so große Angst vor der nicht erlernten deutschen Grammatik.
Hier spätestens wäre der Ort, zu sagen, daß ich die deutsche Sprache nie erlernte, daß ich auch heute ihrer nur schöpferisch kundig bin.
In meinem Buch *Annette Kolb und Israel*, das ich Mitte 1968 schrieb, heißt es: »Und wenn ich mit diesen Blättern Abschied von Annette nehme, so gilt es zugleich, Abschied von Deutschland zu nehmen.« Ich meinte es im weitesten Ausmaß, als Auszug aus dem Deutschen und als endgültige Heimkehr ins Hebräische.
Hier endet das zu Berichtende. Die Fortsetzung kennen Sie. Sie reicht bis an Ihr Thema heran.
Mein Fazit aber lautet:
Die mich heimsuchende deutsche Sprache bescherte mir Augenblicke eines hohen dichterischen Glücks. Ich hörte dabei aber nie auf, meine Lage als beklagenswert zu empfinden. Mein ganzes Bewußtsein ist gegen mich, und mit diesem gegen mich gerichteten Bewußtsein wehrte und wehre ich mich dagegen, ein deutscher Dichter zu sein.

Ein Traum. Ich sah mich zwischen zwei Sprachen aufgebahrt. Beide hielten sich auf genau dem gleichen Abstand von mir und klagten um mich.
Keine rührte sich dabei und keine wagte, sich mir zu nahen. Nur die eine schien zu weinen. Der Traum wiederholte sich. Ich war nicht mehr auch Zuschauer,

war nur der Aufgebahrte und durfte selbst die Augen aufschlagen und nach den Klagenden schauen. Ich war entsetzt, als ich in der Gestalt der Deutschen die Figur der von mir über alles geliebten Straßburger ›Synagoge‹ erkannte.

Zum Abschied und abschließend zu Ihrem Thema, teile ich Ihnen den Schluß meines Buches ›Das andere Ende‹ mit, das ich mir zu meinem vierzigsten Geburtstag schrieb, das aber nicht erscheinen konnte.

»...in diesen vierzig Jahren/ ist Er dein Gott bei dir/ nicht hat es dir an etwas gemangelt.« (5. Mose 2, 7)
Über zwanzig Jahre habe ich geschrieben im Warten auf mein Wort. Mein Schreiben war erfolglos, mein Warten nicht vergebens:

> Wort mich von Wort zu Wort führte,
> Werk mich von Werk zu Werk führte.
> (Nun sind Hars Reden in *seiner* Halle gesagt).

Sprache, mein heiliger Körper, bald darf ich die deutsche Rüstung ablegen.
Ihr Elazar Benyoëtz

102 Von Harald Weinrich

München, 19. 10. 1983

Lieber Herr Benyoëtz,
auf den Blättern, die Sie Ihrem Bändchen *Andersgleich* beigefügt haben, lese ich mit Betrübnis, aber auch mit heftigem Widerspruch den Satz »Mir will nichts mehr glücken.« Mit heftigem Widerspruch lese ich diese Worte, weil sie durch das Bändchen *Andersgleich* (ein herrlicher Titel!) sogleich widerlegt werden. Die Aphorismen dieses Bändchens haben mich noch unmittelbarer getroffen als je zuvor Ihre Sätze. Die äußerste Zucht dieser Gedanken macht mich fast hilflos, was ich Ihnen weiter dazu sagen soll.
Ich bemühe mich zurzeit sehr um die Stiftung eines deutschen Literaturpreises für den Beitrag ausländischer Schriftsteller zur deutschen Literatur. Die Bemühungen scheinen nicht ganz aussichtslos zu sein. Aber das Ganze erfordert Zeit und Geduld. Ich werde Ihnen bei Gelegenheit mehr davon berichten.
Lassen Sie sich für heute herzlich grüßen von
Ihrem Harald Weinrich

103 An Hans Mayer

Jerusalem, 8. 11. 1983

Lieber Hans Mayer,

hin- und herschauend werden wir erinnert, so kommen wir überall vor: in Tübingen wie in Jerusalem, im 18. Jahrhundert wie eben jetzt, da ich das von uns gemeinsam Erinnerte fortspinnen möchte, Max Rychner als Schwungring am Spinnrad, Rychner, den wir beide ebenso achteten wie liebten und von dem zu sprechen wir nie müde werden.

Juli 1963, Rychner hielt seinen Vortrag ›Moderne Dichter als Gegner der Geschichte‹ in der Bayerischen Akademie der Schönen Künste: ein voller Saal, eine Welt im Verklingen, Annette Kolb, Ina Seidel meidend; fernab eine Randerscheinung: ich.

Als er mit seinem Vortrag zuende war und der Saal sich allmählich leerte, steuerte ich auf ihn zu, er erblickte mich von fern und rief ziemlich laut mir entgegen: »Schalom«! Dann stellte er mich dem jungen Mann neben sich vor und diesen mir: »Persischer Prinz und deutscher Dichter.« Als Dichter war mir der Prinz nicht unbekannt.

Mit seiner damaligen Förderin Marie Luise Kaschnitz war ich befreundet, und es hatte sich auch ergeben, daß ich kurz zuvor mit seiner Verlegerin in Hamburg über sein neues Manuskript gesprochen hatte. Seine Bücher waren fast so deutsch wie ihre Titel, und während sie ›Sonne, Mond und Welt‹ zu versprechen schienen, sprachen sie doch eher ›von Alltag und Sonne‹ der erst zögernd unruhig werdenden sechziger Jahre. - Es kommt zuweilen vor, sagte Marie Luise Kaschnitz dazu, daß Gedichte im Manuskript origineller erscheinen als später im Buch.

Ist das Auftreten eines persischen Prinzen als deutscher Dichter nicht aber auch dann bewundernswert, wenn seine Gedichte mehr westlich als östlich sind und nicht bahnbrechend?

Wie dem auch sei, an jenem Tag in München schien es mir von einiger Bedeutung zu sein, daß Max Rychner mit seinem ›Divan‹-geschärften Blick uns beide zusammenschloß: den persischen Prinzen, der sich schon einen Namen in der deutschen Dichtung gemacht hatte, und mich, der ich gerade deutsche Briefe zu schreiben begann, im übrigen aber Annette Kolbs ›wilder Hebräer‹ geblieben war.

Es dauerte nicht allzu lange, schon gegen Ende des nächsten Jahres schrieb mir Rychner, mein ›Ramler‹: »[...] senden Sie Ihren Gedichtband vertrauensvoll. Dann will ich lesen und aufpassen und mich freuen und nörgeln.« Es war zu spät. Als nach weiteren fünf Jahren mein erstes deutsches Buch *Sahadutha - Zeugnis* - erscheinen konnte, geschah es ohne sein Aufpassen und Nörgeln. Das war 1969 und bald darauf erfolgte mein Abschied von Deutschland und von allem, was für mich Deutschland repräsentierte: *Annette Kolb und Israel* (Heidelberg 1970).

Dann kehrte ich in das Land meiner Väter und, wie ich glaubte, auch endgültig ins Hebräische zurück. Ein erster Rückblick aus jener Zeit bezeugt: Was immer ich auch deutsch schrieb, ich tat es als hebräischer Dichter. Nun legte ich die Vergangenheit, die ich mir angeeignet hatte, ab. Und dann geschah, was anders kommen sollte.

Im Juli 1972 schrieb ich Clara von Bodman einen Brief, in dem ich meine Lage zwischen den Sprachen zum erstenmal reflektierte. Ohne daß ich's beabsichtigte, auch ohne daß ich's selbst merkte, veränderte sich meine Lage zwischen den Sprachen zu einem Notstand zwischen zwei Vernichtungsgefahren, symbolhaft geworden im plötzlichen Erscheinen jenes polnischen Juden mitten in dem erwähnten [hier abgedruckten] Brief.

Und dann, am 1. August 1982, ist Clara von Bodman gestorben.

Zu ihrem Andenken wollte ich autobiographische Aufzeichnungen, die ihr lieb waren, um einiges vermehrt, herausbringen.

Ich nahm auch den erwähnten Brief hinzu, als ich ihn aber dem Satz übergab, wurde in mir die Frage laut: ob dieser Mann, der mir damals erschien, nicht von mir etwas anderes, etwas mehr erhoffte, als ich mit dem Abdruck dieses Briefes jetzt zu erreichen gedachte. Da merkte ich erst, daß sich das Erscheinen des polnischen Juden im Brief von 1972 genau 200 Jahre nach dem Erscheinen seines Buches ereignet hatte. Sein Wunsch war also nicht von ungefähr, er wollte, daß ich seinem Wink *folge*. So folgte ich ihm, ich las sein Buch mit meinen ›heutigen Augen‹ und dann mit seinem frühgereiften Blick wieder Goethes Rezension und das Einst heutete sich, und das Heute wurde beeinstigend, ich war in meine eigene Lebensgeschichte so tief gesunken, daß eine Auseinandersetzung mit Goethes Rezension nicht mehr stattfinden konnte.

So entstand mein Prosatext über *Goethes ganz privaten Ahasver*, von dem wir hier, auf dem Skopus, sprachen und den Sie jetzt in Tübingen lesen.

Im Mai 1982 wurde mir eine Anthologie zugeschickt: ›Als Fremder in Deutschland‹ (dtv 980). Im Vorwort, geschrieben von Harald Weinrich, fand ich mich hinter Chamisso und Canetti als dritten Zeugen angerufen. Ich, ein israelischer Jude, hätte das als polnischer - heute und viel leichter - werden können.

Nun las ich, mit den Augen eines ›Schutzpatrons‹, in der Anthologie. Schön und gut, mitunter kritisch, zuweilen bloßstellend, nicht selten auch unbeholfen. Ob wir aber nicht gerade für diese Unbeholfenheit heute einen besonderen Sinn haben? Alles in allem, ob gekonnt, ob unbeholfen, ob gereizt und ob sich anschmiegend: alles in allem wie es sich für einen Dichter *heute* gehört, auch für einen Gast in Deutschland; zumal, wenn er dazu berufen wurde, Gast*arbeit* zu leisten.

Dies und viel mehr als dies läßt sich heute in Deutschland nicht weniger als im Deutschen sagen und singen. Wie anders war es doch, als Issachar Falkensohn Behr

1772 mit seinen ›Gedichten von einem pohlnischen Juden‹ *diese* ›Gastliteratur‹ inaugurierte!

Zu Behrs Geschichte bleibt nachzutragen:

Nachdem er seine Entscheidung getroffen, seinen Namen gestrichen hatte, verfaßte er seine Vorworte ›Schreiben an einen Freund‹ und ›Antwort‹. Zeigte er in seinen Gedichten, was er konnte, so stand in seinem ›Schreiben‹ zu lesen, was er zu leisten gedachte, und gleichsam - ohne Zeugen und darum wahrhaft namenlos und vergebens - auch geleistet hat. Scheinbar aufwendig, doch nicht ungeschickt, vielleicht gar raffiniert, spitzt er seine Titelwahl auf ihre Herausforderung zu: »Erregen nicht die Worte: pohlnischer Jude, in der Seele das Bild eines Mannes, schwartz vermummt, das Gesicht verwachsen, die Blicke finster, und rauh die Stimme? wird die angewöhnte mißverstandene Frömmigkeit einiger zärtlichen Leserinnen, das Bild nicht gräßlicher malen, als es meine armen Landsleute wirklich sind?« Das ist seine Herzenssache. Fortfahrend schneidet er eine andere, erhebliche Frage an: »Und wird dieses lebhafte Bild meinen Liedern nicht nachteilig seyn?

Wird nicht hie und da eine liebenswürdige Leserin begierig wissen wollen: in wie weit der Verfasser dieser deutschen Lieder, in Ansehung derselben, das Recht hat, sich nach seinem pohlnischen Vaterlande zu nennen, da er doch schon ziemlich deutsch gelernt?«

»Ich war willens, diesem kleinen Werckchen eine lange Vorrede anzuhängen. Da wollte ich ernstlich dem Publikum mit lauter Stimme zurufen:

> Mir ist kein neues Lied gelungen!

dann wollte ich den zärtlichen Leserinnen, welche eine Süßigkeit mit Vergnügen tausendmal hören, wenn sie nur aus einem schönen Mund kömmt, laut zurufen

> Ihr Zärtlichen
> kein falsches Bild!
> Ihr müßt mich sehn,
> Ich bin nicht wild,
> *Vielleicht* gar schön!«

Nicht ein glattrasierter Geck spricht hier, der sich in Tändelhändel einlassen möchte, sondern ein unbeholfen sich Erkühnender, der hofft, das ›vielleicht gar Schöne‹ im ›Schwartzvermummten‹ aufzeigen zu können. Dieser Wunsch, kein frommer mehr, ein nur noch aufgeklärter, war zu unbeholfen, um der eigenen, kühnen Entscheidung entsprechen zu können. Aufklärung ins Aufklärerische übersetzt, ergibt keine Frömmigkeit mehr. Was Behr sagte, aber nicht vernehmlich machen konnte, sagte Annette von Droste-Hülshoff siebzig Jahre später:

> Da sah ich auch, wohin es konnte führen,
> Mutlos zu stehen auf unterhöhltem Grunde.

Und Behrs *Wunsch* genau wiedergeben:

> Doch eben jetzt, all deiner Pfunde bar,
> Jetzt brächt' ich gerne noch ein Scherflein dar
> Für alle meines eigenen Leids Genossen.

Diese Zeilen stammen aus dem ›Geistlichen Jahr‹, und nicht ohne Grund kommt mir diese Annette mit ihnen entgegen. Auch sie, wie ihre nachgeborene Zwillingsschwester Annette Kolb, hegte einen Traum auf weite Sicht vom grünenden Aaronstab. Doch ›es ist hier vom polnischen Juden die Rede, den wir fast verloren hätten‹. Er kam, sah und verlor – ja, aber er sah auch voraus und entschloß sich, nicht mehr als nur ein Gast in der Literatur zu sein. Daß er seinem Buch, kaum daß es erschienen war, einen ›Anhang zu den Gedichten eines pohlnischen Juden‹ folgen ließ, bestätigt mir, daß er alles, auch noch seine letzten Vorräte loswerden wollte, um sich seinem Los *zuwenden* zu können.
Es ist eine Geschichte vom Anfang, und von *diesem*, da alles widerrufen wurde, wollen wir vielleicht doch nicht ablassen.
Ihr Elazar Benyoëtz

104 An Albrecht Schöne
                      Jerusalem, 15. 12. 1983
Verehrter und lieber Herr Schöne,
ich danke Ihnen für Ihr trauriges Glanzstück. Über diese Rede zur Erinnerung an die ›Aktion wider den undeutschen Geist‹ könnte man eine Rede halten. Wie Sie da Göttingen wieder auf deutschen Boden stellen und gleichzeitig zu einem Kosmos ausgestalten; wie Sie ›das Göttingen‹ dann zitatenweise ›Weltimmanent‹ auslegen, es ist alles schlüssig in seiner Nachtrefflichkeit und sehr beeindruckend. Bewundernswert ist auch das Schonende im Unerbittlichen, aus dem, wider Erwarten, weil doch ohne Grund, etwas von Menschenwürde in den Sinn kommt.
Was der Leser einer Rede bewundern kann, ist vielleicht nicht mehr das, was den Hörer ergreifen müßte. Die Worthaltung des Redners bestimmt nicht nur, sie verhilft dem Bestimmten zu seiner vernehmlichen Stimmigkeit. [...]
Nehmen Sie meine Worte bitte nicht als ›beschämenden Beifall‹. Ihnen gebührte schon dafür Dank, daß Sie auch noch die schlimmsten Taten der Menschen vor der Berührung eines billigen Wortes schützten.

Was im Feuer verbrennt, geht in den Flammen wieder auf.

Vielleicht darf ich Ihre Rede um einen jüdischen Sinn erweitern?
»Die Würdenträger Roms«, wird im Talmud erzählt, »trafen Rabbi Hanina ben Teradion wie er da saß und sich mit der Tora befaßte, öffentliche Versammlungen abhielt und eine Torarolle in seinem Schoße hielt. Da holten sie ihn, wickelten ihn in die Torarolle, umgaben ihn mit Weidenbündeln und zündeten sie an. Sodann brachten sie Strähnen Wolle, weichten sie in Wasser ein und legten sie ihm aufs Herz, damit seine Seele nicht schnell ausfahre. Da sprach seine Tochter zu ihm: Vater, so muß ich dich sehen! Er erwiderte ihr: Würde ich allein verbrannt, so fiele mir dies schwer, da ich aber zusammen mit der Torarolle verbrannt werde, so wird derjenige, der die Mißhandlungen der Torarolle ahnden wird, auch meine Mißhandlungen ahnden.«

> Wer gedächte unser noch
> wenn unsere Bücher nicht
> verbrannt worden wären?

»Seine Schüler sprachen zu ihm: Meister, was siehst du?
Er erwiderte ihnen: Die Pergamentrollen verbrennen und die Buchstaben fliegen in die Höhe.«
Schalom!
Ihr Elazar Benyoëtz

105 An Albrecht Schöne
                                                                                    Jerusalem, 1. 3. 1984
Lieber Herr Schöne,
Dank für das mir geschenkte Buch, für die mir willkommene Belehrung, für die vielen Einblicke in Lichtenberg und dafür, daß Sie mir mit diesem Buch einen neuen, prächtigen Schriftsteller zuführten: Albrecht Schöne.
Ein Dichter muß auch leere, *vollkommen* leere Seiten schreiben können. Sie sind kein Dichter, die Fähigkeit, auch nur eine leere Seite zu schreiben, geht Ihnen ab. Auch noch in Klammern bleiben Sie aufschlußreich. Sie wiegen Ihre Worte und die Worte bleiben Ihnen gewogen. Noch ganz besonders entzückt hat mich Ihre Kunst des zuchtvollen Ausschweifens: auf engstem Raum, im weitesten Umkreis.
Mit einer Handvoll Paragraphen stellten Sie unter Beweis, daß ein Philologe und Literaturhistoriker mit seinem Forschungsobjekt so gut und so tief verwachsen sein kann, wie der verwachsene Lichtenberg mit seinem Konjunktiv.

Das Experimentieren verspricht weder Gelingen noch Glücken, es steht von Anfang an zu seiner Versuchung. Angegangen wird das Mögliche, angenommen das Versuchbare.

Lange funkelte Lichtenberg im Verborgenen, Sie zogen ihn ans Licht, nun könnte er aufhören zu funkeln und Lichtspender werden.

Ihr Buch löst nicht nur sein Versprechen ein, es ist selbst alles das, wovon es spricht.

Und Sie? Mit einem Mal standen Sie vor meinen Augen als phantasievoller Mensch. Andere würden das geistreich nennen (und das sind Sie bis in die Seitenhiebchen hinein), für heute beharre ich aber, mit Verlaub, auf ›Ihre Phantasie‹ und bedauere nur, dieses sich in mir stark meldende Gefühl nicht näher begründen zu können.

Es ist in Lichtenbergs Person aber schon einmal begründet, und Ihr Buch gehört eben nicht mehr zur Lichtenberg-Literatur, sondern zu Lichtenberg.

Es wäre nicht wenig, wenn es dereinst hieße: Mit Schönes ›Aufklärung aus dem Geist der Experimentalphysik‹ wurde das Ende der Breittreterei in der Literaturwissenschaft eingeleitet. Wenn dieser Tag angebrochen sein wird, fänden wir einander, so Gott will, als gute Nachbarn wieder. Schalom!

Ihr Elazar Benyoëtz

106 An Hildegard Schultz-Baltensperger
                                                                  Jerusalem, 30. 6. 1986
Gestern, liebe Hilde,
unter den letzten Nachrichten im hiesigen Fernsehen wurde bekannt gegeben, daß der Dichter und Literaturprofessor Dan Pagis nach schwerer Krankheit gestorben sei. Ich habe erst heute morgen, um 7.00 über den Rundfunk davon erfahren, um 13.00 fand die Abschiedsfeier statt, um 14.00 war Dan Pagis beerdigt.

Jeder der Abschiednehmenden fühlte gewiß, an jedem war deutlich zu sehen, daß er etwas vom Besten verloren hatte.

Der Beste seiner Art, der von ihm bevorzugten literarischen Gattung, seiner wissenschaftlichen Disziplin, Meister seines Faches, vorbildlicher Lehrer, in allem - ein Subtilius. Er war nie laut geworden und ist ganz still gegangen. Aharon Appelfeld, ein Landsmann von Pagis und ein ähnlich Überlebender, sagte mir auf dem Rückweg vom Friedhof: »Viele Generationen mußten ihren Saft hergeben, um einen Dan Pagis hervorzubringen.« Dann sprach er von Paul Celan, von Rose Ausländer - die Mannschaft und die Landschaft, die er vor Augen hatte.

Stirbt ein Pagis, erwacht die Bukowina noch einmal in der Erinnerung, erblüht Czernowitz mit seiner berühmten Kastanienallee.

Das Ende ist ein Abschied vom Abschied. Vor dem Abschied-vom-Abschied gab es noch ein Wiedersehen. Am vorigen Donnerstag. Frau Pagis sah das Ende nahen und ließ mich kommen, ermutigt durch die Tatsache, daß zwei Besuche bereits gekommen waren und gelinde verliefen. In einer knappen Stunde stand ich an seinem Bett. Er sprach lautlos und schien die Stube mit göttlicher Stille zu füllen. Ich mochte meine Stimme nicht erheben, er meinte, ich dürfte es versuchen, könnte ihm auch etwas erzählen. Ich habe, sagte ich, ein lachhaft kleines Problem und will es gern mit Dir besprechen. Ich zog beide Probehefte von *Weggaben* aus meiner Tasche und reichte sie ihm. Er ergriff sie mit schwindenden Händen und hielt sie vor Augen. Beide Heftchen wogen zentnerschwer in seinen Händen. Er meinte zuerst, es wären zwei verschiedene Hefte; nach meiner Erklärung, es ginge um die Entscheidung zwischen zwei Umschlägen, prüfte er beide und traf, nach einem gesichtsvollen Zögern, mit einem entschlossenen Finger seine Wahl. Das Titelwort soll oben rechts stehen. Das nun war entschieden, die Hefte wollte er aber nicht aus der Hand geben: von allen Lebensgeistern verlassen, von der Neugier noch immer gepackt. Er wollte kosten, wollte naschen, ein altes Wort entrosten, nach einem neuen haschen. Ein Pünktchen Lust funkelte in seinen verwinzigten Augen, ein letztes Blau fuhr aus ihnen aus und über die Worte:

> Zukunft hat man in sich, nicht vor sich.
> Erfüllt - sich selbst entbehrlich geworden.

Vielleicht waren es andere Worte, andere Weggaben, er war zufrieden, er sagte: »Gern würde ich darin wieder lesen, aber Du brauchst wohl die Hefte.«
Ich brauchte sie nicht, ich brauchte ihn. Wie soll es weitergehen mit mir, wenn meinem Munde hier die eine Lippe fehlte.
Die Heftchen waren nicht geheftet, die losen Blätter rutschten und machten ihm zu schaffen. Er war nicht unbeholfen, nur kraftlos, doch seiner Schwächen Herr. Diese Herrschaft mußte unangetastet bleiben.
Er durfte nicht verzagen, ich nahm die Heftchen an mich.
Also war er bei mir, als ich zu ihm kam, um adieu zu sagen. Wie stets: halb Herz, halb Neugier; mir mehr als Bruder und doch Keinbruder.
Das muß man wissen, denn auch in seinen Gedichten darf man ihm nicht zu nahe treten. Sie nehmen sich zurück, noch ehe sie sich einem gegeben haben.
Ich sagte ihm einmal: Will man auf Dich zugehen, muß man Dich fahren lassen.
Er war nicht zu kriegen und nicht zu haben, und doch zum Lieben nah. Meine Einsätze haben ihm viel bedeutet: als Experiment und Dichtung; sie haben ihn auch begleitet: als treue Wächter und strenge Prüfer. Nun konnte ich's noch einmal sehen, mit Augen, nicht mit Worten. Wie herzstechend stand zwischen uns das eine Wort, das ihm nicht gelten sollte und nun einzig ihm gehörte: Weggaben.
Ich fragte: Wie steht's mit dem ›Kampf‹? - Schwer ist er, doch will ich von den Einzelheiten schweigen.

Neben seinem Bett befand sich ein Haufen englischer Krimis. Ich streifte sie mit einem Blick, er sagte: »Ich habe keine Kraft für dieses.« »Ich würde Dir gern etwas vorlesen.« Er war einverstanden, wies auf einen Bücherstoß in einer anderen Zimmerecke; obenauf lagen die ›Musikalischen Novellen‹ aus der Manesse-Bibliothek, die ich selbst auch gut kannte. Das meinte er. Ich fragte: »Mozart auf der Reise nach Prag?« Er gab keine Antwort, ein Lesezeichen, das im Buch steckte, gab mir Bescheid. Ich schlug die Stelle auf, da war Mozart auf dem Weg nach Prag, und Mörike, der ihn dahin begleitete; nun waren wir zu viert. Ich begann zu lesen, wem von uns dreien mochte er zugehört haben? Zwischendurch schloß er die Augen, mitunter unterbrach ich, daß er sich sammle, einmal oder zwei habe ich gefragt: »Folgst Du mir? Bleiben wir auf dem Weg? Reisen wir weiter?« Dann schlug er die Augen auf, richtete seinen Blick auf mich, ich setzte fort, er folgte, auch wenn er zuweilen schlief. Das spürte ich besonders an beklemmenden Stellen - »Hier drängt sich uns voraus die schmerzliche Betrachtung auf, daß dieser feurige, für jeden Reiz der Welt und für das Höchste, was dem ahnenden Gemüt erreichbar ist, unglaublich empfängliche Mensch, soviel er auch in seiner kurzen Spanne Zeit erlebt, genossen und aus sich hervorgebracht, ein stetiges und rein befriedigtes Gefühl seiner selbst doch lebenslang entbehrte.«
Das stimmte und konnte auch dem Schlafenden nicht entgangen sein.
»Die Erde ist wahrhaftig schön und keinem zu verdenken, wenn er so lang wie möglich darauf bleiben will.«
[Schluß fehlt]

107 An Daphne Hertz

Jerusalem, 1. 7. 1986

Liebe Daphne,
Sie schreiben mir manch Nachdenkliches zu meinem Briefwechsel mit Clara von Bodman, Sie haben sich viele Gedanken darüber gemacht, und das freut mich, aber Sie machten sich und mir keine neuen Gedanken, und das freut mich nicht. Darauf könnte ich einfach erwidern: es sei mir ein leichtes, die Briefe unveröffentlicht zu lassen. Ich habe nichts zu verlieren und würde dadurch kaum etwas verloren haben. Das wäre dann meine Antwort und würde Sie vollkommen befriedigen, allein, sie beträfe einzig die Fragwürdigkeit eines Falls, aber nicht das in diesem Fall außer Frage Gestellte.
Was sich auch nur einmal bewährte, was sich besonders als Liebe bewährte, steht für immer außer Frage.
[...] Sehen wir nun von der Fragwürdigkeit ab, so wäre die wahre Frage doch diese: wer würde was gewonnen haben, ließe ich den Briefwechsel unveröffentlicht? Meine Gedanken zu dieser Frage will ich nicht wiederholen, will nur zu Ihrem Standpunkt zwei Bemerkungen tun. Was Ihnen zu schaffen macht - und was

Sie offenkundig stellvertretend aussprechen, ist der Umstand, daß in diesem Briefwechsel ein junger Mann eine alte Frau liebt, und natürlich auch umgekehrt. Sie halten das für unnatürlich, für derart fragwürdig, daß es gründlich erklärt werden müßte, wobei Sie auch den möglichen Erfolg einer solchen Erklärung bezweifeln. Und dabei glauben Sie, mehr Verständnis als andere für einen solchen Fall aufbringen zu können, da auch Sie mit einem alten Mann regelmäßig korrespondieren, und ich darf annehmen, daß dieser alte Mann Sie auch liebt. Das wäre aber erst dann vergleichbar und gäbe Ihrer Kritik nur dann einen festen Grund, wenn auch Sie den alten Mann liebten. Ich habe nicht den Eindruck, und Sie sind auch nicht bemüht, den Eindruck in mir zu erwecken, daß dem so ist. Wir sprechen demnach von zwei ganz und gar verschiedenen Dingen, die zweierlei Verständnis bedingen. Dennoch bleiben Sie dabei: es gehöre sich nicht, gehöre jedenfalls nicht in die Öffentlichkeit. Damit kann ich nur halbwegs einverstanden sein, indem auch ich meine, daß alles, was sich nicht gehört, auch nicht in die Öffentlichkeit gehöre. Aber was soll sich hier nicht gehören? Übertragen oder etwas frei nachgedichtet, würde Ihre Ansicht lauten: Alte Menschen verdienten keine Liebe jüngeren Grades oder taugten dazu nicht. Mehr noch: alte Menschen sind nicht mehr volle Menschen. Das ist ein Standpunkt, allein meine Liebe zu Clärle war gegen diesen gerichtet und vollends der Briefwechsel will ihn widerlegen. Ich meine: dies ist eine ökologische Frage ersten Ranges und gehört ins Zentrum Ihres Briefes. Und ich muß sagen, Ihre Sorge mutete mich seltsam materialistisch an. Vielleicht darf ich auch sagen: im nachhitlerschen Deutschland sollte die Frage nach dem Alter mit größter Empfindlichkeit und aller Schärfe gestellt und beantwortet werden, entstand doch die rohe Verwerfung menschlicher Gebrechen aus der diabolischen Arroganz der braunen und der schwarzen Muskelkater! Es ist der verwerflichste Standpunkt, daß man sich keine Schwäche ›leisten‹ dürfe. Wer sich keine Schwächen leisten darf, wird, sobald er an die Macht kommt, die Schwachen nicht leiden können, wird diese Zeugen seiner Armseligkeit also vertilgen wollen.
›Die Unfähigkeit zu Trauern‹ ist, wie mir scheint, nur der Ausfluß jener Unfähigkeit, sich der eigenen Schwächen zu erbarmen.
Darf Liebe aber denn überhaupt Schwäche genannt werden?
Liebe ist immer unsere Stärke, und gälte sie den Schwächsten.
Betrüblich ist's, daß es Sie freuen kann, zu schreiben: »Wohl auch durch die Briefe selber dazu verleitet, durch Clärles selbstlose (oder richtiger: anscheinend selbstlose) Aufmerksamkeit.« Was heißt ›richtiger‹? und wieso ›anscheinend‹? Das gilt doch ohne *Ausnahme* für jeden Menschen. Was wäre noch billiger, als ›scheinbar‹? Wo ist denn das Nichtscheinbare? Wem soll was nicht scheinen müssen? Das gibt nichts und führt zu nichts, es muß etwas da sein, das sich *zeigt*, weil es Dauer zeitigt und Bedauern bewirkt und sich solange bewährt, als es

währt. Aber an einem selbst zeigt sich das leider nur sehr selten, oder? Das wäre vielleicht der springende Punkt für Neid und Eifersucht.
Wie dem auch sei: hier ziehen sechzehn Jahre, für sich sprechend, an uns vorbei. Diese Dauer läßt sich nicht bedauern, nicht leugnen, sie fügt sich Jahr an Jahr und fügt Wort zu Wort, Halt bietend, zur Haltung sich festigend, alles haltbar. Es wäre nicht, es *ist* also möglich.
Nun meinen Sie vielleicht: schon möglich, aber nur weil jung und alt sich besser, sich leichter vertragen.
Das wäre schon ein freundlicherer Standpunkt, würde eine Perversität nicht unbedingt suggerieren, und damit wäre auch gleich etwas gewonnen, die Frage nämlich, ob jung und alt sich tatsächlich besser vertragen und, wenn ja, unter welchen Bedingungen? Schon zur Beantwortung nur dieser Frage wäre ein Briefwechsel wie dieser unentbehrlich.
Noch einmal, mir schiene er von ökologischer Bedeutung. Und da es viele alte Menschen gibt, die Trost suchen, weil sie untröstlich sind, wäre er eine gute Quelle, Trost zu schöpfen, und junge Menschen könnten zusehen und mancher von ihnen wird sich überzeugen lassen, wie ergiebig mitunter das Alter sein kann.
[...]
Herzlich,
Elazar

108 An Michael Krüger
                                                              Jerusalem, 16. 6. 1987
Lieber Michel,
Dank Dir für das Gedenkbuch. Die Zusammen- und Gegenüberstellung der beiden, diese ›Nachfolge‹ hier und hinüber, ist beeindruckend, herzergreifend, Einmaliges suggerierend. Ich bin erleichtert und froh darüber, daß dem Christoph ein unüberhörbarer, nicht rasch verklingender Nachruf folgt.
Und nun kommt auch schon das schöne, reiche Herbstprogramm, zu dem ich Dir herzlich gratuliere. Da steht so manches in erneuter Blüte, in imponierender Vielseitigkeit und alles riecht nach Qualität und Hoffnung.
Und jetzt, lieber Michel, zu Dir und zu mir, zu uns.
Wüßte ich, daß Du Zeit gewinnst, es wäre mir recht, warum sollst Du nicht Zeit gewinnen? Wie aber, wenn Du mich nur Zeit verlieren machst? Sprüche 13, 12 gilt mit den Jahren mehr, härter, ist immer schwerer zu ertragen. Im nächsten Jahr werden es also schon sieben sein, daß kein Buch von mir erschienen ist. Ich werde dann bereits so vergessen sein, daß ich von vorn beginnen könnte. Für mich wär's kaum das höchste Glück, für meine Sache aber vielleicht gar nicht schlecht. Dieses jedoch in unscheinbarer Weise zu versuchen, will mir nicht mehr gemäß

erscheinen. Das mir Gemäße und das *noch* Rechtzeitige wäre ein repräsentativer Band von 200-250 Seiten: Einsätze, Fragmente, Gedichte enthaltend. Mir steht der Sinn nicht nach Vermehrung, sondern einzig nach Bewahrung des Vorhandenen, von dem nur die Hälfte gedruckt ist. Auch das Gedruckte müßte neu bedacht und revidiert werden. Manche ›Themen‹ zogen sich zurück, andere traten in den Vordergrund; manches hat an Aktualität gewonnen.
Dies wäre dann das Ende meines Nichtvorhandenseins und vielleicht das Eintreten in eine neue, bessere, klare Sichtbarkeit. Allein, mit welchem Zuspruch? Unter wessen Obhut? Diese Frage geht an Dich. Willst Du mich zum Buch kommen lassen? Willst Du es nicht, sondern mich gehen - und nicht fahren! - lassen, würde ich Dich bitten, daß Du mir freundschaftlich die Rechte freistellst, damit ich von allen Büchern ein neues Werk schaffen kann und keine Bausteine vermissen muß. Vielleicht habe ich dann mehr Glück, finde Haus und Bleibe.
Dein Elazar

109 An Günter Neske

Jerusalem, 20. 9. 1987

Sehr geehrter Herr Neske,
bei einem Durchgehen des Katalogs der hiesigen Nationalbibliothek entdeckte ich das Buch von Wilhelm Vischer: Der Prediger Salomo im Spiegel des Michel de Montaigne. Ich habe es mir bestellt, las es sogleich, samt Nachwort des Autors und Vorwort des Verlegers, und nun fühle ich, daß ich Ihnen, dem Herausgeber, schreiben müßte. Hätte ich keinerlei Fragen, dann genügte ein einziges Wort des Dankes für diese unscheinbare, doch vollkommen Montaignesche Schrift. So traurig der Anlaß zu dieser Arbeit damals war, so groß ist doch jetzt meine Freude darüber, daß sie überhaupt geschrieben werden konnte, so kühn - ebenso geistreich wie tapfer.
Es ist eine selten kostbare Schrift, der vermutlich ein schweres Dasein beschieden sein mußte. Mir scheint, das vollkommene Gehör und das rechte Augenmaß dafür wären nicht leicht zu finden.
Das wollte ich Ihnen, versuchsweise, sagen, da Sie sich als Schüler Vischers vor das Buch stellen und die nötigen Details zum besseren Verständnis mitteilen. Hat das Buch seine Leser gefunden?
In Ihrem Vorwort schreiben Sie, daß Sie eine Abschrift dieser Arbeit in den vergangenen Jahrzehnten begleitet hat. Da die Arbeit 1933 doch gedruckt wurde, wäre Abschrift hier im Sinne von Sonderdruck zu verstehen?
Oder sollte es noch einen anderen Sinn haben?
Dem scheint aber der Neudruck selbst zu widersprechen, der doch eine getreue Wiedergabe des Erstdrucks im Jahrbuch der theologischen Schule Bethel ist,

nicht wahr? Damit hängt die andere Frage zusammen. Auf S. 16 sagt der Autor, er habe aus Raummangel nicht all seine Exzerpte mitteilen können. Wäre das, auf die geschichtliche Situation bezogen, faktisch oder taktisch zu verstehen? Allerdings, die Kühnheit des Versuchs hätte weitere Belege nicht nötig; der ganze ›Witz‹ lag ja im Hinweisen auf die bestehende Möglichkeit zwischen Versuchung und Versuch. Montaigne sollte zur spruchreifen Stunde, als Kronzeuge der Weltliteratur, für den Juden Kohelet angerufen und eingesetzt werden - eine zweifach schaltende Ironie, da nicht nur Kohelet, sondern auch Montaigne - Inbegriff des Franzosentums - jüdischen Ursprungs war.
Es war ein für mich erhebender Augenblick, da ich dieses so geistreichen und geistvollen Versuchs eines evangelischen Theologen gewahr wurde.
Noch möchte ich Ihnen sagen, daß ich für einen Augenblick ratlos wurde, als ich in Hugo Friedrichs Montaigne-Buch folgende Anmerkung fand: »Angesichts der vielen Verwandtschaften Montaigneschen Denkens mit dem Ekklesiastes wurde einmal von einem Montaigne-Liebhaber der Versuch unternommen, die Themen der Essays als Entfaltung von Ekklesiastes-Versen darzustellen: W. Vischer [...]. Das geht nun freilich weit über das Zulässige hinaus, abgesehen davon, daß die Verwandtschaften meist auf dem gemeinsamen Dritten, der hellenistischen Lebensphilosophie, beruhen.« Zur Sache wäre dies wohl zu sagen, ob nicht aber zum ›Liebhaber‹ und zur Zeit seiner Veröffentlichung noch anderes mehr? Oder täusche ich mich hierin? Ich bin gewohnt, Hugo Friedrich auf weiten Strecken fast blindlings zu folgen, er ist ein guter Diener seines Faches und meist auf hohem Niveau; spricht diese Anmerkung nicht aber gegen seine Person? Lebte er denn nicht auch in jener Zeit, die *einzig* das Verständnis für derartige Publikationen haben könnte?
Vielleicht verstehen nun Sie meine Frage nicht, es ist eine aus Jerusalem kommende, die Sie schon darum vielleicht nicht erreichen kann, weil die Entfernung doch viel größer ist als diejenige zwischen Freiburg und Bethel.
Es grüßt Sie
Elazar Benyoëtz

110 An Albrecht Schöne

Jerusalem, 20. 12. 1987

Lieber Herr Schöne,
der Carl Hanser-Verlag in München bietet mir eine Gelegenheit, meine Gedanken in einem Band zusammenzufassen. Diese Gelegenheit kommt mir etwas ungelegen, da ich seit bald zwei Jahren nicht mehr Deutsch schreibe. Und mehr als dies: es ist mir gelungen, im Hebräischen wieder tiefe Wurzeln zu schlagen, und nun ist mir die deutsche Sprache, die mich fast zwanzig Jahre, mit

all ihren Zauberkünsten gefangen hielt, etwas entfremdet. Es ist aber nicht nur so, daß ich tief im Hebräischen bin, ich stehe zugleich auch unter dem Niveau des von mir einst deutsch Gedachten. Um mich an das Buch zu wagen, bedürfte ich eines starken kritischen Widerstandes, an dem ich mich aufrichten könnte. [...] Das also wäre mein Wunsch, daß Sie mir Aug und Ohr leihen; der Rat ergäbe sich von selbst. Sie werden mir sagen, was Ihnen einfällt, rücksichtslos, daß mir nichts Falsches und nichts Billiges entschlüpft.
[…]
Den Dank hierfür könnte allerdings nur mein Buch selbst, wenn es gut gedacht und gut deutsch sein wird, aussprechen.
Mit vielen guten Wünschen für 1988
Ihr Elazar Benyoëtz

111 An Harald Weinrich
Jerusalem, 28. 12. 1987
Lieber Herr Weinrich,
ich danke Ihnen für das Telegramm und für Ihren Brief vom 18. 12., der heute bei mir eintraf. [...]
Der Adelbert von Chamisso-Preis ehrt mich und ich nehme ihn dankbar und bedenkenlos an. Es kann einen schöneren Preis für mich nicht geben, ist er doch Ihres Geistes Kind, und Ihnen darf ich auch glauben, daß ich ihn redlich verdiente.
Ihre Laudatio, lieber Herr Weinrich, wäre Grund genug, nach München zu kommen.
Mit dem Freitag, dem 19. Februar, ist wohl der Abend gemeint, das wäre mein Schabbat, und also werde ich in nur ziemlicher Einschränkung dabei sein können. Ich fahre z. B. nicht am Schabbat, gehe weite Strecken nicht zu Fuß, fasse Geld nicht an und schreibe nicht.
Was die Gelegenheit anlangt, selbst ein Wort zu sprechen, bedürfte ich Ihres Rats. Ich werde kaum in der Lage sein, mich spontan auszudrücken, müßte mich darauf also vorbereiten. Dürfte ich mich aphoristisch fassen? Was wäre die Grenze des Zumutbaren? Was würden Sie von mir erwarten oder verlangen? Sie helfen mir, wenn Sie mir das offenherzig sagen. Sie wissen ja, daß ich kein Mensch der Öffentlichkeit bin und mich im Alltag, auch im literarischen, wenig zurechtfinde. Sie täten mir darum einen Gefallen, wenn Sie mir auch noch ein Wort zur Sittengeschichte und zum Protokoll sagten.
Jetzt bin ich am Ende und nun kann ich Ihnen für *Ihren* so noblen Brief danken. Er gehört für mich zur Poesie des sich verbergenden Menschen.
Mit herzlichen Grüßen und allen guten Wünschen für das neue Jahr
Ihr Elazar Benyoëtz

112 Von Albrecht Schöne

Göttingen, 5. 1. 1988

Lieber Herr Benyoëtz,
danke, daß Sie mich dieser Bitte würdigen! und das meine ich ernst.
[...] Korrekturen an Wörtern und Sätzen sind bei einem Schreiber Ihresgleichen in aller Regel doch Eingriffe in den Gedanken, also in die Sache selbst - zu denen ich mich weder bevollmächtigt noch fähig sehe. Schon bei den wissenschaftlichen Schreibversuchen meiner Schüler bemühe ich mich darum, die ›Handschrift‹ zu achten, wo immer sie mit der ›Identität‹ des Schreibenden zu tun haben könnte. Operationen, die dem Anschein nach nur die Oberfläche betreffen, gehen in Wahrheit doch nicht selten in Mark und Bein.
Wenn Ihr Manuskript zeigte, daß Ihre Wurzeln ins Hebräische gehen und Ihnen die deutsche Sprache ›etwas entfremdet‹ ist, würde ich das unmöglich für einen Nachteil ansehen können, sondern für etwas dem Schreiber tief Eigentümliches, Wahres, also unbedingt Erhaltenswertes verstehen müssen.
Schließlich erschreckt mich Ihr Satz, Sie würden sich in jedem Punkt nach mir richten. Das dürfen Sie keinesfalls. Wenn ich etwas nicht verstehen sollte, was Sie geschrieben haben, oder es (Ihre Worte:) für ›falsch‹ oder ›billig‹ hielte, dann müßten Sie allein entscheiden, ob und wo Sie solchen Einwänden nachgeben oder dem Widerstand trotzen wollen.
Also, wenn Sie mir trotz alledem Ihr Manuskript schicken wollen, tun Sie's bitte, (schreiben auch dazu, wann spätestens die Rücksendung erfolgen müßte).
Gute Wünsche fürs Neue Jahr!
Herzlich,
Ihr Albrecht Schöne

113 An Franziska

Jerusalem, 15. 3. 1988

Liebe Franziska,
[...]. Den Briefwechsel konnte ich noch nicht studieren, konnte darin nur blättern, er scheint mir in jedem Fall von hohem Wert zu sein, auch wenn ich's nur auf Annette Kolb beschränkte (wozu ich ja instinktiv neigen würde) und vom jüdischen Problem wegsähe. Diese Frau ist in jede Richtung verblüffend. Ich kann sie mir gut vorstellen: ohne eigentlichen Reiz, aber von einer Anmut voller Hexentreiben; immer schlau, immer raffiniert, gelegentlich klug, nie unterlegen, allerwegs tapfer, risikofreudig, von schlafloser Müdigkeit, nervös und noch schlecht gelaunt zu Abenteuern aufgelegt. So sehe ich sie vor Augen, so ist sie nach wie vor. Und bis zuletzt verfügte sie über ein fast unüberschaubares Geflecht von Beziehungen. Was sie vor dem Untergang bewahrte. Sie war eine

große Verflechterin, zur Freundschaft und Treue begabt, in alldem zeigte sich aber auch eine ›Elementargeisterhaftigkeit‹.
Freundschaft und Bewährung gehörten zu eben diesem Elementaren. Sie ist im Recht, auch wo sie sich irrt, denn sie täuscht nicht: weder sich noch andere. Sie will mehr bewirken als erreichen, so ist ihr mehr erlaubt als anderen, die nur erreichen wollen. Sie ist alles das, was zu ihr gehört, und das meint auch Antisemitisches, auch Jüdisches. Noch herabsetzend oder spöttisch ist sie selten billig, und wird ihr Witz zum Gedanken gespitzt, dann weicht sie nicht aus, nimmt die schwerste Konsequenz nicht auf die leichte Schulter.
Ich konnte das Buch nicht richtig studieren, den jüdischen Belangen nicht die gebührende Aufmerksamkeit widmen, soweit drang ich immerhin mit meiner Nase, um wissen zu können, daß ich nichts zu bereuen und nichts zurückzunehmen hätte. D i e s e Annette hatte das Recht, sowohl gegen als für die Juden zu sein. Sie war selbst gespalten und hatte einen schweren Stand, doch stand sie allerwegs zu ihrer Zwiespältigkeit und heuchelte nicht. Das hat mir an ihr immer gefallen, so hart oder unfreundlich es gelegentlich auch klang. Sie selbst hatte auch zu leiden und war selbst keineswegs immer geliebt.
Schalom!
Dein Elazar

114 An Franziska
Jerusalem, 13. 4. 1988

»Und wo wäre heute die Nation,
an der nicht
hassenswerte Züge hafteten?«
Annette Kolb, Wege und Umwege

Liebe Franziska,
es zeugt von Deiner Vornehmheit, daß Du den Vorwurf vermeidest, ich drückte mich vor den Tatsachen, ist aber auch nur gerecht, wenn Du meinst, ich hätte in der Sache selbst einen schweren Stand. Nicht, daß meine erste Reaktion voreilig wäre, doch lag in ihrer Promptheit ein Stück Abwehr. Instinktiv wollte ich Annette Kolb auch noch gegen sie selbst in Schutz nehmen. Ich mußte mich ja sofort stellen oder umstellen, denn davon hinge Annettes Stellenwert in *Treffpunkt Scheideweg* ab. Sie gehörte nicht allein zu den unauffällig tragenden Säulen des Werks, sie sollte auch das letzte Wort darin haben, gerade sie - das letzte Wort in meinem jüdisch-deutschen Bekenntnisbuch.
Das war eine ernste Entscheidung und durfte darum nicht allein im Lichte der Vergangenheit geprüft und getroffen werden. Ich nahm auch sonst keinen Namen ungeprüft auf. Auf eine Auseinandersetzung freilich mochte ich mich nicht einlassen. Die Feststellung genügte, daß die Annette des Briefwechsels

keine andere sei als die Annette ihrer Werke. Schärfe und Schroffheit kommen auch in ihnen vor. Es war nicht alles Sympathie, was sie mit Juden verband, nicht alles auch nur Distanzliebe; und auch die größte Zuneigung hatte die eigene Gespaltenheit zur Voraussetzung. Sie mußte immer wieder gewonnen werden, und der Gewinn forderte einen jeweils erneuten Einsatz. Nichts davon war billig zu haben, nicht alles Billige aus dem Gedankenweg zu räumen. Vorurteile werden eher umgangen, am ehesten überlagert, bestenfalls niedergezwungen, selten besiegt. Niemand fährt gern aus seiner *lieben* Haut. Die Haut atmet das Hautnahe ein oder bekommt ihren Juckreiz. Die besten unter den Deutschen fürchteten, die Juden könnten ihnen unter die Haut gehen. Auch das soll vorgekommen sein.

Mein schwerer Stand: die Gefahr, ich könnte - im Hinblick auf meine Annette - Großmut, ich müßte - im Hinblick auf meine Juden - Kritik üben.

Der Apologetik abhold, nahm ich Annette etwas breit unter die Fittiche meiner Liebe.

Das Buch ist indes ein lehrreiches Dokument, dessen Wert den Ruhm der Freundschaft, den er wunderbar vermehrt, übertrifft, und dessen Bedeutung über das große Thema ›Elend des Exils‹, das es veranschaulicht, hinausreicht.

Licht und Finsternis dieses knappen Jahrzehnts lassen sich auf das ›Judenproblem‹ konzentrieren. Auch derart verkürzt, ja entstellt, wäre die Publikation dieses Briefwechsels vollauf gerechtfertigt und lohnend.

Briefewechselnd begleiten beide Schriftsteller den Untergang einer Welt und liefern sich diesem als Kommentar mit.

In der Person Annette Kolbs trafen sich alle Richtungen, sie wurde zu einem europäischen Knotenpunkt. Mit Hellsicht begabt, war diese große Impressionistin mehr als nur Kind zweier Jahrhunderte und ihrer Zeit. Ihre großen Augenblicke waren musikalische Momente. [...]

Um auf meine Sache zu kommen: Der Briefwechsel bestärkt mich in der Überzeugung, daß Toleranz weniger Sache der Aufklärung ist als der Liebesfähigkeit. Auch scheint er im ganzen meine Annahme zu belegen, daß der Antisemitismus keine echte Sache ist, da mit ihm oder durch ihn kein Gedanke erblüht, keine Rechnung aufgeht, daß aus ihm kein Funke Leben zu schlagen möglich ist. [...]

Antisemitismus hat immer ein Ziel und dieses ist: Vernichtung.

Was nicht darauf aus ist, wird zu Unrecht Antisemitismus genannt.

In jedem Fall: Weghaben wollen; aus dem Amt, aus der Würde; von der Landschaft, vom Fenster.

Für den sich Antisemit Nennenden sind die Juden diejenigen, die immer nur gewinnen, ohne auch nur etwas davon verdient zu haben. Ein Jude, möge er noch so hoch gekommen sein, bleibt und bewegt sich unter aller Würde.

Wie man's also dreht und wendet: der Antisemitismus geht dem Juden an den Kragen, an die Existenz. Sein Dasein ist und bleibt das große Ärgernis.
Der Antisemitismus gedeiht jenseits von Sympathie und Antipathie. »Tut nichts, der Jude wird verbrannt.« Und es tut nichts, wenn er verbrannt wird. Tut nichts und ändert nichts, wenn man statt verbrannt verbannt sagt.
Das hört sich plump an, ist es auch. Doch auch Plumpheit bedient sich gelegentlich des Scharfsinns. Tatsächlich gab es auch scharfsinnige Antisemiten, allein auch sie hatten nur das eine im Sinn: das dunkle Ziel mit geistigem Feuerwerk zu rechtfertigen.
Aufklärung findet immer im Dunkeln statt. Darum kann auch der Antisemitismus mit aufklärerischer Gebärde auftreten.
Wo er einen Gedanken zeitigt oder gar selbst zum Gedanken wird, ist er wie von einem religiösen Hauch angeweht. Oft und gern und gut geht er mit Frömmigkeit zusammen. Dann enthält er auch wahre Lehren des Bösen, deren sich das Gute, zur Selbsterhellung, bedienen kann.
Den klaren Namen ›Judenhaß‹ vermeidend, trachtet der Antisemitismus sein Ziel im Nebel, unbehelligt eben, verfolgen und erreichen zu können. Dies nicht durchschauend, erlauben sich auch anständige Menschen, in Nacht und Nebel des Begriffs, von ihrer Verantwortlichkeit zu lassen. Sie heulen zwar nicht mit den Wölfen, sie husten nur verschnupft oder pfeifen ihre kleine Melodie, weil Menschen in Zeiten wachsender Not pfeifen müssen.

Im Haß hat Antisemitismus seinen Ursprung, in der Vernichtung sein Ziel. Der Antisemitismus, wie er sich selber darstellt, ist aber die Lehre vom unzureichenden Grund des Judenhasses.
Bar eines echten Klanges, führt ›Antisemitismus‹ zu keiner Stimmigkeit.

Nun schau Dir das Personenverzeichnis und die Personen an. Über die Hälfte der im Briefwechsel auftauchenden oder agierenden Personen sind Juden oder irgendwie jüdisch. Es sind fast durchwegs Gesinnungs- oder Leidensgenossen, Freunde, Nachbarn, Verleger, Kritiker, Gönner. Schickele hat sogar eine jüdische Tochter. Beide Schriftsteller sind ohne diese Personen nicht vorstellbar; ihre Welt bräche zusammen und zerfiele in ein Nichts, würden diese Personen aus ihrem Alltag verschwinden; der Briefwechsel würde Reiz und Aufreiz, würde allen Sinn einbüßen, striche man diese Namen aus.
Daß manche von ihnen ›fluchartig‹ erwähnt oder mit Schimpf belegt werden, gehört dazu, weil es im Leben eines Menschen so und nicht anders zugeht. Wenige nur haben die Gabe des Segnens.
Das alles hat zur Folge, daß man die Briefpartner nicht verstehen bzw. nicht ernstnehmen kann, sobald sie allgemein werden und von Juden abfällig sprechen.

Nicht, daß sie ›verjudet‹ wären, aber sie leben offenkundig in einer Welt, in der Juden und Jüdisches zum täglichen Brot, zum Sprichwörtlichen der Rede gehört. Zum Selbstverständnis eines Menschen gehört eben seine unmittelbare Umwelt, gehören seine Freunde, und die Zeugen, die man sich nicht wählt, die man allerwegs aber haben muß.
Es sind meist Juden, die Annette lobt oder schmäht, deren Umgang sie sucht, meistens pflegt, selten meidet. [...]
Wollte ich für meinen Eindruck, und um dieses weite Feld abzustecken, zwei Worte anführen, sie wären: »Ach, ich denke an den Tag, an dem ich wie in *Abrahams Schoos* auf dem *Canapé* im Speisezimmer lag. Es war mir das Zusammensein und Beisammensein mit Euch ein rechter Herzens- und Seelentrost.« (AK an RS, 14. 1. 1939, S. 345)
Und:
»Von Zeit zu Zeit stecke ich wieder die Nase in die Feuilletonrolle, nasche einiges, und dann rollt sich die Zeitung wieder von selbst zusammen wie eine *Thora*.« (RS an AK, 18. 10. 1936, S. 299)
Denkt Annette Kolb an ihr Wohlsein, fühlt sie sich wie in Abrahams Schoß; sucht Schickele einen hohen Vergleich für die Schrift seiner Freundin, die in Fortsetzungen unter dem Strich erscheint, läßt er sie zur Feuilletonrolle werden und assoziiert sie zur Thora[=Rolle] hinauf.
Wie gut kann man sich das Zusammensein der Freunde vorstellen, Annette auf dem Canapé liegend - ›wie in Abrahams Schoos‹ - ein Beisammensein als ›rechter Herzens- und Seelentrost.‹
Im gleichen Brief, 5 Zeilen davor, schreibt sie von zwei Menschen, die neben ihr sitzen und sich wohl fühlen, weil sie beisammen sind - wie lange noch? Auf dem Weg wohin? - »Neben mir sitzt in Stofflichkeit frohlockend ein Judenpaar. Furchtbar können sie ausschauen, wenn's ihnen zu gut geht.«
Furchtbar und zu gut; zu gut und furchtbar. Das ist die Anschauung, aus der die Bilder entstehen. Datiert: Im Zug - »Jetzt sind wir schon in Dijon - 14. 1. 1939.«
Einige Jahre früher schreibt sie:
»Judenfrauen sind mir, mit [...] ganz wenigen Ausnahmen, geradezu furchtbar.« (4. 5. 1933, S. 58)
Auch Schickele hat es mit dem Furchtbaren zu tun:
»Das Furchtbare an der Rasse ist, daß ein jeder, aber ein jeder sich heimlich für den Vorläufer des Messias hält. Daß sie Jesus als Messias *nicht* anerkannten, davon leben sie bis ans Ende der Tage! Deshalb würden sie auch *keinen* neuen Messias gelten lassen, *niemals* werden sie einen Messias anerkennen. Aber sie glauben, daß er kommt! Es ist ein großartiger Trick, um sich jung und frisch zu erhalten.« (3. 6. 1935, S. 224). Furchtbar sagt auch er, aber er sagt immerhin auch etwas, das sich

zu sagen lohnt, weil es einen Gedankengang enthält; Annette Kolb aber? Was sagt sie denn mit allen ihren hingeworfenen Worten? [...]
›In Stofflichkeit frohlockend...‹
Annette reagiert offenbar aus ihrem romanischen Erbe heraus, denn »Der *Deutsche* erträgt ungleich mehr Häßlichkeit um sich als der Romane. Selbst wenn er sich putzt, äußert sich darin weniger eine Rücksichtnahme auf den Schönheitssinn seiner Nebenmenschen als oft ein Prunken mit Reichtum und neuester Mode, die ebenso das Auge verletzen.«
[So sehen volkscharakterologische Versuche aus, wenn sie salonfähig sein wollen.]
[...]
Welche Gruppe in Deutschland, in Deutschlands Nachbarschaft, unter den Emigranten zumal, die gefährdetste war und darum auf mehr Rücksicht und Geduld hoffen durfte, konnte sich jeder sagen oder ausrechnen, so unklar es im Einzelfall auch bleiben mußte, da Arm und Reich zusammen gebeutelt wurden.
[...]
In einer Zeit sich ballender Not, verbrüllter Atmosphäre und ausreißender Affekte, sitzt die Sprache lockerer auf der Zunge, hängt bisweilen selbst zum Hals heraus. In einer solchen Zeit schmecken auch die raffinierten Zungen nicht mehr fein. Die Noblesse hat es schon mit der Gesinnung schwer genug, sie kontrolliert die Ausdrücke immer weniger, immer lässiger. Man sagt immer, was man hört, hört immer weniger, was man sagt. Die Juden hingen bereits in der Luft: Aushängebogen, von Streicher gedruckt, von Göbbels umkreist.
Es war nicht zum Lachen, Witze mußten aber gemacht werden. Wer diese weiterwetzte, verlor das Wort ›Erbarmen‹. [...]
Bislang kannten wir nur den weiten Mantel, den Annette Kolb mit einem kühnen Wurf über das jüdische - für sie: christliche - Problem breitete; nun können wir die Innenseite ihres Mantels, das Futter betrachten; es sieht nicht gut aus.
In ihrem Werk versteht sie ihre Abneigungen und Vorurteile zu kompensieren, gelegentlich zu analysieren, in glücklichen Augenblicken visionsartig zu steigern und verheißungsvoll zu verwandeln. Daß es sie in jedem Fall Überwindung kostete, ließ sie uns verstehen, es wäre auch sonst aus ihrer aristokratischen und katholischen Herkunft verständlich gewesen. Am Werk schreibend machte sie aus ihren Vorurteilen das Beste und keinen Hehl; fällte Scharfsprüche, prägte Bilder, zog Konsequenzen und verschrieb sich der Zukunft.
In den Briefen hingegen tauchen ihre Vorurteile nackt, ja armselig hervor: kein verwirrendes Bild, kein entwirrendes Wort, nichts Verbindliches, nichts Erlösendes, nichts, was ihrer Kunst würdig wäre. Alles höchstbetrieblich. Die paar profilierten Worte, die sich hier und da finden, stammen nicht von ihr, werden als Witze oder Zitate überliefert.

»Nun komme ich zum Überfluß im Hotel Atala nicht mehr unter. Stoisy schreibt mir, ganze Scharen *jüdischer* Flüchtlinge halten es zur Zeit bis unters Dach besetzt. Auch das noch. Fände ich nur endlich etwas Ruhe. [...] Ach René, kein Wort gegen Juden kommt heute über meine Lippen, aber unter uns: Judenfrauen sind mir, mit Ausnahme Tuttis und ganz wenigen Ausnahmen, geradezu furchtbar. Es ist eine Nervensache. Leur manque de modestie. [...] Ja, wie am Straßburger Münster, sie sind so blind. Dies ist das ermüdende an ihnen [...].« (4. 4. 1933, S. 58)
Diese Klagen, mit noch anderen, laufen auf die bekanntesten Stereotype hinaus: Die Juden sind - vor allem religiös - blind (Straßburger Synagoga); sind laut (›es geht zu wie in einer Judenschule‹); sie weiden im Stofflichen, sind reich und protzig (Geldjuden) oder reich und kleinherzig (Shylock).
Entsprechend werden sie dann auch behandelt.
Annette ist allerwegs und zumal auf Schnorrwegen erfinderisch, manchmal skrupellos, oft erfolgreich.
»Statt deinen Lawrence zu lesen, muß ich eilends an 14 Briefen schreiben und falle im Schatten meiner Fußnote über alle reichen Juden her, bevor sie verschwindet [...].« (24. XI. 1934, S. 166)

Den Juden wurde aber nichts geschenkt, und was sie hatten, wäre vielleicht ihre Rettung.

Vorurteil ist Mutterwitz und letztlich doch Urteil.
Das Wenigste, was man von einem Denkenden verlangen darf, ist, daß er sich seine Urteile bilde.
Ein Gebildeter fällt nicht aus dem Rahmen.
[...]
Annette Kolb und René Schickele waren zu fein und zu nobel, um Juden zu hassen, waren zu klug, um sie entbehren zu können. Sie haben sich ihre Juden verdient, sie dann aber auch gebraucht, und manchen von ihnen wußten sie in Wort und Schrift oder im Herzen Dank.
Das ist das Bild. Davon wäre kein Versagen abzuleiten.
Aber »weil die Größe der Gesinnung zwar die persönliche Verantwortung, doch keine Konsequenzen deckt...« (Wege und Umwege, S.145) wäre ein Versagen, wollte ich eines feststellen, einzig dem zu entnehmen, was sich vorbildlich wähnte oder zur Vorbildlichkeit zu heben wünschte.
- »René, wir wenigstens sollten uns täglich der Güte mehr befleißen, angesichts der Bosheit und Inhumanität der Welt. Sie wird mir täglich gräßlicher. Die Juden sind hier bereits unten durch, großenteils wie es scheint, durch ihre Schuld. Der Antisemitismus nimmt überall immer mehr zu. Nicht nur in der Schweiz, auch hier!« (29. X. 1933, S. 80)

- »Mich aber läßt er unwidersprochen durch den Kot schleifen. Wer bricht je für *mich* eine Lanze? Er [= Thomas Mann] erwähnt meinen Namen. Dabei wäre doch die Gelegenheit gewesen für eine *Spur* von Ritterlichkeit. Ich bin sie freilich nicht gewohnt. Ich treibe sie nur immer selbst allein.« (8. 2. 1936, S. 267)

Was die Juden in diesen Briefen anbelangt, man könnte behaupten, daß Annette Kolb ihnen wenig Güte und noch weniger Ritterlichkeit entgegen brachte.

Nun fragst Du, liebe Franziska:
»Was soll ich mit den genannten Stellen machen?«
Meine Antwort: als Dein Erbe hinnehmen, und nicht glauben, es gäbe ein besseres, auch nicht, Du wärest ›besser als Deine Väter‹. Bessere als Annette Kolb und René Schickele finden wir kaum. Beide standen sie unbeirrbar auf der richtigen Seite, beide waren sie nicht kleinzukriegen, nicht mundtot zu machen; und selber Not leidend, blieben sie hilfsbereit und halfen.
Soll das nun mein letztes Wort über Annette Kolb gewesen sein?
Mein letztes wohl, aber nicht mein Abschiedswort.
Ich bleibe ihr eine ausgleichende und versöhnende Deutung schuldig.

»Ja, wie am Straßburger Münster, sie sind so blind.« (S. 58)
Sie steht - die Straßburger ›Synagoga‹ - zwischen ihr und Schickele, dem Elsässer. Ist die ›Synagoga‹ aber nicht überall und immer die Blinde? Mußte sie örtlich bestimmt werden? Ja, denn freilich ist die Straßburger Synagoga so blind wie jede andere, doch im Gegensatz zu allen anderen ist sie von innerer Klarheit und äußerer Anmut, Hoheit und Ergebung ausstrahlend. Sie ist die in Niedergeschlagenheit Thronende. Sie hat alles in sich und an sich, nur keine Macht in Händen.
Die Andere, die Rivalin, Ecclesia hat alle Macht in Händen; sie, Synagoga - allen Zauber an sich.
Darüber, daß sie die Macht entbehren kann, gibt die Augenbinde Aufschluß. Während Ecclesias Macht und Herrlichkeit nicht zu übersehen ist, zieht Synagoga alle Aufmerksamkeit auf sich; kein Augenblick, der gern bei der Machtvollen verweilte. So steht sie vor uns: gebrochenen Szepters, doch nicht gebrochenen Mutes; nichts habend, nur gewinnend. [...]
Schalom!
Dein Elazar

115 Von Harald Weinrich

Berlin, 3. 5. 1988

Lieber Elazar,
in den letzten Wochen bin ich, was meinen Zeithaushalt betrifft, in ziemliche Bedrängnis geraten [...]. Darunter hat auch die Lektüre Ihres Manuskripts leiden müssen. Ich habe mich dem Text erst jetzt zuwenden können und will Ihnen heute gleich meine ersten Leseeindrücke dazu schreiben. Auch Doris hat den Text aufmerksam gelesen, und wir haben lange darüber gesprochen. Hier also unsere - meist konvergenten, gelegentlich divergenten - Anmerkungen:
Dies ist das Manuskript eines bedeutenden Buches. Sie hatten in München ja bereits angekündigt, daß das Manuskript im Vergleich zu der früheren, ganz aus Aphorismen bestehenden Fassung, die mir vorgelegen hatte, einen ganz anderen Charakter angenommen hat. Jetzt, wo wir das neue Manuskript vor uns haben, können wir sagen: es ist sehr gut. Die von Ihnen gewählte Lösung, die Aphorismen mit Prosatexten verschiedener Art zu verbinden, erscheint uns sehr angemessen und fast notwendig. Es war ja immer ein Problem der Aphorismen, daß sie einzeln oder in kleinerer Anzahl stärker auf den Leser wirken als in einer langen Reihung über viele Seiten hinweg. Deswegen hatten wir ja auch früher schon lebhaft zugestimmt, wenn immer mehrere Aphorismen zu einem Gedicht zusammenwachsen, z. B. ›Hell- und Dunkelhörig...‹. [...]
Nun also, im Wechsel und in der Mischung mit den verschiedenartigen Prosatexten, scheint mir das genannte Problem im Prinzip gut gelöst zu sein. Ich würde allenfalls zu erwägen geben, ob Sie vielleicht die Teile noch stärker mischen, als Sie es jetzt schon getan haben. Der Leser bekommt in der vorliegenden Fassung anfangs doch eine recht lange Aphorismen-Reihe und stellt sich darauf ein; spät erst wechselt dann die Form. Nun ist es zwar zweifellos so, daß die Prosastücke, so verschieden sie auch in ihrer Art sind, nicht eine ganz neue Gattung bedeuten. Sie haben ja vielfach auch in ihren geräumigeren Sätzen noch einen sehr gedrängten und vielfach durchaus aphoristischen Charakter. Aber gerade darum scheint mir nichts gegen einen noch häufiger praktizierten Wechsel und eine stärkere Durchmischung der Formen zu sprechen. Im Folgenden will ich zunächst, den Blick auf das Ganze zurückstellend, von einigen Kleinigkeiten handeln.
Zu dem aphoristischen Teil habe ich mich schon früher geäußert.
Auch jetzt, beim Wiederlesen, ist der Leseeindruck sehr stark. Es sind wohl Ihre besten Aphorismen. Diesmal hat sich ›Halbjüdisch - frag*mentarisch*‹ besonders in meinem Gedächtnis/Gewissen festgehakt.
Schwierigkeit habe ich (nicht so Doris) nach wie vor mit einigen Einwort-Aphorismen, die mir manchmal in eine problematische Nähe zum Calembourg zu kommen scheinen, wie z. B. Zukunst, Dreifel, nebelsächlich, säumsam, Sinn mit den vielen ›n‹, auch Gehschichten übrigens. Ob Sie vielleicht die Aphorismen,

wenn sie nicht stärker mit Prosatexten vermischt werden, durch weitere Zwischentitel gliedern können? Das könnte zu einer gewissen Rhythmisierung der Lektüre beitragen.

Weiterhin sind, wenn ich mich zum Anwalt Ihrer künftigen Leser machen darf, einige ausführliche Lesehilfen zu den von Ihnen genannten und besprochenen Personen willkommen, etwa zu Behr Falkensohn, besonders aber zu Clara von Bodman [...]. Einige weitere Schwierigkeiten des Verstehens entstehen manchmal dann, wenn nur Ihre eigenen Briefe, nicht die Ihrer Briefpartner abgedruckt werden. Über die zu wählende Namensform bei biblischen Gestalten haben wir uns schon früher unterhalten. Hier taucht ein ähnliches Problem bei Qohelet auf; die Form Kohelet würde der Leser noch im Lexikon finden und sie mit der ihm vertrauten Namensform des Predigers Salomo (bei Protestanten) und des Ekklesiastes (bei Katholiken) identifizieren, bei der Form mit ›Q‹ fällt diese Möglichkeit aus.[...]

Nun zu den Prosatexten mit ihren verschiedenen Formen. Sie haben uns am meisten beschäftigt, am meisten auch zugesetzt. Es sind Texte von großer Kraft und Eindringlichkeit, und es ist gut, daß Sie - der Mann ›zwischen Eiche und Zeder‹ - diese Texte nicht länger zurückhalten wollen. Unvergeßlich: das vergebliche Warten auf die Großmutter und die Urgroßmutter, mit den ›Margeretkelech‹ in der Hand. Und dazwischen dann das Gedicht, wenn es so heißen darf:»Und ich - ein Jude nach Auschwitz...« Alle Ihre Texte, die auf die ›Frage der Fragen‹ zielen oder zu ihr hinlenken, sind sehr zuchtvoll geschrieben, sehr gerecht in ihrem Urteil, und sie haben das ganze Gewicht der Geschichte auf ihrer Seite. Sie haben in mir wieder das blanke Entsetzen wachgerufen, das wohl die einzig mögliche Einstellung der gnadenlos Nachgeborenen zum Holocaust bezeichnen. Hier hört folglich auch bei mir die Kompetenz des Kritikers auf, und ich kann mich nur stumm in die Reihe der Deutschen einreihen, die Ihrem Volk dies angetan haben. Daraus folgt allerdings auch wohl, daß Sie für dieses, wie es jetzt Gestalt angenommen hat, keinen Deutschen als Verfasser eines Vor- oder Nachwortes wählen sollten und vielleicht überhaupt niemanden. Denn zum Verfasser eines Vor- oder Nachwortes nimmt man ja nach den Regeln des literarischen Lebens eine Person, die in der Angelegenheit des betreffenden Buches über eine bestimmte Autorität verfügt. In den Sachen dieses Buches hat kein Deutscher Autorität, oder jedenfalls ich nicht. Ich glaube also, daß dieses Buch seinen Weg alleine gehen muß - und gehen wird.

Nehmen Sie bitte von mir - und von Doris - unsere herzlichen Grüße, verbunden mit der Bitte um eine Empfehlung an Ihre Mutter und Ihre Frau,
stets Ihr,
Harald

116 An Claudia Beil

Jerusalem, 28. 5. 1988

Liebe Claudia Beil,
mir liegt ein Artikelchen vor: A jiddischer stern in Disseldorf; wegen der dichterin Rose Ojslender v. Freed Weininger. In: Letzte Najes, Tel Aviv, 30. 1. 1981, S. 8. Weininger, ein jiddischer Dichter aus Czernowitz, debütierte mit deutschen Versen, und obschon ziemlich jünger, stand er den deutschen Dichtern und besonders Rose Ausländer nah. Er schreibt:»Chotsch ihr erschte Lieder-Sammlung, ›Der Regenbogen‹, arojsgegeben in Czernowitz, in 1939, is merstens farlojrn gegangen, bin ich sojche gewen zu sein bei ihr Geburt«: obgleich weitgehend verschollen, war es mir immerhin vergönnt, bei ihrer Geburt anwesend zu sein. -
Mir erzählte Weininger, daß er der Dichterin auch bei der Auswahl der Gedichte behilflich war. Die handschriftliche Widmung in diesem raren Buch, das mir vorlag, schien darauf zu deuten.
Doch wollte ich eigentlich mit Schlomo Bickel beginnen, ein Kritiker der älteren Generation, der entscheidende Lebensjahre in Czernowitz verlebte, und in dessen Buch: Schreiber fun mein Dor (englisches Titelblatt: Writers of my generation), Bd. III, 1958, über Margul-Sperber und Rose Ausländer zu lesen ist. Sein Bruder, Lothar Bickel, ein ebenso schöner wie begabter Mensch, war der führende Brunnerianer in Czernowitz und gab Constantin Brunners Nachlaßband ›Der entlarvte Mensch‹ heraus, den Sie anführen.
Diese und ähnliche Quellen wären Ihnen sicher willkommen gewesen und ständen Ihnen leicht zur Verfügung, wenn Sie EB früher begegnet wären, oder besser: wenn Sie Jiddisch (und Hebräisch) gelernt hätten.
Ihre Arbeit würde dadurch etwas gewonnen haben, und Sie selbst auch. Nun, liebe Claudia, wenn dies Kritik bedeuten soll, sie wäre damit auch schon nahezu erschöpft. Und sie ist nur darum eine grundsätzliche, die Sie treffen kann, weil Sie, Ihrem ganzen Habitus nach, mit ihr übereinzustimmen scheinen. Das belegen auch die Ergebnisse Ihrer Arbeit. Mag sein, daß sie mir gerade aus diesem Grund imponiert. Sie scheinen zu sagen:»hier bin ich, hier stehe ich und stehe zu allem, was ich bin; von hier aus will ich mir nun alles Jüdische erschließen, das mir dazu verhelfen könnte, eine von mir geschätzte und z. T. geliebte deutsche Dichtung so gut zu verstehen wie auf einem nicht bornierten deutschen Standpunkt nur irgendwie möglich ist. Diese Dichtung gehört unmittelbar zu meiner Kultur, denn sie treibt ihre Blüten in der deutschen Sprache, und diese sind so schön wie beunruhigend - beunruhigend auch dadurch, daß sie, im Gegensatz zu anderen deutschen Dichtungen, ihre Wurzel woanders zu haben scheinen, wenn sie nicht gar einer fabelhaften Entwurzelung entstammen. Mit den mir gegebenen, von mir erarbeiteten deutschen Mitteln will ich dem nachgehen...«
Nach diesem epischen Ansatz, darf ich zu meinem Metier zurückkehren und

aphoristisch wieder einsetzen:
Liebe Claudia, Sie haben ein schönes Buch geschrieben, dessen erster Teil (über Heine) schon Anerkennung verdient. Schon zu diesem würde ich Ihnen gratuliert haben. Er ist so hell wie tapfer, und mein Gefühl sagt mir, daß in ihm auch schon Ihre Zukunft beschlossen ist, auf die ich große Hoffnung setze. In der Folge haben Sie die Ihnen gestellte Aufgabe glücklich gelöst: nicht nur in kluger und sauberer Weise, ohne Geflunker und die üblichen Sticheleien vermeidend, sondern auch in einem Stil, der sich vom geläufigen Dissertationsstil wohltuend abhebt. Ich las das Buch auf einem Sitz und meine Sympathie für Sie wuchs mehr und mehr. Ich vermochte mich auf Ihren Standpunkt zu stellen und es hat sich gelohnt. Die Lust zu korrigieren kam selten auf und war auch dann leicht zu unterbinden. Ich las nur noch zum Vergnügen. Und das wäre schon alles, was ich Ihnen heute sagen wollte.
Es wird Ihnen aufgefallen sein, daß ich von Ihrem *Buch* sprach. Ich hoffe, daß es dazu kommen wird; dann würde ich gern das Manuskript durchgehen und Ihnen meine Vorschläge machen und alles tun, damit Ihre Vorzüge noch schöner zum Vorschein kommen. Auch Ihre ›Literatur‹ könnte ich um einiges ergänzen. Jetzt haben Sie diesen großen (aber auch ansehnlichen) Stein vom Herzen herunter, in Japan gewinnen Sie Distanz zu ihm, dann wäre die rechte Zeit für das Buch gekommen.
Und also viel Glück!
Ihr Elazar Benyoëtz

PS. Damit Sie mich nicht der Nettigkeit zeihen - eine stilistische Rüge: zuviel ›bereits‹ im Text. Und: auf S. 298 zählen Sie Immanuel Weissglas zu den jiddischen Dichtern, er war aber und er bleibt ein deutscher Dichter, mit Celan (anfangs auch poetisch) eng verbunden. Bei einer Ausländer-Kennerin, die Sie nun sind, ist dies schon ein grober Schnitzer. Daß dem so ist, können Sie auch in Japan einsehen: German Life and Letters 39: 1. Oct 1985.

117 An Franziska
Jerusalem, 9. 8. 1988

Nun, liebe Franziska, sag ich Dir einiges zur neuen Fassung meines Buches. [...] Einmal vergast, lassen die Toten sich von uns nicht mehr begraben, und unsre laute Rede macht sie nimmer mundtot. Klugschaft ist keine Erbschaft. Laßt die Toten reden, hört zu, dämpft die Bücherflut; es gibt nicht viel Zeit und nur wenig zu sagen.
Was für ein Buch sollte es nun werden?

Die schmale Urfassung von *Treffpunkt Scheideweg* galt den Sachverständigen (z. B. Norbert Altenhofer in Frankfurt, Yizchak Akavyahu in Haifa) als faszinierend, auch die erweiterte Fassung machte Eindruck, aber wäre sie allein schon das Buch? Es durfte nicht künstlich erweitert werden, und sollte doch auch mich selbst irgendwie organisch in sich einschließen können (*Gehschichten*). Also war eine Erweiterung erforderlich, aber in welchem Sinn? Ein ganz neues Buch wollte und konnte ich nicht schreiben. Was wollte ich aber denn? Ein *ganz deutsches Buch* schreiben. Je klarer sich dieser Wunsch mir vor Augen stellte, desto besser schien mir die Aussicht, am Ende ein vollkommen jüdisches Buch geschrieben zu haben. Mein Herz sagt mir, daß es schließlich so geworden ist. Doch darauf ist kein Verlaß.
Aber was wäre das Deutsche in diesem Buch? Meine Sprache; das nicht zu üppige Wort; das Ungemütliche; die Gesinnung; das Zitat.
Ein Wort gibt das andere; ich lasse keins, auch wenn ich's fallen lasse, liegen.
Es sprechen im Buch nur deutsche Menschen; wohl auch deutsch-jüdische, doch diese, obschon von Gewicht, zählen kaum. Ein Buch ohne die Großen: fast ohne Goethe und Kant, ganz ohne Schiller; keine großen Historiker: nicht Treitschke, nicht Grätz; keine Fanatiker der Liebe, keine des Hasses; weder Dühring noch Anti-Dühring, auch ganz ohne Marx. Aber es sprechen Deutsche, welche sich um ein Bild des Juden und um ihr eigenes Antlitz bemühten; die oft Herz hatten und immer Augen: zu öffnen, zu schließen. Ob offenen Blicks nun, ob geschlossenen Auges: was immer dabei herauskommt, es ist echtes Resultat. [...]
Die Überschriften stellen die Beleuchtung ein und geben den Ton an.
Alle müssen sie mit Bedacht gelesen werden. Schon zu Anfang:
›Adel und gütige Vorsehung.‹ Das liegt nicht nur im Titel, sondern in der Sache selbst; die Zitierten sind alle adligen Geschlechts.
Hermann Graf Keyserling habe ich mir mit einem leicht ironischen Seitenblick zum Gewährsmann auserkoren. Er machte sich zum Repräsentanten der Weisheit auf europäischem Boden; er war Haupt einer ›Schule der Weisheit‹ in Darmstadt - ein Konkurrent... Mit seinem ›Reisetagebuch eines Philosophen‹ gelangte er einst zu Weltruhm. Ich hätte auch daraus, da es nicht allen Wert einbüßte, zitieren können, allein, ich zitiere weder Hauptwerke noch Populäres.
Zu einem seiner Zitate meintest Du wehmütig, er habe sich ja auch getäuscht. Das ist doch mein Hauptthema. Gerade die Intelligenteren täuschen sich, die Einfacheren kümmern sich nicht um ›Lug und Trug‹, brauchen keine großen Leuchter, die Sonne genügt ihnen, sie lieben und hassen, zeugen und begraben unter Zeugen [...].
Ein Autor fällt aus dem Rahmen, ein wichtiger Gewährsmann, ein ausführlich Zitierter, der sich dann plötzlich zu Hitler bekennt. Auch einen solchen Fall mußte ich zu bedenken geben. Daß es gerade Hugo Dingler werden sollte, war von mir nicht vorgesehen, war mir selbst ein Schmerz. Sein Buch ›Die Kultur der Juden‹

(Leipzig 1919) war, trotz dürren Stils, ebenso kühn wie mutig, und gehörte zu den ›Inspirationen des Ersten Weltkriegs‹ - ein Thema, das ich in meinem Buch auch nur andeuten konnte. In diesem Dingler hat es etwas Geheimes gegeben, das ich nicht zu ergründen vermag. Vielleicht war sein späteres Bekenntnis zu Hitler dennoch konsequent, wiewohl von der ›Kultur der Juden‹ nicht abzuleiten. Ein klassischer, kurzschlüssiger deutscher Fall. Diesen ausgenommen, sind es durchwegs anständige Menschen.
Es wird Dir aufgefallen sein, daß meine wichtigsten ›Gewährsmänner‹ Frauen sind. Das ist in der Sache wie in meinem Leben begründet.
Thematisiert wurde - Tenor und Generalbaß des Buches - die ›Antike‹. Ohne sie ist weder der Humanismus noch der Antisemitismus in Deutschland zu verstehen. Der konstruierte Gegensatz: der in ewiger Blüte stehende Jüngling - der zu ewigem Umherirren verdammte alte Ahasver.
Nicht nur an dem gekreuzigten jungen Mann aus Nazaret stärkte und befestigte sich der Judenhaß, sondern auch an dem zur ewigen Blüte gezwungenen ›griechischen Jüngling‹. Zu diesem Thema holte ich mir einen Außenseiter, den vermutlich niemand kennt, von dem auch ich nur das eine Buch kenne, ein Buch, das herrlich hätte sein können, wäre sein Verfasser nur mehr Schriftsteller gewesen: Walter Tschuppik.
Es soll ihn nicht umsonst gegeben haben. Meine Sympathie für ihn hat einen kuriosen Grund: er ist, soweit ich sehen kann, der einzige wirkliche Schüler Max Stirners; mehr als Schüler - dessen Geisteskind. Nicht aus ›der Schule‹, die es ja gar nicht gegeben haben kann, sondern aus dem Geist kommend, und das heißt auch: aus dem Witz. (Stirners ›Der Einzige und sein Eigentum‹ ist in meinen Augen ein einziges, großes satirisches Werk.) Also war mir Tschuppik eine angenehme Überraschung und gern machte ich ihn zu einem Gewährsmann. Das hatte einen weiteren Vorteil, daß ich dem gegen Ende auftauchenden Wort vom ›Jüdischen Witz‹ eine Deckung gleich vorausschicken, und die besseren Schriftsteller, die sich um ein gerechtes jüdisch-hellenistisches Bild bemühten, gleich einführen konnte, vor allem Ferdinand Kürnberger (mit Alexander von Villers und Bogumil Goltz mein ältester Lieblingsautor). Dadurch bekommt nun auch Hans Blüher einen besseren, festeren Hintergrund. [...] Wie alle Autoren oder Namen taucht dann gegen Ende des Buches, über das Stichwort ›Humanismus‹ auch wieder Gustav Landauer auf, der als Urheber meines deutsch-jüdischen Traums (im Susman-Brief) früher schon ins Blickfeld getreten war. [...]. Ein Wort gibt das andere oder wird in der Wiederholung zum ›Stichwort‹; ein Name entzündet sich an dem anderen, klingt auf und wieder ab.
Das Thema ›Gelehrtentum und Geistigkeit‹ bietet mir zu guter Letzt eine willkommene Gelegenheit, die aktuelle Lage Israels, auf Montaigneschem Niveau, durch den bewährten Wilhelm Vischer anzusprechen: in der Weise, wie er im

Jahre 1933 zu seinen Schülern in Bethel durch Montaigne gesprochen hatte. Nach fünfzig Jahren lasse ich ihn wieder vernehmlich werden, hoffend, daß seine alte, stets bewährte und nun gebrochene Stimme uns zu seinen Schülern machen könnte. Zur Idee ›Montaigne‹ gehört es jedoch, daß sich keine Nachfolger aus ihr rekrutieren; daß sie, in aller Ruhe, alle Gegensätze sanft anstachelt und aus der Ruhe bringt, zum Widerspruch lockt und Eifer weckt (Pascal, Malebranche). Die ›Lehre‹, die die meisten Montaigne-Leser aus ihr ziehen, lautet darum irrtümlich: »Laß, o Welt, o laß mich sein!«
Gustav Landauer hat das verstanden, wie auch, daß Montaigne seinen Stachel als Pfahl im Fleische seines verstorbenen Freundes ließ.
Dem Freund, Etienne de la Boétie - für ihn und dafür sorgend - überließ Montaigne die Wirkung, während er sich in seine Bibliothek zurückzog, um vordergründige und hinterlistige Gespräche mit sich und der Nachwelt zu führen.
Der evangelische Theologe Vischer suchte nun Montaigne zu aktualisieren und auf altertümliche Weise revolutionär anzustacheln, indem er ihn in eine Art Midrasch-Kohelet verwandelte. Der Midrasch war immer die Form der aktualisierenden oder auch revolutionierenden Auslegung.
Daß Vischer es so sah oder entschieden so beabsichtigt hatte, kann ich zwar kaum glauben, dennoch bleibt in diesem Fall und für meine Sicht die ›jüdische Lesart‹ maßgeblich, und diese schließt auch Selbstkritik im weitesten Sinne ein, schließt sie auch im Hinblick auf Israel nicht aus. Schalom!
Dein Elazar

118 An Franziska

Jerusalem, 14. 11. 1988

Franziska,
was Du zu nennen gedenkst, wirst Du umschrieben haben. Ich glaube, Dich noch einigermaßen, Du glaubst, mich einigermaßen zu verstehen. Die nächste Generation wird auch diesen Glauben nicht mehr haben, was bliebe von meinem Buch dann? Das Gleichnis vielleicht, in das es sich schon jetzt hineinstilisiert.
Wer sagt heute noch Blut und Blutvergießen? Auch Nazis heißen nur noch Faschisten. Es gibt aber auch heute für die Deutschen keine Juden mehr von der Art, die in meinem Buch angesprochen werden, als gäbe es sie noch. In dem Sinne muß ich sagen: mein Buch ist kein glückliches, kein vollendbares sowieso. Es kann aber auch meiner Absicht gemäß nicht besser sein.
Ernst Robert Curtius gefällt Dir nicht. Was er sagt, ist aber genau soviel als er mit seinem (guten und gut deutschen) Namen decken kann. Er steht für sein Geschlecht und für seine Zeit, die ihn sprechen machte; für sein Geschlecht zumal, wenn er sagt: im angeblichen Pariavolk der Juden gibt es Aristokratie, und

das angeblich verhirnte Volk hat seine Mystik; in keinem Fall ist es also, wie man ›meint‹ oder glauben soll. Das Vokabular, wie es in seiner Rede zur Sprache wird, ist gefährlich, diese Gefahr droht aber jedem Vokabular und schäumt in jedem Redefluß hoch. Wäre nicht jedes zur Sprache kommende Wort zweischneidig, dann wäre die Sprache selbst längst abgestumpft. Wir können uns davonmachen, ob wir auch davonkommen?

Du schreibst: »Die Länge der Zitate widerspricht dem Prinzip Deiner Einsätze. Wie siehst Du den Zusammenhang zwischen der ›Kunst des Zitierens‹ und diesem Prinzip?«

Die Kunst des Zitierens setzt eine des Lesens, des Auflesens voraus.

Für Hugo Dingler würde mein Prinzip gelautet haben: Entdecken, Aufhorchen, Wortgeben - sich selbst widersprechen und aufheben lassen. Das bedürfte keines weiteren Kommentars. Gesetzt nun: Du kenntest sein Buch ›Die Kultur der Juden‹, aber es sagte Dir nicht zu, trotzdem sagt es etwas, das niemand außer ihm solange sagen mochte, und dies noch gar entschieden gegen alle führenden Lehrer einer Geschichte der jüdischen Philosophie (Julius Guttmann z. B.), die den Juden auf diesem Gebiet Ursprünglichkeit absprechen. Dingler gibt sich Mühe und zeigt, daß auf Israels Boden, parallel zur griechischen, eine eigenständige, weittragende jüdische Philosophie entstand, der eine Zukunft noch verheißen ist. Mag man dies auch als Konstruktion betrachten, sie würde sich von anderen dadurch unterscheiden, daß ihr eine Überzeugung und nicht eine Absicht zugrunde liegt. Der Mann, der dieses Buch schrieb, ist vollkommen glaubhaft (ich wüßte nach wie vor gern, was ihn zu diesem Buch inspirierte). Es ist entweder ein Bekenntnisbuch oder ein geheim motiviertes, man muß sich schon fragen, wem wollte er das sagen? Ich glaube denn auch, daß das Buch ziemlich echolos verklang, es nahm mich wunder, daß ich von ihm so gar nichts hörte und erst spät und eher zufällig darauf gestoßen bin.

An dieser Entdeckung laß ich nun meinen (schon vorhandenen?) Leser teilnehmen, ganz unbefangen, wie ich zur Zeit der Entdeckung war, nur daß ich in meinem Buch dem Hauptgedanken Dinglers einen weiteren und viel geeigneteren Raum schaffe; und mit diesem kommt dann einer meiner Hauptgedanken ins Rollen. Ich spiele ja nicht, es ist - man sollte das ahnen - mein Leben; auf meinem Lebensweg stieß ich auf Dingler, er erweckte in mir Zuneigung und Hoffnung - wie andere in früheren Zeiten in meinen Vätern, denn darauf will's doch hinaus.

Szenario: Mit der mir eigenen Begeisterungsfähigkeit begebe ich mich auf Dinglers Spuren, diese führen mich, auf dem gleichen Lebensweg, zu seiner Ethik und bis zu jener Stelle in ihr, die seine Anfänge - und meinen Schritt auf ihn zu - zurücknimmt. *Kein Verlaß also.*

Das ist ein Gleichnis unsrer Zeit, das nicht mehr verlockend erzählt werden kann. Was sich in ihm offenbart, läßt sich nicht mehr zur Deckung bringen.

Terminologie und Zitatlänge verdecken Blutrünstigkeit und Schuld. Es spricht sich wie gesalbt, es läuft wie geschmiert, und möchte es auch zusammenbrechen, was tut's, wenn's nur einmal klappte! Und einmal hatte das ja geklappt: nicht zum Verwundern, nicht zum Erstaunen, sondern wie es geschrieben stand. Wie es noch immer geschrieben steht. Diese Bücher wurden erfüllt und hatten ihren großen Erfolg, sie erreichten Millionen-Auflage von vergifteten Seelen und vergasten Lungen. Den schließlich erfolgten Zusammenbruch verschuldeten nicht die verbrannten Schriften.
Hätten die nichtverbrannten Schriften also die Schuld?
Wie kam es, daß Schriftwerk und Wortmächtigkeit, kaum daß die Niederlage vollendet ward, aufhörten zu zählen? Wie kommt es, daß das Volk der Dichter und Denker, von seinen Dichtern und Denkern kein Wort der Rechenschaft, der Reue oder auch nur der Erklärung forderte?
Und wähnten sich jene Dichter und Denker auch mißverstanden, was hinderte sie daran, das Mißverständnis aufzuklären?
Wenn aber die Wortführer schweigen, wie erklären wir uns, daß Schrift und Reue so weit und unvereinbar auseinander liegen?
Dingler steht für sich und für andere, und ist als Gleichnis unserer Zeit gerade gut, es wäre ja auch nur albern, würde ich mit bekannteren ›Mustern‹ aufwarten. Größe besticht und vernebelt; sie macht den höchsten und intimsten Anspruch eines jeden aus. Mit Kant und Goethe käme ich an keinen Deutschen heran, er würde mich beim ersten Widerspruch auf eine ›bedeutsame Stelle‹ verweisen, die, richtig gelesen, Tieferes deutet, Höheres begreift und ganz Anderes zu sagen scheint. Was sollte ich dann noch beweisen können? Aber will ich denn etwas beweisen?
Ich gehe voraus und hinter mir bleibt ein Weg erkennbar, bestehend aus *echter* Lektüre: ein Leben mit Sprache, mit der deutschen, in der dieses und jenes passierte, so und nicht anders. Wieso? Warum? Ich kann keine Antwort versprechen, kann aber dazu verhelfen, daß man sich verstrickt fühlt.
Als einzigen ›Dingler‹festen Beitrag hast Du mir den von Denis Silagi geschickt. Dieser bestätigt meine Ahnungen und scheint mir fast durchwegs unerfreulich. Eine einzige mir persönlich angenehme Erwähnung darin war die Theodor Kappsteins, ist er doch Verfasser des ersten Buches über Fritz Mauthner. Er schien mir spurlos verschollen zu sein, und siehe da! Hier, unverhofft taucht er für einen Augenblick just in diesem Zusammenhang wieder auf.
Nun gilt es zu fragen, wer ist Denis Silagi? Der Text, der zu Anfang einen jungen, entschiedenen und sympathischen Eindruck macht, endet doch lau und beinahe charakterschwach. Wenn es aber, wie Du sagst, das einzige ›Dinglerfeste‹ ist, müßte ich mich damit vielleicht auseinandersetzen, thematisch dahin zugespitzt:
Es geht nicht an, überleben - und sich von anderen verteidigen lassen. Dingler

hat, und wenn noch so geplagt, überlebt und hatte alle Möglichkeiten, sich selbst zu erklären und zu verteidigen, oder (was mir noch lieber wäre) auf seine Brust, nicht auf die seiner ›Hauptwerke‹ Buß und Reue zu klopfen. Wenn das möglich wäre, was Silagi in seinem Beitrag für Dingler in Anspruch nimmt, dann wäre Heidegger, wäre Gottfried Benn erst recht längst gerechtfertigt.

Ich habe dabei einen schwierigen Standpunkt. Dingler ist durch seine Schrift ›Die Kultur der Juden‹ meinem Herzen näher als Benn und Heidegger. Aber seine ›verbalen Zugeständnisse‹ (Silagi) machen ihn in meinen Augen nicht weniger schlimm als jene.

Ich muß Dich nun bitten, daß Du seine Schrift von 1941 ›Von der Tierseele zur Menschenseele‹ liest, zu der Silagi sagt: »Die am Schluß des Buches unorganisch eingefügten Tiraden über den Nationalsozialismus verstand ich sogleich, wie sie von Dingler gemeint waren: als Karikatur...«

Das wollen wir prüfen, das müssen wir einmal für allemal ergründen, ein Silagi soll uns nicht für immer überlegen sein, nur, weil er Zeitgenosse und Bewunderer war. Das wäre für eine letzte Gerechtigkeit wichtig. Für eine vorletzte genügt mir die von Silagi übersehene oder verschwiegene, eben jene, sehr wohl im Zusammenhang vorgetragene und von mir zitierte Stelle aus seiner ›Absoluten Ethik‹.

Silagi schreibt: »Daß er sich bereit gefunden hat, dem Teufel den kleinen Finger zu reichen, war ein Ausfluß menschlicher Schwäche [...]. Daß er dann doch die Kraft hatte, den kleinen Finger zurückzureißen, als die ganze Hand gefordert worden war [...]: das ist dem *Menschen* Dingler hoch anzurechnen.«

Das halte ich für perfid. Oder sollen wir uns da zuerst nach dem ›Fingermaß‹ Silagis erkundigen? Und was kann ein Denker schon wert sein, der sich ›als Mensch‹ von sich abtrennen lassen muß, um sich dann wiederum ›als solcher‹ gesperrt, unterstrichen oder fettgedruckt vom Denker abheben zu können? Der unterstrichene Mensch hier wiegt soviel wie die durchstrichene Lehre.

Solch huldvolle Beiträge sind verräterisch, sie verraten vor allem den letzten vielleicht noch menschenwürdigen Rest einer denkerischen Leistung. Ein Denker muß immer zu seinen Gedanken stehen, auch zu den falschen, diese widerrufend. Eine Ethik ›auf Hitler hin‹ zu schreiben und sie nicht einmal zu widerrufen - das macht einen Menschen aus, der uns nicht angehen darf. Mag der Fall noch so tragisch sein, Mensch sein wäre allemal mehr als Fall sein.

Schalom! Dein Elazar

119 An Franziska

Jerusalem, im Januar 1989

Liebe Franziska,
[...]. In unsrer Welt, von der es nur noch ›Umwelt‹ gibt, gehören Schöpfungsakt und Zerstörungswerk durchaus zusammen, und sei es unter dem Titel *Treffpunkt Scheideweg*. Auch im Persönlichen würde das zutreffen, ist doch der hebräische Ursprung mit dem deutschen Ziel im Kern darin vereint. Es war von mir nicht so gedacht, folglich muß es in mir angelegt gewesen sein.
[...] *Treffpunkt Scheideweg* ist unabsichtlich, ganz natürlich zum Hauptwerk geworden: Schwerwiegend und, weil nichts Billiges enthaltend, auch reich genug, um menschenwürdig wirken zu können. Wohl keine Literatur, aber das Beste an Judentum, was die deutsche Sprache heute noch auszudrücken vermag.[...]
Ich brauche noch eine Woche für *HÖRSICHT* [...]
Schalom!
Elazar

120 An Christoph Grubitz

Jerusalem, 9. 3. 1989

Lieber Herr Grubitz,
[...]. Auch noch das kleinste Licht wirkt im Dunkeln übertrieben.
Es verscheucht zwar die Dunkelheit, zeigt aber auch, wie unaufhellbar sie ist. Daß jedes Wort schon eine Auswahl sei, ist ein Trugschluß. Die Auswahl wird von uns getroffen, das Wort aber auch, nur daß es in sich selbst die Fähigkeit hat, seinerseits auch uns zu treffen und betroffen zu machen. Wir reden; es entspricht. Wer steht hier zur (Aus)Wahl? Darum sagte ich: Die Sprache macht mit mir, was ich will.
Mag sein, daß ich der Sprache mächtig bin, aber was ist das schon, da ich bei jedem Wort - alters- und erfahrungsmäßig - in die Schule gehen könnte! Dennoch gibt es die Erwählten, die Auserwählten, die immer zugleich wortgebunden wie sprachentfaltend sind. Durch sie kommt der sog. ›hohe Sinn‹ zum Wort.

»Die Worte sind von hohem Sinn /
Allein, wie willst Du diese Worte finden«
(Zauberflöte)

Das scheint mir noch immer unverrückbar zu sein. Die Worte *sind* von hohem Sinn, während wir aber diesen suchen, haben wir unser ganzes, eigenes Leben bereits durch sie zum Ausdruck gebracht. Wir vermögen mit keinem Wort zu treffen, das nicht uns vorher betroffen machte. Und wirkt unser Wort auch trefflich, wir sind und bleiben die nur Vortrefflichen.

Ja, wir haben ein Wort zu geben und einzulegen; ja, wir haben eine Stimme abzugeben, doch unser Mund gehört vor allem nicht uns, sondern der Sprache, die uns die Augen öffnet, und der hohe unauffindbare Sinn liegt in unserer Bestimmung, in der eines jeden Sprechenden.

Niemand kann sagen, was er sagen würde. Wäre es nicht so, gäbe es keine Unterschiede zwischen den Sprechenden, sie sagten alle das Gleiche.

»Der Einsatz«, meinen Sie, »sagt immer auch: ›Mehr habe ich nicht zu sagen‹.« Das würde heißen: im Augenblick. Mehr habe ich nicht, mehr ist (von der Sache hier) nicht zu sagen; lieber sage ich nicht mehr (was man so ›sagen dürfen‹ nennt). Alles das im Augenblick: diesem gilt der Gedanke ganz und währt nicht länger als dieser. Macht er Eindruck, ist er vergangen. Nur scheinbar hatte er seinen Niederschlag gefunden, in Wahrheit erfuhr aber nur [!] die Sprache durch ihn eine Ausdehnung.

Haben Sie schon etwas über Ihre Arbeit gehört? Langweilig ist sie gewiß nicht und ein Levinas, der Ihnen strahlend entgegenkommt, ist auch ein schöner Anblick.

Sie sehen, heute geht's bei mir plauderlings zu, vielleicht, wenn Sie der Brief in guter Laune erreicht, schreiben auch Sie mir einmal so.

Meine Mutter freute sich über Ihren Brief und läßt Sie herzlich grüßen.

Ihr Elazar Benyoëtz

PS. Das mit dem Fremdeln in der Sprache, will mir nicht gefallen, schon aus dem Grund nicht, weil es mich an Jüdeln erinnert. Das ist schlimm genug, obgleich die Erinnerung an Jodeln noch schlimmer wäre. Es geht also nicht um meine Empfindlichkeit, sondern um mein Empfinden, daß es in jedem Fall an Blödeln gemahnt, und daraus ließe sich wahrhaftig keine Tugend machen. Wenn Sie mich als aus dem Hebräisch Kommenden beschreiben, ist es eine Sache, und diese mag die verschiedensten Folgen haben (meinetwegen auch komische); im Deutschen angelangt, fremdele ich aber nicht, obschon ich die schweizerische, im Brockhaus stehende Bedeutung des Wortes persönlich beherzige: »ich fremdele - bin schüchtern in fremder Umgebung.« Haben Sie das so gemeint? Ich muß Sie in diesem Punkt besser verstehen, denn hierin sind Sie der Zuständige.

121 An Eginhard Hora

Jerusalem, 23. 5. 1989

Lieber Herr Hora,

> Wer immerfort nach Schätzen gräbt und froh ist, wenn er Regenwürmer findet, wird bald nach Regenwürmern graben. Aber du sollst dich nicht abschrecken lassen, nach den Schätzen zu graben, wenn du einmal Regenwürmer gefunden hast; nur wirf sie fort.
> Ulrich von Wilamowitz-Moellendorff

Zu Ihrer Auffassung meiner Zitate als ›Anthologie‹:
Wird ein Text zitiert oder sein Verfasser?
Die ›Kunst des Zitierens‹ ist meine Lesart in diesem Buch
- Zitate haben eine eigene Genealogie, aber keinen Stammbaum
- Ein Dichter kann sich selbst nur verlautbaren und wiederholen, nicht zitieren
- Noch gab es den Dichter nicht, der bewußt und mit aller Verantwortung das, was andere von ihm zitieren, geschrieben hat
- Das Zitat gehört der zitierenden Eingebung, der es entstammt
- Die Richtung des Zitats ist eine ihm eingegebene, nicht eine ihm entnommene. Diese bleibt unbekannt, bis sie Erinnerung hervorruft, Besinnung erzeugt, Anstoß erregt. So wird ein Zusammenhang wiederum hervorgerufen, in dem das Zitat jede Fühlung mit Eingebung und Poesie verliert, und, syntaktvoll geworden, sich gezwungen sieht, seines Verfassers zu gedenken
- Alle geflügelten Worte sind davongeflogen, aber im
noch grünenden Baum der Erkenntnis bleibt ein Kuckucksei
Mit herzlichen Grüßen
Ihr Elazar Benyoëtz

122 An Christoph Grubitz

Jerusalem, 6. 11. 1989

Lieber Christoph,
[...].
Wiederholungen sind Traueraugenblicke des Geistes über seine Unzulänglichkeit. Es ist mir eine Schmach, ertappe ich mich beim Wiederholen, beim Wiederholten, gerade weil es in allem nur um die Nuance geht.
Da meine Aphoristik Inhalt meiner Sprache und mein ganzes gewirktes Leben ist, gehört das Wiederholen dessen, worauf es mir ankommt, - und möchte es bei niemandem sonst ankommen - zu den Grundpfeilern dieser Aphoristik.
Da drängt sich wieder die Frage nach dem ›Gepredigten‹ - von der Predigt Geprägten - auf. Ich sagte, ein Aphoristiker dürfe kein Prediger sein. Das könnte

er auch kaum, seine Skepsis würde ihn daran hindern. Dabei dürfen wir aber nicht vergessen, daß Kohelet *der Prediger* ist und ich in allem wie er, vor allem - wie er - gegen ›gute Worte‹ und gegen billigen Trost bin.

Kohelet weiß, daß die Vernunft Verteidigerin aller Parteien und aller Positionen ist, und er zieht sich auf die Sprache zurück, auf die reine Worthaltung. Er braucht für seine Zweifel die Autorität, die richtet er selber, Steinchen für Steinchen, auf. Der dabei entstehende Effekt ist ein ganz anderer als der der ›Sprüche‹. Sprüche sind immer auch Zusprüche, sie kommen alle von oben (himmlische Weisheit, Priestertum, Königtum, Vaterschaft, Wissenschaft). Kohelets Sache ist ohne allen Glanz und Verheißung, und obwohl seine von ihm ›erbaute‹ Autorität immer soviel galt wie die sie begleitende Skepsis, ist er aus einem anderen Grund unüberhörbar geworden und geblieben: - er ließ die Sprache ihn ausdrücken.

Kohelet ist beispielhaft, auch mir maßgeblich, weil er darauf aus war, alles zu sagen. Er meinte auch wirklich alles und meinte es radikal: buchstäblich alles. Schon bei seinem Ansatz nahm er sich den Mund voll: - »Es ist *alles* ganz eitel« - und brachte es nicht über 222 Verse hinaus. Doch siehe! es ward - ein Werk, ein Hauptwerk, ein in Deckung gebrachtes Lebenswerk, so glaubwürdig, daß kaum je einem Zweifel darüber kamen, es lohne ihn zu lesen, sich mit ihm eingehend zu befassen. Sein Büchlein ist weder ein ›Trost der Philosophie‹ noch ein Triumph der Wahrheit.

Das große Problem der Aphoristik ist das der unentbehrlichen und doch nicht herzustellenden Autorität. Es ist ein traditionell nicht zu lösendes Problem, und tatsächlich halten sich aphoristische Bücher nicht. Selten halten sich auch aphoristische Werke, und dazu sind schon so große Kombinationen nötig, die ›Nietzsche‹ heißen.

Man darf seine Zeit nicht übergehen, in ihr nichts übersehen, man darf aber auch nicht modisch sein, den Schlagworten so wenig wie den Schlagzeilen erliegen. Die annehmbare Hingabe an die Zeit erfordert den maßvollen Abstand von ihr, der im Glücksfall maßgeblich wird.

Behält er alles im Auge, stellen sich dem Autor immer wieder rhetorische Fragen, die seine Rückbesinnung auf die einstigen Quellen der Autorität fordern, eine Besinnung auf die ›Sprachhaltung‹ der Sprüche Salomos und auf die ›Worthaltung‹ Kohelets, des Predigers. Zur Vollendung eines Weisheitsspruches gehören der Anspruch und der Angesprochene. Die zu erteilende Belehrung wird entweder königlich oder väterlich erteilt: »Höre, mein Sohn...«

Würden wir zu irgendeinem Satz Kohelets ›mein Sohn‹ hinzufügen, er bekäme unumwunden einen parodistischen Anstrich. Hier muß ich aufhören, füge nur hinzu, daß sich bei mir das Problem der sich ›zu erbauenden Autorität‹ in seinem natürlichsten Punkt - der Vaterschaft (=Väterlichkeit) - am fragwürdigsten erweist.

Als ich deutsch zu schreiben begann, schrieb ich für eine vaterlose Generation. Die Auflehnung gegen die (versagenden) Väter stempelte alles auch authentisch Väterliche zur ›Predigt‹ und ›Erbaulichkeit‹. Aber Menschen, zumal in jungen Jahren, bedürfen des Zuspruchs, und ein aphoristisches Werk, das keines sein will, kann sich dieser undankbaren Aufgabe nicht entziehen. Mehr als undankbar, denn würde ein junger deutscher Mann des Zuspruchs noch so bedürfen, er könnte ihn von mir, dem Juden, doch nicht annehmen. Die Lösung ist die des ›Predigers‹: nicht viel sagen, geschickt vom ›Ich‹ zum ›Du‹ wechseln, keinen billigen Trost spenden, nicht vaterschaftsfreudig sein, aber das ›bei allem‹ und ›nach allem‹ ›doch auch‹ direkt adressierte, ermutigende Wort nicht verweigern (»geh hin und iß dein Brot mit Freuden, trink deinen Wein mit gutem Mut«). Wie weit ist ›man‹ tragfähig? Ist Ansprache unerläßlich? Wo gefällt sich ein Ich im Du am meisten, und unter welchen Umständen verweigert es das Geduztwerden, weil sonst alle Verantwortlichkeit nicht mehr zu tragen wäre? Schließlich bliebe noch das problematische ›Wir‹ zu bedenken, das oft den Anschein erweckt, es könnte soviel wiegen wie ›Ichmandu‹. Das sind die aktuellen ›Prediger‹-Fragen.
Herzlich,
Ihr Elazar

123 Von Jürgen Stenzel

Hamburg, 22. 4. 1990

Lieber Elazar,
vermutlich sind Sie schon zur Lesereise eingeflogen, da ich diesen Brief anfange, und ich hoffe, daß er Sie bald einfängt. Ich muß Sie recht sehr um Entschuldigung bitten, daß ich so lange geschwiegen habe. [...]
Ich kann auch ruhig zugeben, daß Ihr Buch es mir nicht leichter gemacht hat, Ihnen zu schreiben: Ich fühlte mich dem Anspruch, den es erhebt, sehr wenig gewachsen, jedenfalls wenn ich mich schon jetzt dazu äußern soll. Ich sehe, daß es in seiner Art ganz einzigartig ist, es gibt nichts darin, das mich nicht überzeugte, ich bin voller Bewunderung, oft höre ich beim Lesen Ihre leibhafte Stimme (und merke dann besonders, daß dieses Buch doch wohl auch ein Teil meines Lebens ist und ich ein Molekül dieses Buches), ich wünschte, es wäre viel länger.
Aber meine Erkenntnis kann mit dem allen noch nicht mithalten, ich werde es noch einige Male lesen müssen. Sie werden sich vermutlich auf eine langsame Wirkung einstellen müssen, nicht nur bei mir, aber auch eine langanhaltende, denke ich. Die Antwort auf das Menschenwürdigere sollte auch nicht billig sein.
Sie haben das Buch Ihr Hauptwerk genannt - lassen Sie das bitte nicht heißen, es sei Ihr letztes in der Sprache, mit der Sie so unvergleichlich schöpferisch leben, der Sie einen Ton abgewonnen haben, der niemandem als Ihnen zu Gebote steht.

Den Text über I. F. Behr habe ich übrigens im Wintersemester mit meinem Hauptseminar gelesen, der Eindruck bei den jungen Leuten war groß.
Bei dem Briefwechsel mit Frau von Bodman geht es mir ähnlich wie mit dem *Treffpunkt Scheideweg*, es ist noch zu früh, etwas dazu zu schreiben. Ich glaube Ihren Verlust ermessen zu können und mehr noch den Gewinn. Ein kleines Schlaglicht auf meine Lektüre will ich aber nicht unter den Scheffel stellen: Es gibt einige Gedichte und Passagen, die ich nicht laut lesen kann, ohne daß es mir wortwörtlich die Sprache verschlägt (Goethes *Euphrosyne* ist eines davon, auch Celans *Todesfuge*). Sie haben denen durch Ihren Fund der *Kinderszene* Edwin Bormanns eins hinzugefügt, ich möchte Sie dafür umarmen.
Es gibt so mancherlei Gründe, die uns manchmal wünschen lassen, etwas mehr in der Mitte Europas zu wohnen; einer wäre gewiß der, Sie etwas weniger selten zu treffen. [...]
Dank für Ihren Brief. Mögen viele Augenblicke wie in Marbach sein.
Daß Ihnen die Lessing-Einleitung gefallen hat, freut mich sehr. Ich bastle jetzt am zweiten Band. [...]
Leben Sie wohl. Heute ist Yom Ha Schoah.
Ihr Jürgen

124 Von Dorothea von Chamisso

Leverkusen, 2. 5. 1990

Lieber Elazar Benyoëtz,
jetzt sind Sie sicher unterwegs - Ihr Buch lesen, heißt das Herz hinhalten. Darum wünsche ich Ihnen, daß der Engel Sie begleite, wie er einst mit Tobias ging. Auch bei des Tobias Reise ging es um das Heilmittel gegen Blindheit.
Antisemitismus - dieses blindmachende Wort! In meinem Elternhaus gab es das nicht. Meine Mutter war evangelisch, mein Vater katholisch - beide tief religiös. In unserer Nachbarschaft wohnten drei jüdische Familien; mit zweien war man gut Freund, die dritte kannte ich nur vom Sehen.
Ich hatte aber einen Onkel, der haßte Juden und Katholiken. Für ihn brach eine Welt zusammen, als meine Mutter den Katholiken heiratete und wir Kinder auch noch katholisch wurden. - Uns suchte er dann wenigstens zum Judenhaß zu bringen. Ob Goethe oder Napoleon, alle bedeutenden Männer waren ›jüdisch versippt‹. Die Droste hatte ihr Dichtertalent von ihrer jüdischen Großmutter - und so ging das weiter. Ich habe mir nur gedacht: »Eigentlich hat er eine viel höhere Meinung von Juden als ich, weil ich der Ansicht war, in allen Völkern könnten sich Talente entwickeln. Für ihn gibt es Großes nur mit Hilfe der Juden - warum haßt er sie, statt ihnen dankbar zu sein?« - Dann hat dieser seltsame Mensch dem Juden, der in seinem Haus wohnte, Bescheid gesagt, als er erfuhr, daß der abgeholt

werden sollte, und ihm eine Geldsumme gegeben und ihm geholfen, daß er in der Nacht noch fliehen konnte. - Wir haben das erst nach dem Krieg erfahren, als dieser Gerettete für meinen Onkel aussagte. - Diese Handlungsweise war umso erstaunlicher, als er für meinen Vater keinen Finger rührte, als er 1933 sofort amtsenthoben wurde und 3 Jahre lang nur das Existenzminimum erhielt. Meine Mutter hat diesen Onkel umsonst um Hilfe gebeten. - Trotzdem habe ich im Winkel meines Herzens Erbarmen mit ihm, weil er in den letzten Lebensjahren seelisch sehr unter religiösen Zweifeln gelitten hat.

Ungelöscht steht das Bild der brennenden Kölner Synagoge vor meinem Auge. Und ich sehe die entsetzten Augen meines schon lange verstorbenen Bruders und höre ihn stammeln: »So werden unsere deutschen Städte brennen.« - Mein Mann war ziemlich früh an jenem Tag unterwegs zu mir durch eine überwiegend von Juden bewohnte Straße gekommen und hatte gesehen, wie ein SS Mann eine junge Jüdin, die erst halb angezogen war, auf die Straße zerrte und sich an ihr vergehen wollte. Er lief hin und gab dem SS Mann eine Ohrfeige. Der wandte sich natürlich gegen ihn, so daß das Mädchen ins Haus laufen konnte. Mein Mann (das war er damals natürlich noch nicht, wir waren beide Studenten) wurde daraufhin verhaftet - zum Glück von der Polizei und nicht von der SS, die von der anderen Seite kam - und nach 3 Tagen wieder freigelassen.

Durch das Einbrennen der Ereignisse in soviel menschliche Herzen sind sie aus der Zeit herausgelöst. ›Zeitlos - allzeit‹ würden Sie sagen.

Den 25. 6. Wie Sie sehen, lieber Elazar, habe ich mich schon lange mit Ihnen unterhalten - und tat es immer wieder. Aber ich hatte und habe noch immer große Hemmungen, den Brief abzuschicken. Doch sei es nun!

Ihr Buch holt die Erinnerungen hoch; sie stehen vor einem, als ob es gerade geschehen sei. Und in Wirklichkeit leben wir ja mit diesem Geschehen jeden Tag - es geht nichts unter.

Und die Judenbuche! Wie oft habe ich sie schon gelesen - Sie haben mir ganz neue Aspekte eröffnet.

Ihr Buch kann man nicht herunterlesen wie einen Roman. Es läßt einen nicht los. Und gut finde ich, daß durch die Zitate so viele Standpunkte zu einer Sache zu Wort kommen. - Ich muß gestehen, daß ich beim ersten Lesen dachte, es seien zuviele Zitate, ich hätte lieber mehr von Ihnen gelesen - dann habe ich aber gesehen, wie wichtig und richtig es ist bei diesem Thema, die Gedankenfülle sichtbar zu machen; daß man mit solcher Glaubwürdigkeit so viele Gesichtspunkte sonst gar nicht bringen kann. Ich entdeckte die große Kunst, die Zitate zum Bild zusammenzusetzen. Ich befand mich in Ihrem Buch wie im Spiegelzimmer in Neuschwanstein, man sieht alle Seiten gleichzeitig, und sieht in immer tiefere Tiefen, die man vorher nicht einmal ahnen konnte.

Und noch etwas vermag das Zitat - und nur es:

Er, der in jedes Menschenherz sieht, erlebt jeden Tag wie tausend Jahre in seinen Geschöpfen - und tausend Jahre sieht er wie einen Tag, denn die Vergangenheit steht noch im Weltraum. Man kann genau ausrechnen, wo die Bilder stehen, die unsere Erde 1938 aussandte. Mit einer Sammellinse könnte man sie auf einen Bildschirm projizieren. Er, der das ganze Weltall überblickt, braucht diese Linse nicht. In seinem Gedächtnis ist alles bewahrt, unvergänglich geworden - in einem Tag zusammengesehen. - So ist es mit dem Zitat, Vergangenheiten vieler einzelner; Gegenwarten, als sie es niederschrieben; in den zusammengeordneten, zusammengesehenen Zitaten wird auch denen, die es nicht erlebten, die Fülle des Geschehenen sichtbar. Unsere auf Schlagworte verkürzte Denkweise lernt so, die Augen zu öffnen für Weiten und Tiefen.

Mit Schlagworten schlägt man Gerechtigkeit tot - mit den Zitaten wird Gerechtigkeit zum Leben erweckt.

»Läßt sich ein Gedanke wiederholen?« - Der es erlebte, formulierte es - der andere erlebte es anders und muß darum anders formulieren - also muß man zitieren. Ist das zu subjektiv? Ich meine, gerade so entsteht Objektivität.

Ihre Dorothea von Chamisso

125 Von Max Zweig

Jerusalem, 17. 7. 1990

Motto: »Berechtigung hat die Form gewiß – sobald nur *ein* bedeutender Mensch da ist, der daran Freude hat«. (Schnitzler an Loris, Wien, 6. 8. 92, S. 27)

Mein lieber Elazar,

Du hast mich ersucht, den Eindruck, den ich beim Zuhören Deines mir vorgelesenen Buches *Treffpunkt Scheideweg* empfand, schriftlich festzuhalten, und ich will versuchen, Deinen Wunsch zu erfüllen, so gut es mir in meinem 99. Lebensjahr möglich ist.

Wir beide stehen an verschiedenen Polen der Literatur. Ich bin ein leidenschaftlicher Dramatiker, Du ein ebenso leidenschaftlicher Aphoristiker. Unsere literarischen Urteile dürfen also, trotz der herzlichen Freundschaft, die uns persönlich verbindet, nur in seltenen Fällen identisch sein.

Als Dein Buch mir vorgelesen wurde, fühlte ich in wachsendem Maße, daß es mir sehr fremd war und daß es nur wenig Ähnlichkeit mit dem hat, was ich als Literatur empfinde, nämlich die sprachliche Neuschaffung des lebendigen Lebens in einer höchst geklärten und verdichteten Form. Ich hatte das ungewisse Gefühl, daß hier eine neue Gattung der Literatur im Entstehen begriffen sei, ja, daß ich vielleicht das erste dieser Gattung zugehörige Buch in den Händen halte, die vorerst noch keinen Namen hat, und die ich, analog zur ›gegenstandslosen

Malerei‹, die sich bereits vor Jahrzehnten entwickelt und durchgesetzt hat, die ›gegenstandslose Literatur‹ nennen möchte. Dies aber ist ein Widerspruch in sich selbst, da ich, wie oben dargetan, im geformten Leben das Wesen der Dichtung erblicke. Aber zweifellos ist hier etwas Neues im Werden, das, wie so vieles andere Neue, das Kind unseres zu Ende gehenden Jahrhunderts ist. Dieses Neue kann aber nicht mehr als ein Zweig der Literatur betrachtet werden, da es ausschließlich im Intellekt wurzelt und den Intellekt anspricht; dies sollte auch in der Benennung dieser neuen Denkweise zum Ausdruck gebracht werden.
Du hast also, lieber Elazar, ohne es zu wollen oder zu wissen, etwas Neues in die Welt gesetzt; ob es mir gefällt oder mißfällt, ist unwichtig; die Gerechtigkeit erfordert es, daß Dein Verdienst ausgesprochen wird.
Damit soll Deine selbstverbrennerische Intensität, die ich auch aus Deinem Leben kenne, nicht geleugnet, und es soll auch nicht verkannt werden, daß es Dir gelungen ist, aus Deinem ureigensten Sprachproblem eine Gesamtschau des deutsch-jüdischen Problems zu geben, die als Einheit einleuchtet, obwohl sie ausschließlich aus Bruchteilen, Splittern und Scherben besteht.
Und so bleibt mir nur noch übrig, Deinem Buch den ihm gebührenden Erfolg zu wünschen.
Dein Max

126 An Manfred Voigt

Jerusalem, 6. 8. 1990

Sehr geehrter Herr Voigts,
Dank für Buch und Brief. Lassen Sie doch die Befangenheit, Sie gefallen mir. Nicht nur wegen Ihres Geständnisses: »so etwa sähe das Buch aus, das ich gern schreiben würde.« Aber auch dieses besagt schon, daß ich auf Leser wie Sie angewiesen bin. Als ich Ihr Buch aus dem Umschlag herausnahm, bemerkte ich Ihren Brief nicht, und war über die atomare Sprachbotschaft verwundert, die mich so unerwartet erreichte. Aber schon beim ersten Durchblättern konnte ich feststellen, daß der Autor ein ›Geheimleser‹ ist. Fast alle Zitierten sind zitationsreif. Erwin Reisner hat zwar dabei den Rang eines Kronzeugen eingenommen, dennoch freute es mich, ihm zu begegnen. Er hatte übrigens eine jüdische Wurzel. Und wenn Sie mir eine Bemerkung zu S. 47 gestatten: Sie schreiben: »ein zu Unrecht vergessenes Werk.« Das widerspricht sowohl dem höheren als auch dem tieferen Sinn des Zitierens. Eine Empfehlung verdirbt jedes Wort, das angeblich so gut für sich sprechen kann. Dann fand ich Ihren Brief und da kann ich Ihnen nur gratulieren. Zwar gibt es wichtigere als Oskar Goldberg, doch ist er wichtig genug. Es gab die wenigen getreuen Jünger und die andern, die ihm die Nachfolge verweigerten, und es gab die Konkurrenz, die seiner schon der Abtrünnigen wegen bedurfte, und dann gab es noch diejenigen Zeitgenossen, die ihn nicht übersehen konnten und schon darum umgehen mußten [...].

Über Goldberg ließ sich bislang nur Vortreffliches oder Nachdenkliches sagen, Sie nun werden das Treffende und Denkwürdige feststellen.
Dann wird man sehen, daß er noch anderes war und viel mehr als nur ein jüdischer Alfred Schuler.
Sie sehen: ich habe viele Gründe, mich über Ihre Arbeit zu freuen - obwohl Margarete Susmans Vorkommen darin mir schon genügt haben würde. Es ist Zeit, daß Diotima auferstehe.
[...] Ich nehme als selbstverständlich an, daß Sie Scheppards Buch auswerteten und auch in Erwin Loewensons Nachlaß (in Hannover wie in Marbach) Einblick nahmen. Erwin Loewenson machte auf mich einen vielleicht ähnlichen Eindruck wie Goldberg seinerzeit auf ihn.
Nur daß er kein Zauberer war, sondern voll Zauber und bezaubernd. Aber auch in Milde, Anmut und Witz verpackt, war sein Anspruch auf geistige Führerschaft erheblich. Ich mußte ihm die Jüngerschaft verweigern. Das war für ihn, den Vielbewunderten und Vielverlassenen tragisch, weil es seine letzte Chance im Leben war. Es war auch für mich ein Schmerz, denn er vermittelte mir das einzige schöne Bild des Philosophen.
Ich besitze einiges von ihm, so auch ›Die Wirklichkeit der Hebräer‹ mit seinen laufenden, unermüdlichen Randbemerkungen. Das kommt für Sie allerdings nicht mehr in Betracht. Aber vielleicht nützt es Ihrem Buch, wenn ich das Ms. vor der Drucklegung lese, [...] obwohl ich keinen Grund habe, seine Lückenlosigkeit zu bezweifeln. [...]
Sie haben ein gutes Gespür, wissen worauf es ankommt - zum Beispiel:
»Die Sprache der Information aber - sie mag so
universell sein wie sie will - ist nicht dialog-
fähig und kann daher keinen Frieden stiften.«

Mit Dank für alle Ihre vier Aufsätze und mit freundlichem Gruß
Ihr Elazar Benyoëtz

127 An Manfred Voigts
                                          Jerusalem, den 4. 12. 1990
Lieber Herr Voigts,
[...].
Dank für Ungers ›Politik und Metaphysik‹ und für das Goldbergsche Inhaltsverzeichnis, das viel Zunder zu enthalten scheint. Das kann ich nur begrüßen, obschon ich das ›*verdrängte* Kapitel‹ nicht ganz akzeptiere. [...] ›Verdrängt‹ ist zu wenig, ›Jüdische Geschichte‹ zu viel. Haben Sie Dr. Luschnat in Berlin gesprochen? Oder ist er nicht mehr in Berlin? Er - Sohn des Dichters

David L' - ist, irre ich nicht, Psychiater, und lebte eine Zeitlang mit Goldberg in Paris. - [...]
Ihr Nachwort zu ›P. u. M.‹ gefällt mir, und da Sie in Ihrem Brief Hugo Bergmann erwähnen: einige Stellen aus seinen Tagebüchern, z. B. Bd. 1, 587 und 636f. (Brief an Ernst Müller!), hätten Sie in Ihr Nachwort gut einflechten können.
Ein Aufsatzband von Unger ist fällig und Sie sind der geeignete Herausgeber, so freue ich mich auf dessen Erscheinen.
›Gegen die Dichtung‹ halte ich nach wie vor für schätzenswert, als ich's neulich aber aufschlug und mir auf jeder Seite die gesperrten Worte in die Augen sprangen, fand ich sie allesamt sperrig und auch gewaltsam, mitunter abstoßend. Man möchte sich gern einmal den Fortschritt als eine natürliche, anmutige Bewegung nach vorn denken, doch leider findet man ihn auch noch in Büchern trotzstrotzend und verquält. Der Mangel an Anmut ist das Beklagenswerteste jener Zeit, die Seher und Zauberer besaß. Darüber kann auch die Geschmeidigkeit mancher Meister des Stils und der Rede nicht hinwegtäuschen. Goldberg indes war ein Inspirierter, dem es gelang, ein jüdisches Buch zu schreiben, wiewohl es fraglich bleibt, ob das, was ihm gelang, auch glückte.
Unger hinterließ nur wenige Spuren, während Goldberg Gestalt annahm. Goldberg kann immer wieder erscheinen, Unger nur immer wieder verlegt werden.
Ihre Besprechung meines Buches war mir eine angenehme Überraschung am Tage meiner Rückkehr, ich danke Ihnen herzlich und wünsche Ihnen den geeigneten Verleger, den gebührenden Erfolg und alles Gute für 1991
Ihr Elazar Benyoëtz

128 An Franziska
Jerusalem, 13. 2. 1991
Liebe Franziska,
will ich Dir schreiben, muß ich mich ganz früh an den Computer setzen, und am Ende würde die Zeit doch nicht ausgereicht haben. So sind unsere Gespräche jetzt stille. Deine Stellungnahme zu den *Variationen über ein verlorenes Thema* freut mich, sie zeigt, daß auch Du Dich der Wirksamkeit des Stoffes nicht entziehen kannst.
Daß die Wirkung noch nicht tiefer reicht, mag an der Verlorenheit des Themas liegen. Zwar wäre ich im Augenblick leicht zu verunsichern, da ich mit *HÖRSICHT* durchgefallen bin, aber ich eigne mir die Ruhe des Verlorengegebenen an.
Gott ist keine Sache, keine Tatsache, keine Ursache, er ist Schöpfer, oder wir sind entbehrlich.
Alles um Gott ist erschütternd, alles um den Glauben kränkend. Das geringste

Wort ist schon ein Wort zuviel, wenn man nicht imstande ist, seine Wahl mit einem Wort zu treffen. Dem Glauben steht ein einziges Wort zu.
HÖRSICHT betreffend: glaubst Du wirklich, es liege an meinem ›jüdischen Horizont‹, der sich in meinem Text zwar nicht offenbart, den es irgendwo aber als Luftlinie geben muß.
Mir ist mein Judentum Morgengebet, Arbeitstisch, Nachtlager, ich kenne mich nicht anders, komme ich doch aus dem Hebräischen, das ich aus meinem Seelengrund liebe; Dir aber begegne ich auf deutschem Boden, im deutschen Sprachgut mal grabend, mal schwelgend - mein jüdischer Horizont sollte Dir die freie Sicht nicht verstellen können.
Du mußt für Dich entscheiden und bei Dir wissen, ob Du in meinem Buch Jüdisches erkennst oder nur witterst.
Zum Glück ist der Horizont immer der des Lesers, denn *dieser* läßt sich erweitern. Ich kann mein Werk nur einmal verfaßt haben, Du es aber auch zwei- und dreimal lesen. *HÖRSICHT* enthält, nicht anders als *Treffpunkt Scheideweg*, deutsche Sprache, deutsche Literaturzeugnisse: durchaus, durchein, als wären sie ein Stück von mir.
Befremdlich mag Dir die Unzugänglichkeit meiner Quellen erscheinen, sie sind aber nur verschüttet oder entlegen. Für die heutige Dichtung, ich will's nicht leugnen, ist Zeitung die Verlängerung der Straße, auf der man Gott und die Welt treffen kann. Die Bibel verträgt sich nicht gut mit Zeitungspapier.
Aus Harald Weinrichs Stellungnahme teile ich Dir Folgendes mit:
»Die Lektüre hat in mir allerhand widerstreitende Gedanken freigesetzt. Es ist wahr, Du solltest recht bald mit einem neuen Buch ›sichtbar‹ werden, will sagen bleiben. Natürlich auch hörbar, setze ich hinzu, denn der ›eigentliche‹ Textabschnitt *HÖRSICHT* ist von großer Schönheit und verdient, laut gelesen zu werden. Ich wünschte ihn mir im Grunde ohne weiteren Kontext, gut gesetzt, als Buch ›an und für sich‹. Das würde auch gut zu dem zentralen Lob des Schweigens und Verstummens passen, wie auch zu dem gewichtigen Satz: ›Wenig sprechen, das Wenige sagen‹. Bei Karl Kraus habe ich gelesen: ›Einer, der Aphorismen schreiben kann, sollte sich nicht in Aufsätzen zersplittern.‹ Das Problem besteht also wohl darin, daß Deine Lakonismus-Maxime, wenn man sie ernst nimmt, jeden längeren Kontext, wie ihn der Büchermarkt vielleicht verlangt, dementiert. [...]«
Entmutigt, verzage ich nicht, denke unentwegt: *Wortwährend*.
Ich lege Dir einige Seiten bei, damit Du Dir das Schönste aussuchen und sagen kannst: »das Büchlein freut mich Wort um Wort und Satz für Satz.«
Bist Du mit Deinem Büchlein zufrieden, mache ich ein weiteres, bis eine kleine Reihe entstanden ist. [...]
Dein Elazar

129 An Christoph Grubitz

Jerusalem, 29. 10. 1991

Lieber Christoph,
ich bin mit meinem Manuskript so weit, daß ich mir eine Pause - und Deine Arbeit gönnen darf. Eben las ich beide Abschnitte und hatte meine Freude daran. Beide sind gleich gut und weisen Deine üblichen Vorzüge aus, sie treffen aber auch in der jeweiligen Sache zu. Es ist gerechtfertigt, wenn Du vieles von einem einzigen Aphorismus ableitest; es ist gerade angemessen und gibt meinen Bemühungen die gebührende Achtung, der Mühe selbst ihren guten Sinn. Das ist ja auch ein Prinzip der Essayistik, wo immer sie von einem Zitat ausgeht. Und so ist es auch bei Dir schön zu sehen, wie sich eine kleine Welt, mit Vergangenheit und Zukunft, aus einem knappen Dutzend Worte entfaltet. Dein Vorgehen aber ist nicht essayistisch, und soll in diesem Stadium auch nicht sein, darum fände ich's gut, würdest Du Deine/meine Thesen mit mehr als nur einem Satz belegen. Das muß nicht schon in der Analyse geschehen, würde aber gut in die Schlußbetrachtung hineinpassen. Das wird Dir leicht fallen, wenn Du alles über ›Erinnerung‹, ›Zukunft‹, ›Vergänglichkeit‹ ›Erwartung‹ und ›Hoffnung‹ zusammengeschaut hast. Bei der ›Verschachtelung‹ geht's um ein Stilprinzip und kommt folglich nur aufs Beispielhafte an, da sind zwei Beispiele befriedigend, mitunter könnte sogar ein einziges genügen.
Ich freue mich, wenn immer Du Sonnemann erwähnst, als Stilisten möchte ich Dir doch aber seinen Antipoden - EB - empfehlen. Trotzdem: Sonnemann hat seinen Stil, Du mußt Deinen noch finden, wenn Deine vorzügliche Arbeit Dein schönes *Buch* werden soll.
Daß Du gut und auch scharf denken kannst, haben wir schon gesehen, Du hast aber auch gute, zuweilen verläßliche Intuitionen; und auf manchem Gedankenweg erscheinst Du unerwartet elegant. Die Eleganz im Ausdruck, die dem entsprechen würde, vermisse ich noch. Du darfst nicht schwerfällig sein. [...]
Ich bin in meinen Worten gegenwärtig genug, bin es aber auch schon in Deiner Sprachführung. Es wird ein großer Tag sein, wenn Du eine Seite schriebest, auf der ich selbst vorkäme, ganz ›namenlos‹. Ich denke, es könnte eine gute Übung sein, wenn Du Dir bei jeder Seite sagtest, EB dürfe nur *einmal* genannt werden. Zu häufig verwendest Du ›keineswegs‹, aber auch ›keinesfalls‹ könntest Du gut entbehren; ich vermißte sie beide nicht.
Jetzt lege ich die Seiten Deiner Arbeit zu den früheren und freue mich zusehends...Hier wächst etwas, gesegnet sei sein Wachstum. Das wünsche ich Dir und mir, heute aber ganz besonders Dir, weil Dein Geburtstag bevorsteht. Und zum Geburtstag lege ich Dir einen kleinen Abschnitt daraus bei, ich wollte Dir noch eine erste Ausgabe von Hasenclevers ›Sohn‹ schicken, da Du aber, wie mir Manfred sagt, im Oktober zu kommen gedenkst, will das Buch lieber auf Dich warten; dann hast Du schon mal ein Buch hier - zum Lesen und zum

Mitschleppen. Alles Gute Dir und bleib guten Mutes! Dem Wunsch schließt sich auch meine Mutter an.
Dein Elazar

130 An Dorothea von Chamisso   Jerusalem, 23. 10. 1991

> Was ich täte, wenn ich etwas zu sagen hätte?
> Nicht viel sagen.
> Fritz Mauthner
> Es braucht ja nicht alles gleich Wissenschaft
> zu sein, was kein Roman ist. Ich liebe dieses
> Genre, das ich hier schlechthin ein Buch nenne.
> Moritz Heimann

Liebe Dora,
es war mir eine Freude, Dich zu hören und von Dir zu erfahren, daß Du wohlauf bist und auch mit dem Manuskript einverstanden. Es ist wie ein neues Beginnen, und ich danke Gott für das seltene Geschenk: von vorn beginnen zu dürfen, meinem Alter gemäß: mit reifer Schuld, doch ohne Jugendsünden.
Mit dem Wort Fritz Mauthners habe ich meinen Weg begonnen, es ist das erste Motto (von dreien) zu *Sahadutha* (Berlin 1969). Es bleibt ja gültig und paßt sehr gut zur Gattung, zum Inhalt, zu meiner Haltung.
Das zweite Wort soll eigentlich den Untertitel *Ein Buch aus Büchern* ›erklären‹. Das nun müßte Dir einleuchten, sonst könnten beide entfallen. Von diesem sachlichen Hinweis abgesehen, gibt es einen heimlichen, vielleicht gar sentimentalen: es waren - Mauthner und Heimann - zwei weise Menschen, sie galten als solche in ihrer Umgebung. Mauthners Ruf - durch seine ›Kritik der Sprache‹ - drang weit in die Welt hinaus. (Er war auch für Morgenstern von erheblicher Bedeutung); Moritz Heimann, S. Fischers Cheflektor, war für die Besten seiner Zeitgenossen maßgeblich, ein Weiser wie er im Buche steht, ein Buch freilich, das nur erlesenen Bibliophilen zugänglich ist.
Mauthner schreibt gut, disponiert aber schlecht, wiederholt sich temperamentvoll, doch unentwegt [...]. Aber Werke wie seins müssen viele Worte verschlingen, um auf ein letztes zu kommen, das sich schweigsam mitteilen kann. Eben dies vermochte er nicht, und hatte es doch vollbracht. Sprachkritik hat mit Beleibtheit und Beliebtheit der Sprache zu tun, sie braucht die Fülle, um ins Volle zu treffen. Das Schweigen, von der Rede heiß umworben, verträgt ein Wort mehr, aber keins zuviel.
Wie sehr beeindruckte mich die Inschrift seines Grabsteins:
›Vom Menschsein erlöst.‹ - und dazu ein so dickleibiges Lebenswerk.

Ich habe sein Werk sehr früh für mich entdeckt, und hielt mich schon immer für geeignet, die trefflichsten seiner Worte zu finden: Worte, die er bisweilen, selbstvergessen, hinstreute; Worte, die, bei guter Laune und schönster Lebenslust, ihn, den Geistreichen, fallenließen. Mein Motto fand ich in einem Brief an Auguste Hauschner; und solche Funde gehören, wie Du weißt, zu meinem Stolz. Daß Mauthner und Heimann beide Juden waren, will nichts heißen, doch etwas besagen.
Dies wäre eine weitere Andeutung. Ich bin ein Anderer und trete doch als Erbe auf. Das habe ich nie beabsichtigt, muß es aber schon immer beansprucht haben, vor allem auf Hebräisch. In heiligen Lettern geschrieben, blieb mir die wahre Auskunft über meine Herkunft verborgen.
Somit wären die ersten Seiten des Buches ein ganzes Schlachtfeld von Andeutungen. Wahrlich, es ist nicht leicht, verständlich zu machen, was ich will, umso krasser muß das Mißverständnis herausgefordert werden - »Ja, der Grad der Wichtigkeit einer Lehre hängt mit dem Grad ihrer Mißverständlichkeit zusammen. An 2 x 2 = 4 ist weniger mißzuverstehen als an ›Europa hat Selbstmord begangen.‹ Aber eben deshalb ist der zweite Satz wichtiger als der erste.« (Eugen Rosenstock-Huessy). Es soll kein Kitzel sein, ein Stachel aber. Ob ›Atem des Geistes‹, ob nur Gedankenspiel, bleibe dahingestellt.
Auch typographisch ist der Anfang so zu verstehen: Motto 1 erklärt die Grundhaltung des Aphoristikers als Repräsentant der Gedankenwelt, Motto 2 unterstützt den Anspruch, mit einem Satz bzw. mit einer Seite ein Buch nicht nur schreiben zu können, sondern geschrieben zu haben. Die Titel im Buch stehen jeder für ein Buch, alle zusammen sind sie: *Ein Buch aus Büchern* (dies auch in Korrespondenz und Konkurrenz zu Ludwig Strauss' ›Wintersaat. Ein Buch aus Sätzen.‹). Mit Heimanns Wort wird auch schon auf das Gattungsproblem hingewiesen, das ich im *Brief an den Herausgeber* ›erledige‹.
Mit dem *fallengelassenen Wort* tritt meine eigene, eminent dichterische Intention in Sicht; *diese,* noch lange nicht anerkannte, macht die Ausnahme. Höre ich ein Wort fallen, setzt in mir eine ganze Symphonie an. Unmittelbar darauf, meine Intention außer Acht lassend, folgt die *Stimme aus dem Publikum*. Sie ist an mich gerichtet, kann mich nicht ignorieren, will mich aber auch nicht anerkennen, es sei denn, ich gäbe meinen Anspruch auf. Die hier vernommene Stimme ist eine zwei- und dreifach repräsentative, denn Erich Heller ist ein weltbekannter Kulturkritiker. Als junger Mann stand er unter dem Einfluß von Karl Kraus und nahm in sich seinen Geist auf. Er ist darum nicht nur Stimme und Publikum, sondern der schlechthin Zuständige und durchaus in der Lage, ein *Todesurteil* zu sprechen. Und dieses Urteil hat seine Gültigkeit und wird nicht bald eine Revision erfahren. Mich aber trifft es aus Gründen nicht, die in *Filigranit* offenbar werden sollen.
Der Aphorismus als Gattung hatte mich nie bekümmert, obschon ich über den

Aphorismus mehr nachgedacht habe als je ein Aphoristiker vor mir. Ich betrachtete ihn als einen geeigneten Ort zur Verwirklichung meiner Eigenart; dazu gehört, daß ich das Wort sehr früh als moralisches Problem begriffen hatte, und also, daß auch noch der kleinste Wortschatz zu groß sei, um in seinem ganzen Umfang verantwortet werden zu können.

Je tiefer mir die Verantwortung des Sprechenden und des Ausgesprochenen ins Bewußtsein drang, desto kleiner mußte ich meinen Wortschatz halten. [...]

Alles das kommt schließlich, will sagen: gleich zu Anfang, im *Brief an den Herausgeber,* zum Platzen. Einmal muß es, dachte ich bei mir, zur Entscheidung über Aphorismus und Einsatz, über die Gattung und meine Abart kommen.

Die Schwierigkeiten mit denen ich zu ringen, gegen die ich so lange anzukämpfen hatte, sollen anschaulich und greifbar vor den Leser treten. Das haben die Briefauszüge zu bewirken, die *Stimmen aus dem Publikum und aus dem Freundeskreis.*

Es ist das schlechte Ansehen einer auf den Hund gekommenen Gattung, das mich zwingt, Farbe, Gesichtsfarbe zu bekennen.

Mein Brief ist lang geworden, was aber die vielen Worte, möchten sie sich auch noch so gut als Brief tarnen, verderben, macht das eine Wort wieder wett und gut: *Filigranit.* Das ist die Sprache meiner Kunst, ist meine Sprache, mein Ivrit im Deutschen.

Dein Elazar

131 An Albert Hausdorffer

Jerusalem, 5. 1. 1992

Lieber Albert,

daß ich aphoristisch denke, rührt von meiner Denktradition her; daß ich öfters auch aphoristisch spreche, liegt daran, daß meine Ohren nach und nach vereinsamen.

Du wolltest, daß ich Dir etwas zu meiner Aphoristik sage.

Aphoristik ist die einzige Gattung, die Anspruch auf Autorität erhebt; den höchsten Anspruch, bei größter Unansehnlichkeit.

Ein Anspruch wider den Ansprechbaren, den sie nur meinen kann, weil sie ihn aus den Augen verlieren muß.

Der Einzelne gilt nicht, aber er zählt. Die Aphoristik gilt dem Gezählten; er, der nur gemeint werden kann, ist die Zielscheibe der Aphoristik. Fühlt er sich betroffen, fühlt er sich auch bestätigt. Der Gemeinte ist immer der Andere. Ein Aphorismus muß sich seine Spitze nehmen lassen, will er seine Schärfe behalten. Der Aphoristiker wird bewundert, seine Leistung ignoriert. So gehört es sich. Würde er etwas geleistet haben, er wäre kein Aphoristiker.

Der Aphoristiker existiert nur vom Hörensagen, im Zitat, als Zitat.
Selbst sein Gesicht muß ihm zugeschrieben werden. Er wird ja nie gelesen, nur aufgeschlagen. Daß er kein Gesicht hat, macht die Furcht aus, die er erregt.
Auf ein Zauberwort folgt ein ganzes Märchen, aus aphoristischer Kürze aber kein Zauber. In der Kürze liegt ein Verachten der Rede, und das empfindet man instinktiv als inhuman oder despotisch. Der Mensch ist in allem ein Verteidiger seiner Rede, denn möchte er noch so rechtschaffen sein, einzig ihr verdankt er die Redlichkeit seines Tuns und Lassens.
Aphoristik ist Ansatzkunst; sokratisch im Ansatz, vorsokratisch im Resultat, allerwegs aristokratisch.
Ein Aphorismus vermag nie mehr als die Sprache, die sich sonst für so wenig nicht hergibt. Gibt sie sich her, war's schon der Weisheit letzter Schluß.
Meine Aphoristik meint nicht mehr; sie ist weder nachdenklich noch vorsichtig. Und Du, lieber Albert, Du bist nicht mehr der Gemeinte, wenn ich mich Dir ausliefere. Daß wir miteinander so sprechen können, ist schon die Rehabilitierung der Gattung. Mein Wort machte Dich sprechen, nicht fürchten.
Schalom!
Dein Elazar

132 An Christoph Grubitz
Jerusalem, 2. 6. 1992

Lieber Christoph,
[...].
Heute kam Dein Brief vom 21. 5. mit der Nachricht vom Tode Stöckleins. Ich beklage seinen Tod und Deinen Verlust, da ich weiß, was er Dir war oder bedeutete. Nicht bald findest Du Ersatz für ihn, aber vielleicht hättest Du einen Ersatz bald auch nicht mehr nötig. Was er Dir war, wird er Dir bleiben.
Die neuen Abschnitte habe ich gleich gelesen, wage auf ›Collage‹ nicht einzugehen, weil ich die schon bei Dir leicht komplizierte Darstellung nicht noch mehr komplizieren will. [...] Für Deine Zwecke ist es wahrscheinlich genug.
Treffpunkt Scheideweg ist aber nicht nur der Ort, wo sich die Getrennten und Geschiedenen heute treffen müßten, sondern auch eine Beschreibung des hinfälligen Standortes von einst. Der Treffpunkt war bereits der Scheideweg; Scheideweg *hieß* der Treffpunkt. Das sollte nicht außer acht bleiben, auch nicht: daß Anfang und Ende des Buches zusammengehören, in einer Weise, die ganz behutsam herausgelesen werden muß. Dazu eine Stelle aus einem Brief an H' - zu einem Beitrag (mit Anmerkungen) von ihr über Margarete Susman, den sie mit dem Susman-Wort beendete: »nicht weich, nicht weichend.«

»Anstoß nahm ich nur an dem Schlußsatz, der mir aber auch eine sonderbare Erfahrung vermittelte, für die ich Dir doch dankbar sein muß. Ich empfand es als Plagiat. Das ist eben der Unterschied zwischen Zitaten bei mir und bei anderen: ›nicht weich, nicht weichend‹ steht nicht bei Margarete Susman, sondern in meinen Augen, und meine Augen breiten es so aus, daß es Anfang und Ende meines Buches ist, dessen *tragende Säule* Margarete Susman sein sollte. Das weißt Du, und darum geht es in diesem Fall nicht an, zu ›zitieren‹, ohne anzumerken, es sei Anfang und Ende meines Buches.«

Das Susman-Zitat (S. 188) geht fast bruchlos in das Kolb-Zitat über, und dies ist mit ein Grund, weshalb beide nicht angegeben werden. Leider fand sich dafür keine typographisch glückliche Lösung. Ein anderer Grund war meine Absicht, ein *deutsches* Buch zu schreiben, so mußte ein deutscher Autor das letzte Wort haben. [...]

Schade, daß ich meine Kohelet-Reflexionen noch nicht bearbeiten und veröffentlichen konnte, erfreulich ist aber in jedem Fall der Sprung, den Du von Deiner Magisterarbeit zu diesem Abschnitt machtest. Dieser Kohelet ist der Rede und der Schweige wert.

Schalom, lieber Christoph,

Dein Elazar

133 An Manfred Voigts

Jerusalem, 7. 7. 1992

Lieber Herr Voigts,

Dank für Ihr ›Geheimnis‹. Ich habe es sofort, in einer Nacht gelesen. [...] Erschiene dieses Büchlein anonym, Sie hätten die Aussicht, als der ›Berliner Fragmentist‹ bekannt zu werden.

Ich schätze Ihre Art, das Vor- und Nachgehen dem Zitierten, die Fragmente, auch wenn sie bisweilen künstlich sind; den Aufbau, die Einteilung. Als Essay, wie es meinem Gefühl entsprechen würde, kann ich Ihr Buch nicht ganz akzeptieren.

Sollte mein Gefühl, auf das allein ich mich stützen kann, nicht trügen, dann ist es für Sie und für Ihr Buch vielleicht von Segen, daß die Publikation hinausgezögert wurde. Sie haben das Buch unter Druck geschrieben; dieser erwies sich als fördernd, ließ Ihnen aber nicht genügend Zeit für eine stilistische Ausgewogenheit. Schon die erste Seite ist ungeschickt. Ein Essay ›stellt nicht zur Diskussion‹, er setzt stillschweigend voraus, daß jede mit ihm beginnen müßte. ›Zur Diskussion stellen‹ ist keine dem Essay angemessene Sprache.

Das Nachdenken über das Geheimnis ist eine Sache, das Wissen von ihm eine andere. Das letzte Wort haben diejenigen, denen das erste gegeben wurde: die

Dichter. Scholem war genug Dichter, um das zu verstehen, war aber nicht Dichter genug, um ein Wort mehr wagen zu dürfen. Daß er sich ›das eine Wort mehr‹ versagte, spricht für seinen Rang.
Die Forschung muß sich auf Dichter berufen, die Berufenen bleiben die Dichter: in ihrem Gedicht, solange sie dichten, nicht länger.
Margarete Susman war vor allem und in allem Dichterin, so vermochte sie zu sehen, was andere nicht sahen. Das verstehen Sie und es gehört zu Ihrem Verdienst. Aber die Dichtung kommt bei Ihnen zu kurz, ja sie kommt kaum durch ihren eigenen Mund zum Wort. Und da Sie sich - nicht immer zum Vorteil - fast ausschließlich auf deutsche und verdeutschte (antike) Autoren berufen, ist es umso bedauerlicher, daß Sie deutschen Dichtern das Wort zwar billigen, aber nicht einräumen. Ich könnte einige Dichter höchsten Ranges nennen, nun will mir gerade Alfred Mombert einfallen. Über den Namen und vom Geheimnis hatte er Kunde. Das sage ich auf eigene Gefahr; Margarete Susman hatte ihn weniger geschätzt (was ihm bis zu seinem Tode, wie sie mir erzählte, schmerzlich war).
Wenn Ihr Buch erschienen ist, sprechen wir weiter darüber; ich könnte es dann auch besser lesen, ohne Lupe, auf die ich bei der jetzigen Lektüre angewiesen war. Bis dahin ist vielleicht auch mein Buch *HÖRSICHT* erschienen, was auch wieder von Vorteil wäre, da sich unsere Bücher an einigen Stellen überschneiden.
Für heute also mein Dank und nur eine Bemerkung zu S. 120: K's Empörung nimmt sich in Briefes Breite zwar besser aus als in Ihrer mir früher mitgeteilten Verkürzung, entbehrlich scheint sie nach wie vor: weil wir sie längst dem berufensten Mund entnommen haben: »Wo warest du, da ich die Erde gründete? Sage an, bist du so klug!« (Hiob 38, 5)
Zur Folgerung (Seite 121) ein Wort des Paracelsus: »Du glaubst, was du nicht weißt, und weil du's nicht weißt, weiß es auch dein Glaube nicht. Denn so wie du bist, ist auch dein Glaube. Trotzdem bleibt's dabei, daß wir im Glauben den Geistern gleich sind und uns alles bekannt ist.«
Nicht von allzu fern an den Haaren herbeigezogen wäre ferner ein Wort Simmels, den Sie so gern zitieren:
»Daß tote Menschen Gespenster werden, glauben wir freilich nicht mehr. Aber die tote Liebe, das tote Ideal, der tote Glaube, - die werden zu Gespenstern, ja man fühlt ihr Leben mehr als früher, wo ihr *Inhalt* uns wichtiger war, unser Bewußtsein mehr erfüllte als die Tatsache ihres *Lebens.*«
Wenn ich Ihnen im Kleinen raten dürfte: ›Tatsächlich‹, ›in der Tat‹, ›sozusagen‹, ›wohl‹, ›etwa‹ ›dies als Zwischenbemerkung‹ usw. möglichst aus dem Text entfernen, sie passen in einen eleganten Essay nicht gut hinein. [...]
Zu S. 46: Sie haben dem Leser sein Bedauern nicht einzureden, es bleibt Ihre Aufgabe, das Bedauern Satz für Satz in ihm zu erzeugen.

Was ich hier mehr andeutete als sagte, gilt nur, sofern Sie die Bezeichnung
›Essay‹ aufrechterhalten wollen. Das muß nicht sein.
Mit herzlichen Grüßen
Ihr Elazar Benyoëtz

134 An Sigrid Bauschinger
Jerusalem, 26. 1. 1993

Sehr geehrte Frau Bauschinger,
[...]. Dank für Ihre Beiträge, die heute bei mir eintrafen, ich habe sie gleich gelesen, sie sind alle verständnis- und liebevoll geschrieben. Ihren Katalog-Beitrag (Vorwort?) erlaube ich mir beizulegen [...]; über zwei Stellen darin möchte ich mit Ihnen sprechen.
S. 5, 3. Abschnitt:»Stillschweigend aber energisch strich sie die unhaltbaren Äußerungen einer Meinung, die sie noch 1939 in der ›Glücklichen Reise‹ vertreten hatte.«
Wann und wo strich sie die noch in der ›Glücklichen Reise‹ geäußerte Meinung? Es gibt hierfür nur zwei Möglichkeiten, und keine kommt klar hervor:
1) Im späteren ›Hochland‹-Beitrag und mit ihm. Das könnte man sagen, aber dann geschah es nicht ›stillschweigend‹; 2) im Handexemplar ihrer ›Glücklichen Reise‹, das müßte aber ganz konkret gesagt werden.
Wie es da steht, klingt es zu ›dramatisch‹ und dadurch gerade fragwürdig. Denn im Handexemplar (es gab übrigens zwei, das eine bekam ich, und Sie bekommen es für die Ausstellung) hatte sie noch manch anderes - mehr oder weniger energisch - gestrichen. Das würde eine Beschreibung des Handexemplars voraussetzen. Man kann so nicht entscheiden, unter welchen Gesichtspunkten und mit welcher Absicht etwas gestrichen wurde. Aber - und das ist das noch wichtigere: nach 1945 war es nur opportun, unfreundliche Aussagen über Juden zu streichen. Das würde ich für Annette darum nicht geltend machen.
Und schließlich mein Hauptargument, die Nachkriegszeit betreffend:
»Dem Geschriebenen kann nicht widersprochen, muß widerschrieben werden.« (*Treffpunkt Scheideweg*, S.77).
›Stillschweigend‹, und möchte es noch so energisch sein, gilt nicht.
Die rhetorische Frage auf S. 6 »War sie also eine Asphalt...«, ist zwar in polemischer Absicht gestellt, wirkt aber nur apologetisch und gibt damit den Dummköpfen, die Annette nicht lesen und die Ausstellung nicht besuchen werden, Ehre. Die polemische Absicht scheint mir auch leicht vertan, wenn sie nur auf ›natürlich war sie es nicht‹ hinauslaufen soll. Mir würde genügen, wenn weiter unten stünde: Keine Kaffeehausliteratin, hatte das Kaffeehaus jedoch... Oder: Ohne Kaffeehausliteratin zu sein, war das Kaffeehaus...

Neulich fand ich einen Zettel, der war für Sie gedacht, es stand darauf:
Zum letzten Foto Annette Kolbs:
Ich wüßte nichts anderes, was Ihnen auch nur annähernd vermitteln könnte, was dieses Bild festhält: dem Tod geweiht, aber noch ganz sich selbst, in den zuckenden ›sterblichen Resten‹, von denen die Zigarette der lebendigste ist. Jetzt, nach Jahrzehnten es betrachtend, wachsen in mir Bewunderung und Hochachtung für diese Frau, die noch vor dem Nichts sich aufreckt und die letzten Gedanken verraucht.
Mit herzlichen Grüßen
Ihr Elazar Benyoëtz

PS. Sehr gefreut hat mich Ihre Erwähnung des Eisner-Textes auf S. 3. Schon damals - 1968 - habe ich mir diesen für eine spätere Deutung aufgespart. Und noch immer möchte ich sie schreiben, aber die im Text vorhandene Zartheit verlangt einen Ton, der nur sehr selten zu treffen ist. So muß ich weiter warten.

135 An Rufus Flügge
                                                    Jerusalem, 17. 2. 1993
Lieber Rufus,
wie sehr erfreute mich Dein Anruf und wie sehr verwirrt mich Dein Brief.
Ich müßte jetzt zwei oder drei Briefe Dir oder mir schreiben.
Ich schreibe sie, da sie herauswollen, lieber mir.
Ich will Dir keine Gedanken, die Dir fern sind, näherbringen, da Du alle Nähe für Deinen sich mehr und mehr verklärenden Augenblick brauchst. Daß dem so ist, weiß ich nicht nur, ich spüre es auch und bin Dir nah.
Ehe ich Dir aber doch wenigstens ein ›briefliches Wort‹ sage, möchte ich die Sache zwischen uns verstanden und bereinigt haben.
Die Sache zwischen uns besteht aus:

»Laß den Namen Elert heraus« und
»also, mein Placet zu diesem Zitat kann ich
leider nicht geben.«

Gehören beide zusammen? Bedingen sie einander?
Ist mit ›Zitat‹ Dein ganzer Brief gemeint und dürfte ich ihn erst dann veröffentlichen, wenn ich Elerts Namen verschweige, oder dürfte ich ihn überhaupt nicht veröffentlichen?

Zu Deinem Brief und seiner Auswahl will ich jetzt nicht viel sagen, weil ich Dich nicht beeinflussen möchte.

TRÄUMA war ein Entwurf, es gibt noch einen anderen: ohne Deinen Brief an mich und ohne meinen Brief an Silke (Elert-Brief).

Du weißt natürlich, daß ich keine Zeile von Dir ohne Deine Zustimmung veröffentlichen würde. Und auf keinen Fall würde ich Deine Unbefangenheit im Briefverkehr mit mir gefährden wollen.

Aber das Reden des Juden von sich oder von seiner Not ist eine sterile Sache, wenn er keinen Adressaten hat, der kein Jude ist und der antwortet.

Daß ich ihn immer wieder erfinden mußte, bezeugen meine Zitate. Das zwang mich eben auch dazu, ein Archäologe meines Selbst zu werden und eine Scherbenschrift zu erfinden, die wenigstens eine hiobitisch-kratzige Glaubwürdigkeit erzeugte.

Zum Glück mußte ich nicht immer und nicht durchwegs archäologisch denken und schreiben, denn ich hatte Clärle und habe Dich.

Nun ein Wort zur ›Personalisierung‹.

Das Versagen im Politischen ist eine Sache, das Versagen im Geistigen und konkret im Schriftlichen - eine andere.

Mit dem Wechseln der politischen Szene verschwinden die Typen, die sie beherrschen. Wirksam bleiben die Schriften.

Wenn Du von Dir sagst, Du hättest zu den Elert-Typen geschwiegen, ich sähe darin nicht einmal ein Versäumnis. Das wäre nicht Deine Aufgabe und ist von Dir nicht zu erwarten. Du bist ein Seelsorger und kein Theologenjäger. Davon ist aber auch in meinem Brief an eine angehende deutsche Theologin nicht die Rede. Mich interessiert Elert so wenig wie Dich (obschon ich ein dickes Buch von ihm besaß, ohne auch zu wissen, daß er irgendwie mitmachte).

Es ist auch meine Sache nicht, zu allen Typen, die ich namentlich aufzählen könnte, Stellung zu nehmen. Ich habe mit ihnen nichts zu tun und möchte mit ihnen nichts gemein haben. Bis mich einer von ihnen angeht oder mir nähergebracht wird. Dann ist es wieder ein Name, kein Typ und kein Fall. Und ich muß ihm ins Gesicht schauen.

Nun sollte mich Elert angehen, weil er Silke in Bethel zur Aufgabe gemacht werden sollte. Sie sollte über ihn arbeiten, sich also ihm widmen, nähern, aufschließen. Darunter verstand ich, daß er wirksam werden und auch wieder wirksam gemacht werden sollte: Er mit seiner Theologie und dem Leben, das sie hervorbrachte und auf die Probe zu stellen hätte.

Der Name schließt den ganzen Ehrgeiz eines Menschen ein; er will sich einen Namen machen, um weithin sichtbar zu werden. Namen und Gesicht sind unzertrennlich.

Wer, vom Ehrgeiz getrieben, sich einen Namen machen will, der verliert leicht

sein Gesicht. Und diesem dürfen wir dann, nachdem er sein Gesicht verlor, nicht wieder zu Ansehen verhelfen.
Das war mein Standpunkt. Ich will aber nicht borniert auf diesem stehen bleiben. Ich verstehe auch Deinen Standpunkt und könnte ihn respektieren. Nun will ich mir die Briefe schreiben, die ich mir oben versprochen habe. Ich grüße Dich herzlich
Dein Elazar

136 An Christoph Grubitz
Jerusalem, 31. 3. 1993
Lieber Christoph,
heute wird Ulrich Sonnemann beerdigt. Dieser schöne, geräumige, helle, scharfe Kopf, der nie auch nur einen bösen Gedanken hegte. Sein Herz pochte in den oberen Kammern. Ulrichs Kopf war die Blüte seines Herzens. Und von nun an - Erde und Antlitz; Landkarte und Schriftzüge, die darüber fahren. Zu einem guten Ziel, das uns nicht begehrt und nicht erwartet.
Auch Dein Buch wird eine Erinnerung an ihn sein, wie sehr mich das freut. Vielleicht schreibst Du gar noch, wenn Du aus Deiner jetzigen Mißstimmung herausgekommen bist, ein kleines Requiem für Ulrich Sonnemann - im Anschluß an mein ihm gewidmetes Büchlein. Das wäre vollendet dann. Dazu würde ich Dich aus noch anderen guten Gründen ermutigen, und käme es auch nicht in Dein Buch hinein. Versuche nur zwei Seiten in Erinnerung an ihn zu schreiben, Deine Erinnerung selbst aufsuchend und auf die Probe stellend. Die Gedanken, die Dir dabei kämen, werden gewiß schöne sein, selbst wenn sie unterwegs die Gedächtnistreue verlören.
Seine letzte Widmung lautete:

>Für Elazar,
>dem Freund
>und
>Sprach-Hauptmitbewohner

Schalom!
Dein Elazar

137 An Christina Fischer
Tel-Aviv, 20. 6. 1993
Sehr geehrte Frau Fischer,
vor allem möchte ich Ihnen sagen, daß mich Ihre Wahl freut. Ich wüßte gern, wie Sie auf Claire Goll gekommen sind. War Sympathie dabei? Umso lieber würde ich

Ihr Vorhaben unterstützen. Oder hatte sich die Atmosphäre um CG aufgeheitert? Noch vor wenigen Jahren habe ich vergeblich versucht, bei Friedhelm Kemp in München für sie zu werben. Dabei kann ich nicht einmal behaupten, daß sie mir sympathisch war, aber ich hatte Respekt vor ihrer verbissenen Kampflust, und glaube nach wie vor, daß sie außerordentlich begabt war, zu vielem fähig, auch zu kleinen und größeren Fälschungen. Ihr gerecht zu werden, schien lange aussichtslos. Ihre Arbeit könnte also auch dazu verhelfen, ja, sie wäre selbst vielleicht schon ein Akt der Gerechtigkeit. Ob Claire sich ent›gollen‹ läßt? Das ist die Frage und wäre einer langen Überlegung wert. Mein Eindruck ist, daß wir auch nach allen ihren Beichten viel zu wenig von ihr wissen. Die wichtigsten Aufschlüsse über ihre wahre Begabung und Bedeutung könnten uns einzig ihre und mehr noch Yvans Originalmanuskripte geben, aber sind sie denn alle erhalten?

Ich glaube nicht, daß unsere Beziehung von Wichtigkeit war, sicher kam sie ihr gelegen, das lag am Zeitpunkt und daran, daß ich Israeli war und ein Dichter dazu. Für mich liegt das alles weit zurück, ich wage kaum, mich zu erinnern. Vielleicht kommt die Erinnerung, wenn ich von Ihnen mehr erfahren oder auch schon etwas zu lesen bekommen habe. Das wäre mir lieb, denn ich will nicht nur angefragt, sondern auch angesprochen werden. Für heute möge Ihnen genügen, daß ich Sie ermutige und bereit bin, Ihnen zu helfen. Das werde ich reinen Herzens tun, obschon meine Beziehung zu Claire Goll, wie vermutlich alle ihre Beziehungen, unsanft ausging.

Ich hatte und habe Grund, ihr dankbar zu sein: sie schickte mir die Werke Y. Golls, als ich sie für mich nötig hatte, ich habe damals auch einige Gedichte von ihm ins Hebräische übersetzt und ihr damit bewiesen, daß ich kein Undankbarer bin. Meinen Plan, einen ganzen Gedichtband herauszugeben, konnte ich nicht verwirklichen. Dafür fehlten die Mittel, dann ging ich nach Deutschland und sah mich vor andere Aufgaben gestellt.

Unsere einzige Begegnung in Paris war keine glückliche. Sie machte mir dann auch allerlei Vorwürfe. Ich muß sie wohl enttäuscht haben, und dagegen, wie Sie wissen, ist kein Kraut gewachsen.

Ihr letzter Brief an mich (19. Juni 1965) ist nach Berlin adressiert und beginnt also: »Sie haben mir drei große Freuden gemacht […].« Der Brief endet »In der Hoffnung auf ein Wiedersehen in Paris, grüße ich Sie herzlichst.«

Yvan bin ich tatsächlich treu geblieben. Unser Briefwechsel handelt fast nur von ihm. Als beider Briefwechsel erschien, bekam ich ihn zur Besprechung. Ich erinnere mich, lange gezögert zu haben, schließlich bezwang mich die Neugier; der Befund war aber unerfreulich und unerfreulich ist auch meine Besprechung ausgefallen. Sie machte einiges Aufsehen und blieb nicht ohne Folgen. Die Redaktion teilte mir mit, daß bei ihr ein gehässiger Brief Claire Golls eintraf,

ich bekam ihn nicht zu sehen, plädierte aber für seinen Abdruck. Die Redaktion wollte lieber davon Abstand nehmen, vermutlich würde sein Abdruck CG nicht zu Ehren gereicht haben. Ich lege Ihnen das vergilbte Blatt bei, Sie mögen es mir später zurückschicken. Das war dann das endgültige Ende unserer Beziehung. Ich habe dieses nie beklagt und doch glaube ich, heute noch traurig darüber zu sein.
Mit freundlichen Grüßen
Ihr Elazar Benyoëtz

138 An Johann Holzner
Jerusalem, 28. 7. 1993
Lieber Herr Holzner,
gern wollte ich Ihnen bald nach meiner Rückkehr schreiben. Ich hätte Grund genug, mich bei Ihnen für einen so freundlichen Empfang und ein so anregendes Gespräch zu bedanken, und hätte das auch aufrichtig getan. [...] Ich wollte mit Ihnen weiter sprechen, über Ihre Aufsätze, die ich alle gelesen habe, über Theodor Kramer, zu dem ich auch gern etwas gesagt hätte, würden in den letzten Jahren nicht schon so viele schonungslos über ihn hergefallen sein. Seine Robustheit enthält ein unendliches Zartgefühl. Seine Blickschärfe, die ihresgleichen suchen muß. Besonders wachsam also und mit wachsender Zustimmung las ich Ihre Beiträge über / zu Kramer. Ich wollte Ihnen auch mitteilen, daß ich gern direkt oder durch Sie über zwei Exemplare aus meinem Besitz schreiben würde. Über ein ganz abenteuerliches Exemplar der ›Gaunerzinke‹, mit Eintragungen vieler, alle vom 1.-19. IV 1930 - es ist in jeder Hinsicht ein denkwürdiges Ausstellungsstück, zumal es ein ›Exlibris H. Wamlek‹ enthält, am 20. IV. 1930 v. Schmidtbauer ›gefertigt‹ (so in seiner handschriftlichen Eintragung). Es wird also wenigstens bis zum 20. April Schmidtbauers Exemplar gewesen sein, denn die zweite Eintragung auf dem Vorsatz lautet: »Gestohlen am 1. April 1930. Schmidtbauer«; die dritte Eintragung ist von Hans Leifhelm.
Im Ganzen sind es 16 (in Vers und Prosa), drei Stempel gehören dazu: 1 ›Grazia‹, 2 Bouvier-Weinstube. L. Inreiter Graz, Jungferngasse 3, 2; Polizei-Direktion [wahrscheinlich wegradiert: Graz], mit der offenbar dazugehörenden ernsten Handschrift (ausnahmsweise mit Tinte!): Zensiert und für die Rückausfolgung geeignet befunden.
Das andere Exemplar ›Wir lagen in Wohlhynien im Morast...‹ gehörte Georg von der Vring, enthält seinen Namenszug und ist von ihm angestrichen. Es ist das Geschenk des großen Dichters an mich. Ich war mit ihm befreundet, liebte ihn und seine Gedichte. Ich wollte schon einmal über die von ihm angestrichenen Stellen einen poetologischen Dialog zwischen beiden Dichtern ausdenken. Ob ich dazu noch kommen werde?

Jedenfalls war es für mich etwas aufregend, durch das Gespräch mit Ihnen so weit und so heftig in die Erinnerung zurückgeworfen zu werden. Es waren die schönsten Jahre meines Lebens, da ich zu jeder Mahlzeit eine Handvoll Gedichte verzehrte und mich dabei randvoll satt wähnte. Und wäre ein schönerer Tag denkbar als jener goldene, an dem ich - auf Trakls Spuren wandelnd - mit einem Zauberschlag gleich zwei so herrliche Dichter für mich entdeckte bei Otto Müller in Salzburg: Kramers ›Vom schwarzen Wein‹ und Lavants ›Bettlerschale‹ und ›Spindel im Mond‹. Diesen ›Milden Herbst von anno 1963‹ habe ich in meinem Tagebuch festgehalten.
Österreich 1993 war mir ein Riesenproblem; daß ich darüber krank würde, habe ich befürchtet, es traf auch unfehlbar ein. Aber ich wagte doch den ersten Schritt. [...]
Ihr Elazar Benyoëtz

139 An Hilde Schultz-Baltensperger
Jerusalem, 13. 12. 1993
Liebe Hilde,
neulich sagtest Du am Telefon, Du vermissest meine Briefe, obwohl Du ganze Kisten davon hast. Auf diesen sitzend, willst Du neue lesen. Meine Briefe freuen Dich, sie haben Dich auch lange genug begleitet. Nun sprichst Du Deine Verwunderung darüber aus, daß Du in allen Jahren, in allen Briefen, in allen meinen bisher gedruckten Büchern kein Wort über *den Brief* gefunden hast.
Dazu kann ich nur sagen, daß ich mir auch über *den Aphorismus* erst dann Gedanken machte, als meine Aphoristik ihren zweiten Schritt in die Öffentlichkeit wagte und sich über Angriffsflächen zu bewegen begann. Der Aphorismus war totgesagt, das Problem seiner Auferstehung für mich also akut geworden. Auferstehung aber ist kein Problem, sondern ein trockener Bericht oder eine frohe Botschaft. Der Auferstandene ist wohl auf, doch auch davon. Es bleibt ein leeres Grab, das kein Glaube ausfüllen will und keine Überzeugung ausfüllen kann. Was hinein paßte, wäre immer doch nur eine Leiche.
Wie der Aphorismus, ist auch der Brief eine totgesagte Gattung. Eine Auferstehung dieser Gattungen, gelänge sie auch, wäre keine vollkommene, da ihr keine Grablegung vorausging.
Totgesagt, und auch dies eher stillschweigend - da wären Glaube und Hoffnung vertan, Verteidigungsversuche vergeblich.
Doch freut einen Dichter die Auferstehung eines Worts, und einem auferstandenen Wort wird es auch immer gefallen, das Vergebliche zu rühmen. [...]
Ist man Künstler durch und durch, handhabt man auch seine Freundschaften, auch seine Briefschaften kunstgerecht. Oder sollte ich Dich keiner guten Prosa würdigen?

Das Maß des Künstlers, ob im Gehör sitzend oder in Blick genommen, ist in allem das Kunstgemäße. Man hat seinen Stil und trägt ihn überall mit sich.
An keinem Ort, in keinem Punkt hört ein Dichter auf, Dichter zu sein.
Der Brief drückt aus, was Literatur sich sonst nicht leisten kann: geistreiche Nichtleistungen.
Ist der Brief auch ohne Ziel und Richtung, enthält er doch nie Abgewandtes.
Kein schriftliches Erzeugnis vermag die Stimme eines Menschen getreulicher wiederzugeben als ein Brief.
Die Stimme eines Briefes übertönt seinen Inhalt.
Was Kopf und Herz an Reichtum vermögen, zeigt sich am häufigsten in Briefen - der wahre Reichtum, der sich verschwenden lassende.
Ein Brief ist immer die ganze Fülle eines Augenblicks und ist darin mit jedem kunstgewordenen, vollgültigen Werk vergleichbar. Die Zeit bemundet alles, was sie segnet.
[...]
Rilke wirkte mit seinen Briefen nicht weniger, wahrscheinlich aber noch besser als durch seine Gedichte. Daß seine Briefe in jedem Fall zu seinem Werk gehören, ist unleugbar, warum sollte er sie dann anders als seine sonstigen Werke geschrieben haben?
Und würde er mit seinen Briefen und durch sie nichts bewirkt haben, wäre er dann noch Rilke?
Unbeabsichtigt, liebe Hilde, doch wohl im Sinne einer höheren Gerechtigkeit, schließt sich mit diesen Schlußzeilen ein Rilke-Reigen, der mit einem Brief an Clärle, aus dem Jahr 1966, eröffnet wurde. Zwanzig Jahre später, als Du mit der Herausgabe unseres Briefwechsels beschäftigt warst, erweckte er in Dir Widerwillen und Mißmut.
Auch die kleine Gerechtigkeit läßt auf sich warten.
Sei herzlich gegrüßt von
Deinem Elazar

140 Von Michael Krüger/Hanser Verlag

München, 9. 3. 1994

Lieber Elazar,
vielen Dank für Deinen Brief und das Manuskript, das ich gestern mit Staunen gelesen habe. Das wird sicher ein wunderbares Buch, nicht zuletzt deshalb, weil viele der frühen Stimmen dann nur noch durch diese Bücher sprechen. Einige von ihnen habe ich ja gut gekannt. Ulrich Sonnemann, Werner Kraft, Schlotterer. Andere, wie Weinrich, Goes und Schöne kenne ich ja auch persönlich sehr gut, so daß ich keine Mühe hatte, mich in den Schreibvorgang einzulesen. Wahrscheinlich wird dieses

Buch einmal eine unerhörte Geschichtsquelle sein. Da ich aber die Bücher jetzt verkaufen muß, will ich gleich die Schwierigkeiten aufzählen, die eine Herausgabe bei uns unmöglich machen. Nein, ich lasse es, weil Du diese Argumente alle schon kennst. Du hast ein Angebot eines kleineren Verlages, das solltest Du unbedingt nutzen. Heute sagte ein hiesiger Dichter in einem Interview auf die Frage, warum er nicht mehr in einer bestimmten Zeitschrift schreibe, ihm fehle das Unerwartete an solchen Publikationen. Er zöge es vor, plötzlich in der FAZ, dann in der TAZ und schließlich in KONKRET zu schreiben, weil auf diese Weise die Überraschung größer wäre. Vielleicht hat Dein Buch auch einen größeren Überraschungseffekt, wenn es bei dem erwähnten kleinen Verlag erscheint. Ich wünsche es Dir.
Herzliche Grüße
Michel

141 An die Hakel-Gesellschaft, Wien

Jerusalem, 27. 7. 1994

Sehr geehrter Herr Gerhard Amanshauser,
Sehr geehrter Herr Emmerich Kolovic,
vor einigen Monaten schickten Sie mir Bücher von und über Hermann Hakel: auf meinen, durch Herrn Wallas vermittelten Wunsch.
Und ich habe Ihnen bis heute nicht einmal gedankt.
Der Grund hierfür ist ein ungewöhnlicher.
Ich habe die Bücher sofort gelesen, gründlich, mit Bleistift; war mit ihnen einige Tage ernsthaft beschäftigt, denn etwas hatte mich überwältigt - und dieses war nicht Hakel selbst, waren auch nicht seine Gedanken, so interessant sie mitunter sind, sondern - die Herausgeber, die Freunde, Sie und die Art Ihrer Freundschaft, die Hermann Hakel in ein Licht tauchen, das ihn überglänzt.
Das ist ein neues Phänomen, dagegen verblaßt Hakels Literatur.
So sah ich mich überrumpelt, der nächsten Aufgabe - eines Rezensenten etwa - nicht mehr gewachsen.
Über Hakel müßte nun anders gedacht werden, und also auch ganz anders geschrieben. Sie geben ein Beispiel dafür, dem kann ich aber nicht folgen. Ich habe Hakel nur wenig gekannt und war von ihm auch nur wenig angetan. Nach der Lektüre war mein Wunsch, nicht schreiben über sie, sondern Sie beide kennen zu lernen.
Sie scheinen mir das Wertvollste zu sein, was Hermann Hakel vermochte. Das ist bedeutsam, vielleicht auch tröstlich, denn es weist doch auf eine Tragfähigkeit des Brüchigen hin. Andere jedenfalls vermochten das nicht.
So ist das, was Sie ganz natürlich für Hermann Hakel getan haben, auch wirklich getan. Mögen das viele Menschen sehen und begreifen. Es ist erhebend, gerade weil

es mit so viel Kleinkram verbunden ist. Dies bürgt für die Glaubwürdigkeit. Damit ist aber auch schon gesagt, daß eine Rezension sich von selbst verbietet. Darüber müßte man ein Buch schreiben, wenigstens einen Aufsatz. Das könnte ich jetzt aber nicht tun. Mein langes Schweigen sollte Ihnen von meinem Ringen erzählen.
So bleibe ich in Ihrer Schuld, aber auch dankbar und herzlich zugetan
Ihr Elazar Benyoëtz

142 An Helmuth Eiwen
Jerusalem, 10. 8. 1994

Sehr geehrter Herr Pastor Eiwen,
ich danke Ihnen für Ihren Brief. Ihre Gesinnung ist begrüßenswert, der Weg könnte der rechte sein, mögen Sie Erfolg haben.
Die Überlebenden sind heute alle alt oder uralt, ich bin vermutlich, da ich mit knapp zwei Jahren Wr. Neustadt verlassen mußte, der jüngste und ein Jüngling im Vergleich zu den meisten.
Es gibt nun ein mildes Erwachen in Österreich. Das ist gut, es müßte aber auch eine gute Vorarbeit geleistet werden, ehe Sie Ihre Einladungen entsenden, vor allem eben in den Schulen. Es kann ja nicht um Ehrungen oder Freundlichkeiten gehen; deretwillen käme keiner zurück.
Im Übrigen wäre von offizieller Seite der rechte Weg gewesen, die Verjagten als solche zurückzurufen.
Für mich selbst ist Wr. Neustadt kaum eine Realität, für meine Mutter fast nur eine Wunde, aber wir möchten Sie in Ihrer Sache unterstützen.
Mit den besten Grüßen, auch für Ihre Frau,
Elazar Benyoëtz

143 Von Michael Krüger/Hanser Verlag
München, 5. 9. 1994

Lieber Elazar,
ein neuer Streich, und wieder ein guter. Nun mußt Du fleißig lesen, damit die Leute das Buch in die Hand nehmen. Es ist so verdammt schwer, für diese meditativen Bücher ein Publikum zu finden, aber Du junger alter Wünschelrutengänger wirst es schon finden. Die Belege sind unterwegs.
Dank und Gruß
Dein Michel

144 An Christoph Grubitz

Jerusalem, 13. 9 1994

Lieber Christoph,
wie angenehm war es doch, gleich drei Bücher vorzufinden - Dein Buch trug mir der Briefträger geradezu entgegen, als ich hier ankam. Ich kam auf einen Sprung und sollte gleich wieder nach Tel Aviv, aber ich mochte doch nicht zurück, ehe ich in Deinem Buch wenigstens etwas gelesen habe. Ein neues Buch fordert seine Feierlichkeit. Da die Hitze sehr groß ist, wartete ich auf den Nachmittag, ging dann in die Nationalbibliothek, legte mich auf den Rasen, wo ich mein Hügelkissen habe, und las einige Abschnitte. Manches hast Du noch verändert, im Großen und Ganzen kenne ich's ja gut, und doch stellte ich mich ›unwissend‹ und freute mich immer wieder: über Deine Erkenntnisse, über Deine Klugheit, Deine Übersicht und - besonders in den späteren Kapiteln - über Deinen Übermut (in dem Punkt konnte ich meinen guten Einfluß feststellen).
Es liest sich sehr gut, ist streng und doch auch menschenfreundlich, in manchen Passagen ist sogar eine verhaltene Liebe zu spüren. Diese Arbeit zu schreiben, hatte sich, lieber Christoph, gelohnt, und es wird sich für jeden lohnen, sie zu lesen. Für Forscher und Aphoristiker wird sie wohl noch lange unentbehrlich sein.
Sie könnte aber auch anderen Doktoranden als Vorbild dienen. Es läßt sich bei alldem nicht übersehen, daß Du ein Glückspilz bist.
Die Zeit ist für eine eingehende Lektüre ungünstig, aber Du sollst Anerkennung, Freude, Dank und Glückwunsch warm erhalten. Ich werde weiterlesen, immer wieder darin lesen, mir später auch meine Gedanken darüber machen, damit Du, wenn die Zeit gekommen ist, Dein Schlußwort schreiben kannst. *Brüderlichkeit* faßt einigermaßen mein Werk und Dein Buch zusammen. Es hat fast die Form eines Schlüssels, ist aber ein ganzer Schlüsselbund. Daß Dein Vater in *ICHMANDU* verliebt ist, freut mich sehr für ihn. Es bestätigt ihm in ungewöhnlicher Weise, daß er einen ungewöhnlichen Sohn hat.
Du staunst, daß ich dem Kiefel-Verlag ein Büchlein anvertraute.
Es ist ein Staunen außer Frage, doch gibt es darauf eine gute Antwort, und diese geht auf Rabbi Menachem Mendel von Kozk zurück.
»Wo wohnt Gott?« fragte er seine gelehrten Gäste. Diese verzogen ihre Mienen, stießen ein Staunen aus: »Was soll das heißen, ist doch die Welt seiner Herrlichkeit voll!« »Nein«, sagte Rabbi Menachem Mendel, »Gott wohnt, wo man ihn einläßt.«
Einmal herausgekommen, ist es ein Buch von EB, und man darf zufrieden sein, daß es auch dieses gibt: nicht verdummend, nur leicht erbaulich, vielleicht hilfreich für Menschen, ferne, deren Gewohnheit es ist, jede Vertiefung meditierend zu umgehen. In 6000 Exemplaren steckt nun ein Stück Verantwortung für das

große, verlorene Thema.
Wir alle hier grüßen Dich herzlich,
Schalom!
Dein Elazar

145 An Dorothea von Chamisso   Jerusalem, 2. 2. 1995

Liebe Dora,
[...]. So schöne Stunden hatten wir miteinander. Und dann der ›Ahnenpaß‹.
Es ist eine einzige, vielleicht gar nicht mehr heilbare Krankheit.
Auch wir, Du und ich, würden zwischendurch sicher gern ›die ganze Geschichte‹ los sein, weil die Gedanken so gar nicht fruchten; weil alles damit Zusammenhängende krank ist - oder sich auf der phraseologischen Ebene bewegt und dadurch krank macht.
Dein Bruder hat recht: für wen auch immer die Lager errichtet wurden, immer waren sie auch für Deutsche errichtet. Und diese Deutschen haben mit der deutschen Schuld natürlich nichts zu tun. Aber Lager und Konzentrationslager sind eine Sache - diese gehört zur Scheußlichkeit der Diktatur - eine andere Sache ist: Todesplanung, Razzia, Ausrottung - auf dem Weg der Volksaufklärung, mit Begeisterung und völkischen Beobachtern. Das steht nicht auf einem anderen Blatt, das steht in einem ganz anderen Buch, von dem es ein einziges Exemplar gibt: 6.000.000 Seiten stark, in Menschenleder gebunden.
Die Frage der Schuld ist aber gleichfalls eine trennende, keine vereinende. Und die Grenzen des Schuldbekenntnisses sind immer eng gezogen. Ob vor Gott, ob vor Menschen: das würden auch die braven Freunde Hiobs nie erfahren haben, hätte nicht Gott selbst sie gerügt. [...]
»Recht vor Gott ist, was geschieht.« (Arnold Mendelssohn)
Ein starker, brutaler Satz; den kann man nicht mit Glauben allein ausstehen. Der Glaube, wo er sich nicht selbst aus den Augen verliert, ist ein Liebäugeln mit Gott. Du sollst nicht morden, sagte Gott.
Mit meinen Gedanken kann ich seine Worte nur umkreisen, mit meinen Worten bloß umgehen. [...]
Nun ist *ENDSAGUNG* im Druck, dann folgt *QUERSCHLUSS*. Dann kommt das Alterswerk: Briefbände, Tagebücher. Zwischendurch arbeite ich an einem hebräischen Buch, das dicht und dichter wird. Ich arbeite Tag und Nacht; gnadenlos gehe ich mit meinem Körper um, mit meinen Augen. [...]
Wie gern würde ich mich zurückziehen oder gar zurücknehmen können.
Du aber zählst Deine Tage behutsam und wiegst sie genau.
Dein Elazar

146 An Dorothea von Chamisso

Jerusalem, 16. 3. 1995

Liebe Dora,

ich habe etwas entdeckt - oder nur gefunden? Du wirst es mir sagen. Hermann Levi, der seinerzeit berühmte Dirigent (1839-1900), hat Gedichte Adelbert von Chamissos vertont: »Einige der schönen Lieder Levis nach Gedichten Chamissos gab er ihr [Friederike Ettlinger] im Manuskript zum Hochzeitsgeschenk; sie sind leider in Neuyork [!] einer Feuersbrunst zum Opfer gefallen...« (Anna Ettlinger, 1841-1934, Lebenserinnerungen für ihre Familie verfaßt, Leipzig [1920], S. 69).

Anna Ettlinger aus Karlsruhe schrieb auf Anregung Levis einen Operntext für Brahms. Brahms und Levi verkehrten viel im Hause Ettlinger.

Ich kann mir schlecht denken, daß ein Komponist sich keine Abschrift behält. Friederike Ettlinger heiratete den Newyorker Tabakhändler Max Landmann. So, das war eine kleine, angenehme Abschweifung.

50 Jahre Kriegsende - das Datum bringt Nachdenken und Rückschau mit sich, und in dem Sinne verstehe ich Deine Briefe. Die Geschichte nimmt kein Ende. Was wir leisten konnten, haben wir bereits geleistet, Du in Deiner Standhaftigkeit und als Vorbild in Deiner Umgebung, ich in der literarischen Darstellung des mir zugänglichen Teilaspektes. Ich muß mich damit begnügen, und gern will ich mich meines Israeli-Seins freuen. Ich kann es nicht immer gut und nie ganz, denn ich bediene mich überwiegend der deutschen Sprache, und diese lockt mich in den deutschen Problemkreis hinein. Und dann habe ich auch meine Freunde in Deutschland, habe Dich. Du bist mir eine teure Freundin und ein wichtiger Zeuge. Du erlebtest die Zeit, hast genug gesehen, auch noch mit jugendlichen Augen, Du weißt Bescheid. Wohin sollen Deine neuerlichen Bemühungen gehen? Man kann nie so groß antworten wie man fragt. Einmal entschieden, gerät dies alles außer Frage. Aber Du fragst groß, und ich kann nicht so groß antworten. Wir wissen heute sehr viel und vieles genau, wir haben anderseits schon so viel gesehen und erlebt, daß kaum noch etwas außerhalb unserer Vorstellung und Kühnheit liegen bleiben kann. Für mich jedenfalls sieht es so aus: Ich suche keine Erklärungen, ich suche meine Brüder. Ich finde sie nicht, denn Europa ist nahezu judenrein. Für mich ist das schon die ganze Geschichte. Judenmord freilich ist ein alter Traum, Endlösung aber eine deutsche Hybris. Nun kam es doch darauf an und ging darauf los - mit allen Mitteln, fast wär's erreicht. Dann gäb's auch keine Schuld. Es leiden immer nur diejenigen, die leiden müssen und die leiden können.

Wenn wir Freunde sind, und wir sind doch Freunde, dann ist für uns beide der Krieg beendet. So laß ihn doch beendet sein, wenigstens zwischen Dir und mir. Zu Deinem getarnten Zitat. Ich habe Hamsun auf den ersten Blick erkannt; die

Namen - Dagni, Nagel - genügten mir, ich liebte dieses Buch sehr, den Hamsun - ein großer Dichter auch meiner Jugend, und wie enttäuschend dann zu erfahren, daß er Nazi war und Hitler begrüßte.

Ein alter, tauber Mann. Er galt fast als deutscher Autor, sein Ruhm war ein deutscher, mit ihm, glaube ich, gründete Albert Langen seinen Verlag in München. Ich besitze seinen Roman PAN sogar mit einer handschriftlichen Widmung. Aber ich liebte auch Novellen von Emil Strauss, und er war genauso schlimm. Sie haben mir alle nicht geschadet. Und die brutale KZ-Wächterin hatte Hamsun auch sicher nicht gelesen. Andere haben die Evangelien gepredigt und sind Henker geworden. Grausamkeit hat ihre eigene Konsequenz, auch Lampenschirm aus Menschenhaut wäre nur eine. Darum ist nicht das Grausame, was mich entsetzt, sondern gerade das bleistiftspitzende Brave, das Morden mit Fahrplan und Zyklon B - ›Endlich wird es sauber gemacht!‹

Ein Zitat: »Wie hat er [Pacelli] sich als Papst Hitler gegenüber in Wirklichkeit verhalten? Hat er ihn exkommuniziert? Sein Buch ›Mein Kampf‹ auf den Index gesetzt? Wo sich Werke von Pascal bis André Gide befinden? Welche Wirkung hätte er erzielt!« (Wilhelm Herzog, Menschen, denen ich begegnete. Bern/München 1959, S. 92)

Mit herzlichen Grüßen
Dein Elazar

PS. Aber von Sodom wissen wir wenig, fast nur soviel, daß die Sodomiten so grausam waren, daß Gott sie alle vernichten wollte. Abraham war damit nicht einverstanden, so verriet ihm Gott Maß und Mindestmaß, und versprach ihm, die Stadt zu verschonen, wenn sich in ihr auch nur zehn Gerechte fänden. Wir dürfen annehmen, daß es keine Gerechten in Sodom gab, denn Gott verschonte die Stadt nicht.

Das ist das biblische Beispiel, das wir kennen, und wenn wir biblisch maßvoll denken, dann müssen wir sagen: da Gott Deutschland nicht auslöschte, ist es der Beweis, daß sich in ihm Gerechte genug gefunden haben. Aber Sodom, fänden sich in ihm Gerechte, bliebe nach wie vor Sodom.

Eine humane Ästhetik der Grausamkeit würde behaupten, daß in einem Lampenschirm aus Menschenhaut mehr vom Menschen und seiner Erbärmlichkeit erhalten bleibt, als im Staub und Rauch. Es ist ein zynisches ›Mehr Licht‹, doch auch unleugbar mehr

147 An Marion Mauthe/Redaktion: Morgen

Jerusalem, 22. 3. 1995

Sehr geehrte Frau Mauthe,
Ihr Brief hat mich gefreut, Ihre schöne Zeitschrift, Ihre Anfrage, obschon ich sie zu meinem Bedauern nicht befriedigen kann. Es bedarf einer großen Konzentration, um hier, in Jerusalem, im Hebräischen ausharrend, ein deutsches Werk zustande zu bringen. Alle meine Anstrengungen gehen dahin, und der Lohn bleibt das Buch, einzig das, nur das. Österreich - ja, da bin ich geboren, doch kaum auf die eine Welt gekommen, mußte ich schon in die andere. Ende 1962 ging ich dann erstmals außer Landes. Damals war es für unsereins noch undenkbar, deutschen Boden zu betreten, Österreich gereichte gerade zur Ausrede, so kam ich nach Wien. In Wien habe ich eine ziemliche Anzahl Dichter kennen gelernt, von den ›Großvätern‹ noch Felix Braun, Csokor und Gütersloh, von den ›Vätern‹ Friedrich Torberg, Otto Basil, Hermann Hakel; Hans Weigel hatte an mir die größte Freude und war schließlich der einzige, der mich nicht aus den Augen verlor; er begleitete mich mit einer Treue, die ich ihm nicht zugetraut hatte.
Nun gab es mir einen Stich ins Herz, da ich Jeanni Ebner im Redaktionskomitee Ihrer Zeitschrift erblickte. Sie war's, deren Klage mich am tiefsten beeindruckte. Ein österreichischer Dichter, sagte sie, möchte er noch so begabt sein, bemüht sich vergebens, wenn ihm der Durchbruch nach Deutschland nicht gelingt. Findet er keinen deutschen Verleger, ist er so gut wie verloren. Damals war gerade eine Novelle von ihr bei Bertelsmann erschienen, ein großes Verlagshaus in Deutschland, obwohl keines für Feinschmecker. Das also war ein Durchbruch. Jeanni Ebners Klage war mit ein Grund dafür, daß ich mich immer mehr nach Deutschland hin orientierte, immer auch weiter weg von der österreichischen Literatur, deren guter Kenner ich vor dreißig Jahren war...
Dreiunddreißig Jahre wühlten Sie auf, mit Ihrer unschuldigen Anfrage...Michael Guttenbrunner, Paul Schick - Verfasser einer Kraus-Monographie - beide gaben sie den ALLEINGANG heraus, an dem ich mitgearbeitet hatte. Mit Paul Schick blieb ich bis zu seinem Tod befreundet.
Er war meine erste Bezugsperson in Österreich, an ihn hatte mich der Architekt Paul Engelmann empfohlen, ein Lieblingsschüler von Loos und ein Freund Ludwig Wittgensteins (sein nachgelassenes Buch über Wittgenstein ist heute weltbekannt). Paul Engelmann war vielleicht das einzig Echte, das mich je mit Österreich verband. Er selbst war Zionist und entdeckte mich als hebräischen Dichter, was hieße nun da ›österreichische Wurzel‹? Paul Engelmann ist genau vor dreißig Jahren in Tel Aviv gestorben. 1967 gab ich in Wien sein Büchlein DEM ANDENKEN AN KARL KRAUS heraus, 1969 erschien mein erstes deutsches Buch in Berlin. Seitdem sind es dreißig Titel - eher dünn als dick, alle in Deutschland, und von allen wurde in Österreich nie etwas zur Kenntnis genommen. [...]

Mein letztes Buch - es wäre ein Hinweis für Ihren ›Büchertisch‹ - machte nun die Ausnahme, es wurde im ›Standard‹ besprochen. Vielleicht kommt allmählich Ordnung in mein gestörtes, mich immer beunruhigendes Verhältnis zu jenem Land, das ich auf meiner Landkarte nicht finde und das mir doch im Wege steht.
Mit herzlichen Grüßen, auch an Frau Carola Tengler, auch an Elfriede Gerstl, die mir eben auch in den Sinn kommt,
Ihr Elazar Benyoëtz

148 Von Rufus Flügge
Bristol, 13. 4. 1995
Lieber Elazar!
Bei dem milden britischen Klima im Hause meiner Tochter genese ich so langsam vor mich hin. Die Haut ist wieder mehr rot, nur Kopfhaut und Speiseröhre sind noch entzündet. Die Hand zittert noch und der Körper ist schwach. Ich bemühe mich, wieder zu schreiben.
In Hannover liegt Dein neues Buch *ENDSAGUNG*, dazu, außer diesem Glückwunsch, erst aus Hannover ein Echo.
Du lebst zurückgezogen, Du hast das vorher angekündigt.
Ich denke viel an Dich, und möchte Dich in Ruhe wissen und also auch in Ruhe lassen.
Alte Freundschaften vertragen längere Pausen. Die Pause ist in Sprache und Musik unentbehrlich. Es arbeitet viel in mir und will hinaus in Sprache. Aber wer wartet schon auf Worte von mir.
Wenn ich wüßte, daß es Dir gut geht, dann wäre ich ruhiger.
Ich habe viel Jeremia gelesen. Daß alles Lüge ist, was die Prediger predigen, wenn sie sagen ›Friede‹ - und ist doch kein Friede.
Ach, wie haben wir Kirchenleute von 1933 - bis, bis - bis heute versagt!
Ich beuge mich in Sack und Asche!
Aber Dein herzlicher Freund bleibe ich
Dein Rufus

149 An Michael Lukas Moeller
Tel-Aviv, 2. 6. 1995
Lieber Herr Moeller,
ich kam gestern aus Österreich zurück und fand Ihren Eilbrief, mit Buch und Bitte vor. Ihr Brief löste in mir heftige Gefühle aus, diese zeigten mir, daß wir es hier mit etwas Sonderbarem zu tun haben.
Ich hätte Ihnen viel zu sagen, müßte zuerst aber doch mit mir selbst ein ernstes

Wort sprechen. Ihr Wunsch bedeutet in jedem Fall, daß wir für immer verbunden blieben. Das ist weitgehend und zeugt von einer großen Kühnheit oder von einem maßlosen Vertrauen, da wir einander doch nicht kennen. Und es ist ein Rezept für Mißverständnisse, auch könnte es leicht zur Quelle einer Neurose werden. Ich bin Dichter und weiß Lieder davon zu singen. Meine Titel sind selbst schon Bücher.
Ein seltsames Licht fiele womöglich auf Sie, auf mich, auf uns.
Dies von den Bedenklichkeiten her.
Daß meine Bücher Ihnen gefallen haben und Sie dadurch in Verbindung mit mir waren, ist die andere, rein erfreuliche Seite. Und doch sind zwei Jahre vergangen und Sie suchten ›das Gespräch‹ mit mir nicht. Gründe und Abgründe wird es auch hierfür gegeben haben.
Noch steht auf der erfreulichen Seite das jugendliche Maß an Vertrauen und nötigt mir Achtung ab. Schließlich sind wir auch gleichen Jahrgangs.
Und nun der Entschluß, dem seine Reife nicht gegönnt wird, weil auch die ›Erotische Zwiesprache‹ es heute mit der Eile hat.
Wenn Sie die Bedenklichkeiten geprüft haben und bei Ihrem Wunsch bleiben, dürfen Sie den Titel verwenden, unter der Bedingung, daß Sie zu Ihren Worten stehen, und die Titelübernahme als kleines Bekenntnis zu mir formulieren, wie es in Ihrem Brief steht.
» - PARADIESSEITS heißt eine Dichtung von Elazar Benyoëtz (Herrlinger Drucke 1, 1992). Ich habe mir den Titel für mein Buch gewünscht, weil er auf die ‹Erotische Zwiesprache› wie kein anderer zutrifft. Es ist ungewöhnlich, daß ein Autor sich den Titel für sein Buch bei einem anderen ausleiht, es geschieht hier aber im Sinn der Zwiesprache und ist zugleich mein Bekenntnis zu Elazar Benyoëtz' seismographischen Sprachgängen und Einsichten, die mir wie Herzstücke der menschlichen Beziehung vorkommen. - «
Wenn Sie das annehmen wollen, bitte ich um Bestätigung des endgültigen Wortlauts.
Mit herzlichen Grüßen
Elazar Benyoëtz

150 An Gerhard Hahn
                 Jerusalem, 20. 11. 1995
Lieber Gerhard Hahn,
Ihr Brief ist herrlich, und Erkennen ist keine jüdische Angelegenheit - warum verschwenden Sie Ihre große Begabung auf Herrn BenGershom und mich? Ich weiß Ihre Briefe zu schätzen, und kann verstehen, daß Sie den ›Brief‹ als Form für Ihre Essayistik bevorzugen, auch würde es mich freuen, wenn Sie, beim

Schreiben, mich als Adressaten vor Augen hielten, es soll am Ende aber doch ein Buch werden und von keiner zufälligen Person abhängig sein. Daß Sie mit mir ins Gericht gehen, gefällt mir, auch daß Sie mich treffen wollen, aber die ›Echtheit‹, die Sie meiner Sprache absprechen, bringt Sie selbst zum Straucheln. Sonst würde der Satz ja stimmen: »Ihr Verhältnis zur deutschen Sprache ist eine tiefe, aber keine durch und durch echte.« Sie wollten offenbar von der ›Liebe‹ sprechen, blieben am Verhältnis aber hängen. Das ist es eben, was mir in dieser Beziehung, ob nur echt oder auch tief, den Vorrang gibt. Ohne nachsichtig zu werden, dürften Sie großzügiger sein. Das ›blaue Klavier‹ muß nicht verbeuyst werden.

[...] Ich bin durchaus für Sie und dafür, daß Sie weiter, ergiebiger und erfolgreicher am gewohnten Bild herumzerren. Ob nicht bald die gewohnten Bilder rar würden? [...]

Ja, »es ist äußerst schwierig, mit Juden über deren Angelegenheiten zu reden«, diese Erfahrung ist jedoch eine allgemeine und bezieht sich nicht nur auf Juden, Deutsche, Christen, usw., sondern auch auf Individuen, auf Sie und mich.

Von Margarete Susman, eine von mir bewunderte Jüdin, sagte Georg Simmel, sie wäre ein ›Zentrum ohne Peripherie‹. Das war sie und ist doch peripher geblieben.

Ich danke Ihnen, daß Sie meiner Einladung gefolgt sind, und freue mich, Sie und Gisela nun leibhaft und so lebendig vor Augen zu haben.

Auf Wiedersehen!

Ihr Elazar Benyoëtz

151 An Schalom Ben-Chorin
                                                                    Jerusalem, 24. 1. 1996

Lieber Schalom Ben-Chorin,

dem Thema gerecht, nehmen Sie mich ins Gebet, auch beherzige ich ohne weiteres Ihre Rüg-Veda: ich habe sie verdient, aber nur, weil ich ins Deutsche ausschweifte, nicht, weil ich mir eine Gelegenheit entgehen ließ. Was Sie viel besser vermögen als ich, will ich gar nicht erst versuchen. Im übrigen hat die Sache ihren Sinn, und ich könnte ihn z. B. als Antwort auf Ihren Brief erhellen, wenn Sie mir seine Aufnahme in mein Buch - *Variationen über ein verlorenes Thema* - gestatten würden. Ich habe das Büchlein *BETEN* für deutsche Freunde geschrieben, um ihnen in ihrer Not - Beten ist heute ein schweres Unterfangen - beizustehen und dabei auch einige Fragen zu beantworten. Awraham Harel, ein frommer GerZedek, den ich ein Stück Wegs begleitete, drückte, als er noch Albrecht Heinzerling hieß, ein ähnliches Erstaunen über das Manuskript aus. Ich habe ihm damals geantwortet: »...ob Sie damit Recht haben, daß ich mehr

aus Tora und Talmud zitieren sollte? Insofern hätten Sie Recht: Der europäische Mensch scheint bereits so weit entfernt von Gott zu sein, daß er im Dunkeln das Licht der Tora vielleicht schon sehen könnte. Dennoch meine ich, daß die dazu gehörende Optik fehlt. Die Möglichkeiten des Glaubens müßten erst wieder abgetastet werden, und zu diesem Zweck ist es nötig, im Vertrauten, auch im vertrauten Vokabular zu bleiben. So, hoffe ich, ließen sich die echten Zweifel abklopfen und als Herzklopfen vernehmen. [...] Erst wenn alles andere infrage gestellt ist, läßt sich der Eine außer Frage blicken. Bin ich ganz und gar Jude, ist alles, was ich sage, ganz und gar jüdisch. Darauf muß ich mich verlassen können; und solange Gott mich nicht verläßt, bleibt auch das verläßlich.«
Ihnen, lieber Freund, müßte ich freilich noch anders antworten.
Für heute möge diese alte Antwort genügen.
Herzlich,
Ihr Elazar Benyoëtz

152 An Bernhard Stillfried

Jerusalem, 29. 7. 1996

Sehr geehrter Herr Dr. Stillfried,
Sie scheinen besorgt zu sein. Das ist in der Sache begründet. Vom Glauben wird gesprochen, auch noch laut genug, nur selten aber in der Sprache des Glaubens. Die alte Sprache erweichte und entwich, die neue ist erst in Sicht, weit entfernt davon, mit Zungen reden zu können.
Mein Beitrag wäre der Versuch, in der Sprache des Glaubens zu sprechen. *In der Sprache des Glaubens* wäre denn auch der geeignete Titel, doch anziehender vielleicht: *In Zweifel gezogen, dehnt sich der Glaube aus.*
Er könnte gut im Anschluß an den ersten Teil des Symposions vorgetragen werden, aber auch innerhalb des zweiten. Ich werde mit jedem Satz beim Thema bleiben, mit jedem Wort im Glauben sein.
Also wird es kein Referat im üblichen Sinn sein, und Sie gehen mit mir ein Risiko ein. Das wäre ein kleines ›Wagnis des Glaubens‹. Ich danke Ihnen für Ihr Vertrauen.
Mit den besten Grüßen
Elazar Benyoëtz

153 An Verena Lenzen

Jerusalem, 10. 11. 1996

Liebe Verena,
die Frage löst die Antwort aus, die Antwort entbindet die Frage.
[...]
Was immer ich berührte, konnte ich nur als Poesie begreifen. Ich konnte nichts werden [= taugte zu nichts Tüchtigem], denn ich wollte immer nur Dichter sein, nie etwas anderes. Ja, ich habe auch den Wunsch nicht gekannt, etwas anderes zu sein als Dichter. Der Antrieb war gewaltig, nicht so der Ehrgeiz. Das hatte zur Folge, daß meine Gedichte eines Tags gedankenförmig wurden. Man sah den Gedanken sich abrunden oder kantig werden und kostete noch immer *Gedicht*. Derselbe Baum mit seinem unverwechselbaren »Schmecket und Sehet«, die Frucht ist aber eine andere geworden. Das ist das Rätselhafte an diesem Baum, was aber nicht besagt, daß ich fürs Rätselhafte bin oder es gar zu kultivieren gedenke. Ich halte mich durchaus für klar und bin einzig um Klarheit bemüht, bin aber nicht ›für Klarheit‹.
Wer sauber denkt, scheidet auch reinlich.
Ich denke sauber, kann mich aber nicht immer rein halten.
Das sind dann der Fall und die Wunde, und schließlich das Unglück.
Ich kann mich der Welt nicht gut genug, nicht dicht genug verschließen. Ich kann nur ungestört denken und nur von innen her, aber ich reagiere auf Stimmen und denke durchaus musikalisch. Auch wo der Vers gegen den Rhythmus verstoße. Ich runde nicht ab.
Sie schreiben:
»Im herkömmlichen Sinn erscheinen mir Ihre Texte nicht ›rätselhaft‹. Doch las ich [...], daß Pagis' Dichtung von seinem Forschungsgebiet geprägt sei: der mittelalterlichen hebräischen Dichtung [...].
Wer und was ist hier mit ›mittelalterlicher hebräischer Dichtung‹ gemeint? Und geht es da auch um eine Tradition hebräischer Literatur, die für Sie und Ihr Werkverständnis wichtig ist? Könnte man vor diesem Hintergrund den Begriff der ›Rätselhaftigkeit‹ im Blick auf Ihre Dichtung anders fassen?
Oder: Ist das alles Unsinn, was ich sage und frage?
Oder: Ist es endlich eine ehrliche Auseinandersetzung?
Die Königin von Saba verläßt Sie jetzt und kehrt morgen in ihr Königreich.«
Es ist klar, daß ein Rätsel die Präzision fördert oder herbeiführt. Das bestätigt jedem sein ›Kreuzworträtselraten‹, die Wahl wird enger, man muß sich konzentrieren, wenn man dahinterkommen will. Und man weiß, daß es ein Dahinter gibt. In die Enge getrieben, wird man auch phantasievoller. Ich habe den Verdacht, daß auch das Sonett seine verblüffende Karriere dem Rätsel verdankt. Es wird wie ein Rätsel - als Versteck - aufgebaut, weil es eben gilt, in jedem Sonett etwas zu

verstecken, zu verbergen, zu verheimlichen. Ein Versagen, ein Scheitern, auch nur ein Schmerz, der sich die Lautstärke verwehrt. Im Sonett wird der Schmerz manchmal ausgeschmückt, meistens gedämpft; aufgereimt und hingemäht, geht es melodrastisch zu. Man sieht den Aufbau, den Bau, die Pracht: jede Zeile vollbedacht - den Keller sieht man nicht.
Der Bau, wenn er glückt, ist die Versöhnung, der Ausgleich, der Erfolg. Das Versteck ist am Ende die Sache selbst, man ist nach außen gerichtet, aufs äußerste konzentriert, aufs Detail bedacht - und ist sich dabei nah gekommen.
Alle Poesien arbeiten mit dem Rätsel, das Mittelalter viel, der Barock viel mehr. Über die hebräische Rätselpoesie, besonders des Barocks, hat Dan Pagis ein Buch geschrieben, sein letztes, das wenige Wochen vor seinem Tod erschienen ist. Ich war bei ihm, als man ihm die Freiexemplare brachte, in mein Exemplar schrieb er hinein: le-Elazar/ laEl pitronim [= die Lösung ist bei Gott/das Auslegen ist Gottes]. Es ist nur ein Zitat und doch wieder ein Rätsel, zumal es auch kein ganz genaues Zitat ist, es heißt: *lelohim* pitronim (Genesis 40, 8). Was wollte er sagen? Auf das Buch bezogen - das die letzte gültige Deutung bei Gott ist oder von ihm kommt; wir haben nur das Raten, das ratsame Herumrätseln; auf den Angewidmeten bezogen - es gehöre Elazar, denn Sein - des EL - sind die Ein- und Enddeutungen; auf seine Situation bezogen - »wie es um mich bestellt ist, weiß Gott allein. Nur ER weiß Bescheid.«
Aber zur Auslegung gehört auch wieder mein Name, der ihn ›gezwungen‹ hat, das Zitat zu verändern: Elazar = Gott hat geholfen. Die Widmung bedeutet demnach: dem Gottbeholfenen/ ob ER mir hilft, ist die Frage.
Die Widmung an Elazar ist zugleich ein Appell an *Gotthilf.*
Die Widmung enthält (außer dem konventionellen ›in Freundschaft‹) kein Wort von ihm, und doch hat er alles das - und vielleicht noch mehr - in drei Worten ausgedrückt. Es ist ein letztes Rätsel, denn nur ER ist ›pitrönlich‹, deutlich, das letzte Dunkel aufhellend. Die Lösung kommt nach der Auflösung.
Herzlich,
Elazar Benyoëtz

154 An Brian McGuinness
                                                                Jerusalem, 19. 12. 1996
Lieber Herr McGuinness,
ich hatte im letzten Jahr viele Gelegenheiten, an Sie zu denken, bin Ihnen auch manches schuldig geblieben, aber ich hatte eine ›Engelmannsche Depression‹ und war nicht in der Lage, aus ihr herauszutreten und Nennenswertes zu sagen. So habe ich auch versäumt zu tun, was anscheinend meine Pflicht gewesen wäre. Anscheinend. Denn mit Engelmann habe ich meine dreißigjährige Erfahrung

und weiß, daß es damit seine eigene Bewandtnis hat. Nun wird bald, mit dem Engelmann-Symposion, hoffentlich eine Wende eintreten und mit ihr ein ›Geschlecht‹ auferstehen, dem Engelmann kein Unbekannter mehr sein wird, und junge Menschen werden sich seiner annehmen. Das freut mich von Herzen, doch Sie merken: der Unterton ist der einer Abschiedsstimmung, die gern noch einmal den letzten Rest meiner Jugend umkreist, welche mit Paul Engelmann so tief verbunden war.
Nun werde ich die Erinnerung entlassen und Engelmann dem Gedenken anheimgeben, in Innsbruck, am 3. April 1997.
Ursprünglich wurde ich um einen Vortrag gebeten, das wäre eine zu steife Form für das, was ich unmittelbar erreichen möchte: die Berührung mit dem Menschen, der so liebenswert war und geblieben ist, und nicht bloß ein Mann von Rang, mit oder ohne Eigenschaften.
Das könnte kein anderer tun, und ich täte es auch in Erinnerung an meine Lesung 1993 in Innsbruck, in der das Engelmann-Projekt entworfen wurde, in Erinnerung schließlich an Engelmanns Lebenselixier, welches das Rezitieren war. Seine Rezitationsabende waren sehr geschätzt.
Er war nicht nur groß in der Nachfolge von Kraus, er war es im Zitieren und Rezitieren, im Karikieren der Stimmen und im Färben der Töne. Darüber gibt sein Nachlaß großartige Aufschlüsse; seine Programmhefte, seine theoretischen Glossen zur Wortmusik; seine Zitate und Auswahlen verdienen gründlich studiert zu werden, und ganz besonders seine Anthologie, derengleichen es nicht gibt. Alles das unter Heranziehung seiner Psychologie, in der er der Poetik seine Aufmerksamkeit schenkte. Nun wissen Sie Bescheid und hätten einen Grund mehr, sich dem Engelmannschen Nachlaß zu widmen.
Von Adolf Loos hatte Engelmann seine ›Harmonielehre‹, von Karl Kraus die Stimmigkeit. Er wußte, wie bewegend ein Strich, wie beunruhigend ein Beistrich ist, und was alles zugrunde gehen kann, wenn man ein Wort fallen läßt.
Mit herzlichen Wünschen für 1997
Ihr Benyoëtz

155 An Verena Lenzen
                                                    Jerusalem, 7. 1. 1997
Liebe Verena,
Sie haben die Einsicht und die Erkenntnis, gute Vermutungen, richtige Fragen. [...] Schon auf Ihre Frage zur ›Kabbala‹ könnte ich eine Variation über meine Lebensgeschichte liefern, und es wäre immer noch eine konkrete Antwort. Sie fragen ja nicht nur, Sie wollen auch wissen, und das Wissen soll Ihnen Leben

erschließen, unbekanntes, verschüttetes, nicht mehr überlieferbares, das nur noch in einigen Worten von mir glimmt, ohne daß ich es schüren könnte.
Ich stehe fürs Lebendige des Judentums, bin aber auch Hüter des Untergegangenen. [...] Die Kraft hat die Erde, die Schwäche den Sand. Ich baue unverdrossen auf Sand, das hält nicht, ist aber golden, und es rieselt ohne abzubröckeln, spricht Wüste, hört Meer, geht mit dem Wind.
Ich kann mit Ihnen im doppelten Sinn offen sein: unverhüllt und ohne Absicht, Richtung, Zwang. So könnten nicht-verbuberte Gespräche entstehen - selbstverblüffende, selbstbelehrende Hervorkehrungen.
Schon ihre heutigen Fragen gäben mir Anlaß zur ›Beichte eines Toren‹.
Nun die kurze Antwort: Zum Rabbiner gehört keine Kabbala, weder zum Examen noch zum Amt. Das dürfen Sie sich nicht zusammendenken. Der Tradition nach sollte man mit der Kabbala überhaupt erst mit 40 Jahren anfangen. Solange ist man genug mit Talmud und Schulchan Aruch beschäftigt, und es ist nie genug. Für einen Rabbiner ist vor allem der Schulchan Aruch entscheidend, den muß er beherrschen, denn nach ihm wird in allen Lebensfragen hauptsächlich entschieden. Um Entscheidungen geht's ja vor allem, um Praxis. [...]
In jener Zeit war ich schon Lektor/Bibliothekar im Rabbi-Kook-Institut und habe dadurch Einblicke in kabbalistische Werke gewonnen. Besonders interessierte mich Moshe Cordovero (ein philosophischer Kopf, ein Systematiker, der bald von Yzchak Luria abgelöst und verdrängt wurde), dann Emanuel Chaj Ricchi (der schon in der Nachfolge Lurias stand) - aber es war kein Studium, die Begeisterung war eine eher bibliographische, der Gewinn - eine dichterische Berieselung. Tatsächlich könnte man in meiner frühen Lyrik Spuren dieser Lektüre finden, aber ich würde meiner frühen Lyrik keinen Wert beimessen. Ein einziges Buch gewann mein inneres Auge: Sefer Jezirah. Das war ein Buch, das mich noch vor meiner ersten Auslandsreise packte, und später, als ich mich in Berlin niedergelassen habe, weiterhin und tiefgehend beschäftigte: wie kaum ein Buch zuvor. Zur Freude meiner Lektüre gehörten die mitgedruckten Kommentare, besonders der eines mich faszinierenden Fälschers, mit dem ich damals einen kleinen Roman hatte und der vielleicht nicht ohne Einfluß auf mich blieb, gerade eben als Erfinder von Autoren und Werken, die er mit allen Wonnen und größter Selbstverständlichkeit zitierte. Meine Erfahrungen mit Sefer Jezirah sind von diesem Mann unzertrennlich, was besagt, daß es vielleicht gar nicht primär die ›Kabbala‹ war, die mich verlockte, sondern das Geheimwerk der Sprache und die Wirkung des aus dem Nichts gestampften, gesichtsvollen Wortes.
›Bahir‹ und ›Zohar‹ habe ich erst mit 35 Jahren gelesen, da ging ich schon eigene Wege.
Mich haben Bücher aber nie wirklich beeinflußt, nur das Leben mit den Büchern, und die Bilder, die ich mir von manchen Autoren machte, um mit ihnen sprechen

zu können. Ich hatte es lange mit den Worten, dann mit den Sätzen, zum Buch bin ich selbst ja spät gekommen - und nur halbherzig dabei geblieben. Von einem Buch bleibt ein Satz, und dieser ist nie mehr als ein Wort. Was man zu sagen hat, kann nie mehr sein als »Es werde Licht!« oder auch nur »es werde.« Ob gut oder schlecht, das zeigt sich, muß nicht mehr gesagt werden. Gott sprach es nicht, er »sah, daß das Licht gut war.« Die Bibel lehrte mich das Setzen und Entsetzen der Worte. Der einzige von mir bestaunte und bewunderte Autor ist Kohelet. Das war ein großer Mensch. Aber er mußte sich mir erst offenbaren. Das geschah in Berlin anno 1964 und hallt bis heute nach. Meine Bewunderung für ihn ist erschöpft, meine Liebe wächst immer noch.

Folgendes fand ich im Tagebuch: [11. 11. 96] ich brauch das Christentum für mein Judentum, Sie brauchen das Judentum für Ihr Christentum; man propagiert nicht sein Gegenteil, aber sauber vorgegangen, scheidet man reinlich. Darum geht's. Allein die Taktiken sind hier verschieden. Ihnen geht's um die Reinheit der Lehre, mir um die Klarheit des Gegensatzes. Das Judentum allein ist alles, Anspruch und Selbstherrlichkeit. Das beeindruckt vielleicht, wird aber von niemand akzeptiert. Ein Christ, der Jude wird, ist nicht durch Christen dazu bewogen oder überzeugt worden. Er mußte selbst unter die Juden gehen. Ein Christ kann nicht Judentum lehren, es sei denn, sein Unterricht findet unter Juden statt, die ihn korrigieren können und korrigieren. Sie sind jüdischer als Ben-Chorin, ich bin aber der jüdisch denkende Mensch schlechthin, weil ich nie anders dachte als jüdisch. Was es sei? Das weiß ich nicht, so sehr muß es so sein, daß es nicht anders sein kann, als eben so sehr. Das Abendland und seine Literatur dienen mir zum Ausdruck des Juden, der ich bin. Ich bin so gar nichts anderes. Aber alles andere drückt mich aus, ist mir darum unentbehrlich. Die Stimme spricht, es ist die jüdische, aber sie hat nur wenige Solopartien, sie ist in steter Begleitung.

Wenn ich von Sinai spreche, macht es auf Christen keinen Eindruck, sie sprechen dann von Golgatha. ›Sinai und Golgatha‹ macht Aufhorchen, ist aber nichts Unerwartetes, ›die Offenbarung am Sinai und in Auschwitz‹ überrascht aber und bestürzt: an sich, aber auch wegen der momentanen Farblosigkeit der christlichen Spruch-Umgebung. Sebastian Franck spricht quasi davon, doch wie schön und wie unwirksam, allerdings auch selber wissend, daß es Phrasen sind. Glauben heißt, in die Schule Christi gehen, das Kreuz also auf sich nehmen und in den Tod ziehen, kein ›Pölsterlein!‹ - Sebastian Franck ist ein ehrlicher Mann, guter Kämpfer, prächtiger Autor, der nicht schmeichelt, nicht heuchelt und nicht wirkt. Es gibt für das Christentum kein Auschwitz, es muß sich die Edith Stein von dort holen, aber auch sie paßt weder hinein noch dazu. Wer in Auschwitz endete, hängt nicht kreuz und quer. Auschwitz geht in keiner Variante mit dem Vatikan, diese Elemente sind unvereinbar, obschon vom Judentum her ein letztes Licht auf jene Christen fiel, die ebenfalls von den Nazis gemordet wurden, weil das Christentum eine jüdische Geburt ist. – Ist das eine Stinkbombe? Eine Pestsäule? Die Absicht gilt nicht allein dem Abzusehenden. Schockieren, aufrütteln und sich dann fragen, ob der Begriff der Offenbarung nicht erweitert werden müßte, denn, könnte er Auschwitz in sich nicht aufnehmen und vertragen, er müßte seine Bedeutung einbüßen. Sieht man von Auschwitz ab, ist Offenbarung eine Idylle, ein Wüstengemälde, halb ödlich, halb liedlich, wie eine sich offen zu Tage legende Offen-Barung.

Tatsächlich verdrängte Auschwitz Sinai sowohl als Golgatha. Die einzigen, die an Golgatha erinnern, sind die Geschwister Scholl, ist Helmut J. von Moltke, Bonhoeffer. Aber sie waren Märtyrer, solide Opfer eines Systems, sie wurden hingerichtet. Das ist nicht Auschwitz, ist keine Sonderbehandlung, und nur auf die kommt es an, denn die Kreuzigung des Jesu war eine Sonderbehandlung, und sie prägt sich ein.

Die Passionsgeschichte ist die Geschichte einer Sonderbehandlung, allein sie fand vor aller Welt statt, es gab ein Gerücht, es gab ein Gericht, und Jesus, nach seiner Beschneidung nicht befragt, durfte sagen, wer er sei oder sein wolle. Er sollte die sich Abwendenden, davon Schleichenden mit schlaflosen Augen sehen und seine Gottverlassenheit mit ›Eli Eli‹ psalmodisch besiegeln. Es gibt keine Auferstehung, die nicht bei dieser Hindin des Morgenrots beginnt.

Noch zu den *Variationen*: Das Buch ist vollendet, aber nicht abgeschlossen. Die schwierigste, auch wichtigste Arbeit dabei: die Zitate spielend zu gewinnen und allen Ernstes für mich einzunehmen. Ich zitiere nur dann, wenn ich's schon besser weiß und darum auch trefflicher formulieren könnte als der jeweils Zitierte. Mir liegt am Übertreffen aber nichts, so behalte ich das Eigentlicheigene für mich. Dies ist es dann auch, was mich befugt und befähigt, die ›Andern‹ für mich sprechen zu lassen.

Jerusalem, 20. 2. 1997

Bald bin ich in der Lage, meine sechzig Jahre erzählend von mir abzuwälzen. Die *Variationen* sind abgeschlossen. Werner Kraft würde gesagt haben: »Lassen Sie sich durch niemanden einreden, vor allem nicht durch Sie oder durch mich, daß Ihr Buch nicht gut wäre. Es ist sehr gut.«

[...] Mit meinem Buch kann nur ich sprechen, und jetzt war's eben nötig, daß ich mit ihm ein Wort wechsle. Es fügte sich und nun ist es geworden. Dabei hat mir Hora geholfen, er bot mir Widerstand; mehr hatte ich nicht nötig. Kritik übten auch Sie schon, sie war der erste Anstoß. Das Manuskript in seinem Wortgehalt ist sauber, auch die Sache des Glaubens ist nach allen Richtungen angerannt und aufgestochen.

Das Buch hat seine Komposition und seine innere Melodie, die nicht jeder hören kann. Über dieses Buch läßt sich viel sagen, es ist selbst ein beredtes, und wird auf sein Mitspracherecht nicht verzichten. Sicher hat auch es die Benyoëtz'sche Hemmung in sich, die ihm nicht erlauben wird, von sich reden zu machen. [...] Ich ließ eingangs zwei kräftige Worte fallen - nach der Anweisung Corots (für mich der Maler schlechthin): »Ist eure Leinwand weiß, beginnt mit dem stärksten Ton [...]. Es ist sehr wenig logisch, mit dem Himmel zu beginnen.« Dazu der längere Text - mehr dramatisch denn glücklich, auf den ein ruhigerer folgt, und als dritter - ganz verklärt - der Text über den großen Mann, der einst König war in Jerusalem - und der das unübertreffliche Werk vom Glauben des Menschen und der Absicht des Schöpfers geschrieben hat, in nur 222 Versen, die ein Ganzes ergeben und ein BUCH. Er war im Kleinen, im ganz Kleinen, was Hiob im Großen, im ganz Großen war. An Hiob gemessen ist Kohelet ein Literat, dennoch sind sie Brüder im Glauben und die bedeutendsten Autoren unserer Bibel. Hiob ist ein Mensch eigenen Schreis, Kohelet ein Mensch eigenen Seufzers. Unscheinbar neben Hiob, hält er sich ebenso gut. Schlägt man sie auf, wird ihr Ton sofort angeschlagen, auf den man eingehen muß, gegen den man nicht mehr aufkommen kann. Um diese ›Bestimmung‹, ›Betonung‹ bin ich nun 50 Jahre bemüht. Nichts geht darüber, die meisten Bücher sind *unbestimmt* und können nur gelesen und bedacht werden.

Großartig und kleinartig, Hiob und Kohelet plaudern nicht aus der Schule, ihre Worte ziehen sie von ihrer eigenen Haut ab.

Die Propheten kommen alle aus der Schule der Hoffnung, sind Hoffpoeten, und können nur in einer bestimmten Temperatur erglühen und bestehen.

Hat man kein Volk, braucht man keine Propheten. Es sind keine Autoren, obschon Chabakuk z. B. einer hätte sein können.

Die Schleuderworte der Propheten, mögen sie den Einzelnen noch so erschüttern, treffen das ganze Volk in ihm, das ist ihr Maß und Umfang. Sie sind nicht kleiner zu nehmen.

Alle Voraussetzungen der Prophetie sind nicht mehr vorhanden; man kann die Propheten nur immer schlechter hören, sie entfernen sich, wir bleiben an Bildern, Inhalten, Botschaften kleben, sprechen von Prophezeiungen, und schauen mit wortgeriebenen Augen in die Erfüllung hinüber. Noch gibt es die Wüste, sie selbst ist aber nur noch eine Geniza für alte Schriftrollen. Nicht alles ist Papier geworden, aber nur, weil es Pergament ist. Die Verheißungen lassen uns kalt. Nicht, weil wir gleichgültig wären, weil wir die Temperatur nicht vertragen.

Und weil wir Großstädter sind und Touristen.

Jona - das Erzeugnis subtilster und raffiniertester Literatur - begreift es ebenso radikal: ein einziger, dürrer Satz, die ganze Botschaft enthaltend, d. h. die Sache treffend: Umkehr oder Tod.
Es geht um die Autorität dieses Satzes, um den Aufbau dieser Autorität. Oder lag es gar nicht an dem Satz?
Kohelet ist sichtlich um den Aufbau seiner Autorität bemüht, sie wurde ihm nicht geschenkt: er *ist* nicht König, er erzählt, daß er einer war. Die Autorität des Satzes ist das größte Geheimnis der Literatur.
Darüber gibt keine Rhetorik, keine Grammatik, keine Syntax Aufschluß.
Die Mittel sind bekannt und nicht schwer zu erlangen und zu handhaben.
Ich denke es mir so: wir hören unsere eigene Stimme nie genau, sind auch nicht darum bemüht. Aber es gibt Menschen, die ihre Worte zu bestimmen versuchen, also der eigenen Stimme ans Herz zu legen.
Im höchsten Rat der Rattenfänger wird beschlossen, wem dieser Wortseim zugesprochen werden soll.
Er wurde mit Sicherheit z. B. Seneca zugesprochen, später Montaigne. Es sind Stimmen, denen man sich auch mit Gewalt nicht entziehen kann.
Kein Jahrzehnt vergeht, ohne daß Seneca wieder verlegt würde.
Wie oft hatte man ihn widerlegt, Flachkopf gescholten usw., er ist inhaltlich oft nicht zu genießen, seine Gebärden gehen zuweilen auf die Nerven, hebt er aber zu reden an, sitzt man ihm zu Füßen.
Er hatte es mit einer Portion Bequemlichkeit bekommen; reichlich und reichhaltig, doch wenig bequem hatte es Marc Aurel. Wie großartig flicht er seine Dankbarkeiten ins Gewebe seiner Autorität ein.
Seine Stimme ist, bei aller Gefaßtheit, schon eine gebrochene. Er ist ein Autor, kein Rhetor. Aus seinem Leben ist ein Buch geworden, das man essen kann. Alles weist ihn als großen Menschen aus, das ist bei Seneca nicht der Fall.
Und da war einer, der schrieb: Ich, Kohelet, bin König über Israel in Jerusalem gewesen - und ein neues Jerusalem floß aus seiner Feder.
Kohelet, Marc Aurel, moderne Autoren; Menschen, die keine Psalmen mehr singen und nicht mehr sagen können: ko amar haschem...(also sprach Gott zu mir). Gott spricht nicht mehr zu ihnen, sie sprechen.
Und Kohelets Jerusalem fließt nun durch meine Feder (Computer genannt). Auch ich bin König in Jerusalem, einzig, unvergleichbar - auf Deutsch.
Über Rosenzweig zu schreiben ist immer lohnend. Er hatte das absolute Gehör, er hat alles vernommen - und selten einen leeren Satz geschrieben. Fast jeder Brief von ihm enthält ein Buch oder mehrere Bücher.
In den kleinen, winzigen Pausen, die ich mir gönne, versuchte ich letztens die Stimme Scholems aus seinen Briefen zu vernehmen - in allen Nuancen, die es scheinbar nicht gibt. Seine Bestimmtheit ist die des Berufenen, der keiner

Schwankung erliegt und somit keinen Modulationen. Rosenzweig war ähnlich, nur viel musischer und hilfreicher, auch noch in seiner Krankheit, unter Schmerzen. Aber es gibt von ihm kein Buch, das sich von seiner Legende trennen ließe. Alles an ihm ist bedeutsam, nichts zum Essen. Einmal hatte er die Gelegenheit bekommen, er hat sie vertan. Das kleine Büchlein, in dem er versuchte, auf leichte Art seine Hauptgedanken darzulegen, ist ein mißglücktes.

Bei aller geistigen Geschmeidigkeit und Anmut verfehlte er die eigene Stimme, das hatte mich, als ich es las, richtig gekränkt, ich konnte es ihm irgendwie nicht verzeihen. Seine unveröffentlichten Briefe in Vermont lesend, hatte ich Gelegenheit, wieder anders, neu über ihn nachzudenken, aber damit bin ich ja nicht fertig geworden. Es ist mir überhaupt schwer, fast unmöglich, zu den mir einst liebsten Autoren zurückzukehren, wenn ich meine Gedanken über sie einmal zusammengefaßt und niedergelegt habe. Sie entgleiten mir dann und verlassen mich, so werde ich nach und nach von allen guten Geistern meines Lebens verlassen. (Über Rosenzweig habe ich in *Treffpunkt Scheideweg* geschrieben, S. 106/7).

Bergmanns Bibliographie finde ich nicht. Gestern zögerte ich etwas, fand Ihre Absicht aber gut und ihre Begründung - dem Jubilar gegenüber - schön und feinfühlig, also wird daraus etwas Feines.

Gute Nacht - guten Morgen, Verena, die Wolken ziehen eben den Himmel hinauf.

Ihr Elazar

156 An Andreas Wittbrodt

Jerusalem, 9. 7. 1997

Lieber Herr Wittbrodt,

umsichtig, geduldig, feinfühlig, reichhaltig ist Ihre Arbeit über EB, rundum [...]. Was ich mir beim Lesen anmerkte, teile ich Ihnen mit. Auf Grundsätzliches gehe ich nicht ein. Wo immer ich Ihren Standpunkt nicht teile, achte ich ihn dennoch und lasse ihn gern *seine* Wirkung tun. Nur das nachweislich Falsche moniere ich oder ermahne Sie zur Vorsicht. [...]

›Max Brod betreffend‹: ich kann Sie jetzt nicht exakt widerlegen, ich habe vor Jahren eine minutiöse Brod-Bibliograhie zusammengestellt. Sicher kann ich sagen, daß Brod freundlich behandelt wurde, er hielt einige Vorträge auf Hebräisch - schrieb sie für sich in lateinischen Buchstaben auf -; daß er 12 Jahre lang keinen Roman mehr zu Papier brachte, kann nicht stimmen, da seine Romane sofort nach dem Krieg aufeinander folgten, die mußte er irgendwann verfaßt haben. Daß er sie nicht veröffentlichen konnte, nun, wo sollte er sie veröffentlichen? Und doch! Einige Werke wurden aus der Handschrift übersetzt und eben hier auf

Hebräisch publiziert. Er hatte auch eine (übersetzte) Rubrik in der Tageszeitung ›Davar‹, außer der über Musik in der deutschen Zeitung. Sollte er trotzdem keinen ›Roman zu Papier gebracht haben‹ - dann brachte er eben anderes zu Papier, auf Deutsch, und das ganz gewiß.
[…]›unübersetzt geblieben ist‹ - es gab Übersetzungen von Jacob Mittelmann und Paul Engelmann, je länger ich mich im deutschen Sprachraum aufhielt, desto weniger gefielen sie mir; es gab dann Überarbeitungen von Renate Heuer und Marie-Luise Kaschnitz; ein Gedichtband sollte bei Claassen in Hamburg erscheinen, der damalige Verlag ML Kaschnitz', ich verlor aber die Geduld, und ließ es fahren. Ich hab's nie beklagt. Meine Worte müssen durch meine Finger zur Sprache kommen. […]
[…]›offenkundig war der deutschen Sprache mächtig‹ - das ist zu mächtig.
So ›mächtig‹ bin ich erst in Deutschland geworden, nach und nach - mündlich fließend, mit nicht auszumerzenden Fehlern; im schriftstellerischen Bewußtsein erst mit *Einsprüchen*, eher noch mit *Einsätzen*: da erst fühlte ich so etwas wie ›der Sprache mächtig sein‹.
Mit dem ›Aramäisch‹ verhält es sich so: Jede Schulausgabe der Bibel seit der Erfindung des Drucks enthält den Text; die kanonisierte Übersetzung ins Aramäische: ›Targum Onkelos‹; Raschis Kommentar.
Es ist fast eine Einheit, und schon als Kind wird man dazu angeleitet: alle drei als Einheit zu nehmen. Der Wochenabschnitt wird zweimal auf Hebräisch, einmal auf Aramäisch gelesen, mit Raschi dazu. Das ist obligat, zur Not ersetzt Raschi den Targum und gilt als ausreichend.
Den Talmud kann man ohne Kenntnis des Aramäischen nicht studieren, weil der Text überwiegend aramäisch ist, man muß nicht erst zum Rabbiner ausgebildet werden, um ans Aramäische zu gelangen. Aber man lernt die Sprache nebenher, nicht als Sprache, man erwirbt sie mit dem Studium des Talmuds selbst - wenn man diesen Weg geht, also orthodox aufwächst.
›Wie es um mein Deutsch tatsächlich stand‹, wird aufgeklärt werden müssen, sprechen Sie ruhig Ihre Zweifel aus, aber seien Sie vorsichtig. Ich habe viel gefühlsmäßig gelesen und ›ungefähr‹ verstanden, und fast ohne Wörterbuch, denn das einzige, das es gab und das ich - es war schon rar - zufällig besaß, war Torczyners Deutsch-Hebräisches Wörterbuch (Berlin-Wien 1927), und es war zum Lachen antiquiert! Ich konnte nur langsam lesen, doch immer bewegt und begeistert von meiner Lektüre sprechen - auf Hebräisch. Allerdings konnte ich auch immer aus Un- oder Mißverstandenem viel machen! (Das Deutsch, das ich als Kind hörte, war mager bis dürftig. Man machte zu Hause Krawatten und war geplagt und gehetzt.)
Das ›poetisch-mythologische‹ läßt sich nicht abstreiten, doch ist ›Verwandlung‹ entsprechend, das meint ja viel mehr als Sprachkenntnis oder auch Fähigkeit/

Begabung. Was ich mir im Hebräischen vorgenommen habe, war und wäre etwas ganz anderes als das, was ich im Deutschen vollbringen sollte und vollbracht habe. Das habe ich nicht bald akzeptiert, doch witterte ich ›Bestimmung‹. […]
›Der Brief an Clara von Bodman‹ berichtet aus der Erinnerung, nicht über die Gegenwart. Aber die Lasker-Schüler-Übersetzungen setzte ich in Berlin fort, auch übersetzte ich Gedichte Yvan Golls und ein Gedicht der Kaschnitz.
Von einer Handvoll Aphorismen abgesehen, habe ich von mir nichts ins Hebräische übersetzt. Ich kann mich selber nicht übersetzen, lasse es aber auch andere nicht tun. […] Die ›hebräische Ausgabe‹ - Mischpatim - konnte erst 1980 erscheinen, sie enthält ganz wenige Eigenübersetzungen. Sie können diesen Passus kurz zusammenfassen: Ins Hebräische Fremdes und eine Handvoll Eigenes, ins Deutsche auch eine geringe Zahl Aphorismen.

›Der Konflikt, der Streit der Sprachen in mir‹; mein Gefühl, die deutsche Sprache obsiege; meine Verlegenheit, hatte ich im Deutschen doch keinen Namen, keinen Verleger, keine Leserschaft. Ich schrieb über Jahre nur fürs Clärle. […]
Es ist mir damals womöglich in den Sinn gekommen, wie unmöglich mir das Übersetzen eigener Gedanken ist: Einmal geboren, konnten sie nicht noch einmal zur Welt gebracht werden. Die Gefahr, ich könnte sie nur töten, lag zu nah.
Das Hebräische will mit dem Deutschen [in mir] nichts zu tun haben, wohl aber das Deutsche mit dem Hebräischen. Das könnte sein […].
›Was Moritz Heimann anbelangt‹: ich will Ihnen nicht widersprechen, denn Heimann war ein weiser Mann und ein sehr kluger Schriftsteller, ich wollte ja mit dem Motto zu *Filigranit* auf ihn hinweisen, auch weiß ich sehr wohl, wie hoch er im Ansehen bei Buber, bin Gorion und Loerke gestanden hat - aber eine ›Bezugsperson‹ im Persönlichen, das war er für mich nie gewesen. Aus meinen Zitaten können Sie nur meine Wertschätzung entnehmen; es gibt für mich auch eine Poetik der Namen und des Nennens, aber das ist ein Kapitel für sich. Sagen Sie, was Sie für nötig halten und für gut finden, darüber hinaus bleiben Sie vorsichtig. Ich bin viel raffinierter als Sie denken, allerdings - vergeblich, denn meine ›deutsche Literatur‹ kennt heute niemand mehr. […]
Mit dem ›Entschärfen‹ ist es nicht so einfach, unsere Weisen waren keineswegs so zimperlich und haben Scharfes genug aus Eigenem Kohelet unterstellt oder ihm angehängt. Es ist auch für sie ein ›Schlüsselbuch‹ geworden, nicht nur in Glaubensfragen, sondern auf Leben und Tod. Noch erstaunlicher ist die Rolle des Buches für die Kabbala, die den Hauch, das Kaumzuspürende, das Sogutwienichts (Hewel, Kohelets Schlüsselwort) nicht ver*eite*ln ließ.
Meine Begegnung mit Abraham und Kohelet in Berlin hatten die Bedeutung von Initialzündung. Über Abraham schrieb ich nach und nach, das Erlebnis war zu wuchtig, konnte nur Stück für Stück bewältigt werden. Über Kohelet hingegen

habe ich gleich – doch über Monate hin – ein Traktat geschrieben, das in seinen Hauptteilen einige Jahre später im ›Molad‹ erschienen ist. Vgl. auch Brief an Grubitz, bei Grubitz, S. 205/7.

Kohelet und Marc Aurel – Väter der Moderne; auf zwei verschiedenen Tonleitern erreichen sie eine ähnliche Höhe, nur ist Kohelet der Jude: maßgeblich, weil alle Zweifel für sich behaltend. Marc Aurel geht immer mit, Kohelet geht immer [weiter] voraus. Es ist nicht nur ein Buch, es ist auch eine Brille. Wenn ich je einen Meister hatte, dann ist er's gewesen, kein Buch interessierte mich mehr als seins, weil's das Wunder vollbrachte – ein Buch zu sein. Das ist keinem Aphoristiker vor oder nach ihm geglückt. Es gibt nur Aphorismenbände, keine Aphorismenbücher. Bücher müssen gelesen, Bände nur aufgeschlagen werden. Dem Lesen verhilft die Seite über den Satz hinweg. Sätze sind kein Lesestoff, sie stemmen sich gegen den Leser und bleiben sperrig. Darum machen Aphoristiker auch lieber Sprüche…

Die Bedeutungen verschmähend, trachtete Kohelet nach dem Sinn.

Mit jedem seiner Worte vermochte er etwas zu verändern. Doch so scharf seine Sicht auch war, er schrieb in Übereinstimmung mit seiner Stimme. Anders ließe sich seine Suggestion nicht erklären. Satz für Satz eine Stimme zu erzeugen, die Wort für Wort erkennbar wird, das ist der Gipfel der Aphoristik

Das dürfen Sie, wenn Sie mögen, zitieren.

[...]

Seien Sie herzlich gegrüßt
von Ihrem Elazar Benyoëtz

157 An Paul Hoffmann in Tübingen

Jerusalem, 27. 11. 1997

Lieber Paul,

Sympathie verkürzt die Zeit und die Umwege. Möge uns die Zeit noch eine gelinde Weile gnädig sein, denn sie bedarf unser nun. Mein Herz ist voll des Dankes und der Freude ob dieses unverhofften Wiedersehens mit meinem Zeitgenossen, dem einzigen, dem vermißten, an dessen Leben ich nicht mehr zu glauben wagte. Nun war er da, zum Staunen, zum Greifen nah, wie einst Karl Wolfskehl – für Dich; Margarete Susman – für mich: ohne Stottern; aus jedem Wort schoß ein Kirschbaum empor. Da trat auch der einst von mir geliebte Wilhelm Heinse in den Raum ein, setzte sich zu uns, mit seinen ›Kirschen‹ in der Hand, das winzige Büchlein, welches mir – mit dem Stempel einer Bibliothek der israelischen Armee – recht früh in die Hände fiel.

Im Hölderlin-Turm zu Hause, wie ich es mir ausmalte, war er nun wirklich zur Stelle. Mit seinem Namen drückte ich meine Erinnerung an Hölderlin aus,

und mit ›Asia‹. So verplumpte meine Rede nicht. Das war meine Aufgabe, beim Abfassen meines ›Turm-Manuskriptes‹, und ich habe sie, wie Du erkannt hattest, glücklich gelöst. Hölderlin konnte des Besuchers zufrieden sein.
Meine Gedanken streifen durch Tübingen, da spazieren wir.
Die Zeit und das Zeitgenössische wären das Thema, worüber ich nun meine Variationen zu schreiben hätte: an Dich, für mich. Bei all den Jahren, die zwischen uns liegen und den Verschiedenheiten, die sie ausmachen, eines teilen wir miteinander gleichermaßen und gleich stark: Die ins Irgendwo verlegte Zeit, poetisch als Heim und Weh erfahren. Du in Neuseeland bei Wolfskehl, ich bei Margarete Susman in Zürich, wir beide aus Österreich kommend, erste Kreise um George ziehend und diese nach und nach störend.
Ich hatte sie hier, meine Zeitgenossen: Hugo Bergmann schenkte mir das Prag seiner Jugend, Martin Buber den Landauer und den Mombert, Paul Engelmann - Loos und Kraus, Trakl und Wittgenstein; Erwin Loewenson - Jakob van Hoddis und Georg Heym, Oskar Goldbergs ›Wirklichkeit der Hebräer‹ und Erich Ungers ›Gegen die Dichtung‹; Huene Caro - die schmächtige Silhouette Emmy Hennings' und den dornenden Blick Hugo Balls.
›Die Fackel‹ in manchen Häusern, in manch anderen Fischers ›Neue Rundschau‹, in vielen die ›Menschheitsdämmerung‹. Das waren mein Brot und die Butter auf dem Brot. Und außerdem gab es den Max Brod, der am schönsten und einzig mir dann nah war, wenn er da saß und Robert Walser las: einer der ›Dichter schlechthin‹, aus dem man nicht klug werden kann, weil man's gern sein läßt, so etwas Dummes zu verlangen. Von Ludwig Meidners Zeichnungen, die mir viel bedeuteten, schweige ich hier. Alle Namen fielen in meine Ohren und sickerten; Gedichte tropften in meine Augen; also war's, so wahr ich bin. Ich bin Zeitgenosse meiner Sehnsucht geworden, wie es vor mir keiner geworden ist, darum gibt es mich: ein einziges Exemplar, in Jerusalem, in Menschenleder gebunden, von nur wenigen aufzuschlagen und im Übrigen unantastbar.
Nun saßen wir so fest beieinander, nicht Genossen einer einzigen Zeit, sondern die einzigen Zeitgenossen, in Namen und Gedanken. Fest und festlich, denn es war ein Fest. Und jetzt weiß ich, für wen ich alle Jahre, da ich keine Zeitgenossen mehr hatte, geschrieben und für wen ich in der nächsten Zeit schreiben werde, denn Du bist gekommen, bist aufgestanden und hast Dich, im zerknirschten und feigen Deutschland, zu mir gestellt. Nun stehst Du im Wort, im Glanz des Unscheinbaren.
Ich grüße Deine Frau, ihre Augen, das Gehör ihrer Augen, dergleichen
ich nicht kenne.
Herzlich,
Dein Elazar

158 An Heino Schmull

Jerusalem, 4. 12. 1997

Lieber Heino Schmull,
eben habe ich Ihren ›Arcadia‹-Aufsatz gelesen - ein wahrhaft arcadischer, mir den Eindruck vermittelnd, Sie würden selbst zu ihr, zur Poesie gehören. Als Beitrag ist er von großem Reichtum. Sie rascheln eingangs ein wenig mit dem Schlüsselbund, vertappen sich aber nicht an der Tür. Celan ist allerwegs ›auf dem Sprung‹. Das weist der Beitrag nach, doch so füllig und minutiös, daß er sich mit freudigem Einsatz der Phantasie lesen läßt, als eine ›bibliographische Erzählung‹ eben, in der Art, wie auch ich sie ab und zu gern schreibe. Am Ende der Lektüre stand mir eine Tonvase vor Augen, glasiert, in schlanker Vollendung, doch einen fadenfeinen Sprung aufweisend. Das war meine erwachte Gegenerzählung vom ›Sprung‹, will sagen: die nämliche Geschichte, nur anders ›gesprungen‹. Sie sehen, ich kultiviere gern Nebenzweige und freue mich, daß sie in Jerusalem grünen und in Tübingen Blüten treiben können, wenn man die Poesie so liebt wie Sie und natürlich wie Paul Hoffmann, der in den Anmerkungen, durch Zitate, mit einem ungedruckten Brief in Ihrer Erzählung agiert und mir lebendig entgegenkommt. Der ungedruckte - im Druck nicht nachweisliche Brief - gehört eben zum angedeuteten Erzählkonzept. Doch darüber müßten wir sprechen. Leider sind Sie weit weg und ich zu tief im Eigenen. Sobald ich mit *KEINESWEGS* fertig bin (es soll spätestens im März erscheinen), möchte ich eine bio-bibliographische Erzählung schreiben, die nicht weitab von der Ihren verliefe: Georg Büchner betreffendes, unediertes Material, aus meinem Besitz, mit Büchners beiden jüdischen Herausgebern - Karl Emil Franzos und Paul Landau - verbindend. Biographisch wird die Szene in Tel Aviv eröffnet, in einem Häuschen in der Wilnagasse, wo mir Uri Felix Rosenheim, bei Kerzenlicht, Büchners ›Lenz‹, später ›Leonce und Lena‹ vorliest, aus der *in Leder gebundenen* Insel-Ausgabe. Stets bei Kerzenlicht, das zugleich ein ›Seelenlicht‹ war für seine verstorbene Geliebte; immer aus einer in Leder gebundenen Dünndruckausgabe. ›Dünndruck‹ klang in meinen Ohren schon wie ein Synonym für Dichtung. Aus Rosenheims Mund, bei Kerzenlicht, in Leder gebunden - vernahm ich zum erstenmal auch Hölderlins Gedichte. Felix Rosenheim, Sohn des berühmten Orthodoxen-Führers in Frankfurt, Rabbiner Jakob Rosenheim, war deutscher Dichter in Tel Aviv und handelte mit alten Büchern, die er nur schweren Herzens aus der Hand gab. Wie er durchkam, weiß ich nicht; was er vom Verkauf der Bücher hatte, steckte er in schöne Ausgaben, eben in dünngedruckte und ledergebundene. ›Aus dem Leder‹ zog er seine Nahrung. Seine Gedichte ließ er schön tippen und in rotem Leinen oder safrangelb binden. Das alles gehörte zur Poesie und mußte mich beeindrucken, ich war jung und dankbar: für seine Zuneigung, seine Kennerschaft der Poesien, für die mir gewidmeten Privatlesungen - noch war

ich durch Engelmanns Privatlesungen nicht verwöhnt. Das geweihte Kerzenlicht ging mir allerdings mehr und mehr auf die Nerven. In Tel-Aviv beginnt also meine ›Büchner-Erzählung‹ und sie endet in Tübingen, eine Stunde vor meiner Lesung im Hölderlin-Turm, mit einem Besuch bei Hans Mayer. Durch einen alten Leipziger Schüler ließ er mich schon in Hamburg wissen, er erwarte meinen Besuch. Es war ein freudiges Wiedersehen, mit einer Privatlesung verbunden: er kann nicht mehr lesen und nun bin ich ›dran‹. Hans Mayer wollte aber auch eine Sache lossprechen, die ihn lange bedrückte, einen großen Einsatz betreffend, den er vor einigen Jahren für mich wagte, und der gescheitert war. Ich sollte Kunde davon haben, das Dokument zu sehen bekommen und mich von seiner Überzeugtheit überzeugen, denn: als er mich Ende der achtziger Jahre kennen lernte, war er von mir keineswegs überzeugt, mehr noch: er hatte zur ganzen Gattung ›Aphorismus‹ keinen Zugang, auch nicht einmal zu Lichtenberg. Ich schenkte ihm damals das Heft *Im Vorschein*, und dieses bewirkte bei ihm einen Sinneswandel. Mit der Vorstufe zu *Treffpunkt Scheideweg*, ihm als Manuskript anvertraut, war er dann gewonnen und ›einsatzbereit‹. Doch wie gesagt, sein Einsatz schlug fehl. Nun sagte er: »Natürlich können Sie den Büchner-Preis bekommen, aber man wird ihn Ihnen nicht geben.« Warum denn nicht? »Lassen Sie das; ich will davon nicht sprechen.« Als er das sagte, verwandelte sich meine geplante Erzählung in eine nicht geplante Büchner-Preis-Rede und mit ›einem Sprung‹ war ich bei Celan.

Im Hölderlin-Turm bekam die Geschichte eine Wendung, denn Georg Büchner gehört nicht dorthin. Zwar kam ich auf Celan zu sprechen, doch erwachten im Turm andere Geister, wurden laut und warfen mir Pfund um Pfund zu und forderten mich auf, just mit ihrem Pfund zu wuchern.

»Wir bedürfen Deiner«, klang es ungehalten, und ich konnte nichts erwidern, als: Wohin denn ich. Nun ist es ein Brief geworden, und Sie staunen und fragen sich: »warum denn ich?« Darum: Weil nicht nur die Poesie sich verändern müßte, sondern auch der wissenschaftliche Stil, mit dem man die Poesie angeht und von ihr spricht. Tübingen ist der Ort - so war mein Eindruck -, von dem eine solche Veränderung ausgehen könnte (oder bereits ausgeht). Es gibt Germanisten, die tüchtige ›Beiträge zu‹ leisten oder ›Beiträge über‹liefern, und es gibt andere, deren einziger Beitrag darin besteht, daß sie dazugehören. Ihr wirklich geleisteter Beitrag sagt mir, daß Sie dazu gehören, das Augohr haben und Phantasie besitzen. Und weil Sie so sind und so jung, können Sie - wie komisch es klingen mag - für die Poesie eine ›Lanze‹ brechen, oder - um an Büchner zu erinnern - es könnte mit Ihnen ein ›Lenz‹ anbrechen. Ob ich nun mit Ihnen, ob zu Ihnen gesprochen habe: es schiene mir ein Versäumnis, versuchte ich's nicht. Das rare Heftchen *Im Vorschein* lege ich als Dank für ›Arcadia‹ bei.

Ihr Elazar Benyoëtz

[PS. Rosenheim: Er sprach viel von ›Flaschenpost‹ und gab 1968 privat sein erstes Buch heraus ›Verbannung‹, das er mir als ›Flaschenpost‹ nach Berlin schickte.]

159 An Jens Haasen
Jerusalem, 11. 2. 1998

Lieber Jens,
Du bist enttäuscht, aber auch empört. Schade.
Ich war ja auch in Hagen und im Haus Nordhelle, ich weiß Bescheid.
Mißerfolg schmerzt Autor wie Veranstalter.
Du schlägst mir Veränderungen vor, ich will sie gern beherzigen, Dir aber auch etwas dazu sagen: Du hast einen zu seelsorgerischen Standpunkt mir gegenüber. Prediger bin ich nur insofern es auch Kohelet war, und Seelsorger nur insofern ich als Dichter Worte präge, die über das Aktuelle und momentan Interessante hinaus treffen.
Probleme, die einen beschäftigen, die trägt man mit sich oder löst sie in der Gemeinde; es gibt aber noch andere Probleme, die einen nicht beschäftigen, nur beunruhigen, weil sie zu tief liegen und zu kostbar sind, um rasch oder grob emporgerissen zu werden. Sie liegen auf dem Seelengrund. Ich spiele sie an, locke sie sanft hervor, sie tauchen allmählich aus der Tiefe, man traut seinen Augen nicht oder erschrickt beim ersten Anblick.
Das ist mein Werk und wenn Du es verwechselst, indem Du mich als Prediger und Seelsorger im Aktuellen und Konkreten haben willst - ›hilfreich und gut‹ oder gar nützlich - dann wird das Resultat nicht befriedigen können. Ich lasse mich so schlecht verbraven und bin so gern unbrauchbar. Laß mich diesen Punkt mit einer Strophe Rudolf Borchardts zusammenfassen:

»Ich habe nichts als Rauschen,
Kein Deutliches erwarte dir;
Sei dir am Schmerz genug,
In dich zu lauschen.«

Das hat mit meiner Liebe zu Dir, mit Deinem Verständnis für mich, mit unserer Freundschaft nichts zu tun. Ich verspreche kein Heil und bringe keine Erlösung - aber ich bringe meine Zuhörer so nah an ihre Sprache heran, wie kein anderer. Und mit dieser Sprache können sie dann - eben anders und neu - an ihre, sie brennende Probleme gehen. Sie bekommen Augen und Ohren, nicht Lösungen und Lebenshilfe. Beunruhigende Fragen verdienen beunruhigende Antworten. Leichtmacher gibt's genug, ich hab's schwer zu machen. Dafür bekommst Du Bücher wie *Treffpunkt Scheideweg*, *Brüderlichkeit* und *Variationen über ein verlorenes*

Thema. Und nicht nur Du, auch ich, denn ich höre nicht auf, sie zu studieren. Das klingt merkwürdig, doch sei's gesagt, da Du mich herausfordertest; es ist der momentan erfolgte Rückblick und gleichsam die Summe meiner Erfahrung mit Buch und Lesung.

Ich weiß meine Werke bei Dir lebendig und in treusten Händen, und das war mir schon immer viel; aber sie sind - ob Du sie en face ›frontal‹ betrachtest oder en profil - nicht jedermanns Sache. Meine Lesungen bewirken einiges, sind erfreulich oder schmerzlich, zuweilen viel besucht, zuweilen wenig: sie sind für beide Teile nie lohnend. Sie gehören in eine andere - jeweils anders zu bestimmende - Kategorie.

Und diese Kategorie müßtest auch Du wieder anders zu bestimmen versuchen, wenn Du mit mir Erfolg haben willst. Daß man mit mir Erfolg haben kann, habe ich keinen Grund zu bezweifeln, sonst bliebe ich nicht dabei. Es ist aber nur zuletzt, nicht zuerst das Honorar, das mich bewegt und umhertreibt. Es ist redlich und schreiblich verdient und ich kann's gebrauchen, aber es wiegt Arbeit, Mühe, strapazierte Gesundheit und Zeitverlust nicht auf. Da ich die Lesungen nicht mechanisch halte, nehmen sie mich auch entsprechend mit. Nach der Reise bin ich immer krank und es dauert Wochen, bis ich meine Arbeit wieder aufnehmen kann. Das soll Dir nichts ausmachen, aber soviel bedeuten, daß Du auch hinschaust, was ich Dir anbiete, und nicht Bedenken erhebst, die nicht zutreffen. Du sprichst von Aphorismen, als würde ich mit ihnen die Abende ausfüllen, während ich doch für meine Lesungen Manuskripte ausarbeite, damit der Abend in einem größeren Zusammenhang stehe, von längeren und langen Passagen getragen, die ich für die jeweilige Veranstaltung auch extra verfasse. Fünfzig Prozent einer Lesung stehen nicht im Buch! Die Aphorismen kommen nur vereinzelt vor. Doch ist mein Stil aphoristisch, weil ich keine Leersätze vertrage. Und das ist auch meine Haltung. Aber man hat sich doch nicht umsonst angestrengt. Es dauert eine Weile, bis man hineingestiegen ist, wenn ich dann aber - nach einer Stunde! - aufhöre, sind meine Zuhörer gar nicht zufrieden. Jetzt sind sie so weit - und ich verlasse sie! Das kommt zu meinem Staunen oft vor, wie umgekehrt selten, daß sich einer erhebt und den Saal verläßt. Woran liegt's? An der Melodie und an der Ehre, die ich dem Zuhörer in der Zumutung erweise. Er erwartet zwar, daß es leichter werde, ist mir aber dankbar dafür, daß ich ihm die Schwierigkeit zutraue, mit seinem Gehör Höheres zu erreichen. Freilich gibt es Zuhörer, denen eine Lesung fürs Leben reicht, ich sehe sie nie wieder; andere wiederum mögen keine Lesung auslassen und reisen mir nach oder entgegen. Das alles kommt vor, sei darum nicht eilig mit Deinem Urteil. Und ich will auch nicht eilig sein mit meinem Eindruck, daß sich Hagen gar nicht zu einer Lesung eignet. Es ist eine beschädigte, bis ins Herz zerstörte Stadt, mit immer neuen Problemen und ewig alten Wunden. Man hat wahrlich andere Sorgen, als in

eine Lesung von mir zu kommen. Das wollen wir auch nicht mit Gewalt wieder versuchen. Ein Mißerfolg sei uns Beleuchtung genug. [...]
Dein Elazar

160 An Andreas Wittbrodt
                                                                                         Jerusalem, 2. 3. 1998
Lieber Herr Wittbrodt,
[....]; warum müßte ich Zitate kommentieren, und warum sollte ich, wenn ich's nicht tue, andere Autoren, als die mir lieben, zitieren. Das Zitieren hat bei mir einen Sinn, aber mehrere Gründe. Berühmte Autoren übergehe ich gern und ziemlich konsequent. Diese (und auch Sie) sind nicht auf mich angewiesen, warum soll ich ihnen Gastrecht in meinem Buch sichern. Manchmal sind es Gegensätze, die ich zitiere, oft ist es ein reiner Verzicht auf eigene - mitunter bessere - EinSätze.
Diese Gastlichkeit hat ihre Bedeutung und diese möchten auch Sie, lieber Andreas, nicht mißachten. Ich habe dem Zitieren Nachdenken und Denken gewidmet, es ist nun anders bei mir. Alles in allem entspricht es meiner abseitigen Situation und soll schon darum nicht gewaltig oder großartig geändert werden. [...] Daß man die moderne Aphoristik, und meine als solche, einzig unter dem Aspekt der Weisheit betrachten könnte, glaube ich nicht. Ich wäre sonst auch kaum in der Lage, Kohelet als Gegner der Weisheit zu begreifen. Sie wissen, daß er nur mit Mühe und Not in die Heilige Schrift aufgenommen werden konnte, wozu auch seine Identifikation mit Salomo nötig war. Die Fragen an ihn blieben dennoch offen und hart: Wie kannst du, weiser Salomo, nur so dumm sein, und Sätze aufstellen, die offensichtlich denen deines Vaters David kraß widersprechen? So hart gingen ihm unsere Weisen zu Leibe. Aber - sie nahmen ihn auf!
Und machten aus ihm ihr Bestes
Schalom
Ihr Elazar Benyoëtz

161 An Andreas Wittbrodt
                                                                                   Jerusalem, 19. 5. 1998
Lieber Herr Wittbrodt,
[...].
Zu meiner Edition: Ich suche die Sätze heraus, die fähig und bereit sind, neue Beziehungen einzugehen und dadurch neue Verhältnisse im Ganzen zu schaffen. Ich habe den Überblick und die Einsicht, arbeite aber auch mit starken Gefühlen; lassen sie mich im Stich, ruht die Arbeit. Die Gefühle führen mich weit und weiter,

aber auch in die Irre. Mein Heer ist groß, das sind darum auch die logistischen Probleme. Keine Schlacht ist ohne Verluste zu gewinnen. Wo die Gefühle laut und stark werden, geht's um Tod und Geburt.

›Die Gruft‹ ist manchmal mehr als das Grab, manchmal weniger. Das liegt nicht nur an der Sache, in der Erde, sondern mir auch im Ohr.

Mein Ohr führt allerdings sein asketisches Leben fern von Deutschland und oft wie von der Sprache geschieden. Ich kann ein Lied davon singen, aber niemand in Deutschland vernähme es. Sie aber, lieber Andreas, schenken mir Gehör.

Grab und Grabmal sind steril, neutral, Gruft ist, wie Sie sagen, ›vampirisch‹: wohl auch darum, weil Gruft noch etwas vom (D)›uft‹ vermittelt. Das Grab ›im Bild‹ ist nur der Stein, die Gruft aber ist zuerst und zuletzt alles andere.

»Die Sprache drückt uns an die Welt« - wie ›an die Wand‹: dies die Vorlage, die Gewalt und die Tat. Gegen Nebeneffekte ist kein Wort gefeit, kein Ohr immun. Auch gegen komische nicht. Aber gewarnt muß ich werden, da ich zu viel mit mir allein ausmachen muß. Mein großer Vorteil macht die Kläglichkeit meiner Lage nicht wett: Mein offenes Ohr kann sich immer noch weiter öffnen, es bleibt aber ohne Öffentlichkeit.

Sie lesen Aphorismen immer ›in einem Stück‹, Sie machen damit nicht die Ausnahme, bestätigen aber, daß Sie ein guter Leser sind. Es gab immer nur wenige, die das konnten und taten. Die alte Spruchweisheit war Unterweisung, geprägt und gepredigt, mitunter geheiligt, immer wurde sie studiert. Nietzsche ist Nietzsche und muß auch studiert werden. Ich müßte das vielleicht auch, aber bis *Treffpunkt Scheideweg* wäre kaum jemand auf die Idee gekommen. Das liegt auch daran, daß bei vielen bedeutenden Autoren die Aphorismen Neben- oder Abfallprodukt waren. ›Vorsokratiker‹ zu sein, war sicher schwer, schwerer noch: als solcher Plato und Aristoteles zu überdauern. Gegen sie erschien der Vorsokratiker ›kindisch‹. Denken regt sich in der kleinsten Not, System aber ist ein herrlicher Zwang. Das Reden von der Not kann auch gezwungen sein. Das ist heute nur in der Theorie anders. Man fühlt sich im Dickicht eines 800seitigen Fabrikats besser aufgehoben als vor einem Bündel von 200 Faustregeln und 300 Kahlschlägen.

Jede Zeit hat ihre Verspätung,
auch das Gedicht;
denn Worte werden
zu lange gehalten

Sie fragen: Die kausale Konjunktion steht dort zu Recht? Nein, zu Unrecht, zum Nachteil, zum Ärger.

Das sagen Sie schön und treffend: »Ob Sie dann, wenn Sie Ihren Plan erfüllen, noch *Aphorismen* geschrieben haben werden... .« Das ist eben der abspringende Punkt.

Es wird eine Auswahl sein, eine kleine. Es geht nicht um neu und viel und mehr, sondern um anders. In der Form, und mehr noch in der Beziehung, die meine Einsätze nun eingingen; in den Verhältnissen, die sie erzeugen würden [...]

»Mibssari echese' Eloha«
([Hiob]19, 26) -
unter meiner zerfetzten Haut
schimmert mir Gott entgegen
Das ist eine Überführung, keine Übersetzung (bestätigt Ihnen jede deutsche Bibel)

»Denn wenn Sie *Aphorismen* ankündigen, sollten auch welche drin sein« - ich werde sie nicht ankündigen, wiewohl nicht verhindern können, daß der Waschzettel es tut. Der Aphorismus kommt im Buch nur als Thema vor

»Was nach allen Antworten bleibt,
ist die Frage«
So steht's richtig an seinem Ort (*Brüderlichkeit*, S. 10), hier habe ich's versehentlich aus einem ›Lesetext‹ übernommen, in dem ich den Satz zweckbedingt gefälscht habe. Mir war's entgangen, Ihnen aber nicht.
Es ist ein Satz, bar jeder Frömmigkeit: Gott kann ihn, er nicht Gott vertragen.
Jeder Abschnitt bekommt ein Motto und vielleicht einen Midrasch bzw. eine Prosaseite.
Die ›Quellen‹ anzugeben, wäre anständig, doch gegen meine Intention und mein Gefühl. Es gibt Sätze, die ich grundsätzlich wiederhole, weil ich sie immer - bei jeder Gelegenheit, also in jedem Buch - gesagt haben will. Mich wiederhole ich indes, auch bei Wiederkehr vieler Sätze, nicht. Das versteht sich nicht von selbst, das kann auch ich nicht verständlich machen, nur meine Bücher können es, wenn sie da sind und ihr Dasein verteidigen. [...]
Herzlich,
Ihr Elazar Benyoëtz

162 An Andreas Wittbrodt
Jerusalem, 26. 5. 1998
Lieber Herr Wittbrodt,
Sie haben wieder ein interessantes, anregendes Thema gefunden, ob auch ergiebig? In der Theorie gewiß.
›Gepinselte Bildsprachen‹ kennen das Nichtssagende nicht oder vertragen es. Brecht, Günter Eich haben das verstanden.

Im Deutschen ist dem Haiku am nächsten Goethes ›Wanderers Nachtlied‹, von dem es ja auch bei Goethe nicht zwei gibt.
Tauben im Flug , ziehende Wolken, Corots roter Tupfen.
Wie anders der Expressionismus. Selbst da, wo er aus Fetzen besteht: ein jedes könnte ein Haiku ergeben. So ganz im Gegensatz könnte es zutreffen. Nur gegensätzlich auch gleichförmig.
Die Vöglein schweigen im Walde, man hört sie schweigen; um dieses Schweigen dichter wird der Wald; die Bäume tragen Vögel.
Ein deutscher ›Dichter und Denker‹ würde Vogel und Feder immer für ein geflügeltes Wort hergeben. In dem - krassen - Sinne verdirbt auch Goethes ›balde‹ den Wald. Ein Hauch hinzugefügt, ist nicht viel, wenn man ihn nicht hört.
Die Form kann den deutschen Dichter locken, verspricht sie ihm doch eine Ruhe, die er bei sich nicht findet: im Nichtbedeutenden.
Das ist denn auch die religiöse Bedeutung dieser Dichtung, die Übung in der Form, die Einübung in dem Gehorsam. Der Blick auf die Form ist schon Augenweide und Silbenmaß. Und das geübte Auge weidet breit in drei kurzen Zeilen. Das kann man lernen, besser aber, man wird hineingeboren. Die Musik, zumal in der Kirche, verdrängte das Bild oder *überspielte* es. Wir wünschen uns den Einblick, wollen aber *durchschauen*. Das ist ein großer Unterschied, denn das Religiöse des Ostens liegt im Auge, das Auge seiner Poesie zugrunde. Das Bild ist schon der Einblick. Wir verstehen das nicht, denn wir wenden uns mit dem Ohr dem Bild zu. Das schreibe ich in Erinnerung an meine weit zurückliegende, nicht entscheidende Begegnung mit der japanischen Poesie und deren Formen.
Es ist auch merkwürdig, daß das Haiku über Hiroshima nach Deutschland kam. Die Jahreszahlen wären interessant. Haiku und Atompilz. Auch das gehört zum Bild und zum Thema.
In guter Erinnerung sind mir die Bücher Paul Adlers (Kenko schenkte meinem Erstling ein Motto), in schlechter die von Peter Coryllis und jener Dichter, welche Bernhard Doerdelmann, Dichter, anständiger Mensch und Lektor in Rothenburg ob der Tauber, um sich versammelte. Er gab auch eine Anthologie ›Tau im Drahtgeflecht‹ heraus, in der - irre ich nicht - es auch Haikus zum deutsch-jüdischen Thema gab... - Ein bibliographischer Hinweis.
Ich kannte auch hier eine aus der Bukowina stammende Dichterin, Else Keren, die Haikus schrieb.
Peter Jentzmiks Sammlung ist ›im Prinzip richtig‹, erfordert aber ›darüber hinaus‹ Geduld, die ich für ihn nicht aufbringen mag, weil seine Prosa in jedem Wort Gummi ist oder Pappe.
Ihre religiöse Empörung ist berechtigt, die Zeit synkretistisch. Damit hängen Mißverstand und Mißbrauch zusammen. Aber: die Formen bieten sich an und leisten doch Widerstand. Man wird entlarvt und macht sich selbst lächerlich. Der

Deutsche im Haiku ist nicht Gott in Frankreich.
Das alles ist ›Scherz beiseite‹ geschrieben, doch würde zum Haiku auch Scherz gehören. [...]
Ihr Elazar Benyoëtz

163 An Verena Lenzen
                                                              Jerusalem, 16. 11. 1999
Liebe Verena,
die Reise habe ich gut überstanden, drei denkwürdige Lesungen waren zu buchen, als Schlußpunkt die Lesung in der Stiftskirche, die ich noch gut inszenieren konnte. Sie war mein Ziel und dieses habe ich erreicht: ein letztes Wort, zum letzten Mal...Es kam, wie ich mir dachte und wie zu spüren war: der letzte neunte November, dessen man mit einiger Traurigkeit gedachte.
Man wird sich anderes ausdenken müssen. Immerhin hatte ich wieder einige Studenten, die ›mitgesprochen‹ haben, eine ältere, weißhaarige Dame, welche die Prosaseite über meine Großmutter in Auschwitz las, und den sehr guten Kantor, der mich mit Improvisationen an der Orgel begleitete. So ging das Jahrtausend für mich zu Ende. Doch siehe! Es ist die ›Sache‹ noch nicht erledigt, schon liegt mir eine Einladung für den November 2000 vor - aus Linz! Sie stellen mir die Ursulinenkirche zur Verfügung und stellen sich auf alles ein, so kann ich nach und nach meine Vorstellungen verwirklichen und die Lesekonvention immer wieder durchbrechen (das war auch in Wuppertal mit Klavier und Gesang geglückt, und mit einer guten Schauspielerin, die *Paradiesseits* las [...].
Nun mein Dank! Es freut mich sehr Deine Empfehlung für das Jahr 2000, und die Freude bleibt, doch die Empfehlung könnte vergebens sein, wenn Hanser nicht schnell nachdruckt. Denn unterwegs zu meinen Lesungen daraus erfuhr ich, daß es nicht mehr zu haben sei! Alles, was ich bei Freunden finden konnte, habe ich mit nach Tübingen genommen, da waren auch diese Kostbarkeiten alle weg. In der Tat: eben jetzt setzt das Buch zu seiner größeren Wirkung an.
Das Gespräch mit Hora verlief wie immer; das Buch an sich ist wohlgeraten, und soll im Februar erscheinen. Damit wäre meine Aphoristik ziemlich abgeschlossen, und ›zur Scheidezeit‹ erreicht mich eine Anthologie aus dem Hause Reclam: *Aphorismen der Weltliteratur*. Hg. v. Friedemann Spicker, ein hübscher Band, in dem werden nun 58 Aphorismen von mir in guter Gesellschaft aufgehoben; da findest Du auch Deinen Cioran.
Die Herrlinger Drucke sollen weiter erscheinen. [...]
Michael Bongardt habe ich nicht erreicht, vielleicht wird's auch diesmal zu keiner gemeinsamen Aktion kommen, und dann stehen wir bereits im Jahr 2000.

Und wo bist Du dann, Frau Professor? In Luzern, in Berlin gar? Es möge Dir eine heitere Zukunft blühen.
Schalom, liebe Verena!
Dein Elazar

164 An Lydia Koelle

Jerusalem, 7. 9. 2000

Liebe Lydia,
es ist eine runde Sache und schön rund wirst Du selbst, was kommt nach David? Salomo? Diotima? Da macht sich allmählich eine kleine Freude breit!
Gratulieren tu ich Dir vorerst also nur zur Untersuchung der Celan-Susman-Beziehung. Das hatte für mich viel Ergreifendes.
Ich konnte Celan bei der Lektüre genau betrachten, und auf dem Weg zu MS mich selbst genau beobachten. Ich könnte lange mit Dir darüber sprechen, es sind alles Subtilitäten. Jedes Buch habe ich in Händen, jeder Strich zieht mir durchs Herz.
Es ist ein Glücksfall, daß man Celans Lektüre kennt, daß seine Bibliothek bekannt ist und zugänglich bleibt. Man sieht, wie unmittelbar sie zu seinem Werk gehört, wahrscheinlich mehr als es sonst in der Literatur der Fall ist. Jedenfalls scheint's der einzige Weg zu sein, Klarheit in sein Dunkel zu bringen und dabei selbst klarheiter zu werden.
Es ist bei Dir alles da, aber Du könntest vielleicht - bei Gelegenheit - noch etwas mehr und leichter über die ›Susmanvibration‹ schreiben. Dazu würden Dir mein Brief an Clara von Bodman (aus unserem Briefwechsel, Konstanz 1989; aufgenommen in *Treffpunkt Scheideweg*) und die Erinnerungen an Michael Landmann, die bald erscheinen sollen, dienen. Margarete Susman, das ist Essenz und Quintessenz.
Ich habe viele große Leser gekannt, in der Art Celans (mit Tag und Datum, jahrein und jahraus) nur zwei: Alexander von Bernus und Richard von Schaukal. Das hat mich sehr beeindruckt, doch vermochte ich's nicht zu übernehmen. Ich hatte einen anderen Meister der Lektüre und meine Nachlaßbibliothek wird eine andere Methode zeigen.
Ich habe eben ein Büchlein *Gottum* (Um Gott) abgeschlossen, ich möchte auch daraus etwas in Bonn lesen und schön wär's, Dich als Zuhörende zu wissen.
Dein Elazar

165 An Helga Bubert

Jerusalem, 27. 9. 2000

Liebe Helga,
ich betrachte den Abend in den Kammerspielen als Gelegenheit, die Konvention der ›Lesung‹ zu durchbrechen, gleichsam meiner Kunst den Durchbruch zu verschaffen, vor allem aber: die Dichtung auf die Poesie zurückzuführen: ohrenspitzend, nicht naserümpfend. Aufs Wort, auf meins. Ohne Moderation, reine Musik. Gelingt uns das, gelingt uns ein Neues. Eitelkeit verboten, Gemeinsamkeit grundsätzlich: für beide Kostbarkeiten, die heute am meisten bedroht sind: Das Wort und der Glaube.
Darum war mir die Musik wichtig, wäre mir ein Schauspieler willkommen, der das Wort dem Dichter entreißen und in den Raum rundum hineinprojizieren könnte.
Er muß sehr gut sein, denn er soll die lyrischen Partien lesen, die ich über die ganze Lesung verstreuen will. Noch weiß ich nicht, wieviel es sein werden, aber Du kannst - für Deine grundsätzliche Entscheidung - *Paradieseits* als Beispiel nehmen bzw. empfehlen, (*Die Zukunft*, S. 219ff.). Wenn's Herr Quadflieg sein wird - er kennt's, er bekam das Buch geschenkt für seinen Auftritt beim Else-Lasker-Schüler-Forum in Wuppertal. Ursprünglich dachte ich an eine Schauspielerin und nur für *Paradieseits* (das war so vor einem Jahr in Wuppertal und war großartig, deshalb die Wiederholung in Jerusalem im März); nun Du von einem sehr guten Rezitator sprichst, läßt sich das ganze, wenn auch nicht gleichermaßen, aufteilen: Im Sinne der Steigerung, nicht der Teilung. Es soll mein Abend sein, doch nur auf daß meine Texte nicht länger mir gehörten! Die Regie wäre leicht zu führen, zumal wir Zeit hätten, alles vor der Lesung zu besprechen. Die Musiker sind flexibel, mit ihnen ginge es rascher, dem Schauspieler müßte ich wohl bald die Texte zuschicken. Er sagt Dir, ob sie ihm gefallen und wie er mit ihnen zurande kommt, das wäre der erste Schritt aufeinander zu, Änderungen folgen, denn er muß meine Stimme, ich seinen Rhythmus kennen, damit wir einander ergänzen und nicht gegenseitig ausspielen. [...]
Dein Elazar

166 An Regina Pressler

Jerusalem, 10. 10. 2000

Verehrte Frau Pressler,
ich danke Ihnen für Ihre Bereitschaft, mir Ihre Kunst - das Maximum an Aufmerksamkeit - für einen Abend zu schenken. Sie helfen mir, die konventionelle Form der ›Lesung‹ zu durchbrechen; nun brechen wir das Wort füreinander wie Brot.

Mein Wunsch ist: an diesem Abend für ›Liebe, Dichtung, Glaube‹ etwas zu tun.
Paradiesseits ist die Perle des Abends: wenn sie über Ihre Lippen geht.
Ich überlege mir noch einige Texte, die Sie - wenn sie Ihnen gefallen - oder auch wir abwechselnd lesen könnten. Was Sie nicht mögen, sagen Sie mir bitte gleich, alles andere können wir ja noch am Vorabend besprechen. Noch bin ich dabei, meine Lesung zu komponieren. Einen vollständigen Text könnte ich Ihnen von unterwegs schicken (ich muß noch die Musik hineindenken); er wird sich mit dem Buch (*Die Zukunft sitzt uns im Nacken*) nicht decken, deshalb schicke ich Ihnen auch nicht das Buch; in jedem Fall möchte ich es Ihnen persönlich übergeben.
Paradiesseits ist der Höhepunkt gegen Ende des Abends. Es geht dann zum ›Glauben‹ über, doch ehe ich darauf zu sprechen komme, möchte ich Sie fragen, ob Folgendes Ihnen gut genug erscheint, daß Sie es gern sprächen, dann nämlich wär's Ihr ›Prolog‹:

Wir trauen unseren Augen nicht;
wir wollen durchschauen,
dahinterkommen
und drängen uns nach vorne

Da ist die Bühne
und die anderen,
die ihre Rolle spielen,
und spielend uns
zu verstehen geben,
daß wir gemeint sind
und alles das uns treffen muß,
weil wir
keine Rolle spielen

Ich setzte dann ein und fort:
Das Instrument wird gestimmt, bald wird man sich betonen, man wärmt sich ein und schaut sich um, man denkt bei sich:
Auf Eingebungen wird nicht mehr gewartet;
verdächtigt sind Andachten.
Keine stolze Sache mehr, Dichter zu sein.
Die Wüste ist in die Stadt eingezogen und sorgt da selbst für Rufer und Ruf
----

Weil dies eine wichtige Frage der Regie ist, bitte ich Sie, mir besonders zu diesem Punkt ein Wort zu sagen, denn kommt der ›Prolog‹ für Sie nicht infrage, kommt

er auch für den Abend nicht in Betracht. Und weil wir beim Anfang sind: Alle Künste bzw. Instrumente haben für sich selbst allein zu sprechen: nicht von sich und nicht über sich hinaus. Das wäre mir lieb, wär's auch Ihnen recht? Wir machen nichts als unser Bestes, ohne ›Vorstellung‹, ›Einführung‹, ›Moderation‹.
Ich überlege mir das Folgende aufzunehmen: es ist nicht ›lyrisch‹ aber - auf die Jugend abgesehen, die wohl auch da sein wird - vielleicht ausschlaggebend, ich riskierte dafür einen Stilbruch, wenn Sie es sprechen mögen:

Alle Siege werden davongetragen
Wie sag' ich's aber meinem Kinde

Du bist ein schönes Fenster zur Welt -
laß deine Scheiben putzen

Du kannst dich noch so weit öffnen,
der Andere bleibt immer
dein Tor zur Welt

Was du darstellen willst,
mußt du auch
verkörpern können

Du bist aufgefordert, das zu tun,
was niemand von dir verlangen kann

Willst du Ruhe finden,
laß dich nicht beruhigen

Du mußt werden,
denn du bist erwartet

Nun aber zurück zum ersten Teil, da gibt es einige Stellen zu teilen:

[RP]
Auch Bodenlosigkeit
hat ihren Grund

Auch das Unzeitgemäße
hat seine Stunde

Auch Unendlichkeit
wird auf den Punkt gebracht

Auch Worte der Dichtung
sind nur Worte,
allein im Nur
unterscheiden sie sich

[EB]
Auch das Gute
wird sein Gutes haben

Auch im Kleinen
muß man
überragend sein
Fällt man aber aus dem Rahmen,
bleibt man nicht im Bild
[...]

Es ist reichlich, vielleicht zuviel, mir liegt daran, Ihnen das reichste Angebot zu machen, welches ich vermag: streichen und verzichten sei Ihnen überlassen.
Ich freue mich über jedes Wort, das Sie sprechen mögen.
Mit herzlichen Grüßen
Elazar Benyoëtz

167 An René Dausner

Jerusalem, 11. 5. 2001

Lieber René,
ein erstes Zitat - für Sie auch als *Schule* aktuell:
Jacob Bernays an Paul Heyse:
Hier, mein Lieber und Theurer, die Aufsätze mit bestem Dank zurück. Es ist ja Alles hübsch und ernst und gut aber, wenn ich ehrlich sein soll, Prosa ist es noch immer nicht. [...] Wäre es mit bloßen Angaben von nachahmungswerthen Mustern gethan, so würde ich sagen: *studire die kleinen Lessingschen Recensionen,* die Lachmann aus den Berliner Zeitungen gesammelt hat. Aber *die* kennst Du ja so gut wie ich. Schade, daß Du Dir nicht statt der Ästhetik hast *das Fach der puren guten Ochserei,* d.h. der Gelehrsamkeit oder doch wenigstens der Geschichte auswählen können. Ich bin allen Ernstes überzeugt, daß, wenn Du ein Paar Jahre hindurch gelehrten Staub schlucken müßtest, Dein Stil dadurch schlangenhaftiger

werden könnte. Und die Schlange, *die Urbeschwätzerin, ist das richtige Symbol für gute Prosa.* Die Deinige kriecht nicht, aber schleicht auch nicht, sondern wie Madame Beschoemeyer in Bonn zu sagen pflegt: »er *geht* wie ein Vogel.« (Breslau, 30. 4. [18]55)

Die ersten Aufgaben wären, den Einfluß Bernays' als Lehrer und Freund - im Leben - und Meister - im Werk Paul Heyses zu untersuchen. Es ist eine selten kostbare Beziehung in einem uns sonst nicht bekannten Umgangston. Es sieht aus wie Liebe, und es ergäbe einen herrlichen Essay.
Der größere Schritt und also die zweite Aufgabe hieße: *Jacob Bernays als Leser* (der Weltliteratur zumal). Je tiefer Sie gehen, desto größer werden Beute und Gewinn. Bernays könnte Ihnen die größte Schule im Leben gewesen sein, denn alles läuft in ihm zusammen, er aber läßt sich nicht gehen, geschweige denn hinreißen, hält immer Wort und sagt immer lieber ein Wort weniger. Ich fasse diesen ersten Hinweis mit einem Wort Max Müllers zusammen (gelegentlich auch schon für mich in Anspruch genommen): »Warum sagen Sie mir nicht, was Sie wieder geschrieben haben? - ich lese Alles, was Sie schreiben, wenn ich es verstehen kann. Schreiben Sie nur niemals dicke Bücher - es sind die dicken Bücher an denen unser Geist verdummt ist.« (Max Müller an Jacob Bernays, Oxford, Febr. 5., 1856)
Mit Bernays die Zeit zu verbringen ist nie ein Verlust, und es ist Zeit, seinen Namen in Bonn zur Blüte zu bringen. Möglich wäre dabei eine Zusammenarbeit mit Ihrem Griechischlehrer, denn vor allem war Bernays ein bahnbrechender Altphilologe. Seine Schüler nannten ihn den ›Rabbi‹.
Schalom, mein Lieber, und bitte für mich herausfinden, was die Rolle Madame *Beschoemeyers* in Bonn gewesen ist.
Herzlich,
Ihr Elazar Benyoëtz

168 An Hilde Domin
　　　　　　　　　　　　　　　　　　　　　　　Jerusalem, 17. 7. 2001
Liebe Hilde Domin,
daß wir es doch noch erreichten: auf Erden,
im Leben einander nicht versäumt zu haben:
Aug im Auge (Rot und glühend ist das Aug der Juden,
hieß ein Gedichtband von Arno Nadel)
Wären Sie jetzt hier oder ich bei Ihnen in Heidelberg,
ich sänge Ihnen ein chassidisches Lied vor, das ich mit vierzehn
auf der Jeschiwa gelernt habe und das mich über viele Jahre geführt hat,
es lautet:

Ojlem hase will ich nischt, ojlem habbo darf ich nischt,
ich will nur dich, nur dich alläjn!
Ich begehre nicht die Seligkeit einer künftigen Welt
und nicht das Glück auf Erden,
ich will nur dich,
nur dich selbst allein.
So stach mir schon der Titel Ihres gestern bei mir eingetroffenen Gedichtbandes
ins Herz: ICH WILL NUR DICH.
Ein anderes Wollen,
ein anderes Du hellsichtig umschleiernd;
ein kostbares Trachtgut:
Abel mit einem Sternchen versehen;
die Freiheit, rund und eckig,
Tier, das Zivilcourage hat,
Wort-Tier,
Fremdwort-Tier,
Gedichtmonster,
Gebetmensch,
Hoffnarr.
Aber: Solidarität statt Herde,
Sprachlaub, urwüchsig
wie Hand-in-Hand.
Das alles bekommen Sie, Hilde Domin, liebevoll erwidert
in meinem nächsten Buch: *Allerwegsdahin*.
Demnächst im Arche-Verlag.
Der Baum blüht trotzdem
in Jerusalem
wie in Heidelberg.
Die *Brüderlichkeit* möge Sie überzeugen.
Nach allem und zu allem - Dank für die ›Überfahrt‹.
Vor wenigen Wochen ist meine Mutter gestorben, sie sagte:
Und könntest du mir
von meinen Leiden auch etwas abnehmen,
wäre ich deine Mutter,
ließe ich es zu?

Herzlich,
Ihr Elazar Benyoëtz

PS.
»*Aber die Liebe*« (allein auf S. 42 unten für sich gelassen)
wirkt unverhofft mächtig
wie ein spätes Einbrechen Dehmels
bei Paulus

169 An Claudia Welz
Jerusalem, 1. 8. 2001

Liebe Claudia,
gestern gab mein ›Beantworter‹ die Stimme Hans Georg Meyers aus Heidelberg wieder: Im Auftrag Hilde Domins, die überrascht war von meinem Brief und meinem Buch (*Brüderlichkeit*), und davon bei ihrer Geburtstagsfeier erzählte.
Sie wurde also, was meine Mutter nicht mehr werden sollte: *92!*
Es ist - zeitpoetisch betrachtet - ein Altersroman geworden nicht von ungefähr.
Nun ist mir jeder ihrer Erdentage teuer umso mehr.
Ich möchte noch etwas für sie oder mit ihr tun.
Zunächst meine Bitte: rufen Sie Hilde Domin an und bestellen Sie ihr meinen Gruß und sagen Sie ihr, ich hätte für sie ein verspätetes Geburtstagsgeschenk, das Sie ihr überbringen sollen, wenn es geht (gesundheitlich, launisch etc.). Das Geschenk wäre *eine einzige Rose* (die schönste freilich) zur Erinnerung an und als Dank für ihr erstes Gedichtbuch.
Ich hoffe, liebe Claudia, Sie hätten Zeit für diese Geste, mir läge sehr an Ihrer Verbindung mit Hilde Domin, wohlwissend, daß solche Menschen nicht nachwachsen, Ihnen aber - gerade noch - zuwachsen. Das wäre ein Augenblick fürs Leben: wenn es so kommt, wie ich's erhoffe (und wie ich's aus meiner Jugend kenne), dann sagen Sie ihr, es wäre mir eine kostbare Sache, würden wir einen (gut aufeinander abgestimmten) gemeinsamen Konzertabend veranstalten: ob sie (sich) das denken kann und wagen würde.
Geistig ist sie hoch und zäh, körperlich aber? Es wäre ein vages Unternehmen, denn es kann sich alles augenblicks ändern, aber es wäre auch eine Ermutigung im Alter und des Versuchs wert. Ob überhaupt, ob groß- oder kleinöffentlich - das alles sei bei ihr. Möglich für mich wär's im Oktober-November, oder im Mai 02.
Möge sie solange!
Bald verlassen Sie Heidelberg, es war eine für Sie gesegnete Zeit, das fühle ich, die alte Dichterin könnte noch ein Segen mehr sein.
Hier noch mein Brief, daß Sie ihn kennen.
Die Anspielungen kann ich nicht erläutern, sie betreffen hauptsächlich ihre Gedichte in den zwei genannten Bänden.
Ihr Elazar Benyoëtz

170 Von Claudia Welz

Heidelberg, 8. 8. 2001

Lieber Herr Benyoëtz,
Achtung, dies wird heute ein langer Brief, denn es gibt viel zu berichten...
Für Ihre beiden traurigschönen Briefe, mitsamt den Briefen im Brief, herzlichen Dank! Sie haben den Stein gleichsam aufwärts ins Rollen gebracht. Ihre liebe Mutter muß ein ganz wundervoller Mensch gewesen sein. Wie schade, daß ich sie erst im Nachhinein aus Ihren Worten kennen lerne, die so »würdevoll«, »ohne Falsch und Abstrich, im Sterben wie im Leben, vollendet« war. Aber erzählen Sie mehr - noch ein Grund, mich auf unser Wiedersehen im Herbst zu freuen, wenn wir ›zu dritt‹ sein werden, mit ihr und unter ihren »blindsehenden Augen«. Den Aphorismus der Grabinschrift, »nicht vokalisiert, doch lohnend umso mehr«, enthalten Sie mir bitte nicht vor. Ich bin zwar noch ganz am Anfang und finde wenig Zeit zum Vokabelnlernen (die Grammatik ist keine Hürde), aber das Ivrit-Lehrbuch liegt auf dem Tisch, und zur Not seien Sie eben selbst mein Lehrer. [...]
Ob ich mit dem neuen Anfang des Reclambuches zufriedener bin? Ja, das bin ich, Diogenes ist wieder im Faß, und »ein Traum...aus dem Geist der Worte« gehört zur Tropfenweisheit. Prost! Nur der erste Aphorismus auf S. 6 ist ein Tröpfchen, das mir noch nicht klar ist: Wie kann man schreiben, was man weder denken noch sagen kann? Sind dies dann »vollendet leere Seiten« (S. 8)?
Sie konnten leider tief in das schwarze Loch meiner Unkenntnis der literarischen Gattung ›Gedenkprosa‹ schauen. Das Gewebe aus Aphorismen, Zitaten, Tagebuchnotizen und Briefen war mir vom *Allerwegsdahin*-Manuskript her als Methode schon vertraut, die Schrift im ganzen von der ebenfalls vertrauten Brillanz; und darüber habe ich den Vergleich mit allem anderen versäumt. Nun denn, Sie haben mich gewissermaßen wieder auf den ›Teppich‹ geholt. [...]
Nun flatterte am Samstag Ihr zweiter Brief ins Haus. Ein Geburtstagsgruß wird umso später desto schlechter, also rief ich sofort bei Hilde Domin an. Zuerst verstand sie weder Ihren noch meinen Namen. Schließlich gelang es mir, uns beide vorzustellen, woraufhin sie sofort bereit war, das verspätete Geschenk in Empfang zu nehmen. Wie damals hagelte es Fragen: Wo ist er nun? Hat er Ihnen das Geschenk geschickt? Ich mußte ihre Neugierde auf eine harte Geduldsprobe stellen, wollte ich ihr doch nicht zuviel verraten und dadurch den Witz der Sache zerstören. Ihr Brief muß sie unglaublich aufgewühlt haben. Aber stellen Sie sich vor, sie fragte, ob sie Sie denn schon kenne und erinnerte sich nicht an die Dichterlesung! Sie fragte mehrmals, wann das war; ich repetierte ihr ihre eigenen Fragen an Sie, erzählte ihr, neben wem sie saß etc. - alles vergeblich. Doch ihre Neugierde und Abenteuerlust ist grenzenlos, und so verabredeten wir uns auf Dienstag. [...] Hilde Domin war am Dienstag ›beschäftigt‹. Doch

am Mittwoch hat's dann gepaßt. Ich kaufte die schönste aller Rosen, duftend, freigewachsen, sehr individuell in einem unbeschreiblichen Rot, das in einen Schimmer Weiß übergeht, spazierte zur Gaienbergstraße 5, sah am Gartentor das falsche Namensschild und wußte, ich bin richtig hier: Rosensträuche im großzügigen Garten einer alten Villa, und an der Tür verblichen noch der Name des längst verstorbenen Erwin Walter Palm. Ich klingelte, ging die Treppe hoch, ein freundliches ›Hallo‹ und das Lächeln der kleinen alten Dame begrüßten mich, und dann kam der ›Augenblick fürs Leben‹, der vier Stunden dauern sollte...
»Nur eine Rose als ›Stütze‹: mit herzlichem Gruß von Elazar Benyoëtz, mit Dank und Erinnerung an Ihren ersten Gedichtband« - so stellte ich mich als Botin vor; sie freute sich sichtlich, bat mich herein in ihr Wohnzimmer, ein hoher Raum mit großen Fenstern und rundherum bestellt mit Bücherregalen vom Fußboden bis zur Decke, sehr sympathisch. Noch bevor wir uns gesetzt hatten, sagte sie »Erzählen Sie mir von Ihrem Leben!«; ich durfte eine Vase für die Rose vom Schrank herunterholen, die Rose durfte neben einer Grünpflanze und einer Holzfigur zum Fenster herausschauen, »nein, die konnte er wirklich nicht im Paket verschicken!«, und Hilde Domin mußte ihre unstillbare, haltlose Neugierde, von der sie durchpulst ist, besänftigen: »Woher kennen Sie Herrn wie spricht man das aus? Was heißt das übersetzt?« (ich sagte's nochmal langsam und deutlich und schrieb's ihr auf einen Notizzettel: ›Gott hat geholfen‹...), »Wie alt ist er? Verheiratet? « und so prasselten die Fragen, eine nach der andern, in Minutenschnelle. Sie hatte sich aber vorher schon (weil sie viel zu ungeduldig ist, um warten zu können) bei Michael Krüger ein wenig informiert... Damit die Erinnerung wiederkehre, brachte ich ihr den Zettel vom Arche-Verlag mit, auf dem ja auch ein Bild von Ihnen ist. Sie erfuhr von Aphorismenblättern und Briefen zwischen uns, in Jerusalem war sie selbst schon mehrmals, dies alles schien ihr sichtlich zu gefallen, und so fragte ich, ob sie sich vorstellen könne, mit Ihnen gemeinsam eine Dichterlesung zu geben. »Ja natürlich, wann kommt er denn?« Sie hat bisher keine sehr guten Erfahrungen mit Doppellesungen gemacht, aber mit Ihnen könnte sie sich's denken, sofern gut aufeinander abgestimmt. Im September fliegt sie jedoch erst einmal nach Portugal zu einer Freundin und zu einer Lesung dort, sie, mit 92 Jahren, ein Energiebündel ohnegleichen. »Wie ist das alles merkwürdig«, sagte sie immer wieder, aber sie schien die Lage außerordentlich zu genießen, las mir Ihren ganzen Brief vor, den sie sehr ungewöhnlich fand, fasziniert von Ihrem Talent und innerlich berührt. Sie las ›Hofnarr‹ (hatte kürzlich eine Augenoperation, die nicht sehr erfolgreich war), ich versuchte unauffällig, das zweite f hörbar werden zu lassen; das chassidische Lied ist ihr ein Rätsel, und die ziemlich freie Übersetzung hilft ihr nicht darüber hinweg, daß sie einige Worte darin nicht versteht. Ist es richtig, daß ›ojlem‹ von ›olam‹ abzuleiten ist? Nadel ist ihr nicht mehr präsent (mir leider auch nicht),

Dehmel kennt sie natürlich«, aber was hat der mit Paulus zu tun? Anspielung auf
1. Kor. 13?
Sie wurde zu ihrem Geburtstag, dem 27. Juli, mit Geschenken überschüttet,
bekam lauter hübsche Dinge, die sie mir präsentierte: Bücher, einen Lebensbaum
aus Keramik, Bilder von Künstlern, zwei Tische gehäuft davon, sie räumt seit
Tagen auf, ohne nachzukommen - *Brüderlichkeit* lag vor uns, eine CD mit ihren
Gedichten ist auf dem Weg zu Ihnen. Sie konnte sich nicht mehr daran erinnern,
Ihnen schon Gedichtbände geschickt zu haben, zumindest nicht, welche. Etwa
auch ›Der Baum blüht trotzdem‹, oder woher käme sonst Ihre Anspielung
darauf, fragte sie sich. (Der Baum auf dem Einband, dies freute mich zu hören,
ist fotografiert auf dem Grundstück HAP Grieshabers, der wohl auch zu ihren
engsten Freunden gehört; meine Eltern haben einige Holzschnitte von ihm, und
ich kenne ihn von Ausstellungen her.)
Mich wollte sie wohl ein wenig testen: ›Dank für die Überfahrt‹ - wissen Sie, was
das bedeutet? Ich antwortete mit einem weiteren Zitat aus dem entsprechenden
Gedicht, und sie war zufrieden. Was ich von ihr gelesen habe? Den dicken Band
ausgewählter Gedichte? »Und wie gefällt Ihnen die CD?« Ich konnte nicht sagen,
daß sie mir gefalle; das hätte ich gern gesagt, ihr zuliebe, aber ich habe die CD
noch gar nicht gehört, weil ich Dichter am liebsten zuerst *lese*. Ich entschied mich,
ihr die nackte Wahrheit zu sagen, obwohl ich fürchtete, sie könnte beleidigt sein.
Doch merkwürdigerweise geschah das Gegenteil: Ein Lächeln huschte ihr übers
Gesicht -, »ja, genauso geht es mir auch... .«
Solche kleinen beglückenden Einverständnisse gab es mehrere. Sie ließ
sich viel erzählen, auf welcher Schule ich war, wo ich herkomme, von den
Auslandsaufenthalten in Frankreich und England, dem Studium (sie fragte sehr
direkt, warum ich denn nicht auch noch Literatur und Philosophie studiert
habe, wenn's doch offensichtlich meine Leidenschaft sei?), auch von meiner
Arbeit auf der Krebsstation und dem Schrecken, daß in diesem klinischen
Weiß bei aller Sauberkeit und Kurierwut des Leibes keine Zeit sein durfte, den
Menschen zuzuhören und zu lauschen, was ihnen in der Seele wehtut. Welchen
Beruf ich ergreifen wolle? »Einen, den es wahrscheinlich noch nicht gibt« (es
folgte die Vorstellung seiner Beschaffenheit) - »Ah, Sie mögen die Begegnung
mit Menschen? Ich auch!!!«, antwortete sie emphatisch, ließ sich versichern, daß
evangelische Pfarrerinnen auch heiraten dürfen, wenn sie wollen, und erfragte
sich Details auch über meine Eltern und Geschwister. »Wann sind Sie geboren?
‚74? Wie jung!« - und zwischen das ›Sie‹ rutschte ab und zu ein ›Du‹, so daß ich
mir fast vorkam wie ihr Enkelkind.
Auf eine Karteikarte sollte ich all meine Adressen eintragen und noch etwas in
das blaue Gästebuch schreiben. So konnte ich ihr eine Antwort auf ihre Lyrik
zuspielen, und sofort wurde ich gefragt: »Schreiben Sie auch Gedichte?« - Auf der

vorigen Seite hatte sich eine Dame verewigt, die seit Generationen das Einhorn als Wappentier in der Familie hat. Und flugs waren wir beim nächsten Gedicht von ihr. Ich genoß es, sie all das fragen zu können, was ich bislang nicht verstanden hatte, z. B. warum die Feuer von Abel am Schwanz der Raketen sein sollen. Dieses, eins meiner Lieblingsgedichte von ihr, ist nach ihren eigenen Angaben eins ihrer bedeutendsten, das sie auch bei Lesungen im Gefängnis vorgetragen habe und dann merkte, daß Häftlinge es freiwillig auswendig gelernt hatten. Daß Hilde Domin die biblische Geschichte am liebsten täglich umschriebe, so daß der ›Windhauch‹ aufsteht und Kain zu seinem Hüter wird, ist korrekt interpretiert; gibt es aber unter diesen Bedingungen überhaupt noch Raketen? Des Rätsels Lösung: Sie hatte eine Fernsehsendung von der Mondlandung gesehen und erfahren, daß es fortan ›Kainsraketen‹ geben könnte, die vom Weltall aus Erdenland zerstören können; die sind es, gegen die sie anschreibt. War Abels Opfer Gott wohlgefällig? Sie will offen lassen, ob dies nur der Neid Kains so sieht, aber stellt sich vor, daß ein Schaf besser brennbar ist als Ackerfrüchte (daß letztere gar nicht verbrannt zu werden pflegten, verkniff ich mir zu sagen). Was heißt es, daß der Mensch ›immer‹ ›einarmig‹ ist? Ganz einfach, er ist hilflos. Rückfrage: Welche lateinische Aussprache gilt heute als richtig: Ecce homo oder Ecze homo? Undsoweiterundsofort.

Seltsamerweise erwähnte sie auch Margarete Susman, aber als ich später auf sie zurückkam, meinte sie, sie nicht zu kennen, suchte im Literaturlexikon nach ihr und ließ sich von mir zwei Buchtitel notieren (neben der *Bibliographia Judaica*). Ich bin noch nicht ganz schlau daraus geworden; sollte sie, welch undenkbarer Gedanke, Margarete Susman gekannt und wieder vergessen haben?! Welche Streiche kann das Gedächtnis uns spielen? Mir wurde mit mulmigem Gefühl bewußt, daß es keine Freundschaften gäbe ohne die Vergangenheit, die wir erinnern und ohne die miteinander geteilten Erinnerungen. Der Ausfall des Gedächtnisses risse dem Baum die Wurzeln aus, es blieben nur lose, fallende Blätter.

Hilde Domin schaute mich überrascht an und bestätigte das.

Später las ich in ihrem Gedicht

»Antwort Für E. W. P.:

Um uns bis an die Zimmerdecke sitzt die Welt
die Jahrhunderte auf den Regalen (...)
alles was gelebt hat was leben wird antwortet dir
du antwortest mir
ringsum nicken sie uns zu weil du da bist und alle kennst
da ist keiner tot der gelebt hat solange du bei mir bist«

Er ist an Nierenkrebs gestorben, glaubte aber bis zuletzt an die Genesung. Sie habe es allein gewußt, aber ihn angelogen. »Glauben Sie nicht, daß mir das leicht gefallen ist, ihn jeden Tag anzulügen. Einer der Ärzte ging weg, weil er diese Verlogenheit nicht mehr mit ansehen konnte.« Ich war etwas irritiert; dachte, daß ich nicht, schon gar nicht im Angesicht des Todes, angelogen werden wollte, noch weniger von dem Menschen, der mir am liebsten ist; fragte sie »Und denken Sie, das hat ihm geholfen?« Im Brustton der Überzeugung kam das Ja. Hm, sie muß es wissen. Zeigte mir Bücher von ihm: er hat griechische Gedichte geschrieben; war bis zuletzt mit wissenschaftlichen Publikationen befaßt. Sie hatte die Idee, er könne doch Memoiren verfassen, was er dann auch tat: jeden Tag kam nachmittags eine Stunde lang Aleida Assmann, hörte zu, er schaute in ihre Augen, während das Tonbandgerät lief, und sie schrieb das Gesagte auf. So hatte er jeden Morgen ein Motiv zu leben und zu überlegen, was er Aleida erzählen würde.

Wir gingen vors Haus, in die Sonne, mit eingepacktem bunten Regenschirm. Hier sei früher mal ein Mandelbaum gewesen. Ach, nicht nur »am Südhang der Pyrenäen«? Sie lachte, und ich erzählte ihr die Geschichte Avital Ben-Chorins, die sie uns an Chanukka über die Entstehung des Liedes »Freunde, daß der Mandelzweig wieder blüht und treibt, ist das nicht ein Fingerzeig, daß die Liebe bleibt?« weitergegeben hatte - vom abgesägten Baum vor Schaloms Fenster, der dann durch den Asphalt hindurch wieder grünte. Ihre kleine Hand in der meinen (ihr schwindle zurzeit öfter), spazierten wir zum Schloß, und ich erfuhr von ihren jüdischen Eltern, die aber nicht religiös waren bzw. mit den Kindern Weihnachten feierten und am Nikolaustag den Strumpf füllten. Erich habe eher eine Tendenz zum Katholizismus gehabt, sie sei eher die Protestantin. Wir kamen vorbei am Haus Stefan Georges, in dem Gundolf aus- und eingegangen war, mit uns ein Strom von Touristen. »Wenn ich das gewußt hätte, wären wir nicht hierher gegangen!« Schnurstracks vorbei an einer Schlange wartender Japaner und Chinesen ging sie mit mir direkt zur Theke des kleinen Selbstbedienungsrestaurants, in dem sie Stammgast ist. Ich wollte sie einladen, aber mit einem Blick, der nicht entschlossener und drohender hätte sein können, gab sie mir zu verstehen, daß das »überhaupt nicht in Frage« komme. Wir standen vor den Schildern, und sie hatte vergessen, was sie nehmen wollte. »Hallo!«, rief sie, ganz klein hinter dem großen Tresen, aber der Koch war beschäftigt. »Wenn sich der Mann mal umdrehen würde! Hallo!!« Keine Reaktion. »Hallo!!!« Endlich. »Was nehme ich immer?« fragte sie ihn keck, und er antwortete entnervt »Bratwurst mit Pommes!«. Ich ließ sie hinsetzen, stellte mich an, holte das Essen, und sie war ganz aufgeregt: Das habe sie ja noch nie erlebt, daß es hier so voll sei; was denn heute los sei? »Halb Asien ist hier versammelt!« Von Wespen umschwirrt saßen wir an unserem Tischchen, und es war lustig, das Getümmel »ganz furchtbar!« zu finden, mittendrin sitzend. Hilde Domin mußte den Grund wissen, steuerte zielsicher zuerst zur Schloßaufsicht, dann an die Kasse für die Eintrittskarten und fragte in erfrischend unbekümmerter Frechheit alle, was denn heute los sei, aber keiner wußte es. Wir besuchten die Tafel mit Marianne von Willemers Zeilen an Goethe »... Hier war ich glücklich, liebend und geliebt«, schauten hinunter auf die sonnige Stadt und spazierten zurück in kleinen Schrittchen.

Sie hatte die Idee, noch auf den Königstuhl hinaufzufahren, aber Asien war überall, und deshalb sollte es lieber Tee auf dem eigenen Balkon geben, grünen Tee mit Zitrone, für beide ohne Zucker und ohne den Kuchen der Schwägerin aus München, da wir noch satt waren. Sie holte extra eine gelbe Tischdecke, auf die eine Leserin im Kreis das Gedicht »Wer es könnte, die Welt hochwerfen, daß der Wind hindurchfährt« geschrieben hat, und als sollte alles perfekt sein, wehte der Wind durch die Bäume, die »wie das Meer« wogten und in den blauen Horizont übergingen, direkt neben uns wurde die Sonnenblume von ihm gestreichelt. Im Winter könne sie durch die kahlen Äste hindurch das Thibaudhaus sehen. Sie erzählte von ihrer Geburtsstadt Köln, von Heidelberg, wo sie Erwin kennen gelernt hatte, von ihrer Zeit als linke Sozialdemokratin in Berlin, den Bäumen Unter den Linden, die künftige Aufmärsche verhindern müssen, von der Flucht nach Italien, der Heirat in Rom, dem Exil in der Dominikanischen Republik nach dem Hitler-Mussolini-Pakt (sie war Mitarbeiterin ihres Mannes, fotografierte; nach dem Tod ihrer Mutter begann sie zu dichten); in England war sie Latein- und Spanischlehrerin, reiste hin und her, zuhause im Übersetzen zwischen den Sprachen. Sie habe Glück im Unglück gehabt. Das Motto: Dennoch!

[...]

Hilde Domin sprach von der im KZ umgebrachten Selma, deren mit 16-17 Jahren geschriebenen Liebesgedichte sie herausgegeben hat. Welche jüdischen Dichter aus dieser dunklen Zeit leben noch? Uns fiel nur einer ein: Marcel Reich-Ranicki. Sie kam auf Manès Sperber zu sprechen, mit dem sie ebenfalls durch tiefe Freundschaft verbunden war, und empfahl mir sein Buch, in dem er seinen Weg vom Kommunisten zum Antikommunisten beschreibt, sich selbst relativierend.

[...] Hans Georg Meyer, der die Bundeszentrale für politische Bildung/ Politikwissenschaft in Mainz leitet:- Er organisiert jüdisch-palästinensisch-deutsche Treffen und wolle immer alle an einen Tisch bringen. Vom 2.- 4. September soll ein Autorentreffen stattfinden, zu dem sie eingeladen ist und zu dem ich doch dazukommen solle. Die Lage in Israel sei ja zum Weinen [...].

Drei Gruppen dürfen sich ihrer Meinung nach nichts zuschulden kommen lassen: arbeitende Frauen, die Juden und die Deutschen; sie gehört zu allen dreien und findet, sie *müssen* einfach gute Menschen sein, und wenn sie's nicht sind, ist die alte Dichterin betrübt. Man kann gar nicht anders, als sie lieb zu haben, in ihrem kindlichen Trotz für das Gute im Menschen, wie sie so schmetterlingsmutig bereit ist, alle Tode in diesem Leben zu sterben und die Katakombenkerze erst vom

hellen Atem eines neuen Tages löschen zu lassen. Sie zeigte Fotos von ihrem Haus in Santo Domingo, in dem Erwin den ersehnten römischen Grundriß entdeckte. Mit dem Herzen ganz in der Antike? »Nicht nur«, erwiderte sie schmunzelnd. Fotos auch von ihr, als junges Mädchen, eine Schönheit. Erich Fried schrieb ein Gedicht für sie, in dem diese Schönheit in den Worten leuchtet und zwischen den Seiten bewahrt ist. Ein Gesicht voller Falten, aber mit wachen Augen; so klein und zerbrechlich wirkt sie, aber zäh und energisch, voller Lebensleidenschaft. Sie ist mir also »zugewachsen«. Es war ein Besuch, den ich hoffentlich nie vergessen werde. Zum Abschied sagte sie: »Es war mir eine Freude!« und: »Dies war nicht das letzte Mal!« Hoffen wir´s.
Könnten Sie ihr einen Sonderdruck Ihres *Teppichs* schicken? Ich glaube, sie würde sich sehr darüber freuen, denn sie erzählte mir, sie sei mit Michael Landmann gut befreundet gewesen.
Sie schenkte mir einen Gedichtband und ihre autobiographischen Schriften mit den sprechenden Widmungen »In Freude« (›weil Sie gekommen sind‹) und ›weil ja! ‹ (+ Ausrufungszeichen auch hinter dem 8. 8.: ›Er wollte uns zusammenbringen!‹).
Ich werde den Brief rasch sendebereit machen; melden Sie sich bald bei Hilde Domin, sie wartet sicher schon ungeduldigst darauf. Leila tov!
Mit liebem Gruß,
Ihre Claudia

171 Von Hilde Domin

Heidelberg, 18. 8. 2001

Lieber Herr Benyoëtz,
Ihr Buch, Ihre beiden ›Briefe‹ (diese besonders)
und jetzt auch Ihre schöne große Rose selbst mir präsent.
Wenn wir uns sähen. Sie schickten mir Claudia, wir mochten uns sofort. Wir mögen uns.
Mein Geburtstag war bezaubernd. Im Schloß. Dabei doch intim. Arg nur die Flut der Glückwünsche, denen man nicht gerecht werden kann.
Man freut sich und ist doch fast erschreckt. Dabei ist es eine Gnade, daß ein alleiniger 90jähriger Mensch soviel Zuspruch hat, so viel Anrede.
Dankbarkeit ist mein Haupt-Lebensgefühl. Morgens, wenn ich aufwache und das Grün und das Blau sehe, bin ich erfreut und dankbar.
Dabei ist doch der nächste Mensch seit 13 Jahren fort, und mein Bruder seit 4 Jahren. Kinder, wir wagten es nicht, zur NS Zeit. Selbstmord, mit einem Kind? Also keines!
Sehr hoffe ich, Sie zu sehen, vielleicht im Oktober.

Michael Krüger, der aufs herzlichste von Ihnen sprach, meint Sie kämen.
Gemeinsam lasen Claudia und ich in Ihrem nächsten Buch: Verse.
Damit verbrachten wir Sonntag den Nachmittag auf meinem Balkon.
Kennen Sie ›Das zweite Paradies‹, ein Heimkehrerbuch?
Vermutlich habe ich es Ihnen geschickt. Im Augenblick bin ich etwas übernommen, zumal auch meine so liebe und intelligente Mitarbeiterin fehlt. Sie erinnert alles, was ich, bisweilen, vergesse.
Über 50 Jahre waren wir zu zweit. Wir sind es noch, aber wir sind es nicht.
Ich beklage mich nicht, es wäre undankbar.
Ich freue mich auf Ihr nächstes Buch. Mehr aber noch auf Sie.
Jetzt habe ich mich entschlossen, nach Elmau zu fahren.
PS. Die chassidischen Zeilen hat auch Claudia nicht ganz verstanden, ich gar nicht. Beide kannten wir Arno Nadel nicht.
Der Brief ist irgendwie noch nicht fertig. Doch schließe ich jetzt, weil ich am Dienstag fortfahre. Auf irgendwann, noch in diesem Jahre
Ihre Hilde Domin

172 An Annette Mingels
Jerusalem, 28. 2. 2002

Liebe Frau Mingels,
im März ziehen Sie um:
Willkommen in Zürich, der Hauptstadt meiner (verspäteten) Jugend,
sie möge Ihnen gnädig sein.
[...]
Was Ihr »notabene und natürlicherweise« betrifft: es mag so sein, in Ihrem Fall spricht die Bibliographie ›Bände‹.
Es ist wahrscheinlich auch so, daß man mit seiner Dissertation sich der ›Last‹ seines Themas entledigt.
Die Dissertation als Thema - nicht Buch, nicht Werk und doch ein Großes - muß noch beschrieben werden.
Ich erwähne es darum, weil ich mir anfangs von Ihnen aus der Dissertation ein Buch wünschte, ich wußte aber auch gleich, daß es ein anderes sein wird. Ob es kommt? Die Zeit ist dem Buch abhold, Sie müßten aber auch selbst hart sein mit sich, denn Sie haben mehr zu sagen, als ein wissenschaftliches Buch vermag und selbst als Tarnung vertragen könnte. Aber sind Sie denn bereit, weiter zu gehen in der Literatur?
Meine Arbeit über Annette Kolb ist von beschränktem Wert, dieser liegt allerdings in der Unbeschränktheit des Umgangs und des Einblicks, im ›ganz Persönlichen‹.

Es war das *erste* Buch über Annette Kolb, geschrieben von einem Juden und Israeli - und in Liebe. Das war des Guten zuviel und im Jahr des Erscheinens 1970 unverzeihlich. Das Buch ist dennoch vergriffen und ich weiß nicht, wie ich es für Sie beschaffe, will es aber versuchen: nicht nur, weil Sie Annette heißen, Sie heißen ja nicht nur. [...]
Suchen Sie mich im Café ›Odeon‹; wenn Sie solang zurücksuchen können, sähen Sie manchmal Max Rychner, machmal Lajser Ajchenrand oder Sigismund von Radecki am Tisch.
Ich will sie nicht alle hier aufzählen. Nur noch Hans Weigel, eben aus Wien kommend [...].
Mit herzlichen Grüßen
Ihr Elazar Benyoëtz

173 An Armin Strohmeyr

Jerusalem, 22. 11. 2002

Sehr geehrter Herr Strohmeyr,
vor allem freue ich mich, daß ein Buch über Annette Kolb erscheint,
im Deutschen Taschenbuch-Verlag und von Ihnen geschrieben:
Ich gratuliere!
Mit der Übernahme des Fotos (mein Buch S. 113) bin ich einverstanden.
Tel Aviv - Jerusalem - Tiberias: das dürfte stimmen.
Es war kein einfaches Unternehmen, alle Freunde waren gegen die Reise (mit der halbherzigen Ausnahme von Carl J. Burckhardt), und würde ich nicht im letzten Moment die Initiative ergriffen haben, sie wäre nicht zustande gekommen. Niemand war aufrichtig mit ihr, und auch ihre Begleiter dachten nicht zuerst, nur zuletzt an sie. Mehr will ich nicht sagen, nur: machen Sie die Umstilisierung nicht mit, *es war keine Pilgerfahrt*, auch wenn sie die gewiß letzte war vor dem Tod und als solche verstanden. Ich war beleidigt und empört, als ich die Rede am Grab gehört habe, in der alles gefälscht wurde.
Im übrigen können Sie alles, was die Reise betrifft, den Dokumenten entnehmen, die ich der Münchner Stadtbibliothek überlassen habe. Sie finden darunter auch meine nicht uninteressante Korrespondenz mit Burckhardt, die Sie kennen sollten, sicher auch den Reiseplan, wie die Namen ihrer Begleiter.
Sie kennen gewiß den Ausstellungskatalog und auch meinen in ihm enthaltenen Beitrag über Annette Kolb und die Juden. Ich habe das Gefühl, daß es gut wäre, wenn Sie ihn berücksichtigten - auch im Zusammenhang mit der Israel-Reise. Katholiken haben es besonders schwer auf Erden, sie können aufrichtig sein, denn sie dürfen beichten, und doch macht gerade dies Privileg die Aufrichtigkeit schwerer. Annette Kolb ist ein Beispiel für dieses Ringen um eine vorletzte

Aufrichtigkeit, denn es war, bei allen Niederlagen, nicht erfolglos. Es ist alles denkwürdig, aber nicht alles läßt sich sagen, zumal sie mir in manchem Schweigen auferlegte.
Ich wünsche Ihnen Erfolg im Großen wie im Kleinen.
Ihr Elazar Benyoëtz

174 An René Dausner

Jerusalem, 23. 12. 2002

Lieber René,
Ihr Entschluß freut mich; er ist gut und verspricht Schönes (in dieser Reihenfolge).
Ihr Verdienst wird immer im Nichtprofessoralen liegen (was nicht besagt, daß Sie nicht einmal Professor werden, doch dann eben ein anderer). Es ist darum ein Glücksfall, daß Sie Wohlmuth als Doktorvater und Verbündeten haben. Für den ›Rest‹ will ich gern sorgen, wenn ich die geeignete Perspektive gefunden habe. Sie wissen ja gewiß, daß Sie sich auf mich verlassen können, ich selbst habe diese Gewißheit noch nicht. In Ihrem Brief kommt dreimal ›wichtig‹ vor; es erinnert mich, daß ich in meiner Jugend allererst die Wichtigkeit des Wichtigen infrage stellte. Das ist meine erste, mir erinnerliche, mich auch bestimmende Reflexion. Wichtig wodurch, für wen, zu welchem Ende, wie lange.
Das begründet zugleich meine Freude, mit Ihnen den Weg nach vorn - und immer auch zurück zu gehen. Es fügt sich auch gut, denn bei mir herrscht Abschiedsstimmung, ich beginne vielleicht bald mit ›Lebenserinnerungen‹, ich könnte Ihnen also frischweg Namen aus der Vergangenheit nennen, auch in meinen Tagebüchern nachsehen, wann und wieviel ich mich mit dem und jenem beschäftigte, vielleicht stelle ich Ihnen auch einige Bücher zur Verfügung, daß Sie selbst den Lektürenspuren folgen können - und sich *Ihre* Gedanken machen. Das wäre gleichsam ein Experiment, ein vielleicht noch nicht dagewesenes, denn meist geschieht dies nach dem Tod des Autors. Möglich, daß ich mich zwischendurch auch tot stellen müßte, auch das wäre interessant. Sie blieben wach und bei guter Laune, für jede Überraschung offen, denn selbst ein Credo soll nicht langweilen dürfen. Sie nennen Kierkegaard, mit ihm ist der Begriff ›Ironie‹ eng verbunden, aber ›in Sachen Glauben‹ ist Humor entscheidend. Mit der Ironie wurde es so schrecklich weit übertrieben, daß sie selbst humorloste. Das macht so viele gewichtige Arbeiten fad. In meinem Haushalt war ich immer bemüht, ohne ›bedeutend‹ und ›wichtig‹ auszukommen, auch wenn sich die Wörter nicht strikt vermeiden ließen. Sie, lieber René, sind solide und bemüht, vollkommen ehrlich zu sein; Ihren letzten Ernst und Ihre letzte Wahrheit wird Wohlmuth prüfen, ich sorge nur dafür, daß Sie sich (ob kritisch, ob überschwänglich) nicht täuschen.

Eine gute, liebenswerte Arbeit räumt immer mit Falschem auf. Werden Sie nicht gefällig, werden Sie gewiß gefallen. Von Ihnen ist Unerbittlichkeit verlangt. Wir werden bald Gelegenheit haben, miteinander länger zu sprechen. Ich will mit zwei Bemerkungen schließen. Sie schreiben, daß Ihre Eltern - ich gratuliere und lasse sie grüßen - Ihnen den Talmud schenkten. Das verbindet Sie mit einem Gedanken (ich weiß jetzt nicht, wo ausgeführt) von mir: Mit dieser Übersetzung - wie mit Buber/Rosenzweigs Bibelübersetzung - war das deutsche Judentum auf dem Weg, autark zu werden. Der Gipfel sollte wieder ein Ausgangspunkt werden können, und es regte sich schon in der Zeit der Anfang einer *judjüdischen* Literatur im Deutschen, die bis in die Belletristik hineinwirken sollte, selbst die ersten Kandidaten waren schon da. Da sollte auch dieser Turm nicht in den Himmel ragen. Und dann, und dann, und dann - dann kam ich und war - in Deutschland und nach einer gewissen Frist: mit *Sahadutha* da.

Ich halte mich, getrennt von dieser Sachlage, für unverständlich. Ich konnte mich in späteren Jahren, in Jerusalem und von dort aus entwickeln und frei sein, aber den Anfängen war eine Grenze gesetzt; und diese Grenze führt mich zu einem ersten Hinweis: Sprüche der Väter.

Nun wünsche ich Ihnen und Ihren Eltern ein Gutes Jahr!

Ihr Elazar Benyoëtz

PS. Geht's um mein ›Credo‹ oder um *Variationen + Brüderlichkeit*? Friedemann Spicker teilt mir eben per Fax mit, es sei in der Zeitschrift für deutsche Philologie folgender Aufsatz erschienen: Andreas Wittbrodt ›Hebräisch im Deutschen‹. Das deutschsprachige Werk von Elazar Benyoëtz. (Zs. deutsche Philologie 121, 2002, S. 584-606). Ich kenne es nicht, aber es wird Sie sicher interessieren. Und dann können Sie mir auch davon erzählen. […]

Kennen Sie, kennt Wohlmuth die katholische Dichterin Silja Walter (Schwester Hedwig im Kloster Fahr, bei Zürich)? Ich soll mit ihr zusammen den Gipfel der bevorstehenden Solothurner Literaturwochen bilden - in der dortigen Kathedrale - ich war bereit und freute mich (in Erinnerung an ihr Frühwerk), nun bekomme ich Texte zugeschickt, die mir die Sache (jenseits von Gut und Böse) erschweren.

175 An Paul Rutz

Jerusalem, 7. 1. 2003

Lieber Herr Rutz,

[…].

Abraham war mir vor bald vierzig Jahren in Berlin erschienen und seitdem kann ich ohne ihn weder denken noch schreiben. Ist mein Bild von ihm mitunter vielleicht

auch ›kritisch‹, ist es doch nicht historisch-kritisch; auf Bibelkritisches gehe ich nicht ein.
So mögen es auch andere tun im Für und Wider.
Meine Texte, die ich für Tübingen vorbereite, laufen - wie stets - unter ›Dichterlesung‹.
Ein Dichter überzeugt nicht, er muß mit jeder Zeile schon überzeugend sein.
›Zu den Ihnen bis heute geschickten Texten‹:
Nichts davon war als endgültig oder maßgeblich gedacht. Mit ihnen wollte ich mich Silja Walter vorstellen, sie ermutigen oder warnen - in ihr Vertrauen erwecken, sie zu einem Gespräch mit mir aufmuntern und - das mir wichtigste - sie womöglich zu neuen Texten anregen.
Sie hat ihre Rolle im Kloster, ihren Platz in der Poesie.
Ins Kloster wollte sie gehen, zur Poesie hat sie Gott selbst gerufen.
Auch kanonisiert und zwischen zwei Deckeln ist kein Prophet nur einer unter anderen; jeder ist für sich, darum kann er die anderen ergänzen.
Aber es gibt die Ausnahmen, ob Heloise oder Sor Juana Inés de la Cruz (Siehe: *Filigranit* S. 19+126), oder die absolute Ausnahme Edith Stein.
Das sind alles Wege, keine Proteste; die Kämpfe werden hinter Berg und Mauer ausgetragen. Dichter sollen eine Feder/Blume, keine Lanze für IHN brechen.
Ohne Angst und Ehrgeiz. Wir bedürfen keiner Erklärung und keines Schutzes, keiner Krücke und keines Zauberstabs: wir haben das Wort oder wir haben es *nicht*; und haben wir's auch, so haben wir das Sagen doch nicht.
Und das ist von Bedeutung. Wir sind Verräter am Wort, sobald wir meinen, das Sagen zu haben. Was nicht zündet, leuchtet nicht ein.

›Zum Programm‹*:*
Ich habe Ihnen angeboten, die Regie zu übernehmen und Sie schienen einverstanden zu sein; ich will Sie darauf nicht festlegen, doch möchte ich Sie bitten, Ihr Angebot aufrechtzuerhalten:
»Wir gedenken, nur Silja Walter und Sie und Orgelspiel zu haben. (Keine anderen Chöre oder Schriftsteller).«
Wenn Silja Walter sich nicht getraut oder sich nicht bei Kräften fühlt - wie ich's verstanden - dann möge Maria Becker für sie einspringen; sie wäre dann mehr Lautstärker als ›reine Stimme‹, aber auch als Stimme willkommen, denn wohl nicht von ungefähr würde sie sich zu Silja Walters Stimme gesellen wollen. Drei Stimmen - es wird schwierig genug sein, sie zu vernehmen.
Wichtig scheint mir, daß die Dichter endlich, unvermittelt, miteinander sprächen. Ist das verboten? Oder wär's nicht gut genug?

[...]
Wenn Silja Walter Neues schreibt, steckt es mich vielleicht an. In jedem Fall sollte sie die schönsten Gedichte aus ihrem ›ewigen Vorrat‹ in Solothurn lesen, darauf käme es an. Das kriegt man nicht oft zu hören und wahrscheinlich immer seltener.
Mit herzlichen Grüßen
Ihr Elazar Benyoëtz

176 An Silja Walter

Jerusalem, 13. 2. 2003

Verehrte, liebe Frau Walter,
die Idee, Ihren Vortrag/Lesung unter den Titel ›Exodus‹ zu stellen, ist schön und gefällt mir. Um Ihren Prosatext ›Mein Weg unter der Wolke‹ herum, kann ich mir folgende Gedichte gruppiert vorstellen (zitiert nach: Die Fähre legt sich hin am Strand. Ein Lesebuch, 1999): DEIN Feuer spann (S. 184), DIE Treppe hinab (S. 185), noch andere Gedichte oder Gedichtteile (wir können darüber sprechen, wenn Sie mögen) und als Abschluß dieses Teiles - ›Vom frühen Morgen an‹ (S. 190; ist sowieso großartig), und nocheinmal alles zusammenfassend: Ite missa est - ›Fortgehen‹ (S. 97).
Ich könnte parallel dazu vom Auszug Abrahams sprechen; so bliebe die Rede vom einen/Einen. Ehe wir nun zur Programmgestaltung übergehen und unsere Vorstellungen zusammenbringen - eine kurze Erinnerung: Neulich war Pfarrer Rutz hier; im Gespräch bestätigte er mir, daß unsere Lesung nicht länger dauern sollte als eine Stunde. Das bedeutet, Musik und Einführung abgerechnet, daß wir für die Poesie dreißig-vierzig Minuten hätten. Nun müssen wir uns entscheiden, ob daraus eine gemeinsame Sache oder eine Doppellesung werden soll. Eine gemeinsame Sache würde bedeuten, daß wir aufeinander zu- und eingingen.
Ich denke nun, daß Sie unter ›Exodus‹ Ihren Grundtext verstehen, auch im Sinne des Lebenswegs, auch als Vorbild. Sie folgten dabei dem Ruf.
In dem Sinne würde ich mein Bestes unter ›Abraham‹ einbringen, so ergänzten wir einander, wobei ich meinen Lebensweg ausschalten würde. Bei Ihnen ist es angemessen, Ihre Worte folgen aus Ihrer Erscheinung, und müßten nicht erst zur Deckung gebracht werden. Das wären dann die großen Themen, von denen andere abgeleitet werden könnten. Aus den Minuten, die uns noch blieben, wollen wir eine Perlenschnur machen. Vielleicht im Leitwortstil, z. B. wenn Sie ›Dein Name ist das/Sabbatschiff‹ (S. 200) und ich einen Text über den Schabbat lese oder über die Tage der Schöpfung.
Ich lege zwei Texte bei.
Wir könnten uns auch in einem Themenkreis bewegen. (Gott, Liebe, Poesie,

Sprache, ›Zeit und Ewigkeit‹...)
Auf diese Weise könnten wir miteinander, zueinander, ineinander sprechen, und die Zeit wäre ein ausgedehnter Augenblick. Mir wär's lieb, wenn nur die Poesie spräche. In jedem Fall ist es schön und gut, wenn wir zusammen den Abend einleiten und ausklingen lassen, jeder mit einem - seinem - Gebet, oder mit einem Wort ins Kommende.
Ich bitte Sie, nun Ihre Kreise zu ziehen und mir ein Innbild Ihrer Vorstellung zu geben.
Noch haben wir Zeit, aber die Zeit wird hier unruhig, und wenn der Krieg ausbricht, reißt auch dieser Faden ab. Mir liegt daran, daß Sie Ihren Text ohne Störung, ohne Ablenkung und Nebenerwartung schreiben können, bis zur letzten Zufriedenheit.
Wenn dann unser Abend gekommen ist, haben wir ein Kleingroßes vollbracht.
Meinen Text schreibe ich, sobald ich Ihren vorliegen habe.
Mit herzlichen Grüßen
Ihr Elazar Benyoëtz

      An Schwester Hedwig, Kloster Fahr

      Jerusalem, den 13.2.03
      Sechsmal hintereinander
    kam die Schöpfung an den Tag;
     Sechs Tage traten ihr Licht
        an den siebenten ab,
        in dem der Schöpfer,
  bewegt, nichts mehr bewegend, einzog
  und alles ins Dasein Gerufene segnete
        und sein ließ

        Schabbat,
    die lichtumflossene
   Gelassenheit Gottes

177 An René Dausner

                                                              Jerusalem, 8. 2. 2004
Lieber René,
ich habe darüber nachgedacht, wie das zu packen wäre, was Sie mit dem Glauben als Voraussetzung meiner Dichtung behaupten wollen.
In meinen vielen Briefen habe ich immer Hinweise und Andeutungen eingestreut, für eine letzte Meditation finde ich nach wie vor meine ›Dreifaltigkeit‹, die ich in letzter Zeit selber übe - auf ein letztes Buch hin, für das ich nun auch die Schlüssel und

Schlüsselworte schmiede. Gebet/Gedanke/Gedicht ist äußerst ergiebig und vereint im Grunde Sache und Person, unter Ausschluß des Höchsten - Gott kommt als G nicht in Frage, auch nicht in Betracht. Im Gedicht komme ich ihm am nächsten: objektive Sprache, adäquater Ausdruck, doch ich bleibe auf der Leiter, das Kunst-Werk, und münde in der Kunst, weil hier mein Können gipfelt und aufhört. Gott bleibt aus dem Spiel heraus, bleibt aber im Grunde, das ist das Gebet: Abgrund, Ursprung, erste Regung; das Wort kommt zur Sprache, wird mündig. Mit dem Gedicht erfüllt sich das Wort: Es ist die Sprache, die überzeugt, nicht der Glaube. Alles Leben ist Sprache. Die Existenz ist stumm - sie heißt Tod. Das ist Anfang und Ende, wobei…

Gestern dachte ich, ich würde gern noch ein Büchlein schreiben unter diesem Titel WOBEI.

Das gehört zum anderen - auch von Ihnen angeschnittenen Thema ›Reim‹.

Gott läßt sich nicht auf den Reim bringen, und das ist für mich von großer Bedeutung. Jeder Versuch endet im Billigsten, in einer Versuchung, der auch die Besten erlagen. Daran scheiden sich die Geister. Auch ein gewaltiger Dichter, für manch religiöse Nuance mir maßgeblich, - wie Christian Hofmann von Hofmannswaldau - war der Versuchung erlegen; (ein Hinweis wird in einem Herrlinger Druck, ich weiß jetzt nicht welchem, zu finden sein).

Ich habe diese Reimgeschichte eine Weile verfolgt, nicht bis zu unserer Zeit, weil mir das lästig wurde, als letztes Vorkommen registrierte ich - nicht ohne Grund - Isolde Kurz, bemüht, ihr Größe abzugewinnen, trotz ihres ›braunen‹ Verfalls, zum Teil aus Dank meiner Jugend an ihren Vater - und dies nicht zuletzt als Übersetzer Ariostos. (Schon daran können Sie die abgrundtiefe Absurdität meines Lebens ermessen.)

Isolde Kurz hätte eine bedeutende, weitgehend griechelnde, aber auch klassisch echt geprägte Autorin werden können. Sie ist es beinahe geworden. Jetzt fragen Sie umsonst nach ihr. So steht's um die ›wahren Hände‹.

Bei mir indes ist sie stehen geblieben, einmal des Satzes, einmal des Reimes wegen, beide Male ging es um ›Wort und Wahrheit‹.

Isolde Kurz/ Wahrheit
Verpönt sei jeder festgeprägte Satz,
Die Wahrheit hat in einem Spruch nicht Platz.
Unendlich ist ihr Wesen, vielgesichtig,
Wer sie in Ketten legt, der macht sie nichtig.
Sie geht im Wort als Gast nur ein und aus,
Und offen bleibe, wo sie wohnt, das Haus.
(Zitiert nach: Bruno Wille, Und gib uns Frieden. Berlin 1917, S. 216)

Isolde Kurz/ Das Wort
Die Welt ist ein untrennbar fest Gefüge,

Der abgelöste Ring wird schon zum Wahn,
Sobald du redest, hebt der Irrtum an,
Das erste Wort war auch die erste Lüge.
Wer gab es uns? Ein Dämon oder *Gott*?
Er gab es unsrer Endlichkeit zum *Spott*.
Doch alle Wahrheit, die uns mag erreichen,
Quillt aus dem trügerischen Gefäß allein.
Wir wissen nicht, ist's wirklich oder Schein?
Wir wissen nur: uns ward kein höheres Zeichen.
Sorgt, daß ihr seine Würde nicht verletzt,
Die ihr zu Priestern seid des Worts gesetzt!
(Zitiert nach: ›Das Buch der deutschen Lyrik‹.
Rainer Wunderlich Verlag, Tübingen 1957, S. 593f.)

Das letzte Wort werden weder ich noch Sie haben, sondern mein Tagebuch, das zu einem Ozean ausgewachsen ist, das nicht mehr zu erschwimmen, auch nicht mehr zu ertauchen ist. Alles, was es gegeben hat, ist da unten, da ist das Letzte, das bleiben wird. Es ist kühn und erhebend, daß wir darüber nachdenken und sprechen.
Ich finde noch eine andere Variante - an Sie - in meinem Tagebuch:
»Die kürzeste, bündigste Formel ist Gebet-Gedanke-Gedicht, das Gedicht ist die Vollendung und doch auch nur Kunst. Das Gebet ist das erste, es überzeugt aber erst als Gedicht; es muß Sprache geworden sein, was Gott auf halbem Weg begegnen soll. Man muß den weiten Weg gegangen sein, um auf halbem Weg Ihn getroffen zu haben. Der weite Weg ist das ganze Leben, und dieses ist nur ›im Kugelglas der Rest‹.
Gottes Wege gehen nicht alle über uns hinweg, an uns vorbei.
Der Gedanke ist die Eingebung und die Richtung. Und doch ist das Gebet nicht das Letzte, obschon es doch immer das Nächste ist.«
Grundlegend für mich - vielleicht für jedes jüdische Kind - ist das ›Gebet vor dem Schlafengehen‹, das von der Mutter ›eingegeben‹ wird und umso inniger haften bleibt und prägend ist. Das Bild meiner Mutter bleibt mit diesem für immer verbunden, und da es fast mit der Geburt ›vorgesprochen‹, ›eingeredet‹ wird, ist es die Grundlage für jede Zukunft, für jede Sehnsucht und Rückkehr. Fast entsprechend am Morgen das Bekenntnislied, das eigentlich ein Schlaflied ist, ›Adon Olam‹ [Herr der Welt, der hat regiert, ehe noch ein Geschöpf geschaffen war]. Ich wage es nicht fortzusetzen, weil dazu eine gute, poetisch gültige Übersetzung nötig ist. Versuchen Sie, diese zu finden. Vielleicht ist das ›Bertelsmann-Gebetuch‹ - ich kenne es nicht - gut?
Jedenfalls: Spreche ich von Gebet-Gedanke-Gedicht, sind diese die Grundlagen dessen, was ich meine, worauf ich baue, ohne zu glauben, darauf bauen zu können,

weil diese Gebete keinem Deutschen vertraut sind, geschweige denn in die Wiege gelegt wurden. Für das Thema Gebet-Gedanke-Gedicht sind sie entscheidend, denn sie sind, alle drei, schon im Ansatz - Dichtung.
Ich bin Ihnen noch Antwort schuldig geblieben, weil ich sie nicht habe. Ich verfolge die Literatur nicht mehr, ich kann Ihnen nur meine entscheidende Abwehr - Entscheidung aus/als Abwehr - mitteilen, die Sie vielleicht schon kennen, die Ihnen sicher nützt: »Aphorismen - für mich nicht akzeptabel; Neue Einsätze - als Titel ganz schön, als Untertitel ungenau und wenig brauchbar. In die Enge getrieben, stellte sich die echte Alternative ein: Sätze und Gegensätze. ›Sätze‹ betreffen das Buch, es ist ein Buch aus Sätzen, aus Ein-Sätzen; ›Gegensätze‹ betreffen die Gattung: Aphorismus - Gegensatz. Aber nicht alle Sätze sind Gegensätze, also sind nicht alle Aphorismen. Das wäre ein zutreffender Untertitel, gegen den nur eine gewisse Billigkeit der vorgeprägten Antithetik spräche, wie ›Sprüche und Widersprüche‹ (Kraus), ›Gründe und Abgründe‹ (Oscar Ewald). Er bliebe trotzdem genau, wäre darum mit gutem Gewissen zu gebrauchen, vorausgesetzt, er sei noch nicht belegt.« (An Fritz Arnold.)
Sie sehen, ich wußte es schon damals nicht, war aber auch dumm genug, zu glauben, mein Lektor würde sich dahinter machen.
Zu Heissenbüttels ›Einsätze‹:
Wer sollte darauf eingehen, wenn ich selbst davon lang nichts wußte.
Es wäre sicher anders, ließe sich Heissenbüttel in die ›Aphoristik‹ einreihen, dann käme auch Spicker wohl auf die ›Einsätze‹. So eng laufen die Kategorien aneinander vorbei…wenn man rein ›gattungsgeschichtlich‹ denkt. Es wäre, scheint's, durchaus denkbar, daß H. in seiner Art/Bestrebung/Auffassung von Literatur/Poesie zu den Grundlagen einer neuen Aphoristik gehörte. Ich habe mich mit ihm nicht weitgehend genug befaßt, ich kann es nicht sagen, aber denken. Er hat eine große Rolle gespielt in der deutschen Dichtung, aber auch als Vermittler.
Er stand/verstand im Gegensatz, das genügt.
Ich war immer eher für als gegen ihn (das war meine Antwort auf die Frage Marie Luise Kaschnitz' nach meiner ›Einstellung‹), ich spürte in allem seinen Ernst, seine etwas trockene Grundsätzlichkeit, er war in allem um Redlichkeit bemüht. Im Übrigen war ich in meinem Urteil befangen, denn H. G. Adler, mit dem ich damals eng befreundet war, war ganz für ihn und verdankte ihm nicht wenig.
(Lesen Sie Adlers Roman ›Eine Reise‹. Er war FB Steiner und Canetti ein wichtiger Freund und wußte mir von den beiden viel zu erzählen.)
Unter uns war es so, daß ich seine, er meine Wertschätzungen übernahm.
Aber das machte mich nicht zum gründlichen Leser Heissenbüttels, ich hatte vieles andere vor und im Sinn. Für jene Zeit war er von Bedeutung, Heissenbüttel hieß eigentlich ›Gomringers letzte oder entscheidende Schlacht‹. Das sollte man - sollten Sie - kennen, gerade darum, weil es an der deutschen Aphoristik, wie mir scheint,

spurlos vorbeiging. Das hätte aber auch ihre entscheidende Schlacht sein können - in den sechziger Jahren. Aber Heissenbüttel scherte sich merkwürdigerweise damals nicht um die Aphoristik, auch seine ›Einsätze‹ haben etwas anderes im Sinn, sofern man literarisch ›etwas anderes im Sinn‹ haben kann. Was dies alles bedeutet, möchten wir von Ihnen erfahren. Ich kannte damals, als meine *Einsätze* erschienen waren, die ›Einsätze‹ Heissenbüttels nicht (sie folgten einfach auf *Einsprüche*, und das darf man auch nicht aus den Augen verlieren!). Nun wir von Heissenbüttels ›Einsätze‹ wissen, ist es ein Gebot der Redlichkeit, daß Sie darauf eingingen.
Da ich diesen Text nicht kannte, kenne ich natürlich auch nicht seine Rezeptionsgeschichte, wüßte auch nicht, wie ich diese von hier aus verfolgen sollte, aber ich tat, was ich für mich bzw. für Sie tun konnte, ich habe mir in der Nationalbibliothek das Buch von ihm ›Über Literatur‹ bestellt und ›durchflogen‹. Nun bin ich in der Lage, Ihnen die Seiten 222 und 228 zu empfehlen, auf denen er von seinen ›Einsätzen‹ spricht, die für ihn offenbar grundlegend waren. Das ist für Sie wichtig, aber auch gut, weil Sie darüber mit Ihrer unmittelbaren Tradition in Verbindung treten, und die 60-er Jahre auch von dieser Innenseite kennen lernen. Diese Innenseite war eigentlich ›befreiende Besatzung‹, war amerikanische Literatur und englische Philosophie (wozu natürlich Wittgenstein gehörte, der in auffallender Weise, ganz nebenher - wie Lichtenberg - ein einziges Mal in Heissenbüttels Buch ›Über Literatur‹ vorkommt). Mit meinem letzten Buch beschäftigt, ging ich alte Aphorismen-Sammlungen durch, da fand ich unter anderem, daß Pagis den Satz angestrichen hat: *Der erste Menschensohn - Kain.* (*Einsätze* 19/1)
Ihr Elazar Benyoëtz

178 Von Burkhard Tewes
Berlin, 12. 6. 2004
Lieber Elazar,
was die Pappeln mir sagen, die - ›italienische‹ sollen sie heißen - hier vor dem Fenster stehen, ist mir unklar seit wir hier wohnen. Als Kind und auch später noch machten sie mich schlicht depressiv, heute, da ich sie Tag für Tag sehe, schloß ich eine Art mäßig faulen Frieden mit ihnen, doch daß sie ewig und immerfort dieses starke Regengeräusch erzeugen, kann ich ihnen kaum nachsehen.
Als die Anzeige Ihres neuen Buches von Hanser kam, hatte ich schon öfter im örtlichen, stark dezimierten Handel nachgefragt. Wir erwarben es dann am Karsamstag. Das also war vor nun mehr als acht Wochen und ich las es seither mehrere Male. Ich ließ mir Zeit mit einer Antwort, [...] und heute, an einem Samstag wieder, und nach neuerlicher Beendigung einer Lektüre von ›Finden‹ verdichtet sich das Gespräch mit Ihnen zu dem, was Sie jetzt in Händen halten. Ja, es kann sein, ich haderte etwas mit Ihren Sätzen. War ich übersättigt, oder

hielt mir das Buch einfach den Spiegel meines eigenen, unsteten Dozentendaseins vor Augen, das sooo viel Lektüre verhindert ...Ich hatte Anderes ersehnt - trotz Kenntnis des Manuskripts -, sah Prosa von Ihnen entgegen, wie sie im Gedenkbild aufleuchtet und sah eine gewisse Gleichförmigkeit, die ich nur zuweilen aufbrechen sah, wenn es, wie auf Seite 246, ins Gedichtete übergeht. Auch der zentrierte Satz dauerte mich als doch etwas ›klassizistisch‹, auch jugendstilig Phantasus-artig (immer ›nur‹ im Ästhetischen - aber warum?, versteht sich), - Arno Holz liegt gar nicht weit von hier und interessierten Besuch führen wir regelmäßig gern auch an sein Grab ...Derlei Gedanken Ihnen vorzuenthalten, wäre unlauter und sie hier hinzuschreiben, geht um so eher an, als andere sie doch stets überlagern.

Bei Beendigung der morgendlichen Lektüre heute war denn auch wieder die alte, ewige Dankbarkeit für jeden Ihrer Sätze in mir, und mehr noch durchfuhr mich die vielleicht späte Einsicht in die wiederum so überaus geglückte Komposition so stark, daß ich stante pede Ihr Gesamtwerk nur auf die Begriffe ›Gedächtnis‹ und ›Erinnerung‹ durchgehen werde. Dies nicht nur, um einem - gewiß sekundären - latent didaktischen Moment Ihrer Texte nachzuspüren, sondern um eher so etwas wie dem Offenbarungscharakter Ihrer Sätze auf die Schliche zu kommen, die ihrer Komposition nach beinahe Assimilation ans Hirnphysiologische betreiben, wo alles mit allem zu tun hat und wo das Buch, in das nicht nur sein Autor will, den Leser auf diese recht eigentlich simple, aber verblüffend ›verbindliche‹ Weise liest, indem es ihm immerdar den obigen Spiegel vorhält und entweder auf seine Erinnerung des Gelesenen (oder auf gekonnte Mitschriften) setzt. - Ach, das ist mir zu grob und vor allem zu vollmundig, die eignen Befremden frage, ob es wohl angehen möchte, daß Kohelet einen Bart hatte, dazumal ich ihn mir als Person recht eigentlich nie je vorstellte ...Was aber bei aller Benyoëtz-Lektüre stets und stetig rausschaut, ist das, was Ihre Texte allen Attributen enthebt und was bei Dausner in den Akzenten [...] schon gleich gar keinen Eingang findet: Die EinSätze jenseits der Sprachkritik - genauer: jedwedem wohlfeilen Sprachskeptizismus abhold. Wo ansonsten künstelnd gewortspielt, phonetisch revitalisiert oder platt mimetisierend den betonierten Verhältnissen ihre Melodie vorgesungen wird, operiert der Leser bei Ihnen nicht nur in Sätzen wie »Betrachten - Anziehen« am offenen Herz der Sprache, sondern es vermittelt sich ihm in jedem Wort, jeder Silbe noch etwas von dem so ungebrochenen wie gleichsam durchreflektierten Urvertrauen ins - ja - Sprechsprachliche. Hinter das Sie im Kontext Ihres Werkes auch mit einem Satz wie »Das Wort, das heute Auskunft gibt, gab gestern noch Antwort« nicht mehr zurückfallen können. Also: Benyoëtz jenseits der Moderne - und keinesfalls ›post-‹. Kündigte sich da in Ihren Sätzen mithin jene Rückkehr zum Sprechen selbst an, die aber weit mehr ist als bloßer Reflex auf die Aporien der Moderne. Doch ach, auch das bleibt viel zu vollmundig und da bleiben auch Fragen, die in Richtung George zeigen, an einem Teil auch in Richtung

R. Borchardt, wie mir beim Lesen von Adornos Essay über ihn mehr noch als bei seinen Texten selbst schwante. - Gleichviel: Wenn also irgend ästhetisches Wachsen und Gedeihen der Literatur zu verzeichnen wäre, dann, just hier, wo gar nicht so Neues unter der Sonne sich als beinahe Unerhörtes zeigt.
Wenn ich derlei Erwägungen ›eitel‹ nenne, geschieht dies nicht aus Eitelkeit, die, so wenig man sich selbst kennt, mir doch eher fremd sein dürfte. Aber aus dem klaren Bewußtsein, dessen Ausdruck ein - wohl schon mal angedeuteter - Satz Levinas formuliert, den ich seit langem suche, aber nicht finde. In einem Vorwort zu einer seiner Talmud-Lektüren wohl sagt er an einer Stelle sinngemäß: Wehe dem, der sich ohne Rabbi ans Talmud-Studium macht! - Dieses anstandslos auch auf Ihre Sätze in Anschlag zu bringenden Menetekels schmerzlich eingedenk, weiß ich schon ziemlich lange Jahre, daß alles, was mir zu Ihren Sätzen anzumerken gegeben ist, das Marginale kaum je wird übersteigen können. Muß es ja auch nicht...
Nehmen Sie das Wenige zum Zeichen dafür, daß meine Lesertreue ungebrochen, mein Sehnen nach gehörtem Benyoëtz beträchtlich und meine Vorfreude auf Tagebuchprosa denkbar groß und größer ist. -
Die Pappeln sind ruhiger jetzt, diese überdimensionalen Büsche, wirkliche Bäume waren sie mir nie ...wenn man schon sieht, wie sie bei Sturm sich fast bis zum Boden beugen
[...]
Ihr Burkhard

179 An René Dausner
Jerusalem, 22. 6. 2004
Lieber René,
Sie wittern, fühlen, wissen und glauben, kombinieren also und stellen Zusammenhänge her. Das ist schöpferisch, mag man auch gegen Zusammenhänge sein. Sie haben Ihren Kopf und sind unabhängig, können bestimmen und entscheiden und bleiben dabei zeitgenössisch in der Zeit, die sie genießen. Das ist wichtig, denn nur so erwiese sich mein Werk, in Ihrer Erschließung, als relevant. Derrida gehört nun dazu und kann in Ihrer Hand zu - einem - Schlüssel zu einer der Türen werden. In einem Gebäude gibt es ja viele Türen und zu jeder paßt ein anderer Schlüssel, aber Schlüssel lassen sich auch anpassen, und es gibt außerdem den Dietrich.
Wie auch immer aufgeschlossen, tritt man in den Raum ein. Wie es einem dann gefällt, wie behaglich oder unbehaglich man sich fühlt, ist eine andere Frage.
Ein Nachweis meiner Zeitgenössischkeit wäre (nicht zwingend) auch einer der Wahrhaftigkeit meines Denkens. Mein Werk ist im Grunde abgeschlossen und

wird sich im Grunde nicht ändern. Es hat seine Tragweite in sich, daß es zum Tragen kommt, ist für den Augenblick in Ihrer Hand.
Wort und Augenblick nehmen ja kein Ende, wer beide im Griff hat, wird nicht übergangen. Mehr als ich bin kann ich nicht sein, und vielen werde ich viel weniger sein als ich bin.
Ich habe mich gehen lassen - in die deutsche Sprache; mein Werk ist beides: ein Sich-gehen-lassen und die deutsche Sprache
Ich dachte eben, Sie sollten vielleicht meine Briefe an Sie der Reihe nach wieder lesen, und beschloß dabei, den bisherigen Briefen einen neuen, abschließenden, aus der unmittelbaren Lektüre heraus hinzuzufügen.
Derrida ist schön und dem Kierkegaard angemessen, auch wenn seine Interpretation nicht weit über ihn hinausreicht; er schreibt mit Leidenschaft, hat viel Fähigkeiten, auch zum theologischen Denken, sein Denken ist aber nicht ›hundertprozentig hebräisch‹; seine Rhetorik ist vorzüglich, auch wenn ich dabei gestehen muß, daß mir seine einleitenden Subtilitäten, wie auch seine Ausschweifungen zwischendurch auf die Nerven gehen. Seine Rhetorik reicht bis hin zur Predigt, er kann auch billig sein, ohne flach zu wirken.
Schön, daß er Sie anfeuert und Ihre Leidenschaft bei guter Temperatur hält. Eine großartige Ergänzung zum Thema und zur Leidenschaft (nicht nur als Thema), wäre Schestwos Buch über Kierkegaard, aber auch, in einem ganz anderen Sinn (leidenschaftlich abkühlend), Ortega y Gassets Buch über Leibniz (Ortega, ein Schüler Hermann Cohens, ein merkwürdiger Freund Heideggers, ein Verächter Kierkegaards, ein vielwissender, leidenschaftlicher Denker, der immer Wein herstellt, oft genug aber Bier serviert). Das Buch ist voller Reflexionen, die nichts mit Leibniz zu tun haben, und umso mehr für Sie ergiebig sein könnten.
An Derrida stört mich, daß er eine Methode anwendet, die zur Kürze tendiert, die er aber ausdehnt. Sein Text bekommt dadurch den Charakter der Wiederholung, auch wenn Steigerungen nicht zu übersehen sind. Was er als zwingend denkt, erscheint mir nicht notwendig. Er weiß allerdings selbst, daß Konsequenzen sich nicht beliebig ziehen lassen und daß alles vor allem in der Fragwürdigkeit und durch sie zusammenhängt. Nun, er könnte kein Aphoristiker sein, Kierkegaard war es aber (und das sind im Grunde alle religiösen Denker von Format, so viel sie auch glauben, entfalten zu müssen, um Gott in Sicherheit zu bringen).
Entscheidend unter den Philosophen waren immer die Systematiker, maßgeblich sind die Aphoristiker geblieben: Von Heraklit/Kohelet bis Nietzsche/Wittgenstein. Die meisten Menschen wollen ›erklärt bekommen‹. Das Wissen ist aber grenzenlos beschränkt, auf den Punkt gebracht wird man's inne. Man weiß nicht, was man weiß; was man aber erklärt bekommt, glaubt man zu wissen.
Derridas Text würde mir besser gefallen, überschritte er nicht die fünf Seiten. Auf drei wäre schon alles gesagt, entspräche seiner Rhetorik freilich nicht, doch

wäre es ein Mißverständnis, wollte ich aus ihm einen Benyoëtz machen. Er ist Philosoph und bleibt Interpret; er demonstriert/zelebriert sein Denken in einem Saal voller Zuhörer, er will nicht nur, er muß gefallen. Sein Text ist auf Länge abgesehen, nicht auf Kürze. Sein zweiter ›Fehler‹ ist (der ›andere‹ schließt freilich Fehler aus, sonst wäre er eine Fehlkonstruktion), daß er immer Konsequenzen zieht und immer in die Länge. Er reitet seine Pferde über alle Grenzen hinaus, bis sie erschöpft sind (um nicht zu sagen krepieren). Ich wechsele meine Pferde an jeder Grenze, die ich zu überschreiten gedenke. Der eine Gedanke ist die Geburt des nächsten. Wer im Recht bleiben will, wird nicht Recht behalten.
Sein Denken ist nicht kleinlich, dafür aber zu großzügig.
Ich habe Derridas Text, für den ich Ihnen danke, am Schabbat, also ohne Bleistift gelesen, merkte wohl, wo es vibrierte, strich die Stellen aber nicht an, auf die ich eingehen könnte.
[...]
Die Redlichkeit verlangt, daß ich meinen Standort angebe, ich darf nicht täuschen, auch wenn ich nicht weiß, was dieser Standort als Befinden bedeutet, es ist ein Sich-Befinden, sachlich und persönlich zugleich. Ich habe es nicht zu bewerten, habe auch nicht zu wissen, was es ausmacht, es wird als Gegebenheit benannt.
Ich bin da, nicht dort; ich komme daher, sage aber nicht, wohin ich gehe. Da beginnt die Sache meines Denkens. Man kann sich bei mir entscheiden, ohne sich überzeugen zu müssen. Der Gedanke, in einem Satz aufgehend, geht beim Leser ein, eignet sich ihm an, er wird, mit etwas Arbeit, zu seinem Besitz. Er kann aus jedem Satz sein Bestes machen. Er kann mich vergessen, ich bleib' nur in der Dankbarkeit erinnert.
Der meine Bücher braucht, glaubt, mich entbehren zu können.
Wie gut habe ich mich entschieden, in der Zurückgezogenheit zu denken und mich von jedem modischen Einfluß fern zu halten. Das an sich ist kein Vorteil, mein Vorzug ist, daß meine Zurückgezogenheit doch zugleich Jerusalem heißt. Diesen Vorteil merkte ich auch gestern wieder, beim Lesen Derridas. Er denkt jüdisch, spricht auch von Jerusalem, das er sicher kennt, denkt aber nicht in das Blaue Jerusalems hinein.
Ich bin vielleicht kein Zeitgenosse meiner Zeit; ich gehe auf in meinem letzten Rest.
Derridas Auslegung hat mit mir zu tun, wenn er vom Haß sagt, er sei die Voraussetzung der Liebe oder ihrer Konsequenz, und wenn er von seiner Sprache sagt, sie sei nur die eine für Franzosen, die Menschen anderer Sprachen, die Sprachen anderer Menschen blieben ausgeschlossen, vernachläßigt. Man erreicht den so geschätzten ›anderen‹ eben nicht mit einem Katzensprung, und die Katzen gehörten schließlich auch dazu.
Bubers Baum und Derridas Katze.

Was Gott nicht geboten hat, kann nicht Gottesdienst sein.
Du gefällst Gott nicht außerhalb der Lehre, die sein Weltplan gewesen ist und bleiben muß.
Ich konnte mich nichts widmen, weil mich meine Gedanken unentwegt überfallen und fortreißen; mir immer voraus, muß ich ihnen nachjagen; ich schreibe wie außer Atem geraten, das merkt man meinen Sätzen aber nicht an.
Alles, was ich mir täglich vornehme, wird stündlich vereitelt.
Was in der Bibel steht, lasse man stehen. Was nicht fest steht, ist das in uns Schwankende.
Und Gott versuchte Abraham, das steht unübersehbar, und dann, ebenso unübersehbar, daß Abraham die Versuchung bestand. Gewiß, er wäre an seinem Sohn zum Mörder geworden; damit muß er gerechnet haben. Das ist er in manchen Augen bereits, weil seine Absicht, seine Bereitschaft für die vollendete Tatsache steht.
Wir sagen: ein Gott, ein gerechter, kann unmöglich Kinderopfer verlangen; wir sagen: ein Vater, ein liebender und gerechter, kann nicht erwägen, seinen Sohn zu opfern.
Blieben wir in diesen Kategorien stecken, wir bräuchten keine Bibel.
»Und Gott versuchte Abraham«: das ist eine Kategorie des religiösen Daseins, wir kennen sie nur aus dieser Quelle und kennen sie bei Abraham als Ausnahme.
In der Regel ist nicht Gott der Versucher, die Versuchung ist an sich eine widergöttliche, Er läßt sich ja nicht ein. Versuchungen gehen nicht von ihm aus, wenn sie auch nicht ohne sein Wissen stattfinden.
Die Versuchung ist ein Widerspruch, der zu verstehen gibt.
Was gibt es da zu verstehen? Darauf ist Hiob die Antwort.
Voraussetzung einer Versuchung ist, daß sie bestanden werden muß, daß sie natürlich bestanden wird.
Wenn Gott Abraham versucht, dann macht sich Abraham keine Gedanken.
Gedanken sind die Zweifel, die kommen.
Abraham denkt sich nichts dabei. Dächte er, seine Gedanken hießen Zweifel, Ketzerei, Abfall. Sie wären anachronistisch, sprächen gegen uns, Abraham verstünde sie nicht.
Die Versuchung ist klar, die Forderung sinnlos - einzig von Gott her, und von dem, was er aus eigenem Ersinnen mit Abraham vorhatte, wäre damit alles vereitelt.
Gott ist der Fragwürdige, der Abraham versuchen muß. Warum muß er das?
Diese Frage an Gott war mein Ausgangspunkt, nicht die an Abraham.
Ich glaubte nicht, daß die Verheißungen es Abraham angetan haben.
Am Glauben Abrahams offenbart sich der Wille Gottes, der Glaube ist aber nicht allein die Offenbarung des Willens, und der Wille, der sich an jemand offenbart, ist ein geteilter. Damit Gottes Wille geschehe, genügt es nicht, daß Abraham

gehorche, gehe und tue, was ihm geheißen wird. Abraham hat seinen eigenen Willen, der sich aber nicht offenbart, weil der Mensch sich nicht offenbart, schon gar nicht dem Gott. Abraham glaubt Gott mehr als er an ihn glaubt, und er glaubt ihm, weil er bei sich etwas weiß und weil in diesem Wissen sein Wille begründet ist. Sein Wissen ist von dieser Welt und sein Wille ist, diese Welt zu verändern.

Für die zu verändernde Welt will Abraham der Grundstein sein.

In der Bereitschaft, als Grundstein zu dienen, fällt er auf sein Angesicht vor Gott.

Seine Sache ist begründet, somit auch die Sache Gottes, nur muß für diese Sache der Grundstein zum Prüfstein werden: gezeigt und unübersehbar gesehen.

Der Glaube Abrahams muß nicht geprüft werden, der Glaube reicht immer aus für die Geschichte eines Menschen, eines einzigen Lebens, für ein ganzes Lebensalter. Auf ihm allein läßt sich aber weder ein Volk noch eine Kirche gründen. Darum muß Gott Abraham versuchen. Versucht war nicht der Glaube, sondern seine Tragweite.

Was den Glauben Abrahams ausmacht, ist das Weitgehende. Die Nähe wird nur weitgehend erreicht. Damit Gott auf ihn zugehe, muß Abraham weit gegangen sein.

Mit herzlichen Grüßen, auch an Josef,
Ihr Elazar

180 An Friedemann Spicker

Jerusalem, 25. 11. 2004

Lieber Herr Spicker,
heute holte ich Ihr schönes Geschenk ab, für das ich herzlich danke, Ihr großes Werk, zu dem ich Ihnen herzlich gratuliere. Seit vielen Stunden lese ich darin, mit Freude (über Ihre Leistung), mit Spannung (es ist halb geschrieben, halb gesprochen, man unterhält sich mit Ihnen gut und gern), mit Sehnsucht (mir kommt das Buch als Geschichte meiner Jugend vor), aber auch mit Wehmut (Klammer auf:) Die unerwartet blühende Landschaft, die Sie hervorzaubern, ist - wenn der Zauber zu lange währt oder bald verschwunden ist - ein großer Friedhof. Es sind große Einblicke, die Sie uns in die jeweilige Zeit gewähren, in die sich wandelnde Sprache, in die sich gleich bleibende Gattung und die Gefahren, die jeder Satz in sich birgt, wenn er sein Maß verliert und maßlos wird.

Große Lehren kann man aus diesem großen Buch ziehen, freilich keine Konsequenzen. Der Satz wird immer das Wort bleiben, das am Anfang war. Was mit dem Wort beginnt, endet mit dem Satz. Die großen Namen, die einen Aphoristiker stolz machen über die Gattung, überschatten fast immer und fast alle

Nachkommen. Sie bestimmen die Themen, sie schreiben die Gebärden vor, auch noch die gelegentliche Selbsteinschätzung ist wie vorgeschrieben.
Zugespitzt oder in sich gespalten - mehr ist nicht drin, es sei denn, man ist entdeckerisch und erfinderisch zugleich - von originellem Geist, der jeden Satz mit einer Hautfarbe versieht. Wie schnell werden geistreiche Aphorismen papieren. Wer vermag es schon, mit einem Satz seine ganze Person in Deckung zu bringen. Und wie rasch stellt man sich selbst bloß mit einem Satz. [...]
Ich verweile bei Joachim Günther, den ich ziemlich kannte, über dessen Buch ich auch einen Brief an meinen Verleger geschrieben habe. Werner Kraft hatte eine bessere Meinung darüber, aber ich habe ihn gewichtiger genommen, da ich mich von ihm absetzen mußte, ich tat es mit folgenden Worten: »Günthers Buch ist ein ernstzunehmendes, wenn auch sprachlich wie gattungsgeschichtlich uninteressant. [...] Nun bin ich doppelt froh, daß es kein schlechtes, sondern ein gutes Buch ist, vornehm auch in seiner Ausstattung, und daß es, wenn mein Buch [Worthaltung] endlich erscheint, etwas Vergleichbares auf dem Büchermarkt geben wird. Wirklich vergleichbar sind wir allerdings in kaum einem entscheidenden Punkt - die entscheidenden Punkte wären: Denken, Sprache, Kunst -, wohl aber im Leitmotiv, das jedoch nicht als ›Anliegen‹ mißverstanden werden darf. Das werden aber nur diejenigen erkennen, an die sich Günther mit angestrengtem Seitenblick wendet - die Theologen.«

Wie ernst die Geschichte des Aphorismus zu nehmen ist, kann man an Personen ausmachen, die nur herausgeberisch (einen Augenblick lang den Zeitpunkt bestimmend) von einiger Bedeutung waren, wie Hans Margolius. An ihm kann man zeigen, was ein Aphorismus nicht ist oder ›besser nicht sein sollte.‹
[...]
Sie haben das längere Maß und können auch einem Margolius Gerechtigkeit widerfahren lassen. Er hat nicht vergebens gewirkt, vielleicht haben seine eigenen Aphorismen, gegen die ich vollkommen immun bin, auch ›im besten Sinne‹ Einfluß auf einige Seelen genommen. Schwer anzunehmen, leicht zu glauben. [...]
Dreißig Jahre waren Sie am Werk, kein Jahr davon ist verloren. Ihre Beschäftigung mit dem Aphorismus deckt sich mit der Entstehungszeit meiner deutschen Aphoristik.
Der Anfang liegt weiter zurück, doch wahrlich begonnen hat meine Aphoristik 1973 mit *Einsprüche* und wirklich mit *Einsätze*, 1975.
Was mich verwundert: Jeder Aphoristiker schreibt über den Aphorismus und jeder glaubt zu wissen, was der Aphorismus sei, ich finde aber kaum einen, der darüber nachdenkt, was ein Aphorismus noch alles sein könnte.
Aphoristiker leben nicht in der Hoffnung und sehen in sich die Zukunft ihrer Gattung.

Die frischen Definitionen stammen immer von denen, die die Aphoristik als Nebenzweig kultivieren. Die Zukunft der Aphoristik liegt nach wie vor im nicht aufgepfropften Nebenzweiglichen.

Und also komme ich auf das mir gewidmete Kapitel, für das ich Ihnen besonders danken will. Ich bin damit, Ihre Rüge eingerechnet, einverstanden. Ich lebte ja mehr in der Literatur als in meiner Zeit. Wenn ich nun sagte, Werner Kraft hatte überhaupt keinen Einfluß auf mich, ebenso Ludwig Strauss, würde das etwas bedeuten? In jedem Fall müßte es geprüft werden. Ihre Schlußannahme kann ich also nicht von der Hand weisen, die Franz Baermann Steiner betreffende müßte ich sogar bestätigen [...]: 1963 oder 1964 las ich in einem Heft der Neuen Rundschau (S. Fischer) Aphorismen von Franz Baermann Steiner, ich habe sie für mich auch abgeschrieben, sie mußten auf mich Eindruck gemacht haben. Meine Wertschätzung Steiners als Dichter habe ich in meinen Büchern zitatweise bekundet.

Soviel für heute, in wenigen Minuten schlägt es Mitternacht, und das bedeutet, daß ich bald zwölf Stunden mit Ihrem Buch und mit Ihnen spreche.

Dank und gute Nacht!

Elazar Benyoëtz

181 An Friedemann Spicker   Tel-Aviv, 28. 11. 2004

Lieber Herr Spicker,
[…].
Was mir bei den meisten Aphoristikern auffällt: sie verkünden gern ihre eigene Person, sprechen aber selten von sich. Das liegt am Körnchen Offenbarung, die ein Satz suggeriert und der Aphoristiker für bare Münze nimmt. Man kann allerdings in einem Satz nicht bescheiden sein. Einen Satz von sich geben, geht schon über alle Maßen. Wie soll es nicht anmaßend scheinen, spräche er auch noch vom Verfasser. Das eben ist, was die scharfe Rede Kohelets so angenehm macht; er spricht von der Welt, aber auch gegen sich, vor allem und immer - von Anfang an - von sich. Das müßte man immer wieder ausprobieren und trachten, es weiter voranzutreiben. […]
Die Gattung sucht ihre Grenzen, keiner denkt daran, sie zu überschreiten, weil niemand sie kennt. Es beginnt anmaßend und endet maßlos. Fallen ihm die Schuppen von den Augen, glaubt er, alles sehen zu können.
Es ist nichts zu wollen: die Grenzen des Satzes, der in die Weite will, liegen nah. Die nahe liegende Grenze zwingt zum Sprung, ermöglicht aber keinen Anlauf. […]
Die tollen Wortspieler schöpfen alle aus der gleichen Quelle, die sie auch besudeln, selten aus dem eigenen Geist. Auf der Sprachspielwiese wird offenbar, wie leicht man originell sein kann, ohne auch nur einen Funken Originalität mitgebracht zu haben. Eine reine Ausbeutung der Schwäche, die auch der Sprache innewohnt: überall dabei sein zu müssen. […]
Man muß eine Rolle spielen, wenn man keinen Platz einnehmen kann.
Die Großen leben in ihrer Größe, die anderen in 5 bis 20 Sätzen. Es kommt, nach unendlichen Variationen, aufs Gleiche hinaus, und wenn's hochkommt - aufs Ähnliche.
Der Blitz schlägt ein, das ist seine Erhellung. Die meisten Wortspiele, wie sie in Ihrem Buch stehen, sind auch nur einschlägige Blitze.
Die Wortspielwiesler haben kein Gesicht zu verlieren, weil sie keines haben; sie schreiben keine Tagebücher, weil sie nicht einmal an sich selbst interessiert sind. Sie brauchen einzig die Lacher auf ihrer Seite oder den völkischen Beobachter.
Im Bereich des deutschen Wortspiels gibt es nach wie vor aphoristische Gauleiter.
Nun geht auch dieses Spiel zu Ende; das Gehör ist bereits überlärmt, und spitz ist nur noch, was sich nicht einschärfen läßt; man hat kaum noch Geduld für die eigene Sprache. […].
An der Unverdrossenheit der Wortspieler zeigt sich die Unlust der Sprache.
Sie spielt nicht mit jedem, und läßt das Wort nicht gewonnen sein.
[…]

Meinem deutschen Aphorismus ging der Brief voraus; der Brief liegt meiner ganzen Aphoristik zugrunde. Ich mußte meine Gedanken ausbilden und ›bebildern‹, damit sie nicht zu Meinungen herabsinken. Das hätte ich durch mein Tagebuch allein nicht erreicht. Tagebücher sind keine gute Schule, weil man an sich ja kein Wort richten kann, auch wenn man sich ständig zu etwas ermahnen muß.
Das gerichtete Wort verbindet Brief und Aphorismus.
Der Brief ist die mir geschenkte Möglichkeit, mit Ihnen zu sprechen.
Ich kann mir vorstellen, daß die Geschichte meiner Aphoristik meinem Briefwechsel abzulesen wäre, vom ersten, nicht nur orthographisch unsicheren Brief an Margarete Susman. Für eine erste Fassung dessen, was später *Sahadutha* heißen sollte, stellte sie mir tatsächlich meine Briefe zur Verfügung. Aus den Briefen an sie und an andere habe ich Aphorismen gewonnen; manchmal konnte ich sie im Wortlaut übernehmen, was mir heute kaum noch möglich wäre. Kein Wort ist vor meinem verändernden Zugriff sicher; ich kann zehn Jahre und mehr an einem Jahrgang meines Tagebuchs arbeiten. Sie dürfen sich denken oder mir sagen, daß ich dadurch zum Fälscher werde. Ich widerspräche nicht. Auch Fälschungen sind um Echtheit bemüht.
Der zweite Blick schafft sich sein Objekt (um), während der erste auf seinem Recht beharrt. So kommen erster und zweiter Blick zu ihrem Recht.
[…]
Ich bin Ihnen oder mir noch einen Nachtrag schuldig, Werner Kraft betreffend. Er sagte mir, ich solle nicht nur über ›das Wort‹ schreiben, sondern auch über den Satz nachdenken. Das habe ich getan, und das ist denn auch sein Einfluß gewesen.
Was ihn selbst betrifft: Je weiter er sein Werk zurücknahm, desto eigentümlicher wurde es. In der Unscheinbarkeit seiner letzten Prosa erfüllte sich sein Maß - jenseits von Pensum. Seine Prosa ist seine Dichtung geworden; seine Tagebücher waren wie Briefe gerichtet an ihn, in seinem Garten sitzend, an das vor ihm gerade aufgeschlagene Buch. Sein Können war groß, aber entbehrlich. Er wußte das Entbehrliche zu schätzen und kultivierte es. Wachend und wach, wie er war, ging er seinen Pflichten nachgiebig nach; zitierend beherrschte er sein ergriffenes Dasein. Seine Liebe galt der Poesie, die er täglich geltend machte.
Mit herzlichen Grüßen
Ihr Elazar Benyoëtz

182 An Burkhard Tewes

Jerusalem, 10. 1. 2005

Lieber Burkhard,
[…]. Meine Anfänge lassen sich nicht gut objektiv darstellen, da man bestenfalls

im Sinne der Grammatik den Übergang vom Hebräischen zum Deutschen ausmachen könnte.

Das habe ich mir eigentlich von Ihnen erhofft, doch auch Sie drückten sich davor.

Über alles gaben Sie entschieden Ihre Urteile ab, nur über *Sahadutha* nicht. (Es tauchte neulich zum ersten Mal im Internet auf: in einem nicht einwandfreien Zustand - für 40 Euro).

Ich selbst hätte auch jetzt davon absehen können - wenn in *Einsprüche* nicht Worte *Sahaduthas* eingegangen wären. Das ist der wichtigste Beweggrund für die Überarbeitung.

Es gehört zwar zu meiner Praxis, daß sich Aphorismen von Buch zu Buch ›wiederholen‹, wenn sie dabei nur andere Verbindungen eingehen: das kann ich nachweisen und von Fall zu Fall erklären, im Falle *Einsprüche* war es aber die pure Not: ich hatte zu wenig Aphorismen, um ein Bändchen füllen zu können. Wieso das? Eine gute Frage, die ich Ihnen - nur Ihnen - beantworten will. Erstens: Ich hielt meine Rückkehr nach Hause und ins Hebräische für endgültig und geglückt; zweitens - und das gilt nach wie vor - ich kann nicht für heute und morgen schreiben. Zwar schreibe ich täglich, und viele Stunden, was ich aber geschrieben habe, wird sich erst zeigen müssen - nach Monaten oder Jahren, nicht heute, nicht übermorgen. Und plötzlich sah ich mich genötigt, ein deutsches Büchlein von heute auf morgen herauszugeben, weil ich es Clara von Bodman widmen wollte, die, wie es hieß, ernsthaft erkrankte. Das war die einzige Ursache, der wahre Hintergrund meiner ersten deutschen Initiative von Israel aus. Dieses Bild änderte sich mit einem Schlag und gewaltig - durch *Einsätze*. Dov Sadan, der größte Kenner jüdischer Literatur, Inhaber des ersten Lehrstuhls für Jiddisch an der Hebräischen Uni Jerusalem, hat mir dazu geschrieben:

»Nun bist Du gewarnt, die Würfel sind gefallen, Du gehörst zu Heine mehr als zu mir.« Das bedeutet: *Einsprüche* war ein Zufall, ein Unfall, das ich Dir nachsehen konnte, *Einsätze* ist aber kein Zufall mehr, ist eine Wiederholung der Missetat - ein Farbenbekenntnis, Sprache, deutsche Sprache.

Er sprach es in edler hebräischer Knappheit, die an den großen Rest denkt, der immer bleibt, und nur die Tatsachen benennt, die stimmen. Die Wahrheit ist Rüge genug.

Die Anspielung stellt die Distanz her, die unauffällig die Fakten umrahmt.

Distanzen zu ermessen, aber auch herzustellen, war seine Zuständigkeit. Darum hallen mir seine Worte dreißig Jahre nach. Sie wurden vom gewaltigen Mischklang getragen: ›Du bist nicht harmlos; du wirst in Bann gelegt‹. Oder: ›Du bist eine Spätgeburt, eine Fehlgeburt. Heine in Deutschland, auch in Paris, war Tradition, Benyoëtz aber ist schon vom Namen her der Bruch mit dieser. Heine suchte noch durch seine Taufe seinen Gott, wen aber suchst Du?‹

Tatsächlich waren die *Einsätze* bahnbrechend, die Rezeptionsgeschichte ist obskur, aber lehrreich. Das Buch erreichte die Besten, in einigen Ländern, und war doch kaum ein Buch, 54 Seiten alles in allem. In diesem Buch und mit ihm bekam die deutsche Sprache ihren ›Zweitsitz‹ im Leben, ward das Jerusalemdeutsch geboren. Wenn ich mich nicht irre. Das bestätigte deutscherseits der Berliner Joachim Günther, der selbst Aphoristiker war, Grund zum Neid und vielleicht auch Dreck am Stecken hatte, in seinen ›Neuen Deutschen Heften‹: »Der kleine Band mag ein Anfang sein, mag es vielleicht sogar bleiben; Aphorismen lassen sich schlecht züchten, sie bleiben immer ein wenig Wildfrüchte im Geiste, und irgendwann pflegt die Gnade von oben, ohne die es nicht geht, aufzuhören - wie beim Gedicht, dem gerade die Benyoëtzschen Aphorismen näher stehen, als es die Gattung sonst fordert. Daß solche Bücher, so klein sie sind, in Israel in deutscher Sprache gezeitigt werden, ist wichtiger für die Verbindung der Menschen und der Sprache als alle Besuche und Kulturbeziehungen zusammengenommen.«
Johann Georg Hamann - ich habe ihn in Berlin gelesen, seitdem nicht mehr, obschon der mir seit je liebe Band ›Schriften‹/ J.G. Hamanns/ Ausgewählt und herausgegeben/ von Karl Widmaier/ Leipzig/ Im Insel-Verlag/ 1921/ mich immer begleitete und heute noch in meiner Bibliothek steht. In meinen Büchern habe ich ihn kaum zitiert, obwohl er mir wichtiger war als manche der von mir zitierten. Ich wollte immer herausfinden, wodurch, bin aber nicht dazu gekommen. Für solche Feststellungen sind Lebenserinnerungen nötig, ein Aufsatz genügt nicht. Das ist schon fast ›Hammansch‹ gedacht und gesprochen. Er selbst konnte - auch noch über Gott - nur autobiographisch denken. Ein solches Denken ist nur mißverständlich, weil es eine Fülle voraussetzt, die nicht von der Bildung und nicht vom Abenteuer herrührt. In solchen Fällen schaltet sich unmittelbar die Psychologie ein, verzerrt das Bild des Autors und verdirbt sein Spiel. Von Hamann ist leicht zu singen, schwer zu sprechen.
Eine Ähnlichkeit zwischen mir und ihm vermutete vor vielen Jahren Helmut Arntzen, vielleicht, weil er Münsteraner ist, doch ist etwas daran.
Das Religiöse allein macht es nicht aus, auch nicht die fromme Grammatik.
Er wurde nicht nur schlecht verstanden, sondern auch - nicht immer schuldlos oder ohne sein Dazutun - mißbraucht, beginnend mit seinem Jonathan (Jacobi, der auch nicht ›ohne‹ war und ist) und endend mit Josef Nadler.
Königsberg - nehmen wir's einmal zum Ausgangspunkt - das sind Hamann, Herder, Kant und Hippel: an allen vier scheiden sich die Geister. Ich habe meine Gründe gegen alle vier, ich liebe sie alle, »da stehe ich.«
Zu Ihrem ›Erzählen‹:
Die Lust zu Fabulieren ist und war schon immer stärker als die Lust zum Denken/ Nachdenken, aber auch das reine Denken ist fabelhaft und lustig.
Erzählen - ja, aber nicht im modischen ›narrativen‹ Sinn.

Moden sind immer fabelhaft, nachdenklich vorherrschend.
Mein Thema von Potsdam her ist ›die Mündigkeit des Mündlichen‹.
Herzlich,
Ihr Elazar

183 An Harald Fricke

Jerusalem 18. 1. 2005

Lieber Harald,
morgenneidlich frage ich mich, wie Sie sich denn losreißen und in den Tag steigen
- ›Lichtenberg im Nacken.‹
Die Stelle ist an sich wunderschön, ist vor allem ein Fund, und vermag durchaus,
den alten Streit gar steigernd zu schlichten. Es kann demnach nicht anders sein,
als daß er sich wünschte, ins Hebräische übersetzt zu werden. ›Verbiete‹ wollte mir
nicht einleuchten, dazu gab es keinen Grund, dafür keinen Adressaten. Es wird eine
tintenhafte Laune, aus dem Fass steigend, gewesen sein.
[…] Ich muß Ihnen gestehen, daß mich das Zitat erfreute und mein Herz erwärmte,
ich wäre in der Lage, mit ihm zu tanzen.
Nach dem Tanz aber war ich in Gedanken nicht mit ihm, nicht bei Lichtenberg,
sondern beim Adressaten des Briefes, bei Jacobi, den ich lange (nicht nur goethisch)
abwehrte, dem ich nun aber auch schon lange mit Erstaunen zusehe. Seine Rolle ist
kaum beschreibbar, seine beichtmagnetische Kraft beispiellos. Er vermochte aus den
Besten ihr Bestes, auch Verborgenstes, mit leichter Hand zu locken oder, wenn es sein
mußte, anschwärmend zu entreißen. Man weiß nicht warum, man fragt sich wieso,
es ist nur scheinbar mit Händen zu greifen. Wieso ist Jacobi Lichtenbergs Adressat
für diesen kostbaren Satz geworden? Das eben wiederholt sich ›durch die Bank‹, es
gibt fast immer Grund zu fragen, warum gerade er. Nun, ich kenne die Gründe -
bis auf den einen, den ich lange suche, weil er nicht dabei ist. Jacobi gehört zu den
Menschen (ich nehme mir für diesen Zweck den Mund voll, weil ich im Auge mehr
habe als ›Schriftsteller, Denker, Autor‹), denen man lieber eine große Rolle einräumt
als eine große Bedeutung zugesteht. Er taucht überall auf, spricht überall mit, ist
nicht zu übersehen und doch glaubt man, er könne glatt überhört werden. Es liegt
vielleicht an der Stimme, er zwingt ihr Töne auf, die das Gehör verwirren. Er will
allerwegs Schüler der Großen sein, deren Größe er mit schlafwandlerischer Sicherheit
heraushört und gleich mit höchsten Tönen anerkennt und hinausposaunt. Dann
kommt immer der Augenblick, wo er die Großen rügt und meistern möchte. Sein
Lob hat oft die Farbe delikater Denunziation. Besserwisserisch posaunt er vorschnell
seine Einsichten aus. Aber er ist ein immer reger Geist und immer auf Reisen. So
viele Menschen, so viele Namen, so viele Stationen - und alles ohne Halt.
Die Bedeutung, die er sicher hat, gönnt man ihm nicht. Er umarmt mehr als er
umfaßt, und beides mehr als man mit zwei Armen vermag.

Und doch ist er klüger als viele andere; er ist Kaufmann und in der Lektüre buchhalterisch genau. Er verstand Spinoza besser als seine Zeitgenossen.
So bin ich bei meinen Themen gelandet: die Rolle des Adressaten und die Mündigkeit des Mündlichen.
Morgendank- und Gruß
Ihr Elazar

184 An René Dausner
                  Jerusalem, 24. 3. 2005
Lieber René,
im Anfang stand etwas, das nicht *Sahadutha* war, aber so heißen sollte - das Zurückliegende, das für eine Weile zurückgelegt werden mußte.
Sahadutha stand fürs Hebräische und Biblische:
auf deutschem, beiden entzogenem Boden.
Daraus ergab sich eine neue, aber schiefe Perspektive.
Der Autor wußte für den Augenblick Bescheid,
wußte aber noch nicht, ob seine Stimme das Erbe, das er zu heben gedachte, zu beleben vermöchte.
Alles war zu nah, kaum anzugehen.
Mit einem Echo war nicht zu rechnen.
Alles sprach für die Vergangenheit oder gegen sie, niemand sprach für sich.
Sahadutha ist mein Wort von Anfang an,
Filigranit meine Sprache von Grund auf.
Beide erheben sie Anspruch und machen sich davon.
»Was ich täte, wenn ich etwas zu sagen hätte?
Nicht viel sagen.«
Am Anfang beider Bücher steht dies als Motto,
aus einem Brief Fritz Mauthners an Auguste Hauschner.
Mauthner - am Ende wollte er nichts gesagt haben,
weil er der Sprache nicht traute.
Zum ›Nicht viel sagen‹ hat er's nicht gebracht.
Das sollte die sprachlose Mystik für ihn besorgen.
»Vom Menschsein erlöst«, so tot und knapp
lautet seine Grabinschrift.

Geister wie Marc Aurel, Kenko, Rosanow - es gibt sie immer, in aller Welt, unter vielen Völkern. Ihre Augen sind offen, sie betrachten aber nicht, was sie sehen, sondern was ihnen auf Schritt und Tritt einfällt.
In Gottlieben, bei Bosshard, Kenkos Buch gefunden und zum ersten Mal gelesen.

Mit Yoshida Kenko brach ich auf, sein Wort steht als Motto über *Sahadutha*, Berlin 1969. Ich hatte es aus Paul Adlers Buch über die Literatur Japans.
Und nun bin ich am Ende - abschließend beginnend. Kenko:
»Alles immer gleichmäßig und vollständig zu halten, ist die Art mittelmäßiger Geister. Gerade das unharmonische ist schön. Bei allen Dingen ist Vollständigkeit von übel. Das noch unfertige liegen lassen, wie es ist, das hat besonderen Reiz und gibt das Gefühl einer frohen Entspanntheit.« (S. 35)
Nach seinem Tod soll in seiner Hütte zu Yoshida das Manuskript von Tsurezuregusa gefunden worden sein, dessen einzelne Blätter auf die Rückseiten einer buddhistischen Heiligen Schrift geschrieben und an die Wand geklebt waren. Es gibt keinen Japaner von Bildung, der nicht in seiner Schulzeit das kleine Bändchen in seiner Tasche getragen hätte. Das Buch - ein echtes Zuihitsu-Werk, das heißt, etwas, das man der Laune des Pinsels folgend schreibt, gerade so wie die Gedanken zu einem kommen, ohne jeden Zusammenhang zwischen den einzelnen Abschnitten. (S. 94)
Kenko lebte 1283-1350.
Mein letztes Buch knüpft mit dem Namen Kenko an mein erstes an.
Mir ist's, als würde Kenko sich mit mir entwickelt haben.
In Gottlieben war ich ihm wieder begegnet, als wäre er ein Stück von mir,
und schon immer da, höfisch am Ort, in dem die Kirche mühelos, regungslos
im Dorfe bleibt; Hausdächer an dem Schloßpark vorbeiziegeln, während in seinem
Herzen Clärles Königin, die glaubliche Blutbuche frühlichtlich überwintert.
Die Kirche bleibt im Dorf, das Schloß zieht in die Stadt.
Ein Mann geht vorbei, führt sein Leben an der Leine und pfeift Stielers Winteridyll herbei. Am Dorfplatz, vor dem Bodmanhaus, halte ich inne und sehe sie kommen.
»Tief in dem Hausflur steht die grüne Bank...
Am Hirschgeweih hängt noch der Hut verwahrt
Mit welken Blumen von der letzten Fahrt.
Die Treppen steig ich leis empor beim Schimmer
Des kleinen Lichts...in mein altes Zimmer -
Mir ist's, als stieg ich in ein Himmelreich.«
Das war die schon einmal verlorene Jugend, auf Borg.
Lassen Sie sich nicht verwirren, lieber René, es sind alte Namen
und alte Marotten: Anhänglichkeit; Bleibsucht.
Und doch auch vom Etwas das Ganze.
Obwohl Zeitgenosse meiner Sehnsucht, war mir Kenko schon immer voraus.
Sehnsucht beugt sich ohne Neigung und ist nach Qualität nicht definierbar.
Auch schwarz gekleidet, geht sie allerwegs ins Blaue.
Sie ist vielleicht farbenblind, vielleicht nur zeitlos.
Am Vielleichteln verkommt aber die Aphoristik.

Der Aphorismus ist nicht entscheidend, der Aphoristiker aber, und wäre er noch so ambivalent, entschieden. Das ist sein Versprechen, ist auch das Unbehangen, das er weckt, und die Angst, die er einflößt.
Er will alles gewußt haben, ohne dabei gewesen zu sein.
Wer ist aber schon wachend wach bei seinem Wissen.
Und wer will nicht dabei gewesen sein. Mir aber ist nicht dabeilich zumute. Darum kann ich Kenko lieben, oder Oscar Bie, wenn er von der ›brutalen Vollständigkeit‹ spricht.
So komme ich wieder auf *Filigranit* zurück, das mit einem Wort Gotthold Ephraim Lessings endet: »Freilich wird so viel angefangen und wenig vollendet. Aber was schadet das? Wenn ich auch nichts in meinem Leben mehr vollendete, ja nie etwas vollendet hätte: wäre es nicht eben das? « (An seinen Bruder, 2. 2. 1774)
Dem müßte Ihre Dissertation - als Buch - entsprechen.
Elazar

185 An Josef Wohlmuth
                                                                    Jerusalem, 1. 4. 2005
Lieber Josef,
[…].
Während ich meine Prosa schrieb, hatte ich das Gefühl, meine Gedanken lasteten schwerer. Nicht, daß sie schwerfällig geworden wären, das nicht, aber sie ziehen mich immer mehr hinab, dem Absturz näher als dem Anflug, als würde ich im Himmel nichts mehr zu suchen haben. Das bedrückt mich zunehmend, und da hellte Ihre Stimme hinein.
Wäre ich Theologe, ich bemühte mich jetzt um eine Theologie des Scheidens, des Abschieds. Ich kann mir so gar nichts mehr vormachen, doch verfügte ich eben jetzt über gar süße Klänge, die entsprechend wären. Schade, daß ich so sehr von einem ›Verleger‹ abhänge. Nicht im Schreiben, sondern in der Idee des Buches; ich schreibe ja täglich und ganz ungeniert, doch immer für später, wissend, daß alles Geschriebene aktuell wenig bedeutet und auch wenig taugt: Mit keinem Wort würde ich vor Gott treten mögen. Das wage ich nur mit einem Buch, das Buch bewirkt bei mir aber der Verleger, also das Wissen, daß es nicht liegen bleibt. Es liegt aber nicht am Liegenbleiben, das gehört zum Metier, ist auch nicht schlimm, bei mir verhält es sich aber anders, denn ich denke und schreibe von mir und meiner Umwelt weg. Wäre alles hebräisch geschrieben, es würde mich nicht bekümmern. Deutsch bedeutet aber: Nicht für hier, nicht für meinen Sohn, nicht für die Menschen dieses Landes. Es ist eine Wunde, ist ein Schmerz und nicht zu lindern.

Daß Sie sich Ihrem Tagebuch nun widmen, freut mich von Herzen, denn darum geht's.

Liest man Ihre Bücher, weiß man, wonach Ihr Herz lechzt und wohin es schlägt, sieht es aber nicht. Es ist aber wichtig - auch theologisch wichtig - daß man Ihr Herz zu sehen bekommt, Kammer um Kammer. Das sage ich, wissend, daß es Sie die größte Überwindung kostet. Überwindung hieße aber nicht, mehr Wind machen…

Jerusalem verträgt keinen Humor, um Rom herum grassieren die Tausend Witze; Jerusalem müßte, wenigstens christlich gesehen, - von der Stallgeburt bis zur Himmelfahrt - eine Befreiungstheologie ermöglichen. An Aufrichtigkeit und Redlichkeit mangelt es bei Ihnen ja nicht, das ist doch das für Sie Einnehmende, aber Sie ›müßten‹ sich einmal auch gehen lassen; das gehört zum Weitgehenden, das mit Abraham seinen Anlauf genommen hat. Das Wichtigste an der Akedah ist die Akedah selbst mit ihrem offenen Geheimnis, das Aufschlußreiche, theologisch wirklich Entscheidende ist das nichts offenbarende Weitgehende, ist der Dreitageweg. Das Ziel ist uns bekannt, es ward auch erreicht, auch vorgegeben, als Versuchung - in der Überschrift.

Die wahre Versuchung gibt es nur auf Bewährung. Wo war Abraham dabei?

Er war auf dem Weg, gottverlassen sich selbst überlassen, immer weitergehend, wissend worauf zu, nicht wissend, wohin. Sein Aufbruch geschah auf Geheiß, im Übrigen mußte er sich gehen lassen, drei Tage lang, des einen Wortes wegen »Gott wird schon…. mein Sohn.«

Alle Geschichten, die epischen, die lyrischen, die jüdischen, die christlichen, sind in diesem Wort enthalten, entfalten sich auf diesem Drei-Tage-Weg. Zum Herz des Einzelnen führt einzig dieser.

Lieber Josef, ob ich nach diesen Worten noch Ihr ›Lieblingsautor‹ bliebe? Ich wünschte es, danke Ihnen aber schon für das Bisherige.

Herzlich,

Ihr Elazar

186 An Dorothea von Chamisso

Jerusalem, 15. 4. 2005

Liebe Dora,

ich habe Dir sofort geschrieben, aber es war doch nicht geantwortet.

Du weißt, Du bist mir nah wie wenige auf Erden. Ich verstehe jedes Wort, das in Dir aufsteigt und zu mir kommt und zu mir spricht. Jedes Wort - ein gerichtetes. Du verstehst mich aus der Nähe. Wir haben keine Geheimnisse und machen uns nichts vor. Wir können einander alles sagen. Auch das Rücksichtslose wäre noch voller Liebe.

Aber aus dieser Nähe weißt Du auch, wie es um mich bestellt ist. Wenn Du an mich denkst, ist es schon gut gebetet. Ich lebe seit Monaten in dem Gefühl, ich müßte mein Haus bestellen, müßte aber, um es gut bestellt zu haben, zurück zu meiner verlassenen Seele finden.
Säße ich jetzt bei Dir, Du verstündest mich augenblicklich.
Die Jugend, weißt Du, rächt sich im Alter.
Ich habe einen zu großen Umweg eingeschlagen.
Der Lohn dafür wäre vielleicht ein Buch der Erinnerung.
Das glaubte ich mit Freuden schreiben zu wollen und zu können.
Alles war bereit, vor allem die Prosa, die ich lang dafür ausgedacht und vorbereitet habe.
Der Verleger, der mich dabei unterstützen sollte und seine Unterstützung auch zusagte, hat mich hingehalten und zermürbt. Ich gab meine Erinnerungen auf.
Das war ein Schnitt durch die Rechnung.
Er hat übel gehandelt, aber ich suche keine Schuldigen, und der Ursachen gibt es viele. Vor allem der Tod meiner Mutter. Aber selbst dessen bin ich mir - als Ursache - nicht sicher.
Es ist die Radikalität meines Lebens und Denkens, daß ich meine Sache immer auf das Vagste gestellt habe, auf den Widerspruch zum einen, eigenen Leben, das ein hebräisches ja sein sollte. Nun habe ich meine Sache auf das Deutsch gestellt, und ich darf mich nicht beschweren. Die deutsche Sprache lohnte meine Mühe, schenkte mir Liebe und Geheimnisse noch und noch. Sie gab sich mir hin, zu jeder Demut bereit, doch auch wissend, daß ich sie nie demütigen würde. Deutsch - das ist die drittälteste Sprache der Juden. Sie kam zu mir vom Tode her und führt mich nun zum Tode hin. Schöner und grausamer läßt sich das nicht sagen. Ist es nun so? Kann überhaupt etwas nur ›so‹ sein. Auch das So lohnt sich nicht. Aber wahr ist es doch. Und es liegt nicht an der deutschen Sprache, sondern an meiner Entscheidung für sie. Diese Entscheidung - aus Liebe - ist die Untreue meines Lebens, vielleicht auch die Treulosigkeit meinem Gott gegenüber. Damit läßt es sich nicht spaßen, doch versteht man's nicht, solange man sich seiner Liebe, seiner Geliebten erfreut. Mit dem Deutschen habe ich mich von aller mir anvertrauten Nähe abgeschnitten.
Meine Mutter, solange sie lebte, konnte mich bei meiner Selbsttäuschung aufrechterhalten. Ihr war mein Deutsch ja nur lieb, sie verstand es besser als mein Hebräisch, konnte auch wirklich meine Mitdenkerin sein, wir hatten viel Glück und Lachen im Deutschen.
Das Große - auch der tragischen Lage - ist weg, geblieben ist der Kleinkram des Erfolgs oder Mißerfolgs, der Rechnungen und Abrechnungen - alles Gedanken, die mich zur Selbstverachtung zwingen. Ich will in der Welt dieser Begriffe nicht leben. Aber ich habe andererseits für vieles zu büßen. Und das ist doch eine

meiner Grunderkenntnisse, daß es kein Leben ohne Sünde gibt, aber auch keines ohne Buße. Sünde speist die Kunst, Buße nährt die Seele, wenn sie sich gefunden hat.
Sünde ist kein Werk für sich, Buße aber. Und an dieses Werk muß ich nun heran.
Liebe Dora, der Brief ist überflüssig, er sollte Dir ja nur zeigen, wie nah Du mir bist, wie lieb Du mir bist, und daß ich Dich zu den Geschenken meines Lebens rechne.
Dein Elazar

187 An Hans-Martin Gauger   Jerusalem, 7. 7. 2005
Sehr geehrter Herr Gauger,
was ich hier tue, ist nicht üblich, doch tu ich das nicht Übliche gern, zumal Sie dafür Verständnis haben. Das zeigt Ihre Besprechung meines Buches, die selbst auch eine ungewöhnliche, eine ›bemerkenswerte‹ ist:
Mehr die ›Beschreibung eines Kampfes‹ als die Beschreibung eines Buches.
Die Festung wird eingenommen, nun heißt es aber ›man kapituliert‹.
Ihre Rezension gehört in die Gattungeschichte, und gehörte auch darin zu den Ausnahmen: vollkommen sachlich und außerordentlich persönlich.
Eine reine Freude. Wann bekommt man schon einen Menschen - nicht eng am Text - sondern rein bei seiner Lektüre zu sehen. Weil ich Ihnen nun dabei zusehen kann, weiß ich, zu wem ich spreche und wem ich danke.
Ihr Elazar Benyoëtz

188 An Burkhard Tewes   Jerusalem, 10. 8. 2005
Lieber Burkhard,
Sie haben viel Sorge und Mühe, eines aber ist Not...
Sie haben Ihre Schwächen, zu ihnen müssen Sie stehen.
Sie haben Ihre Hemmungen - das ist normal; was bleibt, ist Ihre Stärke, was wollen Sie mit dieser aber machen? Doch nicht sich wiederum Skrupel?
Es ist doch alles, wie es ist (nicht nur die Liebe) und so auch unser Kommen und Gehen,
das Miteinandersprechen und Beieinanderweilen.
Wenn Sie Lust haben, über mein Werk zu schreiben, schreiben Sie.
Wenn Sie Gedanken dazu haben und hegen, es werden so oder so Ihre Gedanken sein, ob Sie das eine wissen oder das andere nicht. Worauf kommt es Ihnen an?

Ich habe ja nichts zu verlieren. Sie aber könnten etwas von sich haben, etwas mehr vielleicht, wenn Sie von sich etwas gäben. Das wäre ein Gewinn. Könnte sein.
Aber Sie haben vielleicht anderes und besseres zu gewinnen, warum quälen Sie sich?
Sie staunen über meine Lage in der deutschen Literatur, auch Robert Menasse, als ich ihn bzw. er mich kennen lernte, (denn ich habe schon einiges von ihm gelesen, und damals gerade seine ›Flucht aus der Hölle‹) sprach erstaunt und schier entrüstet: »… Wie kommt es, daß man Sie in Österreich nicht kennt!?«
Ich antwortete: Österreich, das sind Sie.

Als mein letztes Buch erschien, wandte ich mich an einige Menschen, von denen ich meinte, sie könnten und würden das Buch besprechen, mit der Frage, ob sie es gern täten. Die mit ›ja‹ antworteten, bekamen das Buch zur Besprechung. Keiner von ihnen schrieb. Das waren die Kenner, die Bewunderer, die Freunde. Nichts von Antisemiten.
Auf Antisemitismus würde ich schon aus Gründen des Anstands nicht eingehen. Das ist kein Thema. Mir ist für mein Werk niemand etwas schuldig. Vielleicht auch mein Verleger nicht, der sich für mein Werk hätte lange und gut einsetzen und somit - auch für sich - mehr hätte haben können. Aber er hat das Werk sicher geringer taxiert als ich. Ich habe ihn vielleicht auch enttäuscht. Ein Dichter möge bei seinem Leisten bleiben, aber nicht nur die eine Gattung pflegen. Ich bin nicht nur wenig populär, ich bin auch zu sehr nur ich selbst allein - und nicht willens, für mich zu werben.
Ich glaube - und dies von *Sahadutha* an, wo es bereits steht - an die reine Wirkung des Geistes. Ohne ›Dazutun‹.
Nicht jeder, lieber Burkhard, ist jedem verständlich, nicht jeder jedem sympathisch.
Es ist also, wie es ist. Die deutsche Literatur spielt sich in Deutschland ab, ich schreibe mein Werk in Jerusalem und kümmere mich um Deutschland nicht. Die wenigen, die von mir etwas haben können, haben es. Nun werde ich bald 70 und bin geneigt, auch immer bereiter, Abschied zu nehmen. Keine Zeit mehr, meine Position zu bessern oder zu ändern. Es wird auch keine Rolle spielen. Ich gehöre nicht in diese Zeit, doch vor allem darum nicht, weil ich selber einer anderen zugerechnet werden wollte. Ich habe mir meine Zeit und meine Zeitgenossen gewählt. Ich gehöre in die 20er Jahre, das war meine Wahl und mein Ort ist nach meiner eigenen schriftlichen Bestimmung - zwischen Kafka und Kraus. Es mag zunächst ein Buchstabenspiel gewesen sein, es trieb dann doch sein Wesen und seine Blüte. Ich würde kaum weit gefehlt haben. Das war meine Entscheidung, und sie war unleugbar auch eine gegen meine Zeit. Also habe auch ich mir selber

meine Gegner geschaffen. Die besten von ihnen will ich mir verdient haben, allein - wo sind sie? Sie wehren mich ab, ohne ein Wort sprechen zu wollen oder zu können.

Doch wüßte auch sonst niemand, was an mir sei, die deutsche Sprache weiß doch gewiß, was sie an mir hat. Ihrem Wissen bin ich freudig ergeben: sie läßt mich nicht entgleisen, sie weiß auch das Jüdische zu schätzen. Wo fühlte ich mich sicherer und was wollte ich mehr. Müßte der Herausgeber eines Literaturlexikons dies aber zu würdigen wissen? Könnte er's überhaupt? Das lernt man ja nicht. Freilich gibt es auch Menschen, die trotz besseren Wissens mich umgehen wollen. ›Die Zeit‹ z. B. ignoriert meine Bücher von *Treffpunkt Scheideweg* an konsequent. Meine Bücher werden nicht besprochen, die Leser der ›Zeit‹ sollen von meiner Existenz nicht erfahren.

Zu Reich-Ranickis Zeiten wurden alle meine Bücher in der FAZ besprochen. [...] Nun hat Gauger - von dem ich nichts weiß - sich die Arbeit schwer gemacht, ob von sich aus, ob auf Bestellung? Immerhin, er hat das Schweigen durchbrochen, das ist Leistung genug, vielleicht auch schon Mut. Friedemann Spicker hat sich mit meinem Werk redlich auseinandergesetzt - in seinem großen Werk ›Geschichte des deutschen Aphorismus im 20. Jahrhundert.‹ Er hat sich - weil Sie das erwähnen - wiederholt auch dem KLG angeboten, ob er wenigstens anständig zurückgewiesen wurde? Im übrigen muß ein Artikel über mich ausnahmsweise auch in einem deutschen Literatur-Lexikon erschienen sein [...]. Ich weiß es, weil die Verfasserin des Artikels sich an mich wandte, ich sollte ihr die Bibliographie korrigieren und ergänzen. Der ›Rothenfelser Burgbrief 01/05‹ ist - falls Sie es nicht wissen - meinem Buch *Brüderlichkeit* gewidmet, ein schönes Heft. Doch bleibt EB ein schwieriger Autor, und das läßt sich beklagen, aber nicht ändern.

Über das Judentum läßt sich heute sicher mehr erfahren denn sagen. Und an Büchern mangelt's nicht, in vielen Sprachen gibt es Interessantes und Schönes, ich wäre verlegen, müßte ich Ihnen etwas empfehlen. Jude werden? Das ist eine Lebensfrage, hier ist von Literatur die Rede.

Es würde Sie das Buch von Aimé Pallière interessieren: Das verborgene Heiligtum. Es ist in deutscher Übersetzung (aus dem Französischen) in den 20er Jahren erschienen, mit einem Geleitwort von Leo Baeck. Ich habe mich vor Jahren um einen Nachdruck bemüht, damals vergeblich, aber es könnte vielleicht mittlerweile erschienen sein? Suchen Sie das Buch, es könnte Sie freuen.

Wichtiger für Sie als sein ›Wesen des Judentums‹ wäre Baecks Abhandlung über die romantische Religion, also über das Wesen des Christentums. Soviel für heute. Zu meinem 70. Geburtstag will Hanser mein Buch herausgeben *Die Eselin Bileams und Kohelets Hund,* von dem leider nur der Titel vorhanden ist (und auch dies nur, solange man mich nicht nach dem Sinn fragt). Im Juni kommenden Jahres muß ich das Ms abliefern, wenn ich's gedruckt sehen will. Unter solchen

Bedingungen habe ich noch nie ein Buch geschrieben, auch nicht zu schreiben erwogen. Jedem Buch gehen Jahre voraus, und heute brauche ich für jedes Jahr auch schon zwei. Möge mir Gott beistehen.
Mit herzlichen Grüßen, auch an Mahnaz,
Ihr Elazar

189 An Heinz-Ludwig Arnold
                                                                Jerusalem, 7. 12. 2005
Es war eine Zumutung an mich, lieber Arnold, Ihnen das F.G. Jünger belastende Material zu versprechen, ich mußte fast vierzig Jahre in meinen Tagebüchern zurückblättern! Und das Resultat wird Sie ja auch nicht freuen können, und was wäre damit erreicht? Vielleicht, daß der Herausgeber des neuen Kindler-Lexikons schärfer zusieht, wenn er einen Artikel über Jünger bestellt oder annimmt, als der liebenswürdige Heinz Ludwig, der automatisch vom sanften Lyriker sprach - wie es in der Regel ja passiert, und ich es auch ganz kraß an einer ›Jünger-Quelle‹ erlebte, in St. Gallen, als Franz Larese mir die gesammelten Gedichte schenkte, die in aller Freundschaft, die sich - bei Unkenntnis des Unerhörten - gehört, ›im Erker‹ erschienen waren. Von seinem ausgesprochenen *Judenhaß* abgesehen, hat Friedrich Georg Jünger die vielleicht gehässigste, sicher *haßerfüllteste* Kampf/Schmähschrift gegen die Novemberrevolution geschrieben, in einer haarsträubenden Sprache, die an das Schlimmste erinnert, das er - *1926* - ausdrücklich heraufbeschworen und gewünscht hat:
»Mögen Tausende, mögen Millionen sterben, was bedeuteten die Ströme dieses Blutes gegenüber diesem [aggressiv autoritativen Staat], in dem alle Unruhen und Sehnsüchte des deutschen Menschen mündet und eingeht.«
»Keiner kann den Krieg verhindern, der aus schicksalhaften Räumen hervorbricht und vielleicht schon morgen die Erde mit zahllosen Leichen bedecken wird.« (S. 54)
»Deshalb wendet er (der Nationalismus) sich mit elementarer Kraft des Hasses gegen dieses Geistmäßige und so wird immer das geistmäßige Leben dem blutmäßigen gegenübertreten; eine Versöhnung ist undenkbar.« (S. 53)
»Nichts gilt das Geschwätz elender Humanität, die feigem Ruhebedürfnis entspringt und alles das durch Geschwätz verneint, was das blutmäßige Leben durch Kampf bejaht.« (S. 56)
Es sind die »Erschöpften«, die den »süßen Frieden verkünden.«
»Der Nationalismus aber ist keine kritische Bewegung; er ist eine autoritative Satzung härtester Prägung« (S. 14)
»Jedes Erwachen einer Blutsgemeinschaft befreit ein dunkles, bisher geknechtetes Glück….

Dann erst wird das reine Metall des autoritativen Staates aufleuchten. Er kennt keine Freiheiten mehr, die dazu ausgebeutet werden, den Staat zu bekämpfen...« (S. 45)
»Ihm ist jede Schraube an einem Maschinengewehr, jede Vervollkommnung des Gaskrieges wesentlicher als der Völkerbund.« (S. 68)
Das Büchlein heißt, wenn ich es recht entziffere, ›Aufmarsch der Nation‹, ist gewiß 1926 in Leipzig erschienen. Und es ist geschrieben mit einer »Logik des Blutes« (S. 49).
Es ist schlimm in fast jeder Zeile, schlimm genug auch das Vorwort des Bruders, Ernst, der diese Schrift in der von ihm herausgegebenen Reihe aufnahm.
Was mich - nach wie vor - empört, aber mehr noch kränkt, ist *die Feigheit der Helden* und deren stille Bewunderer. Ich kenne die jetzige Lage nicht, sie wird - sie muß - sich geändert haben, aber 1963 war es unmöglich, in einem deutschen Literaturlexikon diesen Titel unter den Werken Jüngers angeführt zu finden. Gero von Wilpert - damals der maßgebliche, weil gängigste - beginnt die Bibliographie mit ›Gedichten, 1934‹.
Das ist die brutale Seite, zu eben dieser gehört die phänomenal ›ganz andere‹, die 1948 wie natürlich und klassisch, westöstlich, divanisch-harmlos mit Essays über Omar Chajjam oder Saadi beginnt (Orient und Okzident, 1948), als würde er, Friedrich Georg Jünger, nie den Traum vom ›Imperium germanicum‹ geträumt haben. Bitte, 1926 war er achtundzwanzig Jahre alt, kein ahnungsloses Kind. In der Tat, keiner käme auf die Idee, es könnte derselbe Autor sein. Das ist das Perfide auch an diesem Fall, denn freilich war er nicht der einzige ›subtile Nachkriegsästhet‹ und zarte Lyriker. Ich weiß nicht, ob er nicht auch ›auf Borg‹ lebte, von seinem heldenhaften Bruder Ernst beeinflußt und unterstützt, der nachweislich auch seine Feigheiten hatte. Beide sind sie ihr Geld wert. Nur: Ernst hat sich mehr exponiert als FG, der - obschon im Krieg verwundet - zwischen den Tropfen zu gehen und recht trocken nach dem Krieg aufzutauchen verstand. Im deutsch-italienischen Geiste, mit Heidegger als Schutzpatron, konnte er nach dem Krieg als Klostermann-Autor beginnen. Das von Benn geschätzte Nietzsche-Buch Friedrich Georgs ist tatsächlich 1949 bei Klostermann erschienen. Mehr, lieber Arnold, kann ich Ihnen nicht sagen, auf mehr will ich in diesem Fall auch nicht zurückkommen. Was ihn und seinesgleichen betrifft, habe ich in meinem Buch *Treffpunkt Scheideweg* (Carl Hanser, 1990) gesagt, dem habe ich nichts hinzuzufügen. Bitte lesen!
Mit herzlichen Grüßen
Ihr Elazar Benyoëtz

190 An Josef Wohlmuth

Jerusalem, 2. 1. 2006

Josef, lieber Josef!
Es ist bald 19.00, eben kam ich aus der Stadt zurück, um 14.00 holte ich Ihr ›Jerusalemer Tagebuch‹ ab, und als ich es aus seinem Umschlag herausholte und es langsam enthüllte, endlich auch aufschlug, habe ich beschlossen, nicht heimzukehren, sondern draußen, in Jerusalems Straßen, wie es sich gehört, Ihr Buch zu lesen. Nichts war mir dringender als dies, ich ›setzte mich durch die Stadt hinweg‹…, an Straßenecken, Busstationen, wo immer eine Bank zu sehen war oder ein Steingitter, ich kam mir selbst - vom Punkt zu Punkt vorrückend - als Eintagstagebuch vor. Schließlich begann es zu regnen, ich flüchtete mich in das Jerusalem-Theater, sah mir schnell eine kleine Ausstellung an - Gesichter, die ich kannte -, machte mich in einem leeren Saal breit und setzte mein Lesen fort. Dann nahm ich Bus Nr. 13 und fuhr nach Hause, eine weite Strecke, auf der ich ruhig weiter lesen konnte. Also las ich gute vier Stunden nicht nur, ich trennte mich im Ganzen nicht von Ihrem Buch - Ihr persönlichstes, Ihr schönstes - es ist Ihre Befreiungstheologie, und ich sehe nicht, wie Sie dahinter zurückgehen könnten, es sei denn unter alten Zwängen. Es ist eine wirkliche Geburt, eine wohl beschlossene, doch eben: Konzeption und Sprache sind eins, und das Tagebuch ist echt und weitgehend literarisch, weil Sie sich in das Tagebuch wie in den Tag hineinbegeben, zu allem stehend, auch zur Angst und Schwäche, Sorge und Unzulänglichkeit. Es ist das Buch geworden, das ich mir von Ihnen erhoffte.
Nun sehen Sie, ich wollte meinen Brief gar nicht so beginnen, ich hatte unterwegs bereits Anfänge im Kopf entworfen, am Ende ließ ich mich doch lieber gehen… Aber es folgen vielleicht Variationen, ich mußte Ihnen einfach den Tag beschreiben, der von mir aus noch zu Ihrem Tagebuch gehörte. Zu meinem Vorkommen darin, das mich freut - und ganz im Sinne des Aufgezeichneten ist, nur so viel: Ich glaube - jenseits der Tage buchenden Pflichtgetreuheit und Wahrheitstreue - meine Rolle richtig zu verstehen, wenn ich sie als Bekenntnis zur Freundschaft, aber auch als Ihr poetisches Gewissen ansehe oder empfinde.
Das schiene mir ganz richtig, denn das poetische Gewissen ist in diesem Fall im Sinne oder im Geiste der Freundschaft. Sie mußten Dichter werden, getrauten sich das aber nicht. Das deuten Sie schon eingangs an, mit der falschen und mich leicht empörenden Behauptung, es wäre gefährlich, als Nichtliterat ein Tagebuch zu schreiben. Aus eigener Bekanntschaft, aus nur wenigen Jahrhunderten, auf Anhieb würde ich blindlings gleich Karl Rosenkranz, Franz von Baader, Franz Rosenzweig, Ferdinand Ebner, Theodor Haecker nennen. Auf Anhieb, denn ich will nicht Wichtigtuerei betreiben. Von Naturwissenschaftlern würde ich die ›Tagebücher eines Lebens‹ [Aufzeichnungen aus fünfzig Jahren] von Alexis Carrell, aus dem Französischen Charlotte Tessmer-Hess, München 1957, nennen, weil es

mir Eindruck machte in meiner Jugend. Ich habe es René Dausner geschenkt.
Tagebücher - gerade dieses Genre ist in religiöser Hinsicht relevant (Hugo Ball, Ferdinand Ebner, Gabriel Marcel, Simone Weil, Theodor Haecker, Fridolin Stier).
Es ist nicht gefährlich, ist geradezu notwendig - für eine glaubwürdige Theologie.
Es genügt nicht, daß das Herz eines katholischen Theologen nach Jesus schlüge, man will das schlagende Herz, gleichviel für wen, sehen, den Herzschlag vernehmen.
Nun haben Sie die Gelegenheit dazu bekommen, und ich bin glücklich darüber, daß Sie sie ausgenützt haben. Wie gut? Sagen wir fürs erste: Gut genug.
Weil Sie ein Jahr jünger sind als ich, darf ich sagen: Ich bin auf Sie stolz.
Man muß nur Ihre anderen Schriften ein wenig kennen, um zu wissen, wie schwer Ihnen dieser Entschluß des Schreibens - aber viel mehr - des Veröffentlichens fallen müßte. Damit haben Sie sich selbst eine Bahn gebrochen. Endlich ein Theologe, den man aufschlagen kann und nicht bloß durchackern muß! Das ist gar nicht gegen Ihre Bücher, sie haben schon die sachgemäße Sprache, Botschaft und Leser. Das ändert sich auch nicht. Sie aber verändern sich und machen nun auch ›in dem Mut zur Sprache‹ die Ausnahme. Und Sie sind - für mich jedenfalls - eine Ausnahme.
Ich wollte Ihnen gleich, frischweg, meinen ersten großen Eindruck mitteilen, wollte gar nicht ins Einzelne gehen, das tu ich vielleicht auch in der Folge nicht, sonst endet es mit Korrekturen von Druckfehlern, die es leider auch gibt [...].
Lieber Josef, daß Sie mir keine Widmung hineinschrieben ist ein Zeichen, daß Sie bald kommen, um sie einzutragen, wie kämen Sie sonst auf den Gedanken, mir ein Buch ohne Widmung zu schenken. Nun danke ich endlich auch herzlich für dieses, mir wahrlich kostbare Geschenk. [...]
Leilah tow!
Elazar

191 An Christoph Grubitz

Jerusalem, 3. 1. 2006

Mein lieber Junge,
wie hell ist Deine - imaginierte - Schrift, wenn Du gelassen schreibst, kleine Gedankenmeere spaltend, um trocken an *Deine* Insel zu gelangen.
[...]
Die Lektüre meines Briefwechsels in den letzten Wochen gab mir ein starkes Bild davon. Ein unglaubliches Menschengeflecht, ein Welten umspannendes, tragendes Gefühl, ein Aufwirbeln, Schütteln und Beuteln von Seelen, ein Bohren

in vielen Oberflächen, es strotzt vor Leben - und doch habe ich meine Insel nie verlassen und fristete mein Leben in den Klauen der Einsamkeit, die ich lieben mußte, weil sie meine war. Ich mochte nicht teilen; geteilt habe ich nur meine Gedanken, und meine Gedanken waren die Mitgift meiner Einsamkeit. Der Mensch taucht durch eine Wunde im Dasein auf.
Ich wüßte Dir nicht zu sagen, was ich von den vielen Menschen - mehr Namen als Menschen - dachte oder hatte, was ich ihnen gegeben haben mochte, es war aber doch ein sinnvolles Aneinandervorbei. Jetzt brauche ich die Menschen für meine Einsamkeit nicht. Ich merke, daß mir das Wort ›Einsamkeit‹ mißfällt, und würde gern ein anderes finden. Es ist an sich - was ist an sich? - schon sentimental aufgeblasen. Rückblickend muß ich freilich zugeben, daß ich auch an dieser sentimentalen Aufgeblasenheit meinen Anteil hatte. Aus diesem Grund gefalle ich mir in vielen Briefen nicht, manche stoßen mich geradezu ab. Es gibt eine sprachliche Zwischenzone, in der meine ›stärksten Schwächen‹ zum Ausdruck kommen. Auch ›Sentimentalität‹ macht mir eben jetzt zu schaffen, doch schaffe ich es nicht, alles auszupacken, was mich in dieser Hinsicht beängstigt und bedrängt. Es wäre ein notwendiger Nachtrag zu *Treffpunkt Scheideweg*, den mag ich nicht leichthin aufschreiben, obschon die Erschütterung zuverlässig für den Ausdruck sorgte. Ihre letzten Wellen reichten dafür schon aus. Ein Briefwechsel mit Heinz Ludwig Arnold und die Lektüre meiner druckfertigen Korrespondenz prallten aufeinander, und brachten alles, was gestern auf einem Spazierweg wie ein Aufschrei aus mir fuhr, zum Sieden und zum Kochen. Es war wie der Schmerz eines ganzen Lebens. Nichts an der ausgeschrienen Erkenntnis war mir fremd oder neu, klar wurde mir nur, daß ich dem gleichen Phänomen auf den Leim gegangen war, dem Phänomen - Jüdische Sentimentalität.
[…]
Der Briefwechsel mit Arnold war der Auslöser, doch kam er nicht von ungefähr, handelte er ja von Georg Friedrich Jünger und seinem Bruder Ernst, der für eine Ergründung der *Jüdischen Sentimentalität* unentbehrlich ist. Ernst Jünger würde eine große Rolle spielen, gelänge mir die Problemstellung.
Keimend ist diese schon in *Treffpunkt Scheideweg* enthalten[…].
Zitate - Bürgen der Geschichte; ich prüfte jeden Namen und wußte, warum ich den einen aufnahm, den anderen nicht. Wie stand es damals um Ernst Jünger? Ich wollte ihn als selbstredenden Autor nicht im Buch haben, aber als Name, der Unhaltbares als Haltung einprägsam suggerierte. In einem Wort Rivarols, von Ernst Jünger übersetzt, schien mir mein Problem gelöst. Ausgeschlossen mit seinem Werk, mit dem Glanz seines Namens gegenwärtig.
Du wirst daraus ersehen, wie ›versponnen‹ mein Netz um jedes Zitat ist, das zur Sache spricht und zu sitzen scheint. Die Frage bleibt indes: Was ist die Sache - und wessen Sache ist die Sache, zu der gesprochen werden soll.

[...]
Vergangenheiten sind nur in Form eigener Erinnerungen annehmbar. Je höher man ins Alter kommt, desto lästiger werden einem die Erinnerungen anderer. In der Jugend verhält es sich ähnlich mit den Träumen. Man mag den nicht, der mit seinen Träumen kommt. Das war schon bei Joseph so.
Hab einen guten Tag!
Dein Elazar

192 Von Harald Weinrich

Münster, 17. 7. 2006

Lieber Elazar,
es hat mir gefallen, daß Du das Manuskript Deines neuen Buches mit einer aphoristischen Reflexion über den von Dir gewählten Namen beschließt. Das unterstreicht sehr schön den sehr persönlichen Charakter Deines ›handfesten‹ Nachdenkens über die Sprache, die Welt und ihren Schöpfergott. Mit Paul Koppel gehst Du allerdings sehr streng um. Sind eigentlich die ersten Gedichte, die Du ihm verdankst, hebräische oder deutsche Gedichte? Könntest Du ihn nicht wenigstens einmal zitieren, so wie Du z. B. Ferdinand Hardekopf zitierst? Die meisten Namen Deiner Zitatquellen kenne ich übrigens nicht, was aber (mir) überhaupt nicht schadet.

Du siehst, lieber Elazar Benyoëtz (wie Du auf ewig für Dich und für mich heißt), daß ich mich in der Zwischenzeit intensiv mit Deinem Manuskript beschäftigt habe. Ich habe es mit Aufmerksamkeit und passioniertem Interesse gelesen und freue mich darauf, es auch als gedrucktes Buch in meinen Händen zu halten. Es wird sicher seinen Weg zu Deinen Lesern finden, und sie werden Dir in ihm wiederbegegnen als dem Autor, den sie schon aus vielen anderen Büchern schätzen und lieben gelernt haben. Du kannst jedenfalls mit Stolz Deinen Namen auf das Titelblatt dieses Buches setzen, und wir werden *Die Eselin Bileams und Kohelets Hund* (letzterer ist auch schon einmal durch ein Gedicht von mir gelaufen) zusammen mit Deinen anderen Büchern in Besitz nehmen.

Ich könnte nun viele Seiten dieses Briefes damit füllen, im einzelnen aufzuzeigen, was mir an Deinen neuen Aphorismen und den eingeschobenen Prosa-Texten (gut die Verteilung!) wieder besonders gefallen hat. Ich würde beispielsweise die Nummern 82, 83, 88 nennen, es könnten aber auch viele andere sein, - eigentlich alle, auch wenn man sie, was man ja bei Aphorismen nicht unbedingt tun sollte, seriell liest. Selbst das vertragen sie erstaunlich gut, wozu auch die geschickte Gruppenbildung manches beiträgt. Kurz und gut, ich sage ja zu Deinem Buch und will es jetzt schon, in seinem embryonalen Zustand, als ein Lebendiges begrüßen.

Doch hast Du mir, wenn ich Deine Intention richtig verstanden habe, Dein Manuskript hauptsächlich deshalb geschickt, daß ich es mir unter verschiedenen Gesichtspunkten kritisch ansehe. Das habe ich auch getan, obwohl es nicht mein erster Impuls als Leser war. Ich habe daher in das Manuskript, das ich Dir mit gleicher Post zurückschicke, eine Reihe von Randbemerkungen eingetragen, die fast alle mit einem Fragezeichen versehen sind (oder sein sollten). Sie wollen insgesamt nur Anregungen sein, daß Du vielleicht über die eine oder andere Formulierung noch einmal nachdenkst. So sind mir zum Beispiel verschiedene Ausdrücke aufgefallen, die ich als veraltet ansehe. Vielleicht willst Du an diesen Stellen gerade archaische Ausdrücke haben, so wie sie von der Bibel oder aus anderen älteren Quellen an Dich herangetragen worden sind. In diesen und ähnlichen Fällen solltest Du meine Anmerkungen einfach unbeachtet lassen.

Im ganzen habe ich mit Deinen Prosatexten hier und dort eher Schwierigkeiten als mit Deinen Aphorismen, besonders als Anfang des Manuskripts (z. B. 10, 13/14, 27/28). Da würde ich mir manchmal etwas mehr Straffung des Textes wünschen. Aber vielleicht bin ich nur durch die wunderbare Kürze und Knappheit Deiner Aphorismen verwöhnt. Wenn Du jedoch selber noch einmal mit einem kritischen Rotstift durch Deinen Text gehen willst, dann eher bei den Prosatexten, die sich nach meinem Urteil vielleicht noch etwas stärker an die Straffheit Deiner aphoristischen Sprache annähern könnten. Unter Nr. 30 finde ich übrigens Deine Kritik an der Kritik irgendwie unnötig. Du hast es gar nicht nötig, Dich zu verteidigen.

Die größten Schwierigkeiten habe ich mit den Abraham-Texten zu »Genesis zweiundzwanzig«. Ich finde, da sprichst Du eine ganz andere Sprache als in den übrigen Teilen des Buches. Wenn ich Dich nicht kennte, käme ich gar nicht auf den Gedanken, daß auf diesen Seiten derselbe Autor spricht und schreibt wie vorher und nachher. Bei Abraham ist er für mich ein Fremder - aber ich gebe natürlich sofort zu, daß auch schon die Person Abrahams für mich in fast jeder Hinsicht ein Fremder ist - und es fast noch mehr wird, wenn ich lese, was Du zu ihm schreibst. Für mich (und vielleicht auch für andere Leser?) sind diese Seiten ein Felsblock, der starr auf dem Leseweg liegt. Ich habe erleichtert aufgeatmet, als ich diese Textstrecke hinter mir hatte - aber sie war eine harte Prüfung für meine Loyalität mit dem Autor.

Wenn ich nun den Text des ganzen Manuskripts auf mich wirken lasse und mir und den anderen Lesern dabei eine leserfreundliche, also nicht zu kleine Typographie

wünsche, so habe ich den Eindruck, daß dies ein sehr umfangreiches Buch werden muß. Ist das unbedingt zu wünschen? Wo liegt überhaupt das Optimum bei einem vorwiegend aphoristischen Buch? Könnte man nicht aus Deinem Manuskript fast zwei Bücher machen? Also ein letztes und ein allerletztes aus Deiner Feder? Darüber solltest Du vielleicht noch einmal nachdenken, ehe ein Verleger sich darüber Gedanken macht.
Deine übrige Typographie (Kursiv, Kleindruck usw.) habe ich in ihrem Prinzip nicht ganz verstanden. Das wirst Du selber im Auge behalten. Auch ist mir nicht ganz klar geworden, wie Du es bei den Zitaten mit den Referenzen machen willst. Gibt es einen Anhang dafür? Es erschiene mir gut, wenn der Text damit nicht belastet würde.
Als Linguist ist mir noch aufgefallen, daß Du als Plural von ›Wort‹ immer ›Worte‹ benutzt. Strenger wäre wohl der Sprachgebrauch mit ›Wörter‹, wenigstens in den meisten Fällen. Was meinst Du dazu?
Mit großen Sorgen – noch größeren, als wir sie schon in den letzten Jahren hatten – verfolgen wir die Nachrichten aus den Kriegsgebieten im Süden und Norden des Landes. Aber wo fängt im Vorderen Orient das Kriegsgebiet an und wo hört es auf? So schließe ich diesen Brief mit einem ›Shalom‹, das mir mehr denn je von Herzen kommt.

Harald
PS. Das Manuskript kommt mit getrennter Post.

193 An Harald Weinrich

Tel Aviv, 24. 7. 2006

Lieber Harald,
Du hast mir zweimal – und zweifach – vom Kostbarsten geschenkt: von Deiner knappen Zeit den großen Brief und das große Buch über die Knappheit der Zeit, in allen Schattierungen und Tonlagen, nichts versäumend. Wie schwer ist doch das Überblicken der Knappheit und wie großartig Dein Überblick. Das Schönste bei allem ist Deine Lust zu Fabulieren, und ebenso Dein Maß. Es liest sich als wäre es nicht kurz bemessen.
Und so auch Dein Brief mit der Abraham-Wunde in der Mitte.
Es sind zweierlei: Der Autor und Abraham selbst. Den Autor kann ich mit Deinen Augen sehen, und als Autor *dieses* Buches Dir auch Recht geben. Die Abraham-Variationen gehörten eher in ein anderes Buch. Und sähe ich dieses Buch kommen, ich schnitte den Text noch heute heraus. Aber ich sehe das Buch nicht kommen, und vor allem: Ich möchte meine Beschäftigung mit Abraham abgeschlossen wissen – und diesen Abschluß ›mit Augen‹ sehen! Am falschen

Platz ist falsch genug. Das gebe ich zu.
Was den Dir ›fremden‹ Autor anbelangt, das werde ich mit meinen Augen nicht sehen können, das müßtest Du mir zeigen. Zeigtest Du mir das, ich wäre in der Lage, es zu sehen. Abraham ist - war jedenfalls viele Jahre - der mir nächste, vielleicht auch tatsächlich mein Vater. Mit dem Zweifel daran, hat mein Nachdenken über ihn begonnen, das geschah in Berlin. Da war er mir erschienen, wie Kohelet kurz danach. Das waren die Erscheinungen/Entscheidungen meines geistigen Lebens in einem Jahr der Verlassenheit. Abraham sagte mir zwei Dinge: es gäbe ihn tatsächlich, und er sei anders als man denke. Um das zu sehen, müßte ich seine Geschichte, wie sie in der Bibel steht, Wort für Wort lesen und nicht anders, als Wort für Wort. Diese Erscheinung sollte mir Beruhigung und Verheißung sein. Die Existenz des (Erz)Vaters war die große Beruhigung, die Verheißung - die neue Sicht. Ich las die Geschichte Wort für Wort, zur Sicherheit mit Bleistift, jedes Wort meditierend. Das ist meine Geschichte, ich setze sie jetzt nicht fort, ich will Dich mit ihr nicht behelligen; Abraham ist Dir fremd. Das muß ich hinnehmen. Ich kann mir auch denken, daß ich nicht die Fähigkeit habe, meinen Abraham zu entfremden oder überhaupt so darzustellen, wie ich es gern täte. Daß ich von ›Erscheinung‹ sprach, besagt ja, daß es viel größer ist als mein natürliches Vermögen. Es ist vielleicht auch besser, von Erscheinungen nicht zu sprechen und vor allem - Erscheinungen nicht zu beschreiben. Je ›echter‹ sie sind, desto hilfloser werden sie zum Ausdruck gebracht. In meinen Texten selbst ist freilich keine Rede davon. Das ist nur eine private Mitteilung an Dich. Ich hätte nun wiederum viel darüber schreiben können, doch will ich Dich damit nicht behelligen und will auch selbst nicht mehr über Abraham schreiben, so unerschöpflich er mir geblieben ist.
Nimm diese Zeilen als Dank des Freundes für Deine Worte, die mir Deine Freundschaftstat überstrahlen. An keinem Punkt Deines Briefes warst Du mir näher.
Das Manuskript mit Deinen kritischen Anmerkungen ist noch nicht eingetroffen, ich freue mich schon über jeden Einwand, über jede Möglichkeit, etwas zu verbessern.
Für jede Anmerkung sage ich Dir Dank. Es ist nun der Gipfel einer freundschaftlichen Gesinnung geworden, die vor dreißig Jahren begonnen hat, mit Deinen ersten zustimmenden Zeilen aus Bielefeld. Seitdem hörtest Du nicht auf, mein kritischer Begleiter zu sein.
Ich danke Dir, lieber Freund, für dreißig Jahre.

Paul Koppel ist mit Dir in meinem Buch Brüderlichkeit (1994) genannt; dort spricht er das erste Wort und das sollte seine Rückkehr bedeuten, aber er kehrte nicht recht zurück

»Ich koppel mir den Löwen an die Brust...!« (Liliencron)

Herzlich,
Dein Elazar

194 An Hans-Martin Gauger

Jerusalem, 19. 9. 2006

Lieber Hans-Martin Gauger,
ich wollte weitergehen, blieb in Saulpaulo stecken...
Sie gehen immer dem Namen nach, wo er aufkommt, wie stark er nachhallt, wann er verklingt oder wieder frisch über Rosalippen geht.
»Vor dem 16. Jahrhundert nennt sich fast niemand nach seinem Namen, kaum daß er in den Bildwerken erscheint; er hat keine Anhänger, man baut ihm keine Kirchen, brennt ihm keine Kerzen...Denn es hat nicht jeder eine Legende, der sie wünscht; um sie zu erhalten, muß man zum Herzen des Volkes geredet, die Einbildungskraft getroffen haben...Paulus war dem Volksbewußtsein zu wenig *sympathisch*...«
So weit zurückgeworfen hat mich Ihre Erinnerung an Paulus/Taubes:
»Übrigens war mir Taubes *nicht sympathisch*, ein diabolos im Wortsinne, ein Durcheinanderwerfer... «
Taubes im Bilde des Paulus, vielleicht auch umgekehrt; es ist daran etwas, das sich nicht leugnen läßt, so seltsam ihr Stehen nebeneinander aussehen muß.
Es ist ein Bild, das ich - im Sinne Ihres Satzes - gern malen würde.
Paulus, sagen Sie, »war ein gewaltiger Schriftsteller«, Taubes war es nicht.
Taubes selbst hielt das Griechisch des Paulus für eine Art ›Jiddisch‹.
Auf Biegen oder Brechen sollte er dem Apostel ähnlich sein oder werden.
Es gehörte zu seiner langen Fahrt aus der eigenen Haut.
Paulus hatte das NT als Sprachrohr, Resonanzboden und Bühne.
Blieben seine Briefe außerhalb, sie wären weniger.
Sie machen mehr aus als der Raum, den sie einnehmen.
Was hatte Taubes, der auch ein Apostel sein wollte? Oder wollte er nicht?
Als ich ihn kannte, hatte ich kein Herz für ihn,
sein ›Paulus‹ aber traf mich ins Herz,
nicht nur, weil er mir darin als Gezeichneter entgegentrat, sondern auch - und mehr noch darum, weil ich den *Taubes in mir* erkannte.
Ich weiß nicht, ob ich über ihn wieder schreiben könnte, was ich über ihn aber schrieb, bedürfte eines mitfühlenden Nachtrags.
Er kam nach Deutschland und spielte seine Rolle. Was war aber die Rolle, die er

spielte? Wieso gibt es ihn noch in allen Formen der frohlockenden Abneigung? Von welcher Qualität war die Unruhe, die ihn schüttelte und andere packte?
Ich dachte, er wäre, weil kein ›gewaltiger Schriftsteller‹, leichter zu übergehen.
Ich habe, dachte ich, trefflich über ihn geschriftstellert, aber ich habe mich geirrt.
Ich hätte ihn ernster nehmen müssen, ernster noch als er selber war.
Ich bin von ›unserem Markus‹ abgeirrt, wir kommen noch auf ihn zu sprechen.
Das Einleitungszitat, hätte ich fast vergessen, ist von Renan, auf den ich immer wieder zurückkomme, über seine Intuitionen erstaunt. Ich habe mitunter den Eindruck, daß in diesem Schöngeist und alten Besserwisser ein *wüster Rutengänger* steckt. Im Ganzen veraltet, im Kleinen überholt, im Ganzkleinen glänzlich und groß nach wie vor, und nach wohl mehr als wie vor.
David Friedrich Strauß, für den ich auch lange eine Schwäche hatte, ist Renan in manchem ähnlich, doch ist er pedantischer und - obwohl in der Praxis ein Dichter - viel weniger poetisch als dieser.
In Erinnerung an meine Schwäche - aber auch in memoriam - nehme ich in mein nächstes Buch ein Zitat von Strauß auf.
Ich liebe die Menschen ›ersten Spatens‹.
Es sind nicht Grübler, die in sich wühlen, während sie bohren.
Sie sehen vielleicht nicht ein, daß auch hinter diesem Brief Ihr Buch steht, obschon Ihr Brief ihn auslöste. Ihr Buch stellte mir die Frage nach dem *Interessanten* in einer Schärfe, die ich lange nicht mehr kannte. Ist Jesus interessant, ist es Paulus, und läßt sich Gott - auch nur im Glauben an ihn - in diese Kategorie bringen?
»Kirche ist nicht mehr interessant«, spricht die Stimme. Das Interessante scheint eigenes Volumen angenommen zu haben. Es besteht für sich, nicht mehr in der Frage: zu welcher Zeit, unter welchen Umständen, für wen interessant.
Es muß nicht geglaubt, auch nicht glaubhaft gemacht werden, sondern - interessant.
Es mag demütigend unernst scheinen, doch werden in dieser Kategorie auch die sich anbahnenden ›Religionsschlachten‹ entscheiden.
Es wird zuviel versprochen auf Erden, es gibt für alles und jeden eine Pille, eine Übung, eine Massage, ein Kräutlein; das Jenseits wird nicht begehrt; neue Gesänge verdrängen die Psalmen, es kommen neue Klagelieder. Auch Religionen sind nur Interessengemeinschaften. Steht es aber auch geschrieben, - hier oder an der Wand - es ist doch nicht gesagt. Eisberge schmelzen versonnen dahin, Berge nehmen ab, Pole rücken einander näher, bald ist das Interessante bei Gott und den Glauben holt der Teufel.
»Er war auch kein Dichter«, sagt Renan von Paulus, »seine Schriften sind Werke von hoher Originalität, aber ohne Reiz; ihre Form ist rauh und fast jeder Anmuth beraubt. Was war er aber?

[...] ein starker, mit sich fortreißender, enthusiastischer Geist, ein Eroberer, ein Missionar.«
Was im Text darauf folgt ist Literatentum und Schöngeist; da kommt alles aus der Feder, nichts aus dem Herzen. Im 18. Jahrhundert waren Phrasen noch frisch Geborene, 1869 wurden sie mit Schwung schon Käse.
»Sie versagte sich den Genuß von Käse, so sehr sie ihn liebte, als sie hörte, man werde dumm davon«, berichtet Ihr Freund - aber auch meiner - Karl Vossler über Sor Juana Inés De La Cruz, in seinem Vorwort zu DIE WELT IM TRAUM, Berlin 1941, S. 7
Wie sehr das alles zum Thema gehört!
Herzlich,
Ihr Elazar Benyoëtz

195 An Werner Helmich

Jerusalem, 1. 3. 2007

Lieber Herr Helmich,
ich habe die Festschrift mit Ihrem Beitrag zu meiner Aphoristik bekommen, vielleicht etwas zu früh - hohe Geburtstage mögen das ›Früher‹ nicht - und eben so früh oder rasch - soll Sie mein Dank erreichen.
Ich weiß von Christoph Grubitz, wie sehr er Sie schätzt, ich kenne auch die Töne seiner Wertschätzung, und alles das finde ich in Ihrem Beitrag, den ich ausnahmsweise verdient habe. Sie sind, wie Ihr Beitrag - die Ausnahme. Sie sind von der Zunft, aber man merkt Ihnen, wie selten einem ›Zünftler‹, die Herkunft an. Dieser verleugnet zu oft seine Liebe, seine Jugendliebe. Ihre Liebe gehört der Aphoristik, da schlägt Ihr Herz und schlägt in Ihrem Kopf weiter und taktvoll. Sie mögen noch so nüchtern schreiben, das Geschriebene behält eine meßbare Temperatur. So gehört Ihr Beitrag, von der Einsicht her, zu den 2-3 erschließenden im Buch. Ich weiß nicht, ob Sie das Bändchen schon haben, es hätte darum wenig Sinn, sagte ich, wer die anderen sind. Das Schöne am Buch ist ja gerade das nicht Wissenschaftliche. Sie haben das *wunde Problem* der Aphoristik angeschnitten, weil Sie das verstehen und mit Vorsicht *einschneiden*.
Ich habe das Problem - aphoristisch betrachtet - schon als das von Kohelet begriffene und gelöste - erkannt. Ich nannte es ICHMANDU, und meinte sein geschicktes Wechseln vom Ich zum Du, vom Du zum Man. Daran erkennt man ja den nennenswerten Aphoristiker. Die Schulmeister bleiben entweder beim Du oder beim Man. ›Man sollte‹ (aus autobiographischen Gründen heißt mein ›Rotes Tuch‹ in diesem Punkt Otto Heuschele, die soll-lustigen Sprüche - Heuschelismen).

Ihre Fragestellung betrifft im Grunde das ›Ichmandu‹ des Aphoristikers, und es ist geisterfrischend zu sehen, daß Kohelet eben auch hierin ein Vorläufer war, und darum der ureigentliche Aphoristiker gewesen ist. Denn niemand vor ihm begriff das Problem der Erbaulichkeit wie er und niemand vor ihm trachtete, das Problem auch rhetorisch zu lösen. »Was für den Menschen spricht ist einzig seine Rede.« Aber der Mensch ist nicht nur redend und redlich, er ist auch ansprechbar und legt Wert darauf, angesprochen zu werden, und dies nicht im Sinn einer Rhetorik. Die Erbaulichkeit ist das falsche ›Prinzip Hoffnung‹, aber ein Prinzip. Es kann nicht umgangen werden, darauf deutet schon Ihre ›Tröstung‹. Es ist evident, daß nur das Banale zu trösten vermag, auch wenn man sagt, es gäbe keine Worte, man wüßte nicht bzw. man wüßte, daß kein Wort zuträfe oder ausreiche. Wir fallen immer auf die gleichen Trostworte hinein, die wir selber für zu billig erachten und deklarieren. Man will getröstet werden, und dieser Wille öffnet nicht das Tor zum ›Vonaltersher‹, es ist selbst das Tor, denn bessere als die Alten gibt es nicht.

Das Problem der Aphoristik ist die Gesichtslosigkeit des Aphorismus. Das läßt sich nicht ändern, wenn man ohne Werk-Begriff lebt. Ein Werk-Begriff setzt ein Bild vom Menschen voraus. Habe ich ein Bild vom Menschen, muß ich ihm auch Rat wissen, kann ihn also nicht trostlos lassen, nicht ohne Erbauung. An die Erbauung denken, ohne dabei erbaulich zu werden, ja, lieber Herr Helmich, da bleiben wir stehen, und bleiben vielleicht so lange stehen, bis wir einander begegnet sind. In Wien wollte es nicht dazu kommen, es war zu sehr unerbaulich. Aber es kommt, und dann sage ich Ihnen noch einmal Dank.

Mit herzlichen Grüßen
Ihr Elazar Benyoëtz

196 Von Christoph Grubitz

Berlin, 4. 3. 2007

Lieber Elazar,
nun komme ich dazu, Dir ausführlicher für *Bileams Eselin und Kohelets Hund* zu dankschreiben.

Eins kann ich sogleich sagen: In Deinem Buch bekommt der ›Unterstrom‹ (Adorno: Eichendorff) der deutschen Dichtung Oberwasser und Aufwind, ›Ausatmen und Dissoziation‹ eingeschlossen. Die Tiere, scheint mir, verkörpern eine Verbindung von animalischer Existenz und Sprache, das »Atmen des Geistes« (S. 21). Ich würde es nicht so laut sagen, wenn, was mich sonst an Literatur der Gegenwart überzeugt, nicht in allen möglichen Zungen und Lippen, aber selten deutsch sprechen würde. Der übliche Hinweis auf das Biographische an einem Text als traditionelle Strategie der Erfrischung ginge an der Sache Deines Buchs meilenweit vorbei. Zu intensiv ist die Spannung zwischen Zitat und Aphorismus, Gestaltung und Reflexion. Die Form kann sich den Körper nicht vom Leib halten. »Die Trennung meines Leibes vom ganzen Körper / beim Heulen der Sirenen« (S. 63) Es ist für mich ein schockierendes Symptom von Zeitgenossenschaft und Welthaltigkeit, das Du hier zur Sprache bringst.

Diese Spannung stimmt sich je nach angeschlagenem Motiv unterschiedlich. Am einen Pol ist die Freude, den ›Unterstrom‹ der deutschen Sprache freizulegen. Auf das Jüdische im Deutschen zu kommen: Was wären allein Klassik und Romantik anderes gewesen als ein Weimarer Lokalereignis, hätten sie nicht auch in den Berliner Salons von Rahel Levin und anderen gelebt.
Am anderen Pol sehe ich Deine doch zunehmende Klage über die notorische Unterschätzung des Aphoristischen in der deutschen Sprachkultur, die vielleicht gar keine sein will. Da Du den Aphorismus seit *Treffpunkt Scheideweg* weiterentwickelt hast, wird man nicht sagen können, es handele sich um ein Lamentieren. Die neue Form rechtfertigt die Kritik einer Sprachkultur in Gestalt eines würdigen Abschieds.

Zu Deiner (auch Spickers) Kritik an neueren Literaturgeschichten: In ihnen retabliert sich, meiner Meinung nach, eine alte germanistische Tradition. Länge und Tiefe, nicht aber witzige Kürze sind, wenn man's mit anderen westlichen Sprachkulturen vergleicht, in der deutschen (also auch germanistischen) Tradition Kennzeichen des Poetischen geblieben. Nicht ohne Erfolg hat dies Heinz Schlaffer festgehalten in ›Die kurze Geschichte der deutschen Literatur‹. Am Ende dieses provokativ kurzen Buchs singt er das Hohelied der Kürze und hält den Langschreibern vor, sie hielten ihre Leser von der Lektüre der wichtigeren literarischen Werke ab. Und doch galt der Aphorismus in seiner zweiten deutschen Blütezeit, der Klassischen Moderne, als symbolische Form, am würdigsten, finde ich, als Schwundstufe, in Hofmannsthals D'Annunzio-Essay. Dem Begriff des Poetischen wuchs hier einmal eine neue Bedeutung zu, der den Aphorismus zu einem Archiv macht, in dem ein Bestand von symbolischen Gesten fortlebt.

Verstärkung für ›Keine Worte zu verlieren‹ konnte ich mir aber nur aus der Romania bzw. Romanistik und von herrlichen Menschen wie Deinem Onkel holen. Das ist mein Horizont, für den ich einen Ort in meinem Buch gefunden habe. Es ist mir manchmal, als würde ich an der Lakonischen Bucht unter Spartanern leben.

Die Kollektive haben in diesem Buch, vom ersten Zitat an, nichts zu sagen. Die Einzelgänger und Außenseiter bleiben in diesem Buch ungestört und finden zueinander, weil auch sie als solche ihre gemeinsamen Aufgaben finden.

Kunst des Zitierens – Kunst des Interpretierens
Ich sehe hierin eine Parallele zur Fortführung, vielleicht doch Abrundung Deiner Kunst des Zitierens. Lazarus Trost findet Kosal Vanít als Briefpartner. Den sympathetisierenden Leser freut es, es geht in beiden Fällen um die Kunst auch des Abschiednehmens, bei Trost (S. 5) um die gesund gewordene Selbstliebe, im Zitat von Vanít (S. 7) um einen Abschied, der wieder an den Anfang der Rede von Gott führt, aufs Verhältnis zu sich und den anderen.

Zu den weiteren freudigen Wiederbegegnungen zählt Whistler (S. 29). Ich schätze ihn sehr. Weil er, gern polemisch, für den Vorrang des kreativen Vorgangs vor dem ein für alle Mal fertigen Kunstwerk eintrat. Noch der Gerichtssaal wird ihm, wie Kraus wegen eines Kommas, zur Bühne. Die Welt des Performativen, wie man heute sagt. Man kann nicht mit Sinn und nicht ohne. »Das Wort tritt seinen Sinn wie eine Reise an.« (S. 36)

Allein dieser Bezug, mein Bezug, zeigt mir wieder, warum mir die textlinguistische und auf Töne und Gesten horchende Wahrnehmungsweise meiner Dissertation weiterhin möglich schiene, die Darstellungsform, der Rhythmus von Zitat und Kommentar, aber nicht hinreichend erscheint. (Mein Geleitwort sagt es anders.) Ich erinnere mich, das Bernd Auerochs, der mein Buch damals gelesen hat, und als einziger Kollege sein persönliches Verhältnis dazu wirklich artikulierte, offen und anerkennend sagte: Er hätte der Versuchung nicht widerstehen können, Deine Aphoristik und Zitat-Montagen ›systematisch‹ zu lesen. Ich hätte es ihm damals zugetraut, es zu können. Ich fühle mich meinerseits, was die Zuordnung der reinen Mittel von Laut, Satzteil, Textbaustein, Eigenem und Fremdem angeht, dem Zustand meiner Wahrnehmungs-Fähigkeit und Übung ausgeliefert. Das sind - mir im Sinne von S. 149, wo es um Satzzeichen geht, - Fragen genug. Wie in meinem Geleitwort.

Deine Zitate müssen »um ihren Rang ringen, um ihre Ordnung kämpfen.« (S. 164) In der Form des close reading läßt sich dieser Ringkampf schwer zeigen, weil nicht, oder nicht nur im Einzelnen, sondern in den möglichen Vernetzungen das Besondere liegt. Es wäre immer eine subjektive Verbindung, was nicht dagegen spricht, im Gegenteil. Die Textur fordert den Interpreten eben dazu auf, sein Gesicht zu zeigen. Die Frage, was einen anzieht, was einer zwischen den Stellen anziehend empfindet, wäre spannend, und eine solche Lesart wäre ein

Schritt zu einer Darstellung dieses Buchs. Insgesamt sehe ich heute die Form der Zitat-Montage als Erweiterung des aphoristischen Textspiels hin zu einem Kontextspiel.

Es wäre ein neues, ein anderes Lesen und Darstellen nötig, um dieses Buch zu erschließen. Deine Kunst des Zitierens zeigt jetzt überdeutlich, daß es nicht mit und nicht ohne die quellenkritische Kunst der Interpretation geht. So gehört sie zu den stärksten Seiten des Teils einer Sprachkultur, den ich hier abgekürzt deutsch-protestantisch nenne. Sie setzt keine persönliche Beziehung, sondern den Glauben an historische Objektivität und Subjektzentrierung voraus. Als solche ist diese Lesart in einem gewissen Sinne zweifelhaft. Adornos These behält recht: »Die Formen der Kunst verzeichnen die Geschichte der Menschheit gerechter als die Dokumente.«

Die Kunst des Zitierens ist, wage ich zu vermuten, dagegen Deine Lebenskunst, die Fliehkräfte der Fantasie, denen Menschen im Zeitalter der Information ausgesetzt sind, so auszugleichen. Und deswegen ein Geschenk für jeden, der es liest. Ein Geschenk muß nicht angenommen werden, aber es soll weiter geschenkt und zum Schenken ermutigt werden. Das ist eine Deiner Botschaften. Ich tu's auch weiter, soweit ich kann. Dein Brief zu meinem Buch war schon ermutigend.

Was Deine Zitierweise angeht, hat Dan Tsalka schon viel gesehen, auf jeden Fall mehr als in der deutschen Forschung bisher dazu verstanden worden ist. Nicht nur deswegen gehörte er aus meiner Sicht ins Buch, sondern auch weil sein Radio-Beitrag ein Zeugnis von Freundschaft ist, Freundschaft in dem Sinn, daß sie den Aspekt der Selbstüberwindung mit Liebe teilt. Soweit kann ich Derrida leicht folgen, wenn er sagt, er könne und wolle nicht zwischen Freundschaft und Liebe unterscheiden. Die Fragen, die ihm im entsprechenden Interview gestellt wurden, ließen auch nur solche durch Provokation diskreten Antworten zu.
Über Freundschaft und Liebe läßt sich ja nur im Vokativ-Singular sprechen. Ein Plural als Singular nur deswegen, weil es eine gerichtete Selbstüberwindung ist. Auch in der Haltung, die Büchern und publizierten Texten die Feder führte. Und dann könnten doch alle, ›der große Niemand‹ würdest du sagen, alle, männlich und weiblich, doch nur im Singular genannt werden, in der AnRede. Nicht lassen alle sich im Begriff ansprechen, aber im Satz oder Wortspiel, die ›Ausbruch‹ und ›Ausdruck‹ bewahren. ›Lauter An-Sätze‹ heißt bei mir eben auch das.
Ich denke manchmal, wenn wir uns so unterhalten, hier auch Derrida einbeziehend, die Begriffe sind ganz anders unterschieden als meist in meiner Umgebung. Die Professoren, über die wir reden, die keine Briefe so beantworten können oder wollen, all die beziehungslosen Loyalitäten…

S. 137 ff: »Der Aphorismus kann sich durchschlagen…«

Die hier angesprochene mangelnde Akzeptanz des Aphorismus scheint mir im unterscheidenden Vergleich ein deutsches Problem zu sein. Also auch unseres. Im Geleitwort habe ich das bewußt in genau der Art gesagt, die mich in deutschen Runden üblicherweise in die Situation des Bürgerschrecks bringt. Für mich versuche ich solche Gespräche schon lange zu vermeiden. Und das ist ein wesentlicher sozialer Teil meiner, nicht ungeteilten, Einsamkeit. Und ein Aspekt der ›bewährten Liebe‹, von der Du mir geschrieben hast, daß ich diese Einsamkeit öffentlich mache.
Es geht eben, wo es um die Aphoristik geht, ans Eingemachte, um den Sinn für das Poetische, um den Sinn des Poetischen. Im Angelsächsischen ist das Problem anders gelagert. Neulich sprach ich mit einem sehr gebildeten älteren englischen Bekannten über deutsche und angelsächsische Traditionen. Strenge Grenzen des Rationalen. Über Aphoristik sagte er: »I need arguments.« Er lächelte dabei, ich auch. Das ist so schön in offenen Diskussionen mit Angelsachsen, im Unterschied zu deutschen Deutschen: Man kann sagen »we agree to disagree.« Hierzulande starrt alles auf einen Konsens, noch ehe Unterschiede auf den Tisch kommen. Vielleicht ist der Aphorismus auch insofern eine Schweigezone der deutschen Literaturgeschichten. Möglicherweise liegt es auch daran, daß im Zuge der Renaissance deutscher Selbstbespiegelung wieder mehr selbstbezügliche Literaturgeschichten kommen.

So hat man in der deutschen Ausgabe von Valérys *cahiers* einen, finde ich, ordinären Versuch unternommen, sie zu ordnen, nach akademischen Fächern zu klassifizieren. Eine Entmündigung der Leser ist es, finde ich, obendrein. Valéry selbst sprach, nach seinen symbolistischen Anfängen, von *poésie pure*. Ziemlich andere Maßstäbe für die akademische Kritik, als sie in der deutschen Tradition üblich sind, wo Wort und Sache des ›Symbolismus‹ wie die Entfesselung der reinen Mittel von Laut, Bild, Satzbau und Textbausteinen im Wesentlichen eine Sache weniger Remigranten (Adorno, Szondi) und ihrer Schüler geblieben ist. Oder ein französischer Import. Ohne den Symbolismus sind schon Derridas erste Auseinandersetzungen mit Saussure, Mallarmé und Celan in ›La dissémination‹ nicht zu verstehen, zumindest nicht in so weitem Horizont wie in Szondis eben auch zuerst französisch publizierten ›Celan-Studien‹.

Starker Satz: »Mit der Überzeugung geben Glauben und Denken sich auf« (S. 58) Für mich auch ein Weg zu einer fortschreitenden, einseitigen positivistischen Empirisierung des Geistes, nicht nur der Geistes- und Sozialwissenschaften.

Soviel für heute, ich komme auf *Eselin und Hund* zurück.
Herzlich,
Dein Christoph

197 An Lydia Koelle

Jerusalem, 7. 3. 2007

Liebe Lydia,
ich habe die Festschrift zu meinem 70. Geburtstag etwas früher bekommen und so bin ich in der Lage, auch früher, will sagen umgehend Dir für Deinen Beitrag zu danken. Er hat nicht nur seinen Wert, er hat auch, wie Du weißt, seinen besonderen Stellenwert. Das macht Dein Geschenk aus, und der Dank dafür ist nur der eine, dieser schließt auch die Erinnerung an Deinen Besuch bei mir ein - und was Du seitdem für Margarete Susman und Paul Celan getan hast.
Was ich Dir ferner zu danken habe, ist nicht leichthin zu sagen, und kaum in der jedenfalls gebotenen Kürze. Ein Dank für einen Beitrag soll nicht zu einem Beitrag entarten. Also, liebe Lydia, will ich Dir besonders dafür danken, daß Du den Schmerz des Sohnes ausgesprochen hast. Das mußte einmal - und eben so - ausgesprochen werden. Das gehört zu jener Rechnung, die im Leben aufgeht oder nicht. Es sind die Tiefen, die wir (auf)suchen und die uns verschlingen.
Dieser Fall beschattet mein Leben, beleuchtet es aber auch, weil er - von seiner besonderen Kompliziertheit abgesehen - nicht der einzige in meinem Leben war oder geblieben ist. Ich habe wahrscheinlich darauf gewartet, daß Du es ausspricht.
Und auch dies wird nicht Dein letztes Wort gewesen sein.
Dafür spricht auch die Entschiedenheit Deines Schlußakkords, der unleugbar wahr, aber auch brutal ist. Ich war beinahe versucht, diese Brutalität als katholisch zu bezeichnen, denn sie kommt genau so in dem Beitrag von Josef Wohlmuth vor.
Ich schätze diese Unumwundenheit der Erkenntnis und deren nackte Aussprache hoch, weil sie mich erschüttert. Darum schreibe ich brutal, und nicht ›brutal‹. Es ist eine neue Phase in der jüdisch-christlichen bzw. deutsch-jüdischen gegenseitigen Erschließung, es ist vielleicht auch nicht zufällig, daß Du und Dein Lehrer den gleichen Weg - der Altersunterschied macht schon eine Differenz aus - gehen.
Hier steht die reine Erkenntnis gegen die reine Täuschung; alle Wünsche und auch das Wünschenswerte bleiben kleinlaut. Das könnte reinigend wirken.
Ich weiß nicht, ob Du die Festschrift auch schon hast. In jedem Fall schau Dir den Beitrag von Thomas Flügge an. Es ist das Schöne an der Festschrift - vom Schönsten der Menschen-Prosa abgesehen - daß sich darin Parallelen der Einsicht, auch der Benennung finden.

Die Geschichte Margarete Susman-Elazar Benyoëtz - der Fabel und Fabelhaftigkeit entkleidet - wird noch erzählt werden müssen, das wird aber erst geschehen, wenn auch ich das Feld geräumt habe. Es wird sich Grundlegendes nicht ändern, denn die Geschichte ist vergangen und die Psychologie bleibt unveränderlich. Der Schmerz des Sohnes brennt in ihm, bis er erloschen ist. Das wird so bleiben, wie immer die Erzählung auch vorgetragen würde. Aber es war nicht alles ›so‹, und es gab noch Mit- und Gegenspieler, die zum Bild gehörten. Und vor allem gibt es ein erschütterndes Dokument, das ich bis jetzt nicht preisgeben wollte, und lieber Schimpf und Spott über mich ergehen ließ.
Die große Lehre meines Lebens: Auch Fehler der Liebe sind unkorrigierbar.
In einem Gedicht von mir heißt es:
Ich möchte noch einmal in die Schule gehen
und lernen, wie man Liebe schreibt,
ganz ohne Fehler
(Von Anne Birkenhauer übersetzt, Festschrift S. 122)
[…]
Sei nochmals herzlich bedankt und gegrüßt
von Deinem
Elazar

198 Von Albrecht Schöne

Göttingen, 15. März 2007

Lieber Elazar Benyoëtz,

Ihr großer Geburtstag am 24. März soll nicht an mir vorübergehen, ohne daß ich Sie aus der Ferne umarme.
Nur mit einem Arm freilich, der andere ist mir korsettartig an die Brust geschnürt (wegen eines beim Skilaufen eingehandelten Schulterbruchs), so daß ich auch nicht gut von Hand schreiben kann.
Ich wünsche Ihnen ein gutes neues Lebensjahr - Jahrfünft -Jahrzehnt. Und wünsche uns, Ihren dankbaren Lesern, Schülern, Freunden, daß Ihre Sprüche in Prosa nicht verstummen möchten, die mich doch immer erinnern lassen, was Hamann, der ›Magus aus Norden‹, in der ›Aesthetica in Nuce‹, also ›in kabbalistischer Prose‹ von den Alten sagte: »Sieben Tage im Stillschweigen des Nachsinns oder Erstaunens saßen sie; - und taten ihren Mund auf - zu geflügelten Sprüchen.«
Von Herzen!
Ihr Albrecht Schöne

199 An Conrad Wiedemann

Jerusalem, 2. 4. 2007

Lieber Conrad,
es gab die große ›Wunde Heine‹, es gibt die kleine, rätselhafte, opferfreie ›Wunde Benyoëtz‹: Du hast sie umkreist und betastet, so redlich wie möglich. Dazu gehörte Mut, aber auch Freundschaft, und die Verantwortung eines ›ganzen Jahrgangs‹, den wir auch als Österreicher teilen.
Es war also auch ein Wort in ›eigener Sache‹. Mein Dank ist aber ungeteilt.
Dein Wort kam spät, es kam aber, wo so vieles ausbleiben mußte und ausgeblieben ist, auf daß sich Dein Wort erfülle! […]
Sei von Herzen bedankt und herzlich gegrüßt
von Deinem Elazar

Deine E-Mail bekam ich vom Hanser-Verlag

200 An Lydia Koelle

Jerusalem, 13. 6. 2007

Liebe Lydia,
ich lag gestern den ganzen Tag brach, wie krank, von einer unsagbaren Schwermut in die Zange genommen, noch bin ich in der Zange. Der Versuch, Dir darüber zu schreiben, ist nur ein kleiner Notausgang. Ich kann ja kaum schreiben, aber ich dachte an Dich, weil Du das verstehst, und weil Du ›goldig‹ warst in Rothenfels und - mit Rucksack eintreffend - in Bonn. Ich habe Dich noch nicht in diesem milden Licht gesehen.
Celan und ich, wir hätten nichts gemein haben sollen, von unserem Judesein und Dichtersein abgesehen, wir sollten uns eigentlich in keinem Punkt ähnlich sein. Wären solche Dinge zu wünschen, ich wünschte sie mir. Aber wir sollten im Biegen verwandt, im Brechen Brüder sein.
Ich komme von ›ganzwoanders‹ her, aus einer fast heilen, hebräischen Welt, siebzehn Jahre nach Celan geboren, mußte nichts Ähnliches durchmachen, nichts Vergleichbares durchstehen. Und doch scheint sich so vieles in unserem Leben simultan ereignet zu haben. Das erklärt sich mir - verständlich wird es ja nie werden - daraus, daß bei mir alles sehr früh begonnen hatte, und daß ich meine Geschichtssprünge dadurch machen konnte, daß ich in meiner Jugend oft - und intensiv - mit Menschen verkehrte, die viel älter waren als ich. Sie haben mir ihre alte Welt vorgeführt oder geschenkt.
In Celan selbst gab es auch den Zug zum Alten, bei aller poetischen Wachsamkeit; er wußte freilich immer, wo oder wie es in der Dichtung ›langgeht‹. Durch seine Sprachen und mit ihnen reiste er viel weiter in der Welt, um die Welt, als ich.

Hängen blieb er im Deutschen, und da hängen wir, unübersehbar, nebeneinander. Es mag nach außen Jesus und Barnabas heißen. Den inneren Weg, Jahr um Jahr, Namen für Namen - habe ich gestern zurückgelegt: lückenlos, erbarmungslos - im Briefwechsel Paul Celan - Rudolf Hirsch.
Wir müßten einmal - noch gibt es mich! - mehrere Tage zusammen verbringen, denn anders könnte ich Dir die Zeit und die Namen, die sie ausmachen, nicht physisch mitteilen. Diese müssen mit dem ganzen Körper gelesen werden, sonst bleibt ein solcher Briefwechsel halb Register, halb Papier.
Ich habe Rudolf Hirsch gut gekannt, kannte auch Karl Korn, und besonders Claire Goll; ich spielte sogar, ahnungslos - nicht in der Affäre, aber in deren Dokumentation eine Rolle. Die Dokumentation selbst habe ich nur am Rande wahrgenommen, ich mochte mich nie in diese Sache vertiefen. Nun aber stellte sie sich mir in ihrem wirklichen Ausmaß vor Augen, in diesem Briefwechsel, der mich umwarf und schier krank zu machen droht. Einem Dichter, der aus der ›Hölle‹ (ich mag diese Redensart nicht) entkam, wird durch eine Jüdin die Hölle wieder heiß gemacht, damit er ja nicht entkomme! Ein Trauerspiel vor den gestrigen Henkern, die sich die Hände höchstvergnügt reiben. (Nicht ohne üble Rückwirkung auf Juden, die sich weigern, Celan den Vorrang zu geben.)
Was er ausstehen mußte, wüßten wenige wie ich, der ich alles das nicht ausstehen mußte - ich erlebte meinen ›eigenen Fall‹ von der anderen Seite, ›von unseren Leut‹; daß es so wirklich war, wirklich so, wie es nun ›im Buche steht‹, wußte ich nicht. Nun steht alles da: Brief für Brief, Tag für Tag, Name für Name. Eine Menschenjagd schlimmster Sorte. Celan wurde richtig gehetzt und gejagt, keine Seite, die nicht zum Weinen ist, man sieht ihn ja in seiner Not, in der Gehetztheit. Womit muß er sich beschäftigen, während die Poesie auf ihn wartet! Jahrgänge des ›Reichs‹ muß er studieren, eine Pest, mit der er nie in Berührung hätte kommen sollen! Das muß er, um seine Todfeinde, die es in jedem Fall sind und bleiben werden, ›gerecht‹ entlarven zu können, und dabei - niedergeschmettert - immer noch vorsichtig und vornehm. Nicht alle waren schlechten Willens, und der Zeit müssen auch ihre Irrungen/Wirrungen zugestanden werden, es war eben keine Zeit, der man ins Gesicht schauen konnte, schon gar nicht vermochten Juden und Deutsche einander offen ins Gesicht zu sehen. So nobel er aussah, so wenig konnte man Celan ins Gesicht schauen. Ich habe selten ein so trauriges Buch gelesen, die schönste aufstrebende Kraft des jungen Dichters auf dem Weg zu allen Namen, die seinen jugendlichen Ehrgeiz angestachelt haben: S. Fischer, Insel, Deutsche Rundschau - da wäre er ›gut versammelt‹ zu seinen Vätern, und bei S. Fischer waren auch fast alle - getaufte und nicht getaufte Juden, eine winzige Ecke, wo man sich heimisch fühlen konnte - und nichts hat dicht gehalten, der Dichter blieb allein, und niemand begriff, wie dringend ihm hätte geholfen werden müssen, nicht, weil er hilflos war, sondern weil er zugrunde gerichtet wurde.

Man kann heute im Deutschen alles wieder machen, auch Witze, man wird im Deutschen dem Deutschen aber nie entkommen. Dafür kann man Celan heißen und ein großer Dichter sein, den Preis dafür muß man bis auf den letzten Pfennig entrichten. Alle Sprachen haben Geschenke bereit für ihre Dichter, die deutsche Sprache nicht.

Jetzt kommt bei mir alles wieder hoch, vielleicht müßte ich doch noch darüber schreiben. Ich dachte, hoffte zumal, ich müßte nichts mehr.

Schalom, liebe Lydia.

Elazar

Anmerkungen

Brief 1   12. 7. 1958
Aus dem Hebräischen
Shin Shalom (eigentlich Shalom Josef Shapira), 1904-1990, ein vielseitiger, mit vielen Preisen ausgezeichneter hebräischer Lyriker, Prosaist und Übersetzer (u. a. die Sonetten Shakespeares). Mit Max Brod verfasste er das Libretto für die erste israelische Oper ›Dan ha-Schomer‹ (Musik: Marc Lavry). Brod übersetzte Gedichte von ihm ins Deutsche und widmete ihm mehrere Seiten in seinen Erinnerungsbüchern; Anna Nussbaum (siehe Brief 6) übersetzte sein ›Galiläisches Tagebuch‹ ins Deutsche (Heidelberg 1954)

Ein Widmungsexemplar- in memoriam
Shin Shalom, Dichtungen. Hebräisch und deutsch. Übersetzt v. Ora Fried. Tel Aviv 1986, 252 [4]. Brosch. Handschriftliche Widmung: Elazar Benyoëtz dem 50jährigen, in Liebe wie für den 20jährigen und im Glauben an die Zukunft des 70jährigen (1987)

»Shin Shalom steht am Anfang des Briefbandes stellvertretend, aber auch symbolhaft für meine hebräische Vergangenheit und zugleich für meinen nicht geplanten Übergang zum Deutschen. Er war mir ein treuer Begleiter von Anfang an, als Vorsitzender des hebräischen Schriftstellerverbandes rüstete er mich mit einem deutsch geschriebenen Empfehlungsbrief aus, mit dem ich meinen ›Weg ins Deutsche‹ antrat, er steht somit an meinen beiden Anfängen. Shin Shalom kam als Kind mit dem Hof seines Vaters, einem chassidischen Rabbi, aus Polen nach Wien, dort schrieb er auf Deutsch sein erstes Gedicht; später, als berühmter hebräischer Dichter, stand er im Briefwechsel mit Nelly Sachs und Paul Celan, seine Spuren im Deutschen sind auch noch zu finden.« (an Jürgen Stenzel, 19. 11. 2007)
Überlieferung: »Für Shin Shalom,/ nachdem ich aus seinem Munde/ vernommen habe, daß man im/ Allerheiligsten nicht weinen/ darf,/ in Dankbarkeit/ Paul Celan/ Haifa, am 12. Oktober 1969«

Brief 2   18. 2. 1959
Aus dem Hebräischen
Uri Felix Rosenheim, 1913-1973, Sohn des Rabbiners Jakob Rosenheim, Jeschiwa- Studium, später Philosophie und Medizin in Frankfurt/M. und Kiel, 1935 Einwanderung in Palästina. Erste Gedichte in: Der Morgen 1938, aufgenommen in: Jüdisches Schicksal im deutschen Gedicht. Eine abschließende Anthologie, gesammelt u. hg. v. Siegmund Kaznelson. Berlin 1959; war Buchhändler in Tel-Aviv; zuletzt Bibliothekar an einem Gymnasium. Vgl. Brief 158

›ein Gedicht‹ - Alej Yamim [über Meere], Hazofeh 13. 2. 1959

Brief 3   12. 10. 1959
Aus dem Hebräischen

Brief 4   13. 9. 1960
Kurt Pinthus, 1886-1975, Ps. Paulus Potter, Dr. phil., Publizist, Kritiker, Lektor, Dramaturg, Rundfunksprecher, Herausgeber; 1947-1961 Dozent für Theatergeschichte an der Columbia-

Universität in New York; Hg.: Menschheitsdämmerung. Symphonie jüngster Dichtung. Berlin 1920; revidierte Ausgabe: Menschheitsdämmerung - Ein Dokument des Expressionismus, mit wesentlich erweitertem bio-bibliographischem Anhang. Hamburg 1959ff

Brief 5   28. 9. 1960
Briefkopf: Prof. Dr. Kurt Pinthus/ c/o Rowohlt Verlag GmbH
Reinbek bei Hamburg, Hamburger Straße 17
Herrn /Elazar Benyoëtz/ Jerusalem P. O. B. 1286

Felix Weltsch, 1884-1964, Dr. jur. u. phil., Bibliothekar an Prager Universitätsbibliothek, Chefredakteur der zionistischen Wochenschrift Die Selbstwehr (1919-1939), gehörte zum Freundeskreis Kafka u. Brod; 1939 Übersiedlung nach Jerusalem, dort Bibliothekar an der Nationalbibliothek. W: Das Wagnis der Mitte. Ein Beitrag zur Ethik und Politik der Zeit. M.-Ostrau 1936, Neuausgabe mit einem Nachwort von Max Brod. Stuttgart 1965

Brief 6   10. 11. 1966
Erstdruck, gekürzt, in: Elazar Benyoëtz, Die Rede geht im Schweigen vor Anker. Bochum 2007, S. 31

›den Artikel‹ - Elazar Benyoëtz : Jakob van Hoddis. In: Hapoél Hazaír Jg. 53, Nr. 48, 23. August 1960, S. 21; Jakob van Hoddis: Weltende (Gedicht); Doktor Hackers Ende (Prosa) übersetzt von EB, ebd. S. 22

Brief 7   16. 11. 1960
Friedhelm Kemp, 1914, Lyriker, Übersetzer, Essayist, Herausgeber, Verlagslektor; Joseph-Breitbach-Preis 1998. W: ›... das Ohr, das spricht‹. Spaziergänge eines Lesers und Übersetzers. München/Wien 1989

Manfred Sturmann, 1903-1989, Lyriker und Erzähler; bekannt geworden mit dem Band Althebräische Lyrik (Nachdichtungen, mit einem Vorwort von Arnold Zweig). München 1923; 1929 Lyrikpreis der Stadt München, 1939 Einwanderung in Palästina. Verwaltete in Jerusalem den Nachlass Else Lasker-Schülers. Vgl. Briefe 13, 68. W: Abschied von Europa. Geschichten aus Israel. Berlin 1963.
›Anekdoten‹ - etwas davon aufgenommen in: Elazar Benyoëtz, Die Liebe ist eine Chinesische Mauer - Erinnerungen an Else Lasker-Schüler, Neue Deutsche Hefte 104 (1965), S. 58-65

Ernst Rowohlt, 1887-1960 - »Mit Ernst Rowohlt kam ich noch kurz vor seinem Tod in Kontakt, mein kleiner Artikel - in: Perakim, Haifa, Juli 1961 - hätte schon der Nachruf sein können, sein Titel lautete ›Der Verleger als Persönlichkeit‹ und sein Untertitel: Den israelischen Verlegern ins Stammbuch.« (EB an Monika Fey, 6. 8. 2008)

Brief 8   22. 12. 1960
Karl Otten, 1889-1963, mit seiner Herausgeberschaft leistete er ein Höchstes für seine Freunde und setzte sich selbst ein Monument: Ahnung und Aufbruch. Expressionistische Prosa. Neuwied 1957, 567 S.; Schrei und Bekenntnis. Expressionistisches Theater. Neuwied 1959, 1012 S.; Das leere Haus. Prosa jüdischer Dichter. Stuttgart 1959, 647 S., enthält Erzählungen

von Paul Adler, Ernst Blass, Albert Ehrenstein, Efraim Frisch, Gertrud Kolmar, Paul Kornfeld, Ernst Weiss; Schofar. Lieder und Legenden jüdischer Dichter. Neuwied-Berlin 1962, 371 S.. Vgl. Brief 10

Y(a'aqov) M(osheh) Ben-Gavriel (ursprünglich Eugen Höflich), 1891-1965, Schriftsteller, Journalist in Wien, seit 1927 in Jerusalem. W: Tagebücher 1915 bis 1927. Hg. v. Armin A. Wallas. Wien 1999

Brief 9   19. 1. 1961
Erstdruck in: Elazar Benyoëtz, Die Rede geht im Schweigen vor Anker. Bochum 2007, S. 33

Margarete Susman, verheiratete Margarete von Bendemann, 1872-1966, deutsche Dichterin, Philosophin, Kritikerin, Übersetzerin. Im Briefwechsel mit EB von 1960 bis zu ihrem Tod. Ihrem Andenken widmete EB sein Buch Variationen über ein verlorenes Thema. München 1997

Margarete Susman, Gedichte: So in die still verschneite Nacht. - Die gelben Blätter. (beide der Anthologie Hans Bethges entnommen ›Deutsche Lyrik seit Liliencron‹, Leipzig 1905, S. 288/89) von Elazar Benyoëtz übersetzt, in: Hazofeh, 14. Oktober 1960; wiederholt in: Ssulam Elul 5760/Tischri 5761 (September/Oktober 1960);
Margarete Susman, Das Buch Hiob und das Schicksal des jüdischen Volkes. 2. Aufl. Zürich 1948; Gestalten und Kreise. Stuttgart/Konstanz 1954 (Versuche u. a. über Moses Mendelssohn, Sigmund Freud, Henri Bergson, Franz Rosenzweig, Karl Wolfskehl, Franz Kafka, Aron David Gurewitsch); Frauen der Romantik. 3. Aufl. Köln 1960; Die Gestalt Georg Simmels. Tübingen 1959; Deutung biblischer Gestalten. Zürich 1960; Ich habe viele Leben gelebt. Erinnerungen. Stuttgart 1964. Handschriftl. Widmung: Dem innig verbundenen Wanderknaben seine Oma. M. S.
»Auf Betreiben Hugo Bergmanns, von Martin Buber befürwortet, wurde eine Auswahl aus den Essays Margarete Susmans in das Programm des maßgeblichen Verlags Mossad Bialik aufgenommen, doch fiel diese Ausgabe, wie auch die Lasker-Schülers, ins Wasser, da ich für einige Jahre in Deutschland hängen blieb.« (EB an Monika Fey, 19. 8. 2008)

Lajser Ajchenrand, 1911-1985, 1937 Emigration nach Frankreich, Flucht in die Schweiz. W: Mimamaqîm. Lider und Ssonettn…, der französische Titel: Des Profondeurs de L'Abime. Poèmes et Sonnets. Paris: Farlag Di goldene Pave 1953 (Deutsche Ausgabe: Aus der Tiefe. Gedichte. Aus dem Jiddischen v. Hubert Witt, Zürich 2006).
Nacht-Elegie, ins Hebräische übersetzt von Elazar Benyoëtz, in: Hazofeh, 21. 8. 1961

Brief 11   6. 3. 1961
Claire Goll, Studer in erster Ehe, 1890-1977, deutsch-französische Schriftstellerin; gemeinsame Gedichtwerke mit Yvan Goll, dessen ›Dichtungen‹ sie 1960 herausgab.
W: Arsenik. Eine Deutsche in Paris. Romane. Hg v. Barbara Glauert-Hesse. Göttingen 2005. Siehe Brief 137.
Über seine Begegnung mit Claire Goll in Paris schreibt EB in seinem Buch Kzot ha-Choschech, Tel Aviv 1989, S. 28 (hebräisch)

Yvan Goll, Karawane der Sehnsucht, übersetzt von Elazar Benyoëtz, in: Ssulam, Tewet-Schewat 5721 (Nov. 1960), S. 29
Malaiische Liebeslieder, übersetzt von Elazar Benyoëtz, in: Hazofeh 6. 4. 61 (5 Gedichte), erschienen sind noch andere, aber nicht gesammelt.
Siehe Brief 137

Brief 12   7. 3. 1961
Erwin Loewenson, 1888-1963, Expressionist in Berlin, Philosoph und Schriftsteller, Mitherausgeber der Dichtungen von Georg Heym und Jakob van Hoddis; emigrierte 1933 nach Palästina. W: Georg Heym oder Vom Geist des Schicksals. Hamburg/München 1962.
Vgl. Elazar Benyoëtz: Paul Engelmann, Der Andere. In: Wittgenstein-Jahrbuch 2001/2002, Frankfurt/M. 2003, S. 373f.
Seinem Gedenken ist mein Buch ›Variationen über ein verlorenes Thema‹, München 1997, gewidmet. Siehe Briefe 6, 37, 126

Überlieferung - Erwin Loewenson: Else Lasker-Schüler. In: Amudim. Hebräische Wochenschrift, Jg. 1, Nr. 29 v. 9. 2. 1945, S. 6 - ein wichtiger, aus dem deutschen Manuskript übersetzter, unbekannt gebliebener Nachruf auf die Dichterin, eine Deutung und mündliche Überlieferung enthaltend, z. B. »Kunst ist Reden mit Gott«. Im Sterben soll die Dichterin 7 Mal Halleluja ausgerufen haben. Der Druck ist z. T. verballhornt. Siehe Brief 126

Brief 14   26. 4. 1961
Nelly Sachs, Viele Meere im Sande verlaufen. Wenn der Atem (Fahrt ins Staublose. Die Gedichte der Nelly Sachs. Frankfurt/M 1961, S. 229, 312), übersetzt von Elazar Benyoëtz, in Hazofeh 15. 12. 1961

Brief 15   8. 5. 1961
Elazar Benyoëtz, Glosse zu: J[osef] Lichtenbom, Unsere moderne Dichtung, Moznaim [Waage], Monatsschrift des Hebräischen Schriftstellerverbandes, Nissan-Ijar 5761, (April/Mai 1961) S. 473 (hebräisch)

Francis James Carmody, The poetry of Yvan Goll. Paris 1956
›schwarze Milch des Elends‹ - ein Verweis auf diesen Brief findet sich in Barbara Wiedemanns Buch: Paul Celan - Die Goll Affäre. Dokumente zu einer ›Infamie‹. Frankfurt/M. 2000, S. 705
Siehe Brief 137

Brief 17   30. 6. 1961
Erstdruck in: Elazar Benyoëtz, Die Rede geht im Schweigen vor Anker. Bochum 2007, S. 37

Schmuel Hugo Bergmann, 1883-1975, Philosoph; in Prag Schüler Franz Brentanos, mit Kafka und Brod befreundet, seit 1920 in Jerusalem, lehrte Philosophie an der Hebräischen Universität, deren erster Rektor er war. W: Tagebücher und Briefe. Bd. 1: 1901-1948; Bd. 2: 1948-1975. Hg. v. Mirjam Sambursky. Frankfurt/M. 1985

Zur Beziehung Bergmann-Benyoëtz siehe: Elazar Benyoëtz, Himmel - Festland der Bodenlosen.

Eine Morgenlesung. Abgedruckt in: Erwin Dirscherl/Susanne Sandherr/Martin Thomé/ Bernhard Wunder (Hg.), Einander zugewandt. Die Rezeption des christlich-jüdischen Dialogs in der Dogmatik. Paderborn 2004, S.185

Dan Reisinger, 1934, Grafiker und Designer, lebt in Israel; 1998 Israel-Preis für Design

Das Gedicht ›Blauer Brief am 1. Mai - für Martin Buber‹, aufgenommen in: Elazar Benyoëtz, Variaziot al nosse awud [Variationen über ein verlorenes Thema]. Jerusalem/New York. 1961, S. 47-48, von Jacob Mittelmann übersetzt, in: Das Neue Israel, Zürich April 1963, S. 672/73

Jaákov Kahan, 1881-1960, gehörte zu den Klassikern der neueren hebräischen Literatur, besonders geschätzt wurden seine lyrischen Dramen; er übersetzte alle Dramen Goethes ins Hebräische; 1912 gründete er in Warschau die Zeitschrift haIwri heChadasch [Der neue Hebräer]. Kahan bestimmte EB zu seinem Nachlassverwalter. - Das Gedicht J'K' - Variaziot al nosse awud…, S.27. Vgl. Elazar Benyoëtz, Allerwegsdahin. Mein Weg als Jude und Israeli ins Deutsche. Zürich/Hamburg 2001, S. 98-99

Das Gedicht für Margarete Susman - ›Imru l'Elohim‹ ebd. S. 49 - wurde mehrmals veröffentlicht, so auch in der ersten Nummer des Prozdor (März-April 1961); es wurde sowohl von Paul Engelmann als auch von Jacob Mittelmann ins Deutsche übersetzt. Vgl. Elazar Benyoëtz, Paul Engelmann, Der Andere. Ein Teppich, aus Namen geknüpft, zu seinem Gedenken aufgerollt. In: Wittgenstein-Jahrbuch 2001/2002, Frankfurt/M. 2003, S. 425-426; vgl. auch Brief 21

Brief 18   2. 7. 1961
Margareta Morgenstern, geb. Gosebruch v. Liechtenstein, 1879-1968, seit 1910 mit Christian M. verheiratet; nach seinem Tod (1914) gab sie seinen Nachlass heraus und sorgte für alle Werkausgaben. Zu dem im Insel-Verlag 1952 erschienenen Briefband vgl. Brief 28

Unter dem Titel ›Gedanken über den Menschen und den aufsteigenden Pfad‹, übersetzte Elazar Benyoëtz Aphorismen aus Morgensterns ›Stufen‹, in: Hapoél Hazaír, H. 37/1961

Brief 19   28. 7. 1961
Unter dem Titel ›Der Tod ist ein Meister aus Deutschland‹, veröffentlichte Elazar Benyoëtz eine große Besprechung der von Manfred Schlösser und Hans-Rolf Ropertz herausgegebenen Anthologie ›An den Wind geschrieben‹ (Darmstadt 1960), in: Davar, 16. 6. 1961

Brief 20   21. 8. 1961
Erstdruck, gekürzt, in: Elazar Benyoëtz, Die Rede geht im Schweigen vor Anker. Bochum 2007, S. 38

Jacob Mittelmann, 1909-1975, Dr. jur., Rechtsanwalt zuerst in Haifa, dann in Tel-Aviv; unter dem Pseudonym Jaákov Hatichon übersetzte er englische Kriminalromane ins Hebräische; in den 60er Jahren, unter dem Einfluss EBs', begann er, aus dem Hebräischen ins Deutsche zu übersetzen; er vermittelte EBs' Gedichte, in seiner und Engelmanns Übersetzung, an verschiedene Zeitungen, hauptsächlich an Die Tat, Zürich.

Vgl. Brief Paul Engelmanns vom 12. 6. 1962 an Jacob Mittelmann, in: Elazar Benyoëtz, Paul Engelmann, Der Andere. Ein Teppich, aus Namen geknüpft, zu seinem Gedenken aufgerollt. In: Wittgenstein-Jahrbuch 2001/2002, Frankfurt/M. 2003, S. 397f.
W: Hebräische Erzähler der Gegenwart. Zürich 1964

Carl Seelig, 1894-1962, Schweizer Schriftsteller und Journalist, Herausgeber Robert Walsers.
W: Wanderungen mit Robert Walser. Hg. v. Elio Fröhlich. Frankfurt/M. 1990

Jakob Haringer, 1898-1948, ein großer Lyriker zweiten Ranges, von unerschöpflicher Larmoyanz. W: Kind im Grauen Haar. Frankfurt/M. 1926. Vgl. Brief 33

Brief 21   13. 9. 1961
Aus dem Hebräischen
Jehoschua Amir, 1911-2002, Professor für hellenistisches Judentum und moderne jüdische Philosophie an der Universität Tel Aviv; übersetzte aus dem Griechischen (Philo), aus dem Deutschen ins Hebräische Franz Rosenzweig, ›Stern der Erlösung.‹ 1970; Ismar Elbogen, ›Der jüdische Gottesdienst in seiner geschichtlichen Entwicklung.‹ 1972; er übersetzte auch aus dem Hebräischen ins Deutsche.
Das Gedicht ›Imru l'elohim‹ [Sagt es Gott]. In: Elazar Benyoëtz, Variaziot al nosse awud [Variationen über ein verlorenes Thema]. Jerusalem/New York 1961, S. 49; vgl. Brief 17

Kol Nidre - Alle Gelübde - so beginnt das Einleitungsgebet am Abend des Versöhnungstages (Jom Kippur); davon bekommt der ganze Abend seine Bezeichnung

Brief 22   26. 9. 1961
Zu Elazar Benyoëtz' Gedichtband Variaziot al nosse awud [Variationen über ein verlorenes Thema]. Jerusalem/New York 1961 (hebräisch)
Divrej Dphuss - Drucksache; Torr - Menschenschlange

Brief 23   5. 12. 1961
Briefkopf: Deutsche Akademie für Sprache und Dichtung. Der Präsident
Hermann Kasack, 1989-1966, Lyriker, Erzähler, Rundfunkautor, Herausgeber, Verlagsleiter, 1949 Fontane-Preis, 1953-1964 Präsident der Deutschen Akademie für Sprache und Dichtung. W: Das ewige Dasein. Gedichte. Berlin 1943. - Über seine Begegnung mit Hermann Kasack, vgl. Vorstellung neuer Mitglieder/ Elazar Benyoëtz, in: Deutsche Akademie für Sprache und Dichtung. Jahrbuch 2003, S. 186-188
Karl Otten - vgl. Briefe 8 und 10
Else Lasker-Schüler, Dichtungen und Dokumente. Gedichte. Prosa. Schauspiele. Briefe. Zeugnis und Erinnerung. Ausgewählt und hg. v. Ernst Ginsberg. München 1951
Gertrud Kolmar, Das lyrische Werk. Hg. v. Friedhelm Kemp. München 1960

Brief 24   12. 2. 1962
Elazar Benyoëtz, Das heutige Deutschland im Lichte seiner Literatur. In: Hazofeh, 2. 2. 1962 (hebräisch). - Ausgehend von Franz Schonauer, Deutsche Literatur im Dritten Reich. Olten: Walter-Verlag 1961; eingehend auf W[illy] Grabert und A[rno] Mulot, Geschichte der deutschen Literatur. München, Bayerischer Schulbuchverlag, 7. A. 1961
Johannes R. Becher, 1891-1958, expressionistischer Dichter, 1933 Emigration nach Moskau, wird

1954 Kulturminister der DDR. W: Päan gegen die Zeit. Leipzig 1918

Arnold Zweig, 1887-1968, Schriftsteller, seit 1923 in Berlin, 1933 nach Palästina, 1948 Ost-Berlin. W: De Vriendt kehrt heim. Roman. Berlin 1932

Stephan Hermlin, d. i. Rudolf Leder, 1915-1997, Lyriker und Novellist. W: Zwölf Balladen von den großen Städten. Zürich 1945

Robert Neumann, 1897-1975. W: Die Parodien. Wien/Desch 1962

Gerhard Schumann, 1911-1995, Dichter und Verleger; gehörte zu den bekanntesten jungen Autoren der NS-Zeit

Yvan Goll, siehe Briefe 11 und 15

Karl Wolfskehl, 1860-1948, Lyriker, Übersetzer, Essayist und großer Briefschreiber; eng verbunden mit Stefan George. W: Die Stimme spricht. Berlin 1936

›Geteilter Meinung‹ - allerdings, wenn man Joachim Günthers Artikel zum 80. Geburtstag Kolbenheyers in der FAZ vom 30. 12. 1958 liest mit der Überzeugung endend, dass »dem Dichter mit einigen Werken aus seiner genialen und begnadeten Lebensphase Zukunft beschieden sein wird.« In den sechziger Jahren des vorigen Jahrhunderts war die Kolbenheyer-Gesellschaft die größte in der Bundesrepublik. Erwin Guido Kolbenheyer, 1878-1962. W: Amor Dei. München/Leipzig 1908

Brief 25   4. 3. 1962
Walter Arthur Berendsohn, 1884-1984, deutscher Literaturwissenschaftler, Professor für deutsche Literatur und Skandinavistik an der Universität Hamburg; Gastprofessor an der Universität Stockholm, wo er 1969 zusammen mit Professor Dr. Helmut Müssener die ›Stockholmer Koordinationsstelle zur Erforschung der deutschsprachigen Exil-Literatur‹ einrichtete. Mit seinem Werk ›Die humanistische Front‹ (1946) begründete er die deutsche Exilforschung. W: Nelly Sachs: Einführung in das Werk der Dichterin jüdischen Schicksals. Mit einem Prosatext ›Leben unter Bedrohung‹, einer Auswahl von 30 Briefen aus den Jahren 1946-1958 und einem Bericht über die Nelly-Sachs-Sammlung in Dortmund. Kommentiert von Manfred Schlösser. Darmstadt 1974

Sechs Briefe Berendsohns an Elazar Benyoëtz, aus den Jahren 1962-1965, sind abgedruckt in: Hermann Zabel (Hg.), Stimmen aus Jerusalem. Zur deutschen Sprache und Literatur in Palästina/Israel. Deutsch-Israelische Bibliothek Bd. 2, Berlin 2006, S. 252-254

Brief 26   24. 3. 1962
Erstdruck, gekürzt, in: Elazar Benyoëtz, Die Rede geht im Schweigen vor Anker. Bochum 2007, S. 39

Walter Helmut Fritz, 1929, Lyriker und Prosaist; schrieb einige Male über EB, so in seinem Buch ›Was einmal im Geist gelebt hat‹. Heidelberg 1999, S. 55
Karl Schwedhelm, 1915-1988, Dichter, Lektor beim Süddeutschen Rundfunk.

W: Fährte der Fische. Sämtliche Gedichte. Aachen 1991

Werner Kraft, 1896-1991. W: Der Wirrwarr. Ein Roman. Frankfurt/M. 1960

›Daß Sie mein Gedicht übersetzt und veröffentlicht haben‹ - ›Wir wollen miteinander sprechen‹, übersetzt innerhalb der Rezension von: Cornelius Streiter (d. i. Bernhard Doerdelmann), Tau im Drahtgeflecht, Philosemitische Lyrik nichtjüdischer Autoren. Rothenburg o. d. Tauber 1961. In: Davar vom 2. 2. 1962.
Siehe Briefwechsel Benyoëtz - Doerdelmann in: Das gerichtete Wort/ Briefe von und an Elazar Benyoëtz. Hg. v. Barbara Hoiß und Julija Schausberger, Bildschirmpräsentation des Brenner-Archivs, Briefe 44-47, 110, www.uibk.ac.at/brenner-archiv/editionen/benyoëtz

Brief 27   8. 4. 1962
Margarete Susman, Lyrik aus Israel. In: Das Neue Israel, Zürich, April 1963, S. 671.-[Vorspann] »Zu der deutschen Ausgabe des Gedichtbandes Variationen über ein verlorenes Thema von Elazar Benyoëtz schrieb Margarete Susman das Vorwort, welches wir... im Vorabdruck bringen.« Der Band, für die Akazienreihe im Fretz & Wasmuth Verlag vorgesehen, ist nicht erschienen

Brief 28   10. 9. 1962
Aus dem Hebräischen. Erstdruck in: Elazar Benyoëtz, Die Rede geht im Schweigen vor Anker. Bochum 2007, S. 40

MB - Mitteilungsblatt des Irgun Olej Merkaz Europa (IOME), deutsche Wochenschrift der Einwanderer aus Zentraleuropa, 1948 gegründet

IYUN - damals die einzige philosophische Zeitschrift in Israel

Rudolf Pannwitz, 1881-1969, Dichter und Kulturphilosoph, gab mit Otto zur Linde die Zeitschrift Charon heraus; Aufsehen machte er mit seinem Buch ›Die Krisis der europaeischen Kultur‹. Nürnberg 1917; war mit Hugo von Hofmannsthal, Martin Buber, Karl Wolfskehl befreundet

›Deine Kritik‹ - Rudolf Pannwitz, Aufbau der Natur. Stuttgart 1961. Die Rezension ist nicht erschienen und befindet sich im Nachlass Hugo Bergmanns in der
Nationalbibliothek Jerusalem

Brief 29   15. 9. 1962
Paul Engelmann, 1891-1965, Architekt, Dichter, Philosoph, Herausgeber.
W: Psychologie, graphisch dargestellt. Hg. v. Gerd Grasshof und Timm Lampert. Wien/New York 2005.
Von 1960 bis zu seinem Tod mit EB eng befreundet. Vgl. Elazar Benyoëtz, Dem Andenken Paul Engelmanns. (Brief). In: Der Alleingang. Nichtkommerzielle Zeitschrift. Wien, 2. Jg., Nr. 5, Juli 1965, S. 2; Yahafat. Gedichte. Dem Gedenken an Paul Engelmann. Jerusalem 1965 (hebräisch); Ein Freund der Motten und Genies. Gedenken an Paul Engelmann. Aus dem

Hebräischen übersetzt v. Rina Jagon. In: FAZ 2. 6. 1967; Ein Bild, wie es im Buche steht. Max Zweig über Paul Engelmann. In: Eva Reichmann (Hg.), Max Zweig. Kritische Betrachtungen. St. Ingbert 1995, S. 331-343; Poetica/ o: haPeílut motsiah min haKoach el haBatala. In: Davar/ Massa, 17. 2. 95 (hebräisch);
Dem Menschen zum Segen, nicht der Gesellschaft zum Nutzen. Eine Lesung in memoriam Paul Engelmann. In: Ursula A. Schneider, (Hg.), Paul Engelmann (1891-1965). Architektur Judentum Wiener Moderne. Wien/Bozen 1999, S. 167-188; Die Zukunft sitzt uns im Nacken, In: Hanni Mittelmann/Armin A. Wallas (Hg.), Österreich-Konzeptionen im 19. und 20. Jahrhundert. Tübingen 2001, S. 300f.; Paul Engelmann, Der Andere. Ein Teppich, aus Namen geknüpft, zu seinem Gedenken aufgerollt. In: Wittgenstein-Jahrbuch 2001/2002, Frankfurt/M. 2003, S. 369-427

Paul Schick, 1905-1975, Dr. jur.; nach der Rückkehr aus der Emigration Bibliothekar der Stadtbibliothek in Wien, war Leiter des Karl Kraus-Archivs und verantwortlich für die erste große Kraus-Ausstellung im Jahre 1964. Briefwechsel EB mit Paul und Zosia Schick in: Das gerichtete Wort/ Briefe von und an Elazar Benyoëtz. Hg. v. Barbara Hoiß und Julija Schausberger, Bildschirmpräsentation des Brenner-Archivs, Briefe 83-88, www.uibk.ac.at/brenner-archiv/editionen/benyoëtz

»Zwischen Paul Schick, seiner Frau Sophie und mir entstand eine herzlich nahe Freundschaft. Jeder von den beiden verdient eine eigene Schilderung, so abhängig sie voneinander auch waren. Paul war ein gründlicher Denker von seltener Sauberkeit des Denkens, doch ging bei ihm das Denken ungewöhnlich langsam vor sich und schlug darum nur einmal, auf drängende Bestellung, ›zu Buche‹ (Karl Kraus. In Selbstzeugnissen und Bilddokumenten dargestellt von Paul Schick. Reinbek bei Hamburg 1965), so bleibt sein größerer Verdienst die Herausgabe der eigentlich privaten Zeitschrift ›Der Alleingang‹. Sie war kurios genug, um in Ehren registriert zu werden. Meine deutschen, wenig attraktiven Anfänge, sind in einigen Nummern dieser ›unkommerziellen‹ Zeitschrift zu finden.« (EB an Monika Fey, 12. 12. 2008)

Brief 30   18. 12. 1962
Ansichtskarte Zürich

Max Rychner, 1897-1965, Lyriker, Essayist, Literaturkritiker, Übersetzer, von 1939-1962 Leiter der Kulturredaktion Die Tat, Zürich. W: Freundeswort. Gedichte. Berlin/Zürich MCMXLI. Handschriftliche Widmung: Dem jungen Dichter/ Elazar Benyoëtz/ herzlich zugedacht/ Max Rychner/ Zürich, 6. XI. 62 nach dem ersten/ Gespräch im Odeon. Zur Beziehung Benyoëtz-Rychner, siehe: Clara von Bodman/Elazar Benyoëtz, Solange wie das eingehaltene Licht. Briefe 1966-1982. Konstanz 1989, S. 162-167; Elazar Benyoëtz, Treffpunkt Scheideweg. München 1990, S. 154, 169; Ders., Ein Brief mit Briefen, Max Rychner betreffend. In: Schweizer Monatshefte. 77. Jg. H. 4, April 1997, S. 26-29; vgl. Brief 103
Max Rychner, Auf einem Heimweg, ins Hebräische übersetzt von Elazar Benyoëtz. In: Hazofeh, 26. 3. 1962 [Aus: Max Rychner, Glut und Asche. Gedichte. Zürich: Manesse Verlag 1946, S. 66]

Brief 31   25. 12. 1962
Erstdruck in: Wittgenstein-Jahrbuch 2001/2002. Frankfurt/M. 2003, S. 413

›St‹ geht mich nichts an‹ - Thomas H. W. Stonborough, ein Neffe Ludwig Wittgensteins; sein Brief an EB über Paul Engelmann (Wien, 12. 1. 1968) ist abgedruckt im Wittgenstein-Jahrbuch 2001/2002. Frankfurt/M. 2003, S. 381

›Aufsatz für die Susman-Festschrift‹ über Ludwig Wittgenstein; nicht erschienen

Brief 33   29. 1. 1963
Manfred Schlösser, 1934, Verleger in Darmstadt und Berlin (Agora-Verlag), verdienstvoller Herausgeber, u. a. der Anthologie ›An den Wind geschrieben‹ (1960) und der Festschrift ›Auf gespaltenem Pfad. Für Margarete Susman‹ (1964); in den Jahren 1961-1975 im Briefwechsel mit EB. Vgl. Brief 30

Brief 35   30. 1. 1963
›Was die Gemeinheiten in Haárez betrifft‹ - »In dieser Tageszeitung wurde ich wegen meines Aufenthalts in Deutschland wiederholt klein, einmal - unter dem Titel ›Ein Israeli errichtet ein neues Ghetto in Deutschland‹ - auch groß angegriffen. Das war gegen meine Werbung für eine Bibliographia Judaica gerichtet, und wie sich herausstellte, war die Attacke von Deutschland lanciert.« (EB an Monika Fey, 2. 8. 2008)

Brief 37   4. 2. 1963
Alice Jacob-Loewenson, 1895-1967, Pianistin, Komponistin, Musikpädagogin, Pionierin der jüdischen Musik, Briefwechsel mit EB bis zu ihrem Tod

Brief 38   22. 2. 1963
Moshe Bar-Yuda, 1934, israelischer Schriftsteller, mit EB viele Jahre befreundet. W: Tsel over [Passing Shadow]. Tel Aviv 2007

Elazar Benyoëtz, Die Übersetzung als Monolog. Deutsch v. Paul Engelmann. In: Deutsche Zeitung, Köln, 2./3. 2. 1963; wiederholt in: Die Tat, Zürich, 9. 10. 1964

Brief 39   7. 3. 1963
Ernst Brücher, 1925-2006; 1951-1997 Leiter des Verlags M. DuMont Schauberg in Köln

›in Ihrem Aufsatz über das Wesen der Übersetzung‹ - vgl. Anmerkung zu Brief 38

Brief 40   24. 3. 1963
Geschrieben im Anschluss an einen Brief Max Zweigs, darum ohne Anrede.
Max Zweig, Tolstois Gefangenschaft und Flucht, enthalten in: Dramen Band 1. Wien 1961

Natan Altermann, 1910-1970, einflussreicher hebräischer Lyriker

Brief 41   30. 4. 1963
Erstdruck, gekürzt, in: Elazar Benyoëtz, Die Rede geht im Schweigen vor Anker. Bochum 2007, S. 43-44

Jacob Picard, 1883-1967, Rechtsanwalt, Lyriker und Erzähler; emigrierte in die USA; erster Herausgeber von Gertrud Kolmars Gedichten nach dem Krieg. W: Die Alte Lehre. Stuttgart 1963

›Begleitung durch die Gedichte‹ - Elazar Benyoëtz, Variaziot al nosse awud [Variationen über ein verlorenes Thema]. Jerusalem/New York 1961
Chasan - Kantor; Tefilla - das hebr. Gebetbuch

Ernst Blass, 1890-1939, frühexpressionistischer Dichter von Rang. W: Die Straßen komme ich entlang geweht. Heidelberg 1912.
Jacob Picard: Ernst Blass, seine Umwelt in Heidelberg und Die Argonauten. Biographisches Fragment. In: IMPRIMATUR. Ein Jahrbuch für Bücherfreunde. Neue Folge Band III (1961/62) S. 194-199
Martin Beradt, 1881-1949, Schriftsteller und Jurist. W: Go. Roman. Berlin 1908

Brief 42   9. 5. 1963
Erstdruck, gekürzt, in: Wittgenstein-Jahrbuch 2001/2002. Frankfurt/M. 2003, S. 373

Brief 44   12. 5. 1963
Helene Grell, 1887-1973, Altistin, Lebensgefährtin von Julius Levin; Oskar Loerke widmete ihr den Gedichtzyklus ›Kärtner Sommer 1939‹

Oskar Loerke, 1884-1941, Dichter, Lektor bei S. Fischer in Berlin.
W: Zeitgenossen aus vielen Zeiten. Essays. Berlin 1925

Moritz Heimann, 1868-1925, Essayist, Erzähler, Dramatiker, Cheflektor im S. Fischer-Verlag. »Moritz Heimann, einer der allerklügsten Köpfe, so klug, daß er sich seiner Klugheit nie anvertraut, daß er das überlegene Recht der Wirklichkeiten in jedem Augenblicke spürt und gelten lässt.« (Julius Bab in: Selbstwehr, Prag, 20. 10. 1911).
W: Die Wahrheit liegt nicht in der Mitte. Essays. Frankfurt/M. 1966
Julius Levin, 1862-1935, Arzt, Journalist, Musikhistoriker, Geigenbauer, Autor des Fischer-Verlags, emigrierte 1934 nach Belgien. W: Zweie und der Liebe Gott. Roman. Berlin 1919
Emanuel bin Gorion, 1903-1987, Sohn von Micha Josef Berdichevsky, 1865-1921 und Rahel B., geb. Ramberg, 1879-1955; schrieb sowohl Deutsch als Hebräisch, gab den (hebräischen) Nachlass seines Vaters heraus, übersetzte Geschichten aus dem Talmud und war Mitherausgeber des Philo-Lexikons, Berlin 1935. Die überarbeitete Neuausgabe unter dem Titel ›Lexikon des Judentums‹, Gütersloh 1967, unterzog EB einer grundlegenden, folgenreichen Kritik. Siehe: ›Tragt ihn mit Stolz, den gelben Fleck!‹ Nach dreißig Jahren gibt es wieder ein ›Lexikon des Judentums‹ - Kritische Anmerkungen zur Neuausgabe. In: Die Welt der Literatur, Nr. 5, 29. 2. 1968, S. 10-11. Vgl. Brief 78. Zu den Folgen gehörte ein verbitterter, unerbittlicher hebräischer Briefwechsel mit Emanuel bin Gorion - bis zur erfolgten Versöhnung.
W: Das siebenfache Licht. Gestalten und Stoffe des Judentums in der deutschen Dichtung. Ein Lesebuch. Berlin 1936
›seine Mutter, die ja einen Verlag führte‹ - Morgenland-Verlag, Berlin-Friedenau, in dem sie Werke ihres Mannes (Sinai und Garizim) und Bücher des Sohnes (Ceterum recenseo, Neue Folge 1932) herausgab

Ludwig Kunz, 1900-1976, Herausgeber, Kritiker, Übersetzer; 1938 Flucht nach Amsterdam, wo er der Judenvernichtung entkommt; 1965 Martinus-Nijhoff-Preis für die Vermittlung zwischen deutscher und niederländischer Kultur; Herausgeber ab 1923, unregelmäßig, der Zeitschrift Die Lebenden - literarische Flugblätter; zwischen 1950 und 1954 der Zeitschrift De Kim

Brief 45   15. 6. 1963
Briefkopf: Oskar Maria Graf/ 34 Hillside Avenue/ New York 40, N. Y./
Lorraine 7-08152

Oskar Maria Graf, 1894-1967, veröffentlichte am 12. Mai 1933 in der Wiener Arbeiter Zeitung den Aufruf ›Verbrennt mich!‹ Ein Jahr später, 1934, wurden seine Bücher in einer eigens für ihn angesetzten Bücherverbrennung im Innenhof der Münchner Universität nachträglich verbrannt. W: Wir sind Gefangene. Berlin 1926

›und jener Victor S, den ich in einem Essay behandle‹ - die Stelle lautet:
»Bei der Sichtung alter Schriftsachen fielen mir neulich die paar Briefe meines längst verstorbenen Freundes Victor S…in die Hände, die er mir in den…ausgeglichenen Jahren 1926 bis 1929 geschrieben hat […]. Auch mein Freund Victor war Jude. Er war nur […] zum Katholizismus übergetreten.› Wenn die Juden nur wüßten‹, sagte er einmal, ›wie gut sich's unter dem Katholizismus leben läßt, es würde sehr bald keinen Juden und wahrscheinlich auch keinen Antisemitismus mehr geben.‹ […].« Oskar Maria Graf, Einige Gedanken über Katholizismus, Freidenker und Freigeist. In: Ders., An manchen Tagen. Reden, Gedanken und Zeitbetrachtungen. Frankfurt/M. 1961, S. 246-267

Sergei Michajlowitsch Tretjakow, 1892-1939, sowjetischer Autor avantgardistischer Prosa und Dramen

Brief 46   11. 8. 1963
Walter Muschg, 1898-1965, Literaturhistoriker, ab 1936 Professor für Deutsche Literaturgeschichte an der Uni Basel. W: Tragische Literaturgeschichte. Bern 1948

Brief 47   25. 8. 1963
Aus dem Hebräischen. Erstdruck, gekürzt, in: Elazar Benyoëtz, Die Rede geht im Schweigen vor Anker. Bochum 2007, S. 47

»Es war ein langer Kampf, bis es mir gelang, Blochs Aversionen und Bedenken zu beschwichtigen und seine Bereitschaft, klar artikuliert, aus ihm herauszuholen: Ja, er würde gern nach Israel kommen, wäre ausnahmsweise sogar bereit, an der Universität Jerusalems seinen Vortrag auf Englisch zu halten, wozu er sonst nicht bereit wäre. Es war ein euphorischer Augenblick, in diesem, um diesen festzuhalten, ›setzte‹ ich ihn auf seinen Balkon und bat ihn laut ›Schalom!‹ zu sagen, das tat er - und ich knipste. Das Wort geht bis heute, nicht vernehmlich, aber von einem Lächeln begleitet, über die Lippen von Anno 1963. Da schenkte er mir seine ›Spuren‹, und schrieb hinein: Elassar [!] Benyoëtz in Freude, daß/ wir uns kennen-/ gelernt haben/ 1. VIII. 63/Ernst Bloch.

Ich habe vorgeschlagen, Annette Kolb und Ernst Bloch nach Israel offiziell einzuladen und habe den Vorschlag ausführlich, aber vergeblich, begründet. Die Korrespondenz mit dem Auswärtigen Amt liegt vor. Es war reichlich verfrüht, es ›war daran gar nicht zu denken‹; die Gründe dagegen waren viele, einige erwähnt Hugo Bergmann in seinem Brief. Bloch war nie nach Israel gekommen, über Annette Kolbs Israel-Reise schrieb ich in meinem Buch Annette Kolb und Israel. Heidelberg 1970, S. 83-101.« (EB an Monika Fey 22. 8. 2008); vgl. Briefe 74 und 173

Annette Kolb, 1907-1964. W: Zeitbilder. Frankfurt/M. 1964. Handschriftl. Widmung: Für Elazar mit den besten Wünschen auf Weg und Steg herzlichst Annette Kolb [1]964 - ihr letztes Buch

Brief 50   18. 9. 1963
Erstdruck, gekürzt, in: Elazar Benyoëtz, Die Rede geht im Schweigen vor Anker. Bochum 2007, S. 49

Arthur Hübscher, 1897-1985, Herausgeber der Werke Schopenhauers und des Jahrbuchs der Schopenhauer-Gesellschaft, deren Vorsitzender er in den Jahren 1936-1982 war. W: Leben mit Schopenhauer. Frankfurt/M. 1966, auf S. 120f. erinnert er an seine erste Begegnung mit EB

Brief 51   2. 10. 1963
Fritz Strich, 1883-1963, Germanist, 1915 a. o. Professor in München, von 1929 bis 1953 Ordinarius in Bern. W: Deutsche Klassik und Romantik oder Vollendung und Unendlichkeit. Ein Versuch. München 1922; Fritz Strich (Hg.): Heinrich Heine, Gedichte. Auswahl und Einleitung von Fritz Strich. Zürich 1951. Handschriftl. Widmung [des Blinden]: Elazar Benyoëtz/ in freundlicher Erinnerung an/ einen schönen/Nachmittag/ Fritz Strich/ Bern 19. 6. 63

Brief 53   31. 10. 1963
Helmuth Nürnberger, 1930, lehrte deutsche Literatur in Hamburg und Flensburg; gibt die Werke Fontanes bei Hanser heraus; bearbeitete 1979 die Geschichte der deutschen Literatur von Willy Grabert und Arno Mulot (Bayerischer Schulbuchverlag) und steht nun mit ihnen auf dem Titelblatt; vgl. Brief 24

»Mit dem Abdruck des Briefes bin ich gern einverstanden, obwohl mir die Hintergründe der auf Erich Lüth zielenden Bemerkungen nicht mehr deutlich sind. Aber da vertraue ich ganz auf Herrn Benyoëtz, dass er nichts ausgewählt hat, was nicht zu verantworten wäre. Interessant ist der Brief für mich vor allem der Bemerkungen über Fontane willen, er bezeichnet - es ging um die ersten Erkundungen zur geplanten Dissertation - gewissermaßen das erste Stadium eines biographischen Unfalls, der lebensbestimmend wurde. Insofern handelt es sich aber wirklich um einen ›echten‹ Brief, der einen Moment festhält, den ich so unbefangen niemals wieder später hätte rekonstruieren können.« (Helmuth Nürnberger an Monika Fey, 23. 1. 2009

Hermann Kesten, 1900-1996, Schriftsteller und Verlagsleiter: 1927-1933 des Kiepenheuer-Verlags, Potsdam, 1933-1940 des Alert de Langen Verlags, Amsterdam; 1972-1975 Präsident des deutschen PEN-Zentrums, gab die Werke Joseph Roths heraus. W: Meine Freunde, die Poeten. Wien/München 1953, erneut: Zürich 2006

Brief 54   12. 11. 1963
Richard von Schaukal, 1874-1942, Dr. jur., österreichischer Lyriker, Erzähler, Essayist, Übersetzer, Literaturkritiker, Bibliophile. W: Leben und Meinungen des Herrn Andreas von Balthesser eines Dandy und Dilettanten. München/Leipzig 1907

Brief 55   17. 11. 1963
Erstdruck in: Elazar Benyoëtz, Die Rede geht im Schweigen vor Anker. Bochum 2007, S. 50

Hanns W. Eppelsheimer, 1890-1972, gründete nach dem Krieg die Deutsche Bibliothek in Frankfurt/M.; war der führende Bibliograph Deutschlands und in jenen Jahren Präsident der Deutschen Akademie für Sprache und Dichtung. W: Handbuch der Weltliteratur. (1. A. 1937; 2. A. 1947); - Zum besseren Verständnis dieses Briefes, siehe: Vorstellung neuer Mitglieder/ Elazar Benyoëtz, in: Deutsche Akademie für Sprache und Dichtung, Jahrbuch 2003. Göttingen 2004, S. 186-188

Brief 56   28. 1. 1964
Erstdruck, gekürzt, in: Elazar Benyoëtz, Allerwegsdahin. Mein Weg als Jude und Israeli ins Deutsche. Zürich/Hamburg 2001, S. 112-114, dort auch über die Folgen dieses Briefes

Brief 57   11. 5. 1964
Prozdor [Vorhalle], Nissan-Ijar 5724/März-April 1964, S. 34/35. Das Heft wird mit einem Beitrag von Buber ›Über die Offenbarung‹ eröffnet und ist S. H. Bergmann zu seinem 80. Geburtstag gewidmet, es folgen Bergmanns Beitrag: ›Religion ist keine Ideologie‹ und Paul Engelmanns ›Freud und Jung‹ (I); vgl. Elazar Benyoëtz, Das Mehr Gespalten. Jena 2007, S. 193f.

Nowloth [Fallobst], unter diesem Titel veröffentlichte EB seine Aphorismen in jenen Jahren

Brief 58   22. 7. 1964
›vorzügliche deutsche Mitarbeiterin‹ - Dr. Renate Heuer, Leiterin des Archivs Bibliographia Judaica in Frankfurt/M., Herausgeberin des Lexikons Deutsch-Jüdischer Autoren, von dem bislang 16 Bände erschienen sind: »Daß die Bibliographia Judaica in ihren vielen Bänden heute im Münchner Saur Verlag erscheinen kann, ist das Verdienst Renate Heuers, deren Lebenswerk die Bibliographia Judaica geworden ist. Es ist gleichsam das größte Monument, das eine Deutsche aus eigener Verantwortung, unter Einsatz ihrer besten Lebensjahre, dem untergegangenen deutschen Judentum errichtet hat.« (Elazar Benyoëtz, Allerwegsdahin. Zürich/Hamburg 2001, S. 64). 2007 wurde Renate Heuer mit dem Verdienstorden Erster Klasse der Bundesrepublik Deutschland ausgezeichnet

Brief 59   9. 10. 1964
Joachim Günther, 1905-1990, Ps. Johann Siering; Journalist, Essayist, Erzähler, Aphoristiker, Literaturkritiker; gründete 1954 gemeinsam mit Paul Fechter die Zeitschrift Neue Deutsche Hefte, deren Herausgeber er bis zu seinem Tode war. W: Findlinge (700 Aphorismen). Heidelberg 1976
JG veröffentlichte die erste Prosa von EB - »Inzwischen habe ich einmal den kleinen Aufsatz über die Else Lasker-Schüler gelesen und fand ihn so munter und inhaltsreich im Persönlich-

Biographischen, daß ich ihn recht gerne für die Hefte übernehmen würde.« (An EB, 25. 11. 1964) - NDH 104/1965 und begleitete mit Rezensionen seine Aphorismenbücher; vgl. Brief 182 und Anmerkung
Siegmund Kaznelson (Hg.): Juden im deutschen Kulturbereich. Ein Sammelwerk. Mit einem Geleitwort von Richard Willstätter. Dritte Ausgabe mit Ergänzungen und Richtigstellungen. Berlin 1962. Quellen bzw. Ursache der unrichtigen Angaben, S. 1045ff

Brief 60   Oktober 1964
Rose Ausländer, 1901-1988, aus Czernowitz stammende deutschsprachige Lyrikerin. W: Der Regenbogen, Gedichte. Czernowitz 1939; mit ihrem zweiten Gedichtband Blinder Sommer. Wien 1965, erlangte Rose Ausländer öffentliche Aufmerksamkeit; Gesammelte Werke. Hg. v. Helmut Braun. 8 Bde., Frankfurt/M. 1985-1990
»...Zu meiner Überraschung erfahre ich, daß im ›Hortulus‹ wieder ein Gedicht von mir erschienen ist. (Auch im Mai-Juni-Heft der Berliner Zeitschrift ›Neue Deutsche Hefte‹ ist eines abgedruckt worden.) Noch freudiger überraschten, ja beglückten mich Ihre anregenden Zeilen, aber ich muß Sie um Verzeihung bitten, daß ich Ihre vielen Fragen jetzt nicht beantworten kann. Ich bin, da ich unterwegs erkrankte, mit erheblicher Verspätung in Wien eingetroffen, wo mich einige sehr dringende und wichtige Angelegenheiten erwarten [...]. Ich hoffe, Ihnen Anfang November ausführlicher schreiben zu können, doch muß ich vorausschicken, daß ich [...] eventuell im November nach Deutschland fahren und auch in Berlin sein werde, wo wir uns treffen könnten und ich Ihnen gern alle mir zu Gebote stehenden Aufschlüsse geben will. Teilen Sie mir, bitte, postwendend mit [...].« (Rose Ausländer an EB, Wien, 19. Oktober 1964); vgl. Brief 116 und Anmerkung
Elieser Steinbarg, 1880-1932, jiddischer Dichter, mit seinen Fabeln zur Berühmtheit gelangt, von allen Czernowitzern verehrt, in deren Lebensgeschichte er auch immer eine Rolle spielte

Itzig Manger, 1901-1969, der ›Prinz der jiddischen Ballade‹; seine Gedichte ›Dunkelgold‹. Hg., aus dem Jiddischen übersetzt und mit einen Nachwort versehen von Efrat Gal-Ed, Frankfurt/M. 2004

Brief 61   10. 11. 1964
Michael Landmann, 1913-1984, Professor der Philosophie an der Freien Universität Berlin, Förderer und Unterstützer des Forschungsprojekts Bibliographia Judaica, siehe: Elazar Benyoëtz, Ein Teppich aus Namen geknüpft, zum Gedenken an Michael Landmann aufgerollt. In: Exzerpt und Prophetie. Gedenkschrift für Michael Landmann. Würzburg 2001, S. 33-57. W: Die Absolute Dichtung. Essays zur philosophischen Poetik. Stuttgart 1963

Hermann August Korff, 1882-1963, deutscher Literaturhistoriker. W: Geist der Goethe-Zeit. 4 Bände. Leipzig 1964-66

Jochanan Bloch, 1919; 1933 Einwanderung in Palästina, bis 1946 Rechtsanwalt in Tel-Aviv, 1956-1961 Studium der Philosophie, Religionswissenschaft und Psychologie in Heidelberg und Berlin, gründete 1957/58 die Deutsch-Israelische Studiengruppe an der FU Berlin und der Kirchlichen Hochschule in Berlin; in den 70er Jahren Professor für jüdische Geistesgeschichte an der Ben-Gurion-Universität, Beer-Scheva. W: Das anstößige Volk. Heidelberg 1964. Elazar Benyoëtz über Jochanan Bloch in: Ein Teppich aus Namen geknüpft, zum Gedenken an Michael Landmann aufgerollt. In: Exzerpt und Prophetie. Gedenkschrift für Michael Landmann. Würzburg 2001, S. 42

Brief 62   11. 1. 1965
Adolf Arndt, 1904-1974, Rechtsanwalt, Politiker (SPD), 1963-1964 Senator für Wissenschaft und Kunst in Berlin; berühmt geworden ist seine Rede bei der Verjährungsdebatte von 1965, in der er eine moralische Mitschuld an den Verbrechen des nationalsozialistischen Terrorregimes bekannte

Brief 63   30. 3. 1965
Jacob Taubes, 1923-1987, Religionssoziologe; kam 1966 als Professor für Judaistik nach Berlin und spielte dort in den folgenden Jahren die Hauptrolle seines Lebens.
W: Abendländische Eschatologie. Bern 1947; vgl. Elazar Benyoëtz, Ein Teppich aus Namen geknüpft, zum Gedenken an Michael Landmann aufgerollt. In: Exzerpt und Prophetie. Gedenkschrift für Michael Landmann. Würzburg 2001, S. 39-41; vgl. auch Brief 194

Brief 64   31. 3. 1965
The Ford Foundation 477 Madison Avenue New York, New York 10022 International Affairs Program

›Dank für Else‹ - Elazar Benyoëtz, Die Liebe ist eine Chinesische Mauer. Erinnerungen an Else Lasker Schüler. In: Neue Deutsche Hefte 104 (1965), S. 58-65; vgl. Brief 7; Anmerkung zu Brief 59

Brief 65   1. 6. 1965
Werner Stein, 1913-1993, Physiker und Politiker (SPD) in Berlin, gründete an der Freien Universität das Institut für Biophysik; in den Jahren 1964-1975 Senator für Wissenschaft und Kunst. Seinen größten Ruhm erwarb er sich mit seinem ›Kulturfahrplan‹, der in vielen Auflagen erschien und zu fast jedem deutschen Haushalt gehörte

Brief 66   23. 2. 1966
Die Stimme Israels. Deutsch-jüdische Lyrik nach 1933. Ausgewählt u. eingeleitet v. Thilo Röttger. Dichtung im Unterricht Bd. 12. München: Kösel 1966, 99 S.; dazu: Elazar Benyoëtz: ›Bitter-bitter - aber Triumph im Geist‹- Deutsch-jüdische Lyrik nach 1933/ Notwendige Anmerkungen zu einer Anthologie. In: Die Welt der Literatur, 22. 9. 1966, S. 34-36.- »Die Anthologie diente mir zum Anlass, alles das zu sagen, was mir auf der Seele brannte. Der Artikel erregte Aufsehen, doch wagte niemand zu reagieren. Jakob Hessing setzte sich mit der Anthologie und meiner Kritik lang und breit auseinander in seinem Forschungsbericht: Else Lasker-Schüler, Dichterin ohne Geschichte. Zur Ahistorik ihrer Rezeption 1945-1970. Die Germanistische Abteilung der Hebräischen Universität in Jerusalem. Juni 1980, S. 87, 161f.« (EB an Monika Fey, 7. 4. 2008)

›Nach dem...Durchblättern‹ - Gedicht ELS: ›Abraham Stenzel‹, in: Der Drache, Leipzig, Jg. 5, Heft 16, 1. 7. 1924, S. 23. - »Das Gedicht fand ich im Nachlass Abraham Suhls, Autor des Buches ›Max Klinger und die Kunst‹ (1920), in der Hauptsache war Suhl aber ein Jünger Constantin Brunners und Kommentator seines Werks. Unter Brunnerianern in

Israel war sein Nachlass aufbewahrt, ich bekam ihn geschenkt. Abraham Suhl war der erste Übersetzer Stenzels ins Deutsche, im Vorspann zum Abdruck im Drachen heißt es ›Abraham Stenzel ist einige Male im Drachen durch den Mund seines Übersetzers A. Suhl zu Worte gekommen. Wir geben heute auch gern der Else Lasker-Schüler für eine Dichtung auf den jungen jüdischen Dichter Raum.‹ Der mit mir befreundete Maler Abraham Jaskiel war ein Vetter Stenzels, seine Erinnerungen hielt ich in meinem Tagebuch fest, er lebte 1920-1933 in Leipzig, zunächst als Theatermaler am Schauspielhaus, dann am Kabarett ›Die Retorte‹, er gehörte unmittelbar dazu. Die vielleicht letzte Publikation Abraham Nochem Stenzels in Deutschland, sein Gedicht ›Gideons Brandopfer‹, übersetzt von Suse Michael, erschien in einer von Kurt Pinthus zusammengestellten Sammlung von Gedichten: ›Jüdische Lyrik der Zeit‹, 2. Beiblatt zur Jüdischen Rundschau, Berlin, 9. April 1936 [4 Seiten], eine rare, außerordentlich wichtige ›Anthologie letzter Stunde‹. Von Pinthus' langem Begleittext abgesehen, waren hier Gedichte abgedruckt von: Abraham Heschel, Ludwig Meidner, Ernst Blass, Gertrud Chodziesner [Kolmar], Nelly Sachs, Arthur Silbergleit, Mascha Kaleko, Arno Nadel, und eine Anzahl unbekannter Dichter, eine Zusammenstellung, die nie wieder stattfinden sollte.« (EB an Monika Fey, 27. 8. 2008)

Brief 67   29. 9. 1966
Erstdruck in: Clara von Bodman/Elazar Benyoëtz, Solange wie das eingehaltene Licht. Briefe 1966-1982. Konstanz 1989, S. 23
Clara von Bodman, geb. Herzog, 1890-1982; verheiratet mit dem deutschen Dichter Emanuel von Bodman, 1874-1946, dessen Werke sie, zusammen mit Karl Preisendanz, in 10 Bänden bei Reclam herausgab. Von 1966 bis zu ihrem Tod mit EB befreundet

Brief 68   im Oktober 1966
Erstdruck in: Clara von Bodman/Elazar Benyoëtz, Solange wie das eingehaltene Licht. Briefe 1966-1982. Konstanz 1989, S. 31-35
Der Morgen, Zweimonatsschrift. Hg. v. Julius Goldstein, erschien im Philo-Verlag, Berlin 1925-1936
HaSchachar [die Mogenröte], hg v. Perez Smolenskin, Wien 1869-84
Margarete Susman, Das Hiob-Problem bei Kafka. In: Der Morgen, Jg. 5, H. 1, 1. April 1929; unter dem Titel: Früheste Deutung Franz Kafkas (1929). In: M. Susman, Gestalten und Kreise. Stuttgart/Konstanz 1954, S. 348-266
›seine Botschaft erreichte die besten Zeitgenossen‹ - z. B. Walter Benjamin und Gershom Scholem
›Ich möchte Sie einer Palme…‹ - Gustav Landauer an Margarete Susman, Hermsdorf b. Berlin, 4. Nov. 1916, in: Gustav Landauer. Sein Lebensgang in Briefen. Unter Mitwirkung von Ina Britschgi-Schimmer hg. v. Martin Buber, Frankfurt/M. 1925, Bd. 2, S. 167
» ›Großmutter‹ - Gisela/Gale Fleischmann, war ein Gott ergebener Geist, aus strengstem Latein, beherrscht und alles meisternd. In Auschwitz 1944 angekommen, wusste sie sofort, was zu tun sei, und dass jede Sekunde so gut, wie nie zuvor, ausgenützt werden müsse. Sie tat Buße und gab ihr Dasein, frei von Schulden, auf.
›Urgroßmutter‹ - Zirl/Cäcilia Samuel. ›Bei ihrer Ermordung in Budapest‹, schreibt mein Onkel Siegfried, ›war sie 86 Jahre alt, demnach wird 1858 ihr Geburtsjahr sein.‹ Sie war eine delikate Person, in Kamille badend und immer danach duftend; sie bestellte ihre eigenen Leichentücher aus schönstem Leinen, wo mochten diese geblieben sein? Das einzige Foto, das

ich von ihr kenne, zeigt sie, in ein Gebetbuch versunken.« (EB an Monika Fey, 10. 4. 2008)
Herr von Bendemann - Eduard von Bendemann, Margarete Susmans Ehemann

Gedichte Margarete Susmans, vgl. Brief 9

Brief 69   12. 12. 1966
Werner Kraft, Gespräche mit Martin Buber. München 1966.
Schalom Ben-Chorin, Zwiesprache mit Martin Buber. München 1966

Hans Blüher, 1888-1955, seine Werke ›Die Rolle der Erotik in der männlichen Gesellschaft‹, Jena 1917/19 und ›Secessio Judaica‹, Berlin 1922, machten Aufsehen und blieben nicht ohne Folgen. Vgl. Elazar Benyoëtz, Treffpunkt Scheideweg. München 1990, S. 25f., 65f.

Hans Blüher/Hans Joachim Schoeps, Streit um Israel. Ein jüdisch-christliches Gespräch. Hamburg 1933. Das Buch wurde von den Nazis aus dem Verkehr gezogen

Brief 70   15. 12. 1966
Aus dem Hebräischen
David Niv, 1915-1988, Befreiungskämpfer gegen die Briten in Palästina, Historiker des ETZL/ IZL (Irgun Zvai Le'umi/ the National Military Organization). W: Maárchot ha-ETZL. 6 Bände (»They are arranged chronologically in order to provide a complete picture of the history of the Irgun, from its establishment in 1931 to its disbanding after the State of Israel«); redigierte die Zeitschrift haUmah

Elazar Benyoëtz, Hamschel wafachad - [Herrschaft und Schrecken] in: haUmah [The Nation], (Quarterly), Jg. 5, H. 4., April 1967, S. 580/90
›Lasker-Schüler-Übersetzungen‹ - Else Lasker-Schüler: Am Tor der stillsten Stadt/ Die Gedichte an Senna Hoy. Aus dem Deutschen übertragen und eingeleitet von Elazar Benyoëtz, in: haUmah, Jg. 5, Nr. 18, Tischri 5727/ September 1966, S. 177-185; überarbeitet und wiederabgedruckt in Moznaim [Waage] 65/1989, S. 42-45.
»Der junge Hannan Hever, heute Professor in Jerusalem, sagte mir einmal, er habe sich alle Gedichte abgeschrieben, sie bildeten *ein Datum* in seinem Leben. - Als ich Dan Pagis fragte, ob er meine Übersetzung mit dem Original verglich, sagte er: ›Das zu tun, wäre eine Dummheit, und ich brächte mich selbst um ein großes Geschenk.‹ .« (EB an Monika Fey, 19. 8. 2008); vgl. Brief 81

Brief 71   16. 12. 1966
Erstdruck in: Wittgenstein-Jahrbuch 2001/2002. Frankfurt 2003, S. 401

Den Aufsatz ›Ludwig Wittgenstein und Karl Kraus‹ nahm Werner Kraft in sein Buch ›Rebellen des Geistes‹, Stuttgart 1968, auf und dort, in einer Anmerkung auf S.108, gibt er den Namen des Freundes bekannt: Paul Engelmann, 1891-1965, und er verweist auf dessen Buch: ›Letters from Ludwig Wittgenstein, with a Memoir‹. Oxford 1967

›Ich habe ihm den Merkur genannt, Herr Paeschke würde wahrscheinlich‹ - Hans Paeschke, 1911-1991, von 1947-1978 Herausgeber des Merkur, Deutsche Zeitschrift für europäisches Denken

Siehe: Elazar Benyoëtz, Brief an Hans Paeschke. In: Sigrid Bauschinger, (Hg.), Ich habe etwas zu sagen. Annette Kolb 1870-1967. Ausstellung der Münchner Stadtbibliothek. München 1993, S. 27-31

Brief 72   4. 2. 1967
Paul Hirsch, 1892-1975, Ps. Paul Hatvani, unter diesem Decknamen erschienen seine Beiträge von Anfang an; seit 1939 lebte PH in Australien. Seinen Aufsatz ›Der Expressionismus ist tot...‹, es lebe der Expressionismus‹ (1921), nahm Paul Raabe in den Band auf: ›Expressionismus. Der Kampf um eine literarische Bewegung‹. München, 1965; in einer Anmerkung schrieb Raabe: »Der Verfasser, ein österreichischer Literat, über den nichts zu ermitteln war, hat sich mehrfach über den Expressionismus geäußert.« (S. 301)

›Ich habe mit Herrn Günther, dem ich Ihr Manuskript‹ - »...den seit Jahren konzipierten Aufsatz über Karl Kraus [habe ich] niedergeschrieben, aber bisher für mich behalten; ich wollte darin einen Begriff der *totalen Satire* festlegen, einen absolut undemokratischen Begriff...« (Paul Hirsch an Elazar Benyoëtz). Unter dem Titel ›Versuch über Karl Kraus‹ erschien der Aufsatz in: Literatur und Kritik, Österr. Monatsschrift, Heft 15, Juni 1967, S. 269-278
»Es fällt mir gar nicht schwer, die Argumente des Herrn Günther zu verstehen und auch die Einwände, die er gegen eine Veröffentlichung hat. Aber Sie haben in Ihrer Erwiderung vielleicht ganz genau den Punkt getroffen, auf den es mir besonders ankommt, nämlich, daß der Aufsatz ›aus einem Leben im Zeichen K. K.'s‹ geschrieben wurde.« (Paul Hirsch an Elazar Benyoëtz, 2. 3. 1967).
»Sie hatten ja schon früher die Güte, im Briefwechsel mit Herrn Günther, auf das Problem der ›erlebten Ethik‹ hinzuweisen, das bei einer Abhandlung über Kraus unbedingt auftauchen muß; ebenso schrieb mir früher noch Herr Dr. Schick, daß auch er meinem Konzept der totalen Satire zustimme, doch hätte auch er bei der Behandlung des Krausschen Ethos Bedenken gehabt, ob denn ein Anspruch auf diese Totalität bestehen könne, ohne daß die Evidenz, also die Berechtigung dieses Anspruchs, begründet werden kann. Ich hatte mir damals erlaubt, darauf hinzuweisen, daß wohl ein moralischer Anspruch stattfindet; das schöne Pascal-Zitat aus Ihrem Briefe an Herrn Günther wäre eine große Hilfe gewesen!« (Paul Hirsch an Elazar Benyoëtz, 25. 9. 1967)

›das Bulletin‹ - Bulletin des Leo-Baeck-Instituts, erschien monatlich, enthielt auch Beiträge zur Literatur; in Nr. 31 war ein Beitrag über Paul Hirsch abgedruckt

Brief 73   1. 11. 1967
›Ich habe den Kösel-Verlag nicht nur nicht angegriffen‹ - »Ich muß nun gestehen, daß ich damals, im Mai, als ich Ihnen geschrieben habe, vielleicht nicht ganz unbeeinflußt und ›neutral‹ war; gerade damals stand ich in einem überaus freundlichen Briefwechsel mit dem Kösel-Verlag [...]; gerechterweise muß ich Ihnen dies mitteilen...« (Paul Hirsch an Elazar Benyoëtz, 25. 9. 1967)

Die Stimme Israels. Deutsch-jüdische Lyrik nach 1933. Ausgewählt und eingeleitet von Thilo Röttger. Dichtung im Unterricht Bd. 12. München 1966. Vgl. Anmerkung zu Brief 66

Elazar Benyoëtz, Ich werde lautlos gehn... Aufstieg und Fall des Dichters Ernst Lissauer. In: Die Welt der Literatur, Nr. 12, 8. 6. 1967, S. 10-11; vgl. Barbara Hoiß, Elazar Benyoëtz - Briefwechsel und literarisches Werk dargestellt an einem Beispiel. In: Der literarische Zaunkönig. Zeitschrift der Erika-Mitterer-Gesellschaft Nr. 2/2007, S. 56-59 (Briefe Erika Mitterers und Ina Seidels an EB, Ernst Lissauer betreffend)

»Leider kann ich Ihnen über Paul Engelmann gar nichts erzählen, auch seinen Bruder Peter kannte ich nur ganz flüchtig. Ich dürfte ihn wohl in der Gesellschaft Albert Ehrensteins 2-3mal gesprochen haben, er hat mir sein Heft mit Karikaturen ›Die Welt als Unwille‹ zugesandt und ich dürfte damals eine kurze Anzeige in einer Tageszeitung geschrieben haben. Die Tendenz dieser Zeichnungen war mir nicht sonderlich sympathisch; es war ein äußerlich wohl von Karl Kraus genährter, doch geistig nur unvollkommen motivierter Antisemitismus fühlbar...« (Paul Hirsch an Elazar Benyoëtz, 10. 11. 1967)

Peter Engelmann, 1892 in Olmütz geboren, unter dem Namen Peter Eng als Karikaturist in Wien erfolgreich. Mappe: Lache, Medusa, 12 Lithographien und 3 Sonderblätter mit einer Einführung von Erik Jan Hanussen, dem späteren Hitler-Hellseher; seine Frau Anna, geb. Pölz, führte den Künstlernamen Anna Eng; beide veröffentlichten ihre Karikaturen 1920/21 in der literarisch-satirischen Zeitschrift Die Muskete. Um ihr Leben fliehend, nahmen sich Peter Eng und seine Frau Anna am 16. 3. 1939 in Olmütz das Leben

Elazar Benyoëtz (Hg.): Paul Engelmann, Dem Andenken an Karl Kraus. Wien: O. Kerry 1967, 62 S., gedruckt in 750 nummerierten Exemplaren

Brief 74   10. 1. 1968
Eugen Gürster, Ps. Hermann Steinhausen, 1895-1980, Dr. phil; Dramaturg, Schriftsteller, Literaturwissenschaftler, Diplomat; Übersetzer Calderóns; schrieb die Einführung zur deutschen Ausgabe von Colin Wilsons ›Der Outsider‹. Eine Diagnose des Menschen unserer Zeit. Stuttgart 1957. W: (Ps.) Die Rolle des Bösen in der Weltgeschichte. Stockholm: Bermann-Fischer 1939

›Vor allem erfahre ich eben, daß Ihre *Dummheit*‹ - Eugen Gürster, Die Macht der Dummheit. Zürich/Stuttgart 1967; als Herder-Taschenbuch 1974

›Annette Kolb hat.... Ihr Buch‹ - unter dem Ps. Hermann Steinhausen: Die Judenfrage - eine Christenfrage. Luzern 1939 - » meines Erachtens ist von jüdischer Seite noch nie auf mein Buch über die Judenfrage hingewiesen worden. Auch das werde ich hinzunehmen wissen.« (Eugen Gürster an Elazar Benyoëtz, 8. Juli 1966)

Brief 75   10. 1. 1968
Martin Glaubrecht, 1936, Germanist, Erzähler, Bildhauer, bis 1974 Redakteur der Neuen Deutschen Biographie, 1975-1987 Dozent an der Universität Hannover, lebt in Ingolstadt

Über Auguste Hauschner, 1850-1924, siehe: Lexikon deutsch-jüdischer Autoren 10, S. 248/262

Walther Heymann, 1882-1915. W: Gedichte, Prosa, Essays, Briefe. Hg. v. Leonhard M. Fiedler und Renate Heuer. Frankfurt/M. 1998; über Walther Heymann, genau und gerecht, siehe: Lexikon deutsch-jüdischer Autoren 11, S. 296/302

Walter Flex, 1887-1917; W: Der Wanderer zwischen beiden Welten. München 1917; Neuaufl. 1998

Gero von Wilpert, 1933; Deutsches Dichterlexikon. Biographisch-bibliographisches Handwörterbuch zur deutschen Literaturgeschichte. Stuttgart: Alfred Kröner 1963

Hanna Hellman, 1877-1942, (nach Polen verschleppt und dort umgebracht); promovierte mit einer richtungweisenden Arbeit über »Heinrich v. Kleist. Das Problem seines Lebens und seiner Dichtung.« 1910; erweiterte Fassung Heidelberg 1911; hinterließ ein reiches, noch nicht erschlossenes malerisches Werk.
Klara Klein, Hanna Hellmann. Erlangen 1968; Hanna Delf, Hanna Hellmann. In: Jutta Dick/Marina Sassenberg (Hg.), Jüdische Frauen im 19. und 20. Jahrhundert: Lexikon zu Leben und Werk. Reinbek b. Hamburg 1993, S. 167 f.; vgl. Elazar Benyoëtz, Die Eselin Bileams und Kohelets Hund. München 2007, S. 189

Brief 76   18. 1. 1968
Seligmann Heller, 1831-1890, Dichter, Kritiker, Übersetzer Dantes und der ›echten hebräischen Melodien‹ (aus seinem Nachlass von David Kaufmann herausgegeben, Trier 1893). Über ihn - Elazar Benyoëtz, Seligmann Heller, in: Neue Deutsche Biographie 9, 1972, S. 480

Eduard Jacobson, 1833-1897, Possendichter, über ihn - Elazar Benyoëtz, Eduard Jacobson, in: Neue Deutsche Biographie 10, 1974, S. 247f.

Fritz Martini, 1909-1991, Professor für Neuere Deutsche Literaturwissenschaft an der TH Stuttgart. W: Geschichte der deutschen Literatur von den Anfängen bis zur Gegenwart. Stuttgart 1948

Brief 77   28. 2. 1968
Mikloš Radoš, 1913-1997, Rechtsanwalt, dessen Tel-Aviver Kanzlei die Mutter EBs' leitete

Deine Imma - Deine Mutter; vgl. Elazar Benyoëtz, Königreich Imma. In: Finden macht das Suchen leichter. München 2004, S. 53f

Brief 78   2. 03. 1968
Helmuth de Haas, 1927-1970, Dr. phil., Lyriker, Essayist, Übersetzer, Journalist; Theodor-Wolff-Preis 1967. W: Das geteilte Atelier. Essays. Düsseldorf 1955.

›vielen Dank für Ihren Brief, auf den ich doch etwas lange warten mußte‹ -
DIE WELT Unabhängige Tageszeitung für Deutschland, Hamburg, 20. 2. 1968

Sehr geehrter Herr Benyoëtz,
Herr Prof. Torberg hat uns seine Korrespondenz mit Ihnen zugänglich gemacht. Wir weisen

den ungehörigen Tonfall, den Sie in Ihren Briefen gegen ein Mitglied unserer Redaktion anschlagen, entschieden zurück und verwahren uns vor allem gegen die Unterstellung, daß Herr Prof. Torberg seine redaktionellen Funktionen »missbraucht«, sich »unter Vorspiegelung falscher Tatsachen« Ihres Manuskripts »bemächtigt« und dadurch einen »Vertrauensbruch verursacht« hätte. Herr Prof. Torberg - auf dessen Vorschlag Sie von uns mit der Besprechung des ›Lexikons des Judentums‹ betraut wurden - hat Ihr Manuskript auf unser Ersuchen durchgesehen und für den Druck eingerichtet. [...]
Herr Prof. Torberg hat durchaus im Rahmen seiner redaktionellen Funktionen und völlig korrekt gehandelt. Auf seinen ganz ausdrücklichen Wunsch wurde jetzt der ursprüngliche Wortlaut des Manuskripts wieder hergestellt.
Sie erwähnen in Ihrem Schreiben vom 28. Januar 1968 an Herrn Prof. Torberg, daß Sie nunmehr die Mitarbeit in der WELT DER LITERATUR einzustellen gedächten - bis auf gewisse ›Nachlieferungen‹. Ich nehme das zur Kenntnis und zum Anlaß, Sie um ein Gespräch in Berlin zu ersuchen, das Anfang März stattfinden könnte. Bis zu diesem Zeitpunkt bitte ich, auch von den erwähnten ›Nachlieferungen‹ abzusehen. Ich wünsche im Gespräch zu klären, ob sich eine vernünftige Möglichkeit der Wiederverständigung und Versöhnung finden läßt. Wo nicht, bleibt mir keine andere Wahl, als der Verzicht auf Ihre Mitarbeit. Dies ist um so schmerzlicher, als Herr Prof. Torberg es war, der sich oft und ausgiebig meinem Vorgänger gegenüber positiv über Sie geäußert hat und im Gespräch mit mir Ihren Namen und Ihre Fähigkeit groß herausstellte. Mit dem Ausdruck meines Bedauerns
bin ich
Ihr sehr ergebener
Dr. Helmuth de Haas

Elazar Benyoëtz, ›Tragt ihn mit Stolz, den gelben Fleck!‹ Nach dreißig Jahren gibt es wieder ein ›Lexikon des Judentums‹ - Kritische Anmerkungen zur Neuausgabe. In: Die Welt der Literatur, Nr. 5, 29. 2. 1968, S. 10-11. Eine grundsätzliche Kritik des Lexikon des Judentums, Gütersloh: C. Bertelsmann 1967, 448 S.; 32 Kunstdrucktafeln. Die Kritik machte Aufsehen, wurde auch im RIAS II/Kulturelles Wort, 17. 3. 1968, gesendet; vgl. Hans Steinitz, Leistung und Anerkennung; Gedanken über ein ›Lexikon des Judentums‹. In: Aufbau, 1. 3. 1968 - eine indirekte Verteidigung des Lexikons gegen EBs' Kritik; vgl. John F. Oppenheimers Vorwort zur zweiten Auflage, Dezember 1970: »Die Kritik des Werkes reicht von ›Für dieses Lexikon gibt es keine Empfehlung‹ [so endet EBs' Kritik] bis ›Ein wichtiges Buch‹...«

»... ich bestand darauf, dass mein Text wortgetreu gedruckt werde, und als dies geschah, gab ich mein kritisches Amt auf, eigentlich - für immer. Es ist keine ruhmreiche Geschichte, man muss sie aber kennen. Der Briefwechsel ist in Torbergs Nachlass einzusehen.« (Elazar Benyoëtz an Michael Hansel, 13. 8. 2008)

Brief 79   10. 7. 1972
Erstdruck in: Clara von Bodman/Elazar Benyoëtz, Solange wie das eingehaltene Licht. Briefe 1966-1982. Konstanz 1989, S. 95-97

›Und süße Früchte werden aus den herben‹- Hugo von Hofmannsthal, Ballade des äußeren Lebens

›Gedichte von einem pohlnischen Juden‹ - von Issachar Behr Falkensohn, 1746-1781. Anonym erschienen und vom jungen Goethe geringschätzig besprochen; vgl. Goethe, Schriften zur Literatur, 1. Teil, München 1962, S. 91-93; Lexikon deutsch-jüdischer Autoren. 6, 1998, S. 484/485; Elazar Benyoëtz, Treffpunkt Scheideweg. München 1990, S. 120-122, 147-153, 155-158. Siehe jetzt: Isachar Falkensohn Behr, Gedichte von einem polnischen Juden. Hg. und mit einem Nachwort von Andreas Wittbrodt. Göttingen 2002
›auf dem Boden der Bibliographia Judaica‹ - vgl. Renate Heuer (Hg.):Bibliographia Judaica, Verzeichnis jüdischer Autoren deutscher Sprache. Band 1, München 1981, S. VII-IX; Elazar Benyoëtz, Allerwegsdahin. Mein Weg als Jude und Israeli ins Deutsche. Zürich/Hamburg 2001, S. 63

Brief 80   17. 7. 1972
›Ich habe Ihr Buch gelesen‹ - Elazar Benyoëtz, Annette Kolb und Israel. Heidelberg 1970

Brief 81   10. 9. 1972
Aus dem Hebräischen
Yaáqov David Abramsky, 1914-1979, Sohn des berühmten Rabbiners und Tosifta-Herausgebers, Jecheskel A., hebräischer Essayist, Polemiker, Übersetzer und Bibliograph; sprach das reichste und reinste Hebräisch und war schon darum sprichwörtlich. Er hatte ein weites Herz, eine spitze Zunge, ein großes, lückenloses Gedächtnis, das er bereitwillig zur Verfügung stellte. A. war ein leidenschaftlicher Briefschreiber und tat nichts lieber als dies, in edelster Handschrift. Eine kleine Auswahl wurde zu einem Band vereint, die wichtigsten Briefe darin sind an Hugo Bergmann adressiert: Igrot [Briefe]. Hg. v. Shula Abramsky, mit einer Einleitung von Nathan Rotenstreich. Tel Aviv 1991

Elazar Benyoëtz, Haroáh miZürich. Meah schanah lehuladeta schel Margarete Susman [Die Seherin von Zürich. Zum hundertsten Geburtstag M. S's]. In: Molad, NF Bd. 5, H. 25/26, August-September 1972, S. 146/154. - Vgl. Elazar Benyoëtz, Deuterin unserer Zeit. Zum 100. Geburtstag Margarete Susmans. In: Jediot Acharonot, 3. 11. 1972 (hebräisch) - »Haben Sie besten Dank für Ihren Brief vom 24. Dezember und ganz besonders auch für die Belegexemplare Ihrer Artikel über meine Mutter. Leider, leider kann ich kein Hebräisch und habe darum nichts als den Namen Susman und meinen eigenen Namen erkennen können. Doch freut es mich zu sehen, daß wenigstens in der hebräischen Presse des hundertsten Geburtstags gedacht wurde. In Deutschland ist leider keine einzige Linie [=Zeile] zu diesem Gedenktag erschienen. Selbst die Jüdische Allgemeine Zeitung hat nichts gebracht. Ich hörte sogar, daß ein Beitrag, den Manfred Schlösser an die Redaktion schickte, als unverwendbar wieder an ihn zurückging. Dafür hatte die Schweiz Margarete Susman nicht vergessen. In der NZZ erschien sogar eine ganze volle Seite über sie von Goldschmidt. Auch die TAT und andere hatten Gedenkartikel. So viel ich weiß, hat auch Professor Nigg am Radio gesprochen.« (Erwin von Bendemann an EB, London, 7. 1. 73)

Brief 82   14. 3. 1973
Meir Teich, 1890-1975, Dr. jur., Kritiker und Journalist, zionistischer Führer in der Bukowina, Vizepräsident seiner Geburtsstadt Suceave, 1940-41 Präsident der Union der jüdischen Gemeinden der Ost-Bukowina, 1941 nach Transnistrien deportiert, dort seine Familie verloren, 1941-44 Präsident der Deportiertengemeinde Schargorod, Oblast Winnitze,

Ukraine; wanderte 1950 in Israel ein; bis zu seinem 85. Geburtstag Cheflektor des Organs Bukowiner Landsmannschaft ›Die Stimme‹, Tel-Aviv. Meir Teich, der geistig im Zeichen Karl Kraus lebte, setzte sich in seiner Zeitung für EB ein. In der ›Stimme‹ von August 1975 und Juli 1976 veröffentlichte er Antworten zu einer ›Rundfrage über zwei Bücher von EB‹ (Einsprüche, Einsätze) von: Schalom Ben-Chorin, Walter A. Berendsohn, Alfred Kittner, Werner Kraft, Michael Landmann, Richard Pokorny, Shin Shalom, Ulrich Sonnemann, Max Zweig. Vgl. Elazar Benyoëtz, Das Mehr gespalten. Jena 2007, S. 200

Brief 83   6. 11. 1973
Erstdruck, vollständig, in: Helmut Zwanger, Albrecht Goes, Freund Martin Bubers und des Judentums. Eine Hommage. Tübingen 2008, S. 255

Ludwig Strauss, 1892-1953, Dichter, Erzähler, Übersetzer, Literaturwissenschaftler; ein Band hebräischer Gedichte von ihm - ›Schaot waDor‹ [die Stunde und die Zeit] - ist 1951 in Jerusalem erschienen. W: Wintersaat. Ein Buch aus Sätzen. Mit einem Geleitwort von Martin Buber. Zürich 1953

Brief 84   20. 12. 1973
Gotthold Müller, 1904-1993, geschäftsführender Direktor des Reclam-Verlags, von 1953-1960 der DVA; im ›Dritten Reich‹ aktiv gegen die Machthaber engagiert; nach 1960 im eigenen Verlag Judaica und Widerstandsliteratur herausgegeben.»Seine Briefe an Celan weisen ihn zwar als hart verhandelnden Verlagsmann aus, aber auch als jemanden, der sich für ein Werk wie das Celans einsetzen möchte.« (Anmerkung zum Briefwechsel Paul Celan - Hermann Lenz, Frankfurt/M. 2001, S. 199)

Elazar Benyoëtz, Einsprüche. München 1973

Brief 85   18. 3. 1974
›Inzwischen habe ich mich mit dem Inhalt der *Einsätze* etwas vertraut gemacht‹ - Elazar Benyoëtz, Einsätze. München 1975; 2. Auflage 1977; vgl. Elazar Benyoëtz, Das Mehr gespalten. Jena 2007, S. 198-200
- Werner Kraft schrieb für einen Prospekt, den Gotthold Müller plante, aber nicht herausgab: »Ich habe dieses Buch mit Zustimmung gelesen. Es enthält durchdachte Aphorismen. Die Meister dieser Gattung wie Lichtenberg oder Karl Kraus gehen ihren Denkprozessen nach, die sie in einem souveränen Sprachspiel jeweils in einem Satz abschließen. Davon klingt manches in den besten Sätzen dieses Buches an. Es deutet auf einen Autor, der es mit der Sprache und mit dem Gedanken, mit dem Sprachgedanken ernst meint. Man sollte es mit diesem Ernst lesen!«
Des Verlegers Bedenken wurden bald zerstreut, er kam auf seine Kosten und genoss seinen kleinen Triumph: »Dem Münchner Verleger Gotthold Müller kommt der Verdienst zu, den für mich ausdrucksstärksten Aphoristiker deutscher Sprache für die bundesrepublikanischen Leser entdeckt zu haben: Elazar Benyoëtz.« (Hans-Horst Skupy in einer Sendung des Bayerischen Rundfunks über ›die Renaissance des Aphorismus‹, 26. VII. 1977). - Über die FAZ erreichte Müller eine Bestellung von 400 Exemplaren von ›Einsätze‹, so konnte bald die zweite Auflage gedruckt werden
›Das Lyrikbändchen‹ - Der Gedichtband ›Nadelind‹, übersetzt von Renate Heuer, mit einer

Interpretation des Gedichts ›Bei Goldes Ausgang‹, mit einer Zeichnung von Meret Oppenheim, ist nicht erschienen

Meret Oppenheim, 1913-1985, an EB: »Ich würde mich freuen, Ihre Gedichte zu erhalten. Ich muß Ihnen aber sagen, daß ich noch nie zu Gedichten etwas machen konnte. Nicht einmal zu eigenen, was ich versucht habe. Ich bin aber gern bereit, (irgend) eine Zeichnung für Ihr Buch zu geben, oder eine Eauforte für eine eventuelle Luxusausgabe zu machen...« (Paris, 20. II. 1974)

Brief 86   22. 10. 1975
Rufus Flügge, 1914-1995, Stadt-Superintendent von Hannover; seine Predigten in der Marktkirche machten Eindruck, er engagierte sich für die Aktion Sühnezeichen und reiste für den Frieden.
W: Im Chaos gibt es Möglichkeiten. Texte. Hg. v. Dorothee Münkner. Hannover 1994, 780 S.
»Die Idee zur Aufzeichnung meiner alten Predigten auf Diskette stammt wohl von Dir. Jedenfalls kam Dorothee durch Dich darauf. Und dann hat sie ein Jahr lang heimlich gesammelt, ohne mir davon etwas zu sagen. So kommt es, daß aus meinen eigenen Papiersammlungen nichts darin ist, sondern nur, was sie und einige Freunde gesammelt hatten. Und dann hat sie keine Kosten gescheut, hat einen armen Studenten als Schreiber engagiert, hat dann die Druckerei des Stephansstiftes beauftragt, zehn Exemplare herzustellen, davon Du das erste bekommen hast - mit der Bitte, Dich zu äußern, was das ganze soll! Erstaunlich ist, daß bei der Übergabe des Bandes an mich nach dem Gottesdienst in der Kirche viele Leute aufmerksam wurden, das Buch sahen und gleich haben wollten. Das geht aber nicht. Man müßte ein kleineres Heft aus einigen Partien zusammenstellen. Aber wozu? Wir erleben jetzt eine Zeit in der Kirche, da beides ruiniert wird: die Kunst der öffentlichen Rede (Weinrich), also auch die Kunst der Kanzelrede, also die Kunst, die von der Kirche aus der antiken Rhetorik übernommen und gepflegt wurde und dann von eben der Kirche wieder zerstört und verplappert wurde, - das also einerseits, und dann auch der Verfall der Liturgie, die sich in Beliebigkeit verzettelt.« (Rufus Flügge an EB, Hannover, 4. Okt. 1994)
»Ich war von Adorno und seinem früh verstorbenen Schüler Heinz Krüger angeregt. Und mich beschäftigte vor allem der Aphorismus als theologische Aussageform - in der Bibel, und alles steigt in mir hoch: Neugierde, Bewunderung, Erinnerung und Sehnsucht...« (Rufus Flügge an Elazar Benyoëtz, Hannover, 20. 6. 1975)

Brief 87   30. 1. 1976
Erstdruck, vollständig, in: Clara von Bodman/Elazar Benyoëtz, Solange wie das eingehaltene Licht. Briefe 1966-1982. Konstanz 1989, S. 116-118

Jehuda Halevi, 1075-1141, Dichter u. Religionsphilosoph in Spanien. W: Al-Chazari. Aus dem Arabischen übersetzt von Dr. Hartwig Hirschfeld. Wiesbaden 2000

Franz Rosenzweig, 1886-1929, Sechzig Hymnen und Gedichte des Jehuda Halevi. Deutsch. Mit einem Nachwort und mit Anmerkungen. Konstanz: Oskar Wöhrle [1924]

Brief 88   29. 3. 1976
Christoph Schlotterer, 1937-1986, übernahm 1985 die literarische Leitung des Carl Hanser Verlages. Siehe: Elazar Benyoëtz, Christoph und seine Worthaltung. In: Carl Hanser/Christoph

Schlotterer. Ein Gedenkbuch. München 1987, S. 74-78; vgl. Franziska Schlotterer, Elazar und Christoph Schlotterer. In: Christoph Grubitz/ Ingrid Hoheisel/ Walther Wölpert (Hg.), Keine Worte zu verlieren. Elazar Benyoëtz zum 70. Geburtstag. Herrlingen b. Ulm 2007, S. 149f.

Brief 89   Mai 1976
Bogumil Goltz, Zur Geschichte und Charakteristik des deutschen Genius. Eine ethnographische Studie. 2. Teil, Berlin 1864, S. 105
›der handvollen Welt‹ - Werner Kraft, Geraubtes Gedicht. In: Das sterbende Gedicht, 1972-1975. Frankfurt/M. 1976, S. 11; in seiner Anmerkung dazu schreibt Kraft: »Nach einem Prosasatz von Theodor Hippel in den ›Lebensläufen in aufsteigender Linie‹.« Von Kraft stammt die Aufgliederung des Prosa-Satzes und der Ausrufezeichen am Ende.
Sein ›Geraubtes Gedicht‹, seine ›Nach-Bemerkung‹, meine hier mitgeteilte Erinnerung, mein Quellennachweis - alle zusammen ergeben sie eine kleine Poetik des ›Wiederfindens‹. Vgl. Elazar Benyoëtz, Paul Engelmann, Der Andere. Ein Teppich, aus Namen geknüpft, zu seinem Gedenken aufgerollt. In: Wittgenstein-Jahrbuch 2001/2002, Frankfurt/M. 2003, S. 401f.

Brief 90   29. 11. 1976
Fritz Arnold, 1916-1999, Essayist, Kritiker, Übersetzer, Verlagslektor, EBs' erster Lektor im Carl Hanser Verlag. W: Freundschaft in den Jahren der Feindschaft. München 1998

Brief 91   17. 1. 1977
Johannes Jacobus Braakenburg, 1923-1988, Lehrer, Bibliograph, Editor.
Vgl. Das gerichtete Wort. Briefe von und an Elazar Benyoëtz. Hg. v. Barbara Hoiß und Julija Schausberger, Bildschirmpräsentation des Brenner-Archivs, Briefe 5-8, www.uibk.ac.at/brenner-archiv/editionen/benyoëtz

Leo Berg, 1862-1908, Literatur- und Theaterkritiker, siehe Lexikon deutsch-jüdischer Autoren 2, 162-177

Marie Madeleine, Ps. für M. M. Baronin von Puttkammer, 1881-1944, deutsche Lyrikerin.- Auf Kypros. Gedichte. Berlin 1900

Samuel Lublinski, 1868-1910, Kritiker, Literatursoziologe, Dramatiker.
W: Der Ausgang der Moderne. Ein Buch der Opposition, Dresden 1909

Elazar Benyoëtz, Der Erfinder der Literatur-Soziologie. Samuel Lublinski zum hundertsten Geburtstag. Die Welt, 19. 2. 1968 - »Er ist bis heute fast völlig unbekannt und vergessen; das werde ich Ihnen nicht zu sagen brauchen. Umso mehr freue ich mich darüber, daß man gerade in Israel Interesse an diesem wichtigen und, wie mir scheint, noch gar nicht genügend gewürdigten Manne hat. Haben Sie nochmals herzlichen Dank für Ihre Initiativen und Hilfestellungen. Ein Exemplar der Ausgabe, die im kommenden Herbst erscheinen soll, geht Ihnen selbstverständlich dann gleich zu.« (Gotthart Wunberg, Tübingen, an Elazar Benyoëtz 12. 4. 1976)

Brief 92   13. 2. 1977
Otto Brahm (Abrahamsohn), 1856-1912, Theaterkritiker, 1889 Chefredakteur der neu gegründeten Zeitschrift ›Freie Bühne für modernes Leben‹ und zugleich Präsident des Theatervereins ›Freie Bühne‹, 1894 Leiter des ›Deutschen Theaters‹ und 1905-1912 des

Lessingtheaters in Berlin. W: Kritische Schriften über Drama und Theater. Hg. v. Paul Schlenther. Berlin 1913

Paul Schlenther, 1854-1916, neben Theodor Fontane und als Nachfolger von Otto Brahm Theaterkritiker der Vossischen Zeitung; 1898-1910 Direktor des Wiener Burgtheaters, Mitherausgeber der deutschen Ibsen-Ausgabe (1898-1904). W: Theater im 19. Jahrhundert. Ausgewählte theatergeschichtliche Aufsätze. Hg. v. Hans Knudsen. Berlin 1930
Conrad Alberti (Sittenfeld), 1862-1918, Schriftsteller. W: Natur und Kunst. Beiträge zur Untersuchung ihres gegenseitigen Verhältnisses. Leipzig [1890] - »Ein kostbares Exemplar aus dem Nachlass Ludwig Klages' befindet sich im Deutschen Literaturarchiv, Marbach. Ich kann mich lebhaft daran erinnern, aber nicht mehr, von wem die Lesespuren waren. Ob von Klages, ob von Theodor Lessing, ob von ihnen beiden. Es war vor dreißig Jahren oder mehr, und ich verspüre noch den damaligen Wunsch, über dieses Exemplar zu schreiben.« (EB an Monika Fey, 13. 11. 2008)

Wilhelm Bölsche, 1851-1939, Die naturwissenschaftlichen Grundlagen der Poesie. Hg. v. Johannes J. Braakenburg. München 1976

›Vor allem wäre wichtig, daß Sie Kraus herausgeben‹ - vgl. Karl Kraus, Frühe Schriften. Hg. v. J. J. Braakenburg. 2 Bde., München 1979

Brief 93   4. 7. 1977
Elazar Benyoëtz, Worthaltung. Sätze und Gegensätze. München 1977; vgl. Christoph und seine Worthaltung. In: Carl Hanser/Christoph Schlotterer, Ein Gedenkbuch. München 1987, S. 74-78; vgl. René Dausner, Worthaltung - Zum Verhältnis von Sprache und Verantwortung. In: Ders., Schreiben wie ein Toter. Poetologisch-theologische Analysen zum deutschsprachigen Werk des israelisch-jüdischen Dichters Elazar Benyoëtz. Bonn 2006, S. 153-194

Brief 95   7. 9. 1977
›Ivri nischt kennen‹ - des Hebräischen nicht kundig
›Ojf'n pripetschik brennt a feier'l...‹ - auf dem Ofen brennt ein Feuer.
Mark Warschawsky, 1848-1907, Rechtsanwalt, lebte in Kiew, ohne sie aufzuschreiben, improvisierte er Melodien und Lieder; Scholem Alejchem ermutigte ihn zur Niederschrift der Lieder. Erste Sammlung 1888

Brief 97   Juni 1978
Entwurf
Hans Weigel, 1908-1991, Kritiker, Erzähler, Editor, Übersetzer. W: Flucht vor der Größe. Beiträge zur Erkenntnis und Selbsterkenntnis Österreichs. Wien 1960 - (Handschriftl. Widmung: Schalom/ zu wünschen!/ Für Elazar Benyoëtz/ herzlichst/ Hans Weigel/ Wien, 28. XI. 1962)
Hans Weigel, Die große Vergeblichkeit. Zum hundertsten Geburtstag Arthur Schnitzlers. In: Neue Deutsche Hefte 9 (1962), H. 88. S. 25-43

›...Aufschluß über mich‹ - das meint vor allem die Sätze »er zieht keine Konsequenzen aus seinen neuen Erkenntnissen. Er stößt immer wieder die Türen weit auf und tritt nicht ein.«

Zur Beziehung Hans Weigel - Elazar Benyoëtz: Hans Weigel rezensierte die ersten Bücher von EB bei Hanser, ›Worthaltung‹ und ›Eingeholt. Neue Einsätze‹, in: FAZ, 30. 4. 1977; FAZ, 14. 4. 1979: Seine Einstellung kommt unverblümt und eindeutig zum Ausdruck: »Dem Dichter EB war es gegeben, von Wien über Israel zur deutschen Sprache zu gelangen. Es ist naheliegend, daß auch in seiner neuen Sammlung viel Theologisches enthalten ist; es ist erstaunlich, daß die Aktualität, die Spannung Israel-Deutschland, daß das Politische ausgespart bleibt. Wenn Deutsch als Sprache sich seines Denkens bemächtigt, will er nicht nach dem historischen und weltpolitischen Steckbrief dieser Sprache fragen. Von naheliegender Beeinflussung durch Karl Kraus hält er sich weitgehend fern. Wie erfolgreich B' sich um Konzentration bemüht, zeigt der Vergleich mit einem Zitat von Johann Nestroy: ›Der Mensch kann nur das halten, was er hat. Hab' ich ihm mein Wort gegeben, dann hat er's und nicht ich, da ist das Halten ein Hirngespinst.‹ Benyoëtz: ›Es ist schwer, ein Wort zu geben und doch zu halten.‹
Aber Benyoëtz gibt und hält das Wort. Aus Sätzen von meist einer, selten zwei, ganz selten drei Zeilen Länge spricht ein lebendiger Geist in persönlicher Form mit äußerster Ernsthaftigkeit.«
Weigel, der den Wunsch EBs' kannte, *ein* Buch in Österreich erscheinen zu sehen, hatte sich immer wieder darum bemüht, doch ohne Erfolg. In der Korrespondenz ist dies ein Thema. Der letzte erhaltene Brief Hans Weigels lautet:

»Maria Enzersdorf, 30. XI. 1985
Lieber Herr Benyoëtz,
es hat mir so leid getan, aber Ihr erster Brief war ohne Absender, und so konnte ich Ihnen meine neue Telephonnummer nicht mitteilen. Ich habe gehofft, Sie werden sie sich verschaffen. Schade!!
Ich habe den Verlag gefragt, aber leider nichts Positives erreichen können.
Ich freu' mich nach wie vor sehr, daß ich Sie kenne.
Ich bewundere Ihre Arbeiten.
Alles Gute!
Ihr Hans Weigel«
Vgl. Brief 147

Brief 99 3. 11. 1980
›Von meinem großen Buch‹ - Das andere Ende. Nicht erschienen.
Elazar Benyoëtz, Vielleicht - Vielschwer. Aphorismen. München 1981. 105 S.

Brief 100 28. 1. 1981
Erstdruck in: Clara von Bodman/Elazar Benyoëtz, Solange wie das eingehaltene Licht. Briefe 1966-1982. Konstanz 1989, S. 194-196

›Gestern, 10.15 Uhr ist Benzion gestorben‹ - Am 27. 1. 1945 wurde Auschwitz durch die Russen befreit. Treffpunkt Scheideweg (München 1990) trägt die Widmung: Dem Andenken an meinen aus Dubove gebürtigen, aus Auschwitz stammenden Stiefvater

Ein Dokument. State of Israel/ MINISTERY OF FINANCE/ Office for Pers. Compensation/ from Abroad/ Unser A. Z.: 6/166/ Tel-Aviv, den 25. 10. 1959/ K/F.
Benzion Gottlieb wurde am 10. 3. 1905 in Dubove, Karpatho-Russlans (ruthenisch-

deutsches Sprachgebiet, Jüdische Bevölkerung zumeist jiddisch) geboren. Er war bis 1918 österreichisch-ungarischer, aber 1918 tschechoslowakischer, und ist seit 1948 israelischer Staatsangehöriger. Der Vater, Leib Herskovits, 1865, betrieb ein Konfektionsgeschäft, und kam 1944 in Auschwitz ums Leben. Seine Muttersprache war Jiddisch. Die Mutter, Rivka geb. Gottlieb, stammte aus Deutsch-Mokra, Karpatho-Russlans (deutsches Sprachgebiet). Ihre Muttersprache war jiddisch und deutsch, sie starb 1912 in Dubove. Die Umgangsprache im Hause war mehr deutsch als jiddisch, die kulturelle Atmosphäre ausschließlich religiös. Benzion Gottlieb besuchte in Dubove von 1911-1919 den Cheder (Unterrichtssprache jiddisch), zwei Jahre auch eine ungarische Volksschule. 1919-1921 studierte er an der deutschsprachigen Talmudhochschule in Galanta, Slowakei, und zog dann mit dem Leiter dieser Schule, dem Rav Duschinsky nach Hust (Karpatho-Russlans) und Vischove, an der rumänischen Grenze. Von 1924-1931 lernte er in der Talmudschule in Hamburg und bereitete sich zugleich im Institut Dr. Goldmann für die Oberrealschulreifeprüfung vor. Von 1929-1931 belegte er auch physikalische und chemische Vorlesungen an der Hamburger Universität. Er ernährte sich in Hamburg durch privaten Talmudunterricht. Nach einem kurzen Aufenthalt in Pressburg studierte er Physik und Chemie an der Deutschen Universität in Prag. 1935 heiratete er seine erste Frau, Rivka geb. Färber, die in Mieleo geboren, mit einem Jahr nach Pressburg gekommen und dort aufgewachsen war. Ihre Muttersprache war deutsch und er sprach mit ihr nur deutsch. Er betrieb in Pressburg ein Bettfederngeschäft am Heumarkt 18. 1940 wurde das Geschäft geschlossen, er konnte jedoch bis 1944 in der inzwischen arisierten Bettfedernfabrik arbeiten, welche auszubauen er eben begonnen hatte. 1944-1945 war er in verschiedenen K.Z.-Lagern. Seine Frau und seine Kinder kamen in Auschwitz ums Leben. Nach seiner Befreiung kehrte er 1945 nach Pressburg zurück. Wegen seiner Deutschsprachigkeit hatte er Schwierigkeiten, einen Pass zu erhalten, es gelang ihm jedoch noch im selben Jahr illegal nach Palästina einzuwandern.
Der Antragsteller spricht, liest und schreibt mühelos deutsch.
Das Elternhaus hatte ihn zum Rabbinerberuf im lokalen Stil bestimmt und ihm daher fast ausschließlich religiöse Erziehung angedeihen lassen. Es war jedoch sein Bestreben, ein moderner Rabbiner mitteleuropäischen Stils zu werden, und auf Grund seiner eigenen Initiative gelang es ihm, nach Hamburg zu gehen und dort auch weltliche Studien zu treiben. Er ist in deutscher klassischer und moderner Literatur bewandert. Seine zweite Frau, Elsa geb. Fleischmann, hat er 1946 in Tel-Aviv geheiratet, sie ist in Pressburg aufgewachsen. Ihre Muttersprache ist deutsch, und er spricht mit ihr nur Deutsch. Er legt deutsche Korrespondenz mit seiner Stieftochter Ruth aus den Jahren 1957/58 vor, in der ausführlich über Goethes Faust gehandelt wird.
Auf Grund des Ergebnisses der obigen Befragung bin ich zu der Überzeugung gelangt, daß der Antragsteller dem deutschen Sprach- und Kulturkreis angehört.
Dr. G. Korem

Brief 101   29. 10. 1981
Erstdruck in: Elazar Benyoëtz, Treffpunkt Scheideweg. München 1990, S. 159-163

Harald Weinrich, 1927, führender deutscher Linguist, seine ›Textgrammatik der deutschen Sprache‹ gilt als ein Standardwerk; war Lehrstuhlinhaber für Romanistik und für Deutsch als Fremdsprache. W: Knappe Zeit. Kunst und Ökonomie des befristeten Lebens. München 2004. Seit 1974 in Briefwechsel mit EB

Harald Weinrich schrieb:
Institut für Deutsch als Fremdsprache
Der Universität München

12. Oktober 1981

Lieber Herr Benyoëtz,
Sie wissen, daß ich Ihr getreuer Leser und ein großer Bewunderer Ihrer Aphorismen bin. Heute schreibe ich Ihnen aber aus einem anderen Grund. Sie ersehen aus dem Kopf dieses Briefes, daß ich mich, obwohl von Haus aus Romanist, jetzt um das Fach ›Deutsch als Fremdsprache‹ kümmere. In diesem Rahmen gehe ich seit einiger Zeit der Frage nach, in welchem Umfang es eigentlich eine Literatur in deutscher Sprache gibt, deren Autoren Personen mit nichtdeutscher Muttersprache sind. Personen also wie beispielsweise Elias Canetti, dessen Schriften ich gleichfalls bewundere. Für ihn ist Deutsch ja nicht die ›Muttersprache‹, sondern eine Fremdsprache oder, wie die Linguisten in solchen Fällen lieber sagen, eine ›Zweitsprache‹. Es würde mich nun sehr interessieren, wie es sich bei Ihnen verhält. Ich weiß von einem Klappentext, daß Sie in Wien geboren sind. Aber ist Deutsch auch in Israel die Sprache Ihrer Familie geblieben? Oder ist in Israel Hebräisch Ihre ›Erstsprache‹ geworden? Oder muß man diese Unterscheidungen noch ganz anders und vielleicht viel subtiler treffen? Ich wäre Ihnen sehr dankbar, wenn Sie mir diese Fragen beantworten könnten.
Ihr Harald Weinrich

Wilhelm Scherer, 1841-1886, - Geschichte der deutschen Literatur. Berlin 1883, 814 S., erfuhr allein bis 1949 26 Auflagen

Richard M[oses] Meyer, 1860-1914, - Die deutsche Literatur des 19. und 20. Jahrhunderts. Sechste, von Hugo Bieber fortgesetzte Auflage. Berlin 1921, 689 S.

Eduard Engel, 1851-1938, - Geschichte der Deutschen Literatur von den Anfängen bis in die Gegenwart. 1. Band. Von den Anfängen bis zum 19. Jahrhundert. Mit 25 Bildnissen und 14 Handschriften. 2. Band. Das 19. Jahrhundert und die Gegenwart. Mit 76 Bildnissen und 22 Handschriften. Wien/Leipzig 1913, 534+601 S.

Albert Soergel, 1880-1958, - Dichtung und Dichter der Zeit. Eine Schilderung der deutschen Literatur der letzten Jahrzehnte. Neue Folge. Im Banne des Expressionismus. Mit 342 Abbildungen. Leipzig 1925, 896 S.

Adolf Bartels, 1862-1945, - Geschichte der Deutschen Literatur. In zwei Bänden, 3. u. 4. Aufl., Leipzig 1905, XII, 687, VI, 720 S.

Brief 102   19. 10. 1983
Elazar Benyoëtz, Andersgleich. Kreuzlingen Mai 1983. Fünfte Veröffentlichung der Gottlieber Dichterfreunde in einer einmaligen Auflage von 600 Exemplaren. [20 S.]

›Ich bemühe mich zurzeit sehr um die Stiftung eines deutschen Literaturpreises‹ -
»Harald Weinrichs Idee fand rasch ihre Verwirklichung. Der ›Adelbert-von-Chamisso-Preis‹ wurde von der Robert Bosch Stiftung als Förderer und Träger des Preises, vom Institut für Deutsch als Fremdsprache der Universität München unter Harald Weinrich und von der

Bayerischen Akademie der Schönen Künste unter seinem Präsidenten Heinz Friedrich aus der Taufe gehoben [...]; 1985 fand die erste Verleihung des Preises statt.« Vgl. Viele Kulturen - Eine Sprache. Hommage an Harald Weinrich zu seinem 75. Geburtstag von den Preisträgern und Preisträgerinnen...Stuttgart: Robert Bosch Stiftung 2002, S. 7ff.

Brief 103   8. 11. 1983
Erstdruck in: Elazar Benyoëtz, Treffpunkt Scheideweg, München 1990, S. 154-158

›Max Rychner als Schwungring am Spinnrad‹ - vgl. Brief 30 und Anmerkung

›Von Alltag und Sonne‹ - eine leicht boshafte - Cyrus Atabay, 1929-1996, betreffende Anspielung auf Cäsar Flaischlen, 1864-1920.
Atabays gemeintes Buch hieß ›Gegenüber der Sonne‹. Hamburg 1964, und enthielt allerdings nicht wenige zartleere Gesten

›So entstand mein Prosatext‹ - Elazar Benyoëtz, Letzte Morgenstunden der Aufklärung/ oder/ Goethes ganz privater Ahasver. In: Stéphane Moses und Albrecht Schöne (Hg.), Juden in der deutschen Literatur. Ein deutsch-israelisches Symposion. Frankfurt/M. 1986, S. 387-394

Brief 104   15. 12. 1983
Albrecht Schöne, 1925, von 1960-1990 ordentlicher Professor für Deutsche Philologie (Neuere Deutsche Literatur) in Göttingen; 1980-1985 Präsident der Internationalen Vereinigung für Germanische Sprach- und Literaturwissenschaft (IVG); einer der Hauptmitbegründer der deutschen Abteilung an der Hebräischen Universität Jerusalem.
W: Goethes Farbentheologie. München 1987.
Vgl. Briefe EB mit Albrecht Schöne in: Das gerichtete Wort/ Briefe von und an Elazar Benyoëtz. Hg. v. Barbara Hoiß und Julija Schausberger, Bildschirmpräsentation des Brenner-Archivs, Briefe 89-93, www.uibk.ac.at/brenner-archiv/editionen/benyoëtz

Albrecht Schöne, Göttinger Bücherverbrennung 1933. Rede am 10. Mai 1983 zur Erinnerung an die ›Aktion wider den undeutschen Geist.‹ Göttingen 1983. (Widmung: Elazar Benyoëtz mit sehr herzlichem Dank für seine so langen wie kurzen sechzig Sätze, aber sehr im Zweifel, ob ich für dieses hier wünschen sollte ›Im Erzählen wiederholt sich das Geschehen als Ereignis.‹ Albrecht Schöne.)
Dieser Brief wurde zum Grundstein des Kapitels ›Bücherverbrennung 1933-1983‹ in Treffpunkt Scheideweg. München 1990, S. 79-82

›die Buchstaben fliegen in die Höhe‹ - bAwoda sara 18a

Brief 105   1. 3. 1984
Albrecht Schöne, Aufklärung aus dem Geist der Experimentalphysik. Lichtenbergsche Konjunktive. München 1983, 2. Aufl., (Widmung: Für Elazar Benyoëtz mit herzlichen Grüßen vom kleinen Lichtenberg. A. Sch.)

Brief 106   30. 6. 1986
Elazar Benyoëtz, Weggaben, von Hildegard Schultz-Baltensperger besorgt, Weinfelden 1986

Emil Staiger (Hg.), Musikalische Novellen. Zürich 1951, S. 371-466
Die letzten Seiten des Briefes waren nicht zu finden, das Fehlende lässt sich dennoch ergänzen, vgl. Elazar Benyoëtz, K'zot Hachoschech. Tel Aviv 1988, besonders S. 14f., 18-21. Das Buch, bestehend aus Fragmenten, Aufzeichnungen, Briefen, Gedichten, Aphorismen, dreht sich um das Sterben des Freundes und heißt eigentlich: Das Jahr, in dem Dan Pagis gestorben ist. (hebräisch)

Dan Pagis, Erdichteter Mensch. Gedichte. Hebräisch-Deutsch. Mit einem Nachwort von Tuvia Rübner. Frankfurt/M. 1993, 144 S.; Ders., An beiden Ufern der Zeit. Ausgewählte Gedichte und Prosa. Hebräisch-Deutsch. Aus dem Hebräischen und mit einem Nachwort von Anne Birkenhauer. Straelen 2003, 127 S.

Aharon Appelfeld, 1932, israelischer Erzähler. W: Die Geschichte eines Lebens. Aus dem Hebräischen von Anne Birkenhauer. Berlin 2005

Brief 107   1. 7. 1986
Daphne Hertz, 1950, Deutschlehrerin und feministische Publizistin; gehörte zu den kritischen Mitlesern der Auswahl aus dem Briefwechsel Clara von Bodman/Elazar Benyoëtz (erschienen Konstanz 1989)

Brief 108   16. 6. 1987
Michael Krüger, 1943, Lyriker und Erzähler, seit 1986 Geschäftsführer des Carl Hanser Verlags, Herausgeber der Akzente und der Edition Akzente. W: Diderots Katze. Gedichte. München/Wien 1978

Carl Hanser/Christoph Schlotterer. Ein Gedenkbuch. München 1987, darin: Elazar Benyoëtz, Christoph und seine Worthaltung. S. 74-78; vgl. Briefe 93 u. 94

Sprüche 13, 12 ›Hingezogene Erwartung macht das Herz krank‹, so in Bubers Verdeutschung, bei Luther heißt es ›Die Hoffnung, die sich verzieht, ängstet das Herz‹

Brief 109   20. 9. 1987
Günther Neske, 1913-1997, Verleger in Pfullingen

Wilhelm Vischer, 1895-1988, Der Prediger Salomo im Spiegel des Michel de Montaigne. Ein Brevier. Pfullingen 1981. Vorwort des Verlegers G. N. S. 9-10, vgl. Brief 117
›Wiedergabe des Erstdrucks‹ - im 4. Jahrbuch 1933, S. 27-124
›jüdischen Ursprungs war‹ - Vischer schreibt gleich zu Anfang: »...Mütterlicherseits stammte er aus einem vornehmen Geschlecht portugiesischer Juden.« (S. 12)

Hugo Friedrich, 1904-1978, führender Romanist, 1937-1970, Professor in Freiburg/Br.. W: Montaigne. Bern 1949

»Montpellier, 15. 1. 1988
Sehr verehrter Herr Elazar Benyoëtz, Ihr freundlicher Gruß freut mich so, daß ich Ihnen von Herzen dafür danken muß. Mit dem Wunsche, etwas von Montaignes politischer Weisheit

helfe Israel, eine friedliche Lösung in der schwierigen Lage zu finden, grüßt Sie herzlich Wilhelm Vischer«

Brief 113   15. 3. 1988
Erstdruck in: INN. Zeitschrift für Literatur. Jg. 19, Nr. 31, November 1993, S. 42

Annette Kolb/René Schickele, Briefe im Exil 1933-1940. In Zusammenarbeit mit Heidemarie Gruppe hg. v. Hans Bender. Mainz 1987

Brief 114   13. 4. 1988
Erstdruck in: INN. Zeitschrift für Literatur. Jg. 19, Nr. 31, November 1993, S. 42-45

›das Auge verletzen‹ - s. Richard Müller-Freienfels, Psychologie des deutschen Menschen und seiner Kultur. Ein volkscharakterologischer Versuch. München 1922, S. 127

Zur ›Stofflichkeit‹ »mehr Materie geworden denn je« - vgl. Elazar Benyoëtz, Annette Kolb und Israel. Heidelberg 1970, S. 78f.

Brief 115   3. 5. 1988
Erstdruck, gekürzt, in: Elazar Benyoëtz, Allerwegsdahin. Mein Weg als Jude und Israeli ins Deutsche. Zürich/Hamburg 2001, S. 117-119

Die in der Folge nachgewiesenen Zitate stammen alle aus Treffpunkt Scheideweg. München 1990: ›Hell- und Dunkelhörig‹ S. 56; ›Halbjüdisch - fragment*arisch*‹ S. 90; ›Margeretkelech in der Hand‹ S. 118; ›Und ich - ein Jude nach Auschwitz‹ S. 90; ›Frage der Fragen‹ S. 121

Brief 116   28. 5. 1988
›in diesem raren Buch‹ - Freed Weininger übersetzte ins Jiddische: Rose Ausländer, Schotens in Spigel. Lider. Tel Aviv, 1981: »Sie schaft ojf dajtsch, ober ihr harz wäjnt ojf jiddisch.« (Aus dem Vorwort.) Esther Cameron schrieb ein denkwürdiges Gedicht: Freed Weininger liest seine jiddischen Übersetzungen von Gedichten Celans. In: Mabua 38/5763 (2003; hebräisch)

›Ergebnisse Ihrer Arbeit‹ - Claudia Beil, Sprache als Heimat: Jüdische Tradition und Exilerfahrung in der Lyrik von Nelly Sachs und Rose Ausländer. Diss. München 1988

Brief 117   9. 8. 1988
›Die schmale Urfassung‹ - In: Jahrbuch 1 der Bibliographia Judaica. Frankfurt/M. 1986, S. 95-145

Norbert Altenhofer, 1939-1991, Professor für Germanistik in Frankfurt/M.

Yizchak Akavyahu, 1913-1999, israelischer Dichter, Kritiker, Übersetzer (Rilke, Trakl); nach ihm ist ein Literaturpreis der Universität Bar-Ilan, Ramat Gan, benannt

›Adel und gütige Vorsehung‹ - Elazar Benyoëtz, Treffpunkt Scheideweg. München 1990, S. 17f.

›Ein Autor fällt aus dem Rahmen…Hugo Dingler‹, 1881-1954, - ebd. S. 16
›Inspirationen des Ersten Weltkriegs‹ - ebd. S. 71
Dinglers Bekenntnis - hier für eine weitere Generation festgehalten: »Als eine letzte Revolution im Sinne einer [...] Hinwendung zur Zielethik, ist im deutschen Volke diejenige aufgetreten, welche durch Adolf Hitler geschah [...]. Dieser Einstellung aber gehört die Zukunft.« - ebd. S. 77

Walter Tschuppik, 1899-1955. W: Der Christ und sein Schatten oder Die Geburt des Juden aus dem Geist der absoluten Moral. Leipzig 1923, vgl. Elazar Benyoëtz, Treffpunkt Scheideweg, Seiten 25, 50, 56f.; über Tschuppik, vgl. Sigrid Bauschinger (Hg.): Ich habe etwas zu sagen. Annette Kolb 1870-1967. Ausstellung der Münchner Stadtbibliothek. München 1993, S. 144

Brief 118   14. 11. 1988
Ernst Robert Curtius, 1886-1956, Romanist. W: Deutscher Geist in Gefahr. Berlin 1932. Vgl. Elazar Benyoëtz, Treffpunkt Scheideweg. München 1990, S. 29

›Eine einzige mir persönlich angenehme Erwähnung‹ - Theodor Kappstein, 1870-1960, Theologe, Schriftsteller. W: Fritz Mauthner. Der Mann und sein Werk. Leipzig 1926

Denis Silagi, 1912-2007, ungarischer Historiker; schrieb u. a. über Antisemitismus und Juden in Ungarn. W: Jakobiner in der Habsburger-Monarchie. Ein Beitrag zur Geschichte des aufgeklärten Absolutismus in Österreich. Wien 1962
Denis Silagi, Begegnungen mit Hugo Dingler. In: Hugo Dingler. Zu seinem 75. Geburtstag. Hg. v. Wilhelm Krampf. München 1956, S. 9-15

Brief 119   Januar 1989
Hörsicht - vgl. Anmerkung zu Brief 128

Brief 120   9. 3. 1989
Erstdruck, leicht gekürzt, in: Christoph Grubitz, Der israelische Aphoristiker Elazar Benyoëtz. Mit einem Geleitwort von Harald Weinrich. Tübingen 1994, S. 198f

Christoph Grubitz, 1965, studierte in Heidelberg, Erlangen und Fribourg/Schweiz, dort Schüler Harald Frickes; aber auch Emanuel Levinas. Diplomarbeit: Jüdisch-deutsche Sprach-Balance. Die gattungsgeschichtliche Position des israelischen Aphoristikers Elazar Benyoëtz. Fribourg 1989. Seine Doktorarbeit, Der Israelische Aphoristiker Elazar Benyoëtz, erschien als Band 8 der Reihe *Conditia Judaica* im Niemeyer Verlag, Tübingen 1994, mit einem Geleitwort von Harald Weinrich. 2007 gab C.Grubitz mit Ingrid Hoheisel u. Walther Wölpert die Festschrift heraus: Keine Worte zu verlieren. Elazar Benyoëtz zum 70. Geburtstag. Herrlingen b. Ulm 2007

›Die Worte sind von hohem Sinn…‹ - Die Zauberflöte, 1. Akt, 15. Auftritt

Brief 121   23. 05. 1989
Eginhard Hora, Literaturwissenschaftler, Editor, Verlagslektor, seit 1984 im Carl Hanser Verlag, München, dort Lektor von EB

›Die Kunst des Zitierens ist meine Lesart in diesem Buch‹ - vgl. Elazar Benyoëtz, Treffpunkt Scheideweg. München 1990, S. 73

Brief 122   6. 11. 1989
Erstdruck, gekürzt, in: Christoph Grubitz, Der israelische Aphoristiker Elazar Benyoëtz. Mit einem Geleitwort von Harald Weinrich. Tübingen 1994, S. 205-207

Brief 123   22. 4. 1990
Jürgen Stenzel, 1937, Schüler von Albrecht Schöne in Göttingen, Braunschweiger Germanist und Lessing-Herausgeber; war 1980 sowie 1983-1986 Gastprofessor an der Deutschen Abteilung der Hebräischen Universität in Jerusalem.
Herausgeber: Gotthold Ephraim Lessing. Werke. Bd. I (1743 bis 1750), Frankfurt/M. 1989. - Bd. II (1751 bis 1753), 1998. JSt schrieb den Klappentext zu ›Nahsucht‹ (1982) und das Nachwort zu ›Ichmandu‹ (2000); Briefwechsel EB-Jürgen Stenzel - in: Das gerichtete Wort/ Briefe von und an Elazar Benyoëtz. Hg. v. Barbara Hoiß und Julija Schausberger, Bildschirmpräsentation des Brenner-Archivs, Briefe 95-110, www.uibk.ac.at/brenner-archiv/editionen/benyoëtz

›ruhig zugeben‹ - Elazar Benyoëtz, Treffpunkt Scheideweg. München 1990
›Text über I. F. Behr‹ - Letzte Morgenstunden der Aufklärung oder: Goethes ganz privater Ahasver, ebd., S. 145-153
Clara von Bodman/Elazar Benyoëtz, Solange wie das eingehaltene Licht. Briefe 1966-1982. Konstanz 1989
›Kinderszene Edwin Bormanns‹ - ebd. S. 88-89 (und Anmerkung S. 216), vgl. Jürgen Stenzel, Silberstein's war'n nicht dabei. In: FAZ Nr. 119 v. 25. 5. 1991 (Frankfurter Anthologie)

Einen weiteren Hinweis auf den Dichter Edwin Bormann, 1851-1912, gibt EB am Ende seines Buches Die Eselin Bileams und Kohelets Hund. München 2007, S. 213f

Brief 124   2. 5. 1990
Dorothea von Chamisso, geb.Thomas, 1912, studierte Altphilologie an der Universität Köln; Lehrerin; schrieb ein Buch über die Familie Thomas und Aufsätze über Adelbert von Chamisso wie auch Artikel über Malerei. Mit EB seit 1988 im Briefwechsel und freundschaftlich verbunden. Vgl. Elazar Benyoëtz, Filigranit meine Sprache. Ein Brief an Dorothea von Chamisso. In: Neue Sirene, 12. Juni 2000, S. 72-74. Der Schwester, Elisabeth Thomas, Benediktinerin, widmete EB die Seiten 19, 126 in: Filigranit. Göttingen 1992. Über ihre Beziehung zu EB schrieb Dorothea von Chamisso unter dem Titel ›Klare Gotik ohne Farbablenkung‹ in: Christoph Grubitz/Ingrid Hoheisel/Walther Wölpert (Hg.), Keine Worte zu verlieren. Elazar Benyoëtz zum 70. Geburtstag. Herrlingen b. Ulm 2007, S. 17f.

›sicher unterwegs‹ - Lesungen aus Treffpunkt Scheideweg vom 25. 4.-14. 6. 1990

Brief 125   17. 7. 1990
Erstdruck in: Mnemosyne. Zeitschrift für Geisteswissenschaften. Klagenfurt. Heft 13, September 1992, S. 4f.

Brief 126   6. 8. 1990
Manfred Voigts, 1946,. Dr. phil., Professor für jüdische Studien an der Universität Potsdam; Autor und Herausgeber; jahrelange Forschungsarbeiten zu Oskar Goldberg.
W: Geburt und Teufelsdienst. Franz Kafka als Schriftsteller und als Jude. Würzburg 2008

›Ihr Buch‹ - Manfred Voigts, Am Ende Sprache. Zur rettenden Kraft des Wortes in der atomaren Endzeit. Würzburg 1983

Erwin Reisner, 1890-1966, Philosoph und Theologe. W: Der Dämon und sein Bild. Berlin 1947

Richard Sheppard (Hg.): Die Schriften des Neuen Clubs 1908-1914. Hildesheim 1980

›Die Wirklichkeit der Hebräer mit seinen laufenden, unermüdlichen Randbemerkungen‹ - Oskar Goldberg, 1885-1953, Die Wirklichkeit der Hebräer. Berlin 1925, vgl. Erwin Loewenson, Anmerkungen in Oskar Goldberg: Die Wirklichkeit der Hebräer. Transkription: Manfred Voigts. Privatdruck 1994.
Zu Loewenson vgl. Anmerkung zu Brief 12

Brief 127   4. 12. 1990
Erich Unger, 1887-1950, Politik und Metaphysik. Hg. v. Manfred Voigts. Würzburg 1989

›Goldbergsche Inhaltsverzeichnis‹ - Manfred Voigts, Oskar Goldberg. Der Mythische Experimentalwissenschaftler. Ein verdrängtes Kapitel jüdischer Geschichte. Berlin 1992; Wissenschaftliche Neuausgabe von Goldbergs Die Wirklichkeit der Hebräer, mit einem Geleitwort von Elazar Benyoëtz. Hg. v. Manfred Voigts. Wiesbaden 2005

Hugo Bergmann, Tagebücher & Briefe. Bd. 1, 1901/1948. Hg. v. Miriam Sambursky. Königstein/Ts. 1985

Erich Unger, Gegen die Dichtung. Eine Begründung des Konstruktionsprinzips in der Erkenntnis. Leipzig 1925

›Besprechung meines Buches‹ - Sender Freies Berlin - Literatur - 26. 2. 91: »[…] es gibt wenige Bücher, die so konsequent alle Vorstellungen, die man von einem Buch hat, durchstreichen wie dieses. Und es ist diese Konsequenz, die nicht nur fasziniert, sondern die den eigentlichen Wert dieses Buches ausmacht: Hier werden alle gängigen Regeln der verschiedenen Gattungen durchbrochen, um Platz zu schaffen für das große Thema dieses Buches, die Sprache.[...] Dies ist kein leichtes Buch, es ist ein großes Buch, dem man eine heutige Wirkung wünscht, von dem man aber weiß, daß seine Wirkung nur mit den Jahren wachsen wird - wenn andere Bücher längst vergessen sind.«

Brief 128   13. 02. 1991
Hörsicht - so hieß ein umfangreiches Manuskript nach dem Muster von Treffpunkt Scheideweg, es blieb unveröffentlicht, der von Harald Weinrich ›aus der Masse herausgestrichene Teil‹, zitiert im Brief 128, ist unter diesem Titel als Heft 5 der Herrlinger Drucke im Mai 1994 erschienen

Siehe: Wortwährend. Für Franziska. In: Elazar Benyoëtz, Filigranit. Ein Buch aus Büchern. Göttingen 1992, S. 25-44

Brief 129   29. 10. 1991
›wie mir Manfred sagt‹ - Manfred Winkler, 1922, israelischer Dichter und Bildhauer, stammt aus der Bukowina, lebt bei Jerusalem, schreibt hebräisch und deutsch. W: Im Schatten des Skorpions. Gedichte. Aachen 2006.
Mit EB freundschaftlich verbunden; siehe: Manfred Winkler, Unsere Umwege zwischen den Sprachen. In: Christoph Grubitz/Ingrid Hoheisel/Walther Wölpert (Hg.), Keine Worte zu verlieren. Elazar Benyoëtz zum 70. Geburtstag. Herrlingen b. Ulm 2007, S. 119f.

Brief 130   23. 10. 1991
Erstdruck in: Neue Sirene 12, Juni 2000, S. 72-74

Brief 131   5. 1. 1992
Albert Hausdorffer, 1952; Mathematiker, Gymnasiallehrer

Brief 132   2. 6. 1992
Paul Stöcklein, 1909-1992, Professor für Germanistik in Frankfurt/M.; als Emeritus in Bamberg lebend, nahm er Anteil am Entstehen der Dissertation von Christoph Grubitz über den israelischen Aphoristiker Elazar Benyoëtz. W: Literatur als Vergnügen und Erkenntnis. Essays zur Wissenschaft von der Sprache und Literatur. Heidelberg 1974.
Vgl. Christoph Grubitz: Paul Stöcklein. Philologie im Kaffeehaus. http://wunderblock.kaywa.ch/portraits/paul-stoecklein.html
›...daß Anfang und Ende des Buches zusammengehören‹ - Elazar Benyoëtz, Treffpunkt Scheideweg. München 1990, S. 11 u. S. 188 (»Nicht weich, nicht weichend...«)
›Deine Magisterarbeit‹ - Christoph Grubitz: Jüdisch-deutsche Sprach-Balance. Der israelische Aphoristiker Elazar Benyoëtz. Lizentiatsarbeit/Mémoire de Licence, Université Miséricorde, Fribourg en Suisse 1989 (Manuskript, 149 Seiten).
Das Kohelet-Kapitel findet sich auf den Seiten 121-126
›Kohelet-Reflexionen‹ - Elazar Benyoëtz, Jeri'ah limgilla schel jir'ah; Hirhurim al Kohelet, in: Molad, NF, 7, Winter 1975, S. 199-203

Brief 133   7. 7. 1992
›Ihr Geheimnis‹ - Manfred Voigts, Das geheimnisvolle Verschwinden des Geheimnisses. Ein Versuch. Wien 1994

›Berliner Fragmentist‹ - Anspielung auf den ›Wolfenbüttler Fragmentisten‹ Hermann Samuel Reimarus, 1694-1768

›spricht für seinen Rang‹ - »Das ist eine Frage, auf die in unserer Zeit wohl nur die Dichter eine Antwort haben... und die eines mit den Meistern der Kabbala verbindet...:der Glaube an die Sprache als ein, wie immer dialektisch aufgerissenes, Absolutum, der Glaube an das hörbar gewordene Geheimnis in der Sprache.« Gershom Scholem: Der Name Gottes und die Sprachtheorie der Kabbala. In: Ders., Judaica 3, Frankfurt/M. 1973, S. 70

Alfred Mombert, 1872-1942, Hauptwerke. Hg. v. Elisabeth Herberg. München 1963. Vgl. Elazar Benyoëtz, Brüderlichkeit. Das älteste Spiel mit dem Feuer. München 1994, S. 73

›K's Empörung...‹ - gemeint ist ein Brief Kracauers an Leo Loewenthal von 1921: »Meine ganze Erbitterung auf diese neuen homines religiosi ist die, daß sie von Dingen reden, die sie au fond gar nicht wissen. Rosenzweig schwatzt von Gott und der Erschaffung der Welt, als ob er bei allem dabei gewesen wäre [und auch Buber ist Gnostiker und Mystiker. Scheler macht's mit der Phänomenologie und Bloch wird direkt zudringlich.] ... Mein Katechismus klingt demgegenüber sehr karg: ich glaube, daß ein hohes Wesen über uns waltet und daß wir *Creaturen* sind und darum *keinen* Zugang haben zu Schöpfergeheimnissen. Aussagen über Weltbeginn, Weltende usw. lehne ich strikt ab. [...] Christus selbst hat sich mit seinem *Sein* begnügt...« (zit. nach: Siegfried Kracauer, 1889-1966, - Publizist, Soziologe, Filmtheoretiker, Marbacher Magazin 47/1988, bearb. v. I. Belke und I. Renz, S. 36)

›ein Wort des Paracelsus‹ - Theophrast von Hohenheim, Fünf Bücher über die unsichtbaren Krankheiten. [Einband: Paracelsus, Krankheit und Glaube] Eingeleitet und hg. v. Richard Koch und Eugen Rosenstock. Stuttgart 1923, S. 47

›ein Wort Simmels‹ - Aus dem nachgelassenen Tagebuch, vgl. Elazar Benyoëtz, Das älteste Spiel mit dem Feuer. München 1994, S. 81

Brief 134   26. 1. 1993
Sigrid Bauschinger, 1934, war bis 2000 Professorin für German Studies an der University of Massachusetts in Amherst/USA. W: Else Lasker-Schüler. Biographie. Göttingen 2004

Annette Kolb, Gelobtes Land - gelobte Länder. In: Hochland. Jg. 43, 1950/1951, S. 274-287; Annette Kolb, Glückliche Reise. Stockholm 1940

»Ich werde Ihre Rat- und Vorschläge beherzigen, vor allem was die Streichungen in der Glücklichen Reise betrifft. Sie haben recht, sie geschahen nicht ›stillschweigend‹, denn es gibt den Hochland-Artikel. Sehr stimme ich Ihrem Satz aus dem Treffpunkt Scheideweg zu, daß Geschriebenem nicht widersprochen, nur widerschrieben werden kann.« (Sigrid Bauschinger an Elazar Benyoëtz, Amherst, 14. 2. 1993)

›Eisner-Text‹: »Eisner ging langsam, allein und vollkommen versonnen die Freitreppe herab. Er hielt eine rote Nelke mit etwas abstehendem Arm, wie um sie zu schützen. Steif, fast geziert, die breiten Schultern mit barocker Würde tragend, bot er einen wahrhaft phantastischen Anblick. Seine Freunde begrüßten ihn. Er sah sie erloschenen Auges an und erwiderte kein Wort. Hätten aber urplötzlich die Türen sich geteilt und Teppiche unter den Füßen der mit großem Zeremoniell vorgeführten Esther entrollt, ich wäre nicht erstaunt gewesen. Assuerus! Dachte ich. Ein fast gespenstig-abstrakter, beschämend unverjudeter, rein biblischer Jude. Und siehe! - Hier war zum ersten Male wieder dasjenige Israel, aus dem merkwürdigerweise der Begriff des Christentums mit der Gestalt seines Stifters, die Idee des Unjüdischen also, die Welt der Mystik, des Erblassens, der Gotik hervorging.« Annette Kolb, Kleine Fanfare. Berlin 1930, S. 184f.

Brief 135   17. 2. 1993
›Ist mit Zitat Dein ganzer Brief‹ - vgl. Elazar Benyoëtz, Träuma. An die Deutschen. Herrlinger Drucke 3. Herrlingen b. Ulm 1993, S. 24f

›ohne meinen Brief ... (Elert-Brief)‹ - ebd. S. 30f.
Silke Alves-Christe, evangelische Pfarrerin in Baden-Baden, siehe: Elazar Benyoëtz, Variationen über ein verlorenes Thema. München 1997, S. 78

Werner Elert, 1885-1954, evangelisch-lutherischer Theologe; 1923 Berufung auf den Lehrstuhl für Kirchengeschichte der Friedrich-Alexander-Universität Erlangen, 1926/27 Rektor der Universität, 1928/29 und von 1935-43 Dekan der Theologischen Fakultät.
Elert verfaßte 1933 mit seinem Erlanger Kollegen Paul Althaus das Gutachten der Erlanger Theologischen Fakultät zum Arierparagraphen in der Kirche (›Theologisches Gutachten über die Zulassung von Christen jüdischer Herkunft zu den Ämtern der Deutschen Evangelischen Kirche‹). Ebenso hat Elert den Ansbacher Ratschlag vom 11. Juni 1934 mitunterzeichnet, in dem es heißt: »Als glaubende Christen [danken] wir Gott dem Herrn, daß er unserem Volk in seiner Not den Führer als ›frommen und getreuen Oberhirten‹ geschenkt hat und in der nationalsozialistischen Staatsordnung ›gut Regiment‹, ein Regiment mit Zucht und Ehre bereiten will.« Nationalsozialistischer Parteigänger war Elert aber nicht, auch soll er ›politisch und rassisch inkriminierte Theologiestudenten‹ vor dem Zugriff der Gestapo bewahrt haben.

»In Träuma kommt nun Elert als WE vor. Nun wir seine Schuld feststellen konnten - könntest Du nicht auch seiner Reue nachgehen, die vielleicht öffentlich stattgefunden hatte? Es müßte freilich etwas Gedrucktes sein. Wir haben schwere Probleme angezapft und allerlei Unruhe in uns selber gestiftet, was wir aber unseren Kinder zu sagen hätten, wissen wir noch immer nicht. Du meinst, der Kluge schweige in dieser Zeit, denn sie ist böse. Ist es schon so weit? Ich bin gerechtfertigt, sagt Gott zu Hiob, wenn du dich in deinen Klagen nicht irrst. Das Feuer ist nicht das ganze Licht« (Elazar Benyoëtz an Rufus Flügge, Jerusalem 7. 4. 1993)

»Ich freue mich, wenn Du meinen Brief für recht hältst für Träuma. Ich freue mich, wenn Du Prof. E. sagst und dann die ganze Passage so sein läßt, wie sie ist, sie ist wert, veröffentlicht zu werden. Wo Deine Korrespondenz mit Silke im ganzen eigentlich anfängt, war mir nicht klar. Und Frau Hoheisel sah keinen Zusammenhang zwischen meinem Brief und Deinem Briefwechsel mit Silke. Im Übrigen ist die Sache so schlimm, wie Du denkst. Silke schreibt über Elert, eine junge Frau hier in der Nachbarschaft schreibt über den Göttinger Hirsch! Die Alten kommen wieder. Was werden die Jungen bei ihnen finden? Lohnt deren Arbeit für ihre und unsere Zukunft? (Hirsch hieß Emanuel!).« (Rufus Flügge an Elazar Benyoëtz, Hannover, 3. 3. 1993)

»Das Gespräch mit Rufus Flügge bewegt mich noch sehr. Warum hat ein alter Mann noch Angst vor der Reaktion Einzelner innerhalb der Kirche?! Gut, er verdankt Elert sicherlich Einiges, er nannte es ›generös‹, wie Elert sich ihm gegenüber verhalten hatte, das ist ja in Ordnung, soll auch nicht entwertet werden, aber gerade deshalb könnte Rufus Flügge doch nur zu der anderen Seite Elerts stehen. Die Auskunft, daß Elert nicht der Schlimmste war, ist recht unbefriedigend. Warum hat Rufus Flügge Angst um Deinen Ruf, wo er Dich doch gebeten hat, Deine Stimme zu erheben?! Ist es anmaßend, wenn ich so rede, da ja auch mein Mut nicht gefordert wird, zumindest vordergründig nicht, aber auf was muß R. F. noch Rücksicht nehmen...?« (Ingrid Hoheisel an Elazar Benyoëtz, Wippingen, 4. 3. 1993)

Brief 136   31. 3. 1993
Ulrich Sonnemann, 1912-1993, Schriftsteller, Psychologe, Philosoph, Professor für Sozialphilosophie an der Gesamthochschule Kassel. W: Negative Anthropologie. Reinbek 1969.

Elazar Benyoëtz zu und über Ulrich Sonnemann: Was nicht zündet leuchtet nicht ein. Ein Büchlein vom Menschen und seiner Ausgesprochenheit. In: Spontaneität und Prozess. Zur Gegenwärtigkeit kritischer Theorie. Hg. v. Sabine Gürtler. Ulrich Sonnemann zum 80. Geburtstag. Hamburg 1992, S. 251-263; vgl. Andersgleich. Herrlinger Drucke 6. Herrlingen b. Ulm März 1995.
Christoph Grubitz, Elazar Benyoëtz als Beiträger zur Festschrift für Ulrich Sonnemann. Porträt einer Freundschaft. In: Christoph Grubitz/Ingrid Hoheisel/Walther Wölpert (Hg.), Keine Worte zu verlieren. Elazar Benyoëtz zum 70. Geburtstag. Herrlingen b. Ulm 2007, S. 157-162

Brief 137   20. 6. 1993
»Es war wie bei ›Schwan kleb an‹. Ich war vereinnahmt. Ich schrieb über Claire Goll eine inzwischen überholte Belegarbeit und beschloß, auch meine Dissertation über sie zu machen. Daß es keinerlei Literatur über sie gab, reizte mich ganz besonders, so wie es mich anfangs gereizt hatte, daß ihre Bücher nicht zu finden waren. Ich bin jemand, der ausgetretene Pfade nicht mag.« (Christina Fischer an Elazar Benyoëtz, Greifswald, 8. 7. 1993)

›einiges Aufsehen‹ - Claire Goll zerstörte den eigenen Mythos. Das ›untrennbare Liebespaar‹ und sein Briefwechsel. In: Die Welt der Literatur, Nr. 7, 30. 3. 1967, S. 3-4: Iwan Goll/Claire Goll: Briefe. Mit einem Vorwort von Kasimir Edschmid. Mainz: Florian Kupferberg 1966, 262 S., 38 Abb. [Der aufreißerische Titel stammt von der Redaktion - EB]. Zum Artikel vgl. Walther Karsch: Briefe einer Liebe. In: Berliner Tagesspiegel, 30. 7. 1967 - »greift mich an, ohne mich zu nennen«: »Warum soll die Herausgeberin nicht Pünktchen machen, wo allzu Privates zu verschweigen war? Warum soll sie nicht im Nachhinein irren? Warum soll sie ihr Versagen und das des Geliebten nicht beschönigen, alles im versöhnlichen Lichte sehen? - Kasimir Edschmid, inzwischen verstorben, hat noch das Vorwort geschrieben. Edschmid ist diskret, er vermeidet es, in die Intimsphäre einzudringen. Daß er Claire Goll einen ›üblen Dienst‹ [Zitat!] erwiesen habe, kann nur behaupten, wer blind für die Voraussetzungen, die Möglichkeiten und die Gefahren eines solchen Unterfangens ist. Liebesbriefe sind eine heikle Sache...« » [da kann man nur sagen: allerdings; so sähe man sich vor!]...« (EB an Monika Fey, 21. 8. 2008); Erhard Schwandt: Ärgernis mit der Edition Iwan Golls. Textkritische Bemerkungen zu den Nachlaßbänden. In: FAZ, 13. 10. 1967
Siehe Briefe 11 und 15

Brief 138   28. 7. 1993
Johann Holzner, 1948, Professor für Neuere deutsche Sprache und Literatur an der Universität Innsbruck; seit 2001 Leiter des Forschungsinstituts Brenner-Archiv; über Elazar Benyoëtz: Zum Gestus der Unumstößlichkeit in den Aphorismen von Elazar Benyoëtz. In: Christoph

Grubitz/Ingrid Hoheisel/ Walther Wölpert (Hg.), Keine Worte zu verlieren. Elazar Benyoëtz zum 70. Geburtstag. Herrlingen b. Ulm 2007, S. 49-52;

Hans Leifhelm, 1891-1947, dt. Schriftsteller, Redakteur, Lektor

Hans Wamlek, 1892-1959, Schriftsteller, gehörte wie Hans Leifhelm und der Maler Paul Schmidtbauer, 1893-1974, zur Sezession Graz, war dort Sachbearbeiter für Musik, lehrte am Johann-Joseph Fux Konservatorium, Graz, war Initiator des Steirischen Musiklexikons, das von Wolfgang Suppan herausgegeben wurde, Graz 1962 (s. S. 631).

Georg von der Vring, 1889-1968, Lyriker und Prosaist. W: Die Lieder des Georg von der Vring. 1906-1956. München 1956. Mit EB befreundet. Vgl. Elazar Benyoëtz, Geht man in sich, wird man erinnert. In: Jens Stüben/Winfried Woesler (Hg.), Wir tragen den Zettelkasten mit den Steckbriefen unserer Freunde. Beiträge jüdischer Autoren zur deutschen Literatur seit 1945. Darmstadt 1993, S. 126f., S. 135

Brief 139   13. 12. 1993
Hildegard Schultz-Baltensperger, 1935-2008; übernahm 1969 die Gesamtschule in Gottlieben/ TG und führte diese 19 Jahre lang.»Für mich waren die Gottlieberjahre die wertvollsten und wichtigsten, aber auch die schönsten. Ich versuchte, den Kindern etwas ans Herz zu legen, was mir für ihr Gedeihen sehr wichtig schien: Das Staunen über die Wunder des Lebens in unserer Schöpfung, die Achtsamkeit für sich und für das, was andere brauchen und können.« 1989 wurde die Schweiz von Asylsuchenden überschwemmt. Die Behörden stellten ein Zirkuszelt auf, kümmerten sich aber ansonsten nicht um diese Menschen. Das Zelt war überfüllt. Aus einem Zeitungsartikel: »So geht es nicht«, sagte Hilde Schultz [...]. Es war nur folgerichtig, dass sie nach diesem Erlebnis die Asylberatungsstelle von HEKS und Caritas in Weinfelden aufbaute und 6 Jahre lang leitete. Über diese Zeit schreibt sie: »Wir erleben Schweres, wir erleben Faszinierendes, wir erleben Unangenehmes und Anrührendes, indem wir den fremden Menschen wirklich begegnen; sie sind für uns nicht ›Zahlen‹, nicht ›Fluten‹, nicht ›Ströme‹, die uns gleichgültig lassen oder bedrohlich erscheinen.... Wir können die in Unordnung geratene Welt nicht in Ordnung bringen, aber wir können hier zu einem menschlicheren Klima beitragen«. »Kirche«, sagte Hilde in einem Interview, »ist für mich eng mit meiner Geschichte verbunden. Eine uns alle bewegende und bewegte Kirche, das können nur wir sein, nur wir tun«. Sie tat es. Zunächst als Präsidentin der Kirchenvorsteherschaft Gottlieben, als Mitglied des Vorstands der Thurgauischen Evangelischen Frauenhilfe, als Mitglied der Synode und 6 Jahre lang als Kirchenrätin der Landeskirche. Auch hier waren es die Schwachen, war es die gelebte christliche Gemeinschaft, und war es besonders die Stellung der Frauen in Kirche und Gesellschaft, die sie bewegten und für die sie eintrat. Anlässlich ihres Rücktritts liest man: »In Hilde Schultz, die in den vergangenen 6 Jahren für das Ressort Soziales und Diakonie verantwortlich zeichnete, hatten die Thurgauerinnen - und in besonderer Weise eigentlich alle Frauen - eine engagierte Fürsprecherin im Kirchenrat. Wo immer Hilde Schultz auftaucht, gelingt es ihr, eine menschlich wohltuende Atmosphäre zu schaffen. Ihre Lebenshaltung entspricht einem gelebten Glauben, der nicht durch Worte allein geprägt ist. Diese Haltung bestimmte auch ihre Tätigkeit im Freundeskreis für den Senegal, für den sie über Jahre hinweg Lepradörfer und Zentren für Augenkranke im Senegal besuchte, um Hilfsgüter zu verteilen. 1997 zog Hilde mit ihrem Mann nach Frauenfeld. Einige wenige Jahre der Ruhe, der Muße

und Freude waren ihr vergönnt, bis ihre Krankheiten sie immer mehr bedrängten und ihren Lebenskreis einschränkten. Es war schwer für sie, sich von ihrem Klavier zu trennen, weil ihre Hände nicht mehr wollten. Aber mit großer Anteilnahme begleitete sie bis in ihre letzten Tage das Werk eines israelischen Dichters.«
Hildegard Schultz-Baltensperger gab 1989 den Briefwechsel Clara von Bodman/Elazar Benyoëtz: Solange wie das eingehaltene Licht, heraus

›schließt sich mit diesen Schlußzeilen ein Rilke-Reigen‹ - Clara von Bodman/Elazar Benyoëtz, Solange wie das eingehaltene Licht. Briefe 1966-1982. Konstanz 1989, S. 39-42

Brief 141   27. 7. 1994
Hermann Hakel, 1911-1987, Wiener Lyriker und Prosaist, Herausgeber und Übersetzer

›durch Herrn Wallas vermittelten Wunsch‹ - Armin A. Wallas, 1962-2003, Germanist in Klagenfurt; sein Briefwechsel mit EB (1991/94) siehe: Das gerichtete Wort/ Briefe von und an Elazar Benyoëtz. Hg. v. Barbara Hoiß und Julija Schausberger, Bildschirmpräsentation des Brenner-Archivs, Briefe 113-122, www.uibk.ac.at/brenner-archiv/editionen/benyoëtz

Brief 142   10. 8. 1994
Helmuth Eiwen, 1947, Pastor der freikirchlichen Ichtys-Gemeinde in Wiener Neustadt

»Als heute lebende Christen wollen wir uns ganz bewußt unter die Schuld unseres Volkes und der Christenheit in diesem Lande stellen. Wir können uns als die nachfolgende Generation nicht einfach aus der Schuld der ›Väter‹ herauslösen.
Hinter der Schuld an Israel steckt ja ein Geist des Antisemitismus, der nicht einfach mit der Zeit von selbst verschwindet, sondern auf kommende Generationen weiterwirkt und sie infiziert. Es gibt für uns nur eine Tür, die aus dem Weg der Schuld herausführt: Die ehrliche Bitte um *Vergebung*. Durch diese Tür wollen wir gehen und damit einen neuen Weg eröffnen. Das ist unser tiefes Anliegen, vor Gott und Ihnen gegenüber, diese Bitte um Vergebung auszusprechen. [...]« (Pastor Helmuth Eiwen, Würflach, im Mai 1994). - Vgl. Elazar Benyoëtz, Identitäuschung. 1. Sonderheft der Herrlinger Drucke. Oktober 1995: »In den Tagen vom 21.-28. Mai 1995 fand in Wiener Neustadt eine ›Woche der Begegnung‹ statt, zu der die freikirchliche Ichtys-Gemeinde eingeladen hat. Eingeladen waren Juden, die 1938 gezwungen waren, Stadt und Heimat zu verlassen und sich retten konnten. Nicht viele konnten das. Am Mittwoch, dem 24. Mai, fand im Sparkassensaal eine Lesung statt, deren Text hier, um einen Nachtrag [und einen Epilog] erweitert, der Leserschaft vorgelegt wird.« - Elazar Benyoëtz, Entwirt. 2. Sonderheft der Herrlinger Drucke. Mai 1996. - Eine Lesung anlässlich der 2. Woche der Begegnung, 21.-28. Oktober 1995

Brief 143   5. 9. 1994
›ein neuer Streich‹ - Elazar Benyoëtz, Brüderlichkeit. Das älteste Spiel mit dem Feuer. München 1994

Brief 144   13. 9. 1994
Christoph Grubitz, Der israelische Aphoristiker Elazar Benyoëtz. Mit einem Geleitwort von Harald Weinrich. Tübingen 1994, X, 213 S.

›In Ichmandu verliebt‹ - Elazar Benyoëtz, Ichmandu, Oder: Was nicht trifft, kommt nicht an. Briefe an Christoph Grubitz 1988-1992, als Anhang abgedruckt in: Chr. Grubitz, Der israelische Aphoristiker EB. Tübingen 1994, S. 192-213
›daß ich dem Kiefel-Verlag‹ - Elazar Benyoëtz, Wirklich ist, was sich träumen läßt. Wuppertal 1994
Elazar Benyoëtz, Brüderlichkeit. Das älteste Spiel mit dem Feuer. München 1994, 86 S.

Brief 145   2. 2. 1995
›Und dann der Ahnenpaß‹ - des Vaters, Johann Georg Thomas, mit allen Nazistempeln und gedruckten Anweisungen dazu, von denen ich eine Fotokopie haben durfte

Brief 147   22. 3. 1995
Felix Braun, 1885-1973, Dr. phil., Wiener Lyriker, Erzähler, Herausgeber, Freund Hofmannsthals. W: Viola d'Amore, Gedichte. Salzburg 1953; Thomas von Kempen, Die Nachfolge Christi. Übertragen von Felix Braun. München: Goldmann o. J.. Handschriftl. Widmung: Dem jungen Dichter Elazar Benyoëtz zur Erinnerung an seinen ersten Besuch bei Felix Braun. Wien, den 31. XII. 1962
Franz Theodor Csokor, 1885-1969, Dramatiker, Lyriker, Romancier, 1938 freiwillig ins Exil gegangen, 1947 Präsident des österr. PEN-Clubs. W: 3. November 1918. Drama. Wien 1936
Albert Paris Gütersloh, 1887-1973, Schauspieler, Maler, Schriftsteller, Professor an der Akademie der Bildenden Künste, Wien. W: Sonne und Mond. Roman. München 1962
Friedrich Torberg, 1908-1979, Erzähler, Lyriker, Parodist, Kritiker, Übersetzer (Ephraim Kishon), gab die Zeitschrift Forum heraus (1954-1966); 1976 Österreichisches Ehrenzeichen für Wissenschaft und Kunst; 1979 Großer Österreichischer Staatspreis für Literatur. W: Die Tante Jolesch oder der Untergang des Abendlands in Anekdoten. Wien 1975; siehe Brief 78 und Anmerkung
Otto Basil, 1901-1983, österreichischer Schriftsteller, 1938-45 Schreibverbot; Pressereferent und Dramaturg am Wiener Volkstheater (bis 1947); gab die (avantgardistische) Literatur- und Kunstzeitschrift der PLAN heraus (1945-48); 1948-1964 Leiter des Ressorts Kultur der Tageszeitung Neues Österreich. W: Wenn das der Führer wüsste. Roman. Wien/München 1966; Sternbild der Waage. Gedichte aus zwei Zyklen. Wien: Erwin Müller 1945. Handschriftl. Widmung: Meinem Freund und Kollegen Elazar Benyoëtz mit herzlichen Gedanken für das Jahr 1963 OB
Hermann Hakel - vgl. Brief 141
Hans Weigel - vgl. Brief 97 und Anmerkung
Jeannie Ebner, 1918-2004, Nichte von Ferdinand Ebner; aufgewachsen in Wiener Neustadt, ab 1946 in Wien; österreichische Schriftstellerin, Redakteurin und Übersetzerin, 1968-79 Mitherausgeberin der Zeitschrift Literatur und Kritik. W: Der Königstiger. Gütersloh 1959; handschriftl. Widmung: »Ein Gruß vom kalten Wien/ an das heiße Israel via Elazar Benyoëtz/ Jeannie Ebner/ Wien, 27. 12. 62«
Paul Schick - vgl. Brief 29 und Anmerkung
›im Standard besprochen‹ - Elazar Benyoëtz, Brüderlichkeit. Das älteste Spiel mit dem Feuer. München 1994. Rezensiert von W. A. M. [=Waltraut Anna Mitgutsch] unter dem Titel: Auf der Suche nach dem geraubten Erbe. In: Der Standard, Wien, 28. 10. 1994
Elfriede Gerstl, 1932-2009, österreichische Dichterin. W: Gesellschaftsspiele mit mir. Wenig

übliche Gedichte und Geschichten. 1962: Für Elazar/mit Wünschen u.s.w./aber ohne Widmung/Elfriede/Wien 27. 12. 62

Brief 148   13. 4. 1995
Sein letzter Brief, erst bei der Beerdigung geöffnet und gelesen. EB bei der Trauerfeier: »Wir sind einander kaum je ausgewichen. Dabei gingen wir einen engen Weg, den sonst nur einer allein geht: den Weg in sich. Ich kannte in Deutschland niemand, außer ihm, der bereit war, mit mir so weit zu gehen. Diese Wohltat geht über allen Dank hinaus. Aber Rufus Flügge ist in allen meinen Büchern gegenwärtig und aus meinem deutschen Werk, für das er zwanzig Jahre warb, nicht wegzudenken.« Siehe: Rufus Flügge/ 11. 9. 1914-21. 4. 1995/ Ansprachen bei der Trauerfeier am 2. Mai 1995 in der Dietrich- Bonhoeffer-Kirche, Hannover. Privatdruck, S. 7-12. Vgl. Sibylla Flügge, Die Wärme des unverstellten Worts. Was EB Rufus Flügge bedeutete. In: Christoph Grubitz/Ingrid Hoheisel/Walther Wölpert (Hg.), Keine Worte zu verlieren. Elazar Benyoëtz zum 70. Geburtstag. Herrlingen b. Ulm 2007, S. 151f.; Thomas Flügge, Benyoëtz als Freund meines Vaters und als mein Altersgenosse, ebd. S. 153f.

Brief 149   2. 6. 1995
Michael Lukas Moeller, 1937-2002, Psychoanalytiker, Professor für Medizinische Psychologie in Frankfurt/M.. W: Worte der Liebe. Erotische Zwiegespräche. Ein Elixier für Paare. Reinbek b. Hamburg 1996. Enthält mehrere Aphorismen von Elazar Benyoëtz - »*Brachlieben* - dieses Wort von Benyoëtz trifft den Kern des heutigen Beziehungsdilemmas.« (S. 38)

Brief 150   20. 11. 1995
Gerhard Hahn, Dr. phil., gestorben 1996 in Barnstedt. W: Was ist Geist? Essay über den Menschen. Göttingen 1997

»...Durch einen Freund - Lektor und Verleger -, der Ihr Buch Filigranit als Muster neben anderen mitgebracht hatte (für ein von mir geplantes Buch), wurde meine Frau Gisela auf es aufmerksam und kaufte es. Ja, und gestern kam sie zu mir und las mir vor: ›Einst war der Zionismus die einzige Möglichkeit des Israeli, Jude zu werden; heute ist er die einzige Möglichkeit des Israeli, Jude zu bleiben‹, und den Kommentar von Werner Kraft dazu. Das traf irgendwie auf etwas, was wir gerade erlebt hatten und was uns bewegte, und nun standen wie beide vor diesem Satz und versuchten ihn zu verstehen.« (Gerhard Hahn an Elazar Benyoëtz, 22. 11. 1994), so begann der Briefwechsel von Gerhard und Gisela H. mit EB.

›warum verschwenden Sie Ihre große Begabung auf Herrn BenGershom‹ - Ezra BenGershom, 1922 Würzburg, seit 1985 in Jerusalem. W. Aufzeichnungen eines Überlebenden. Mit einem Vorwort von Primo Levi. Erw. Neuausgabe. Frankfurt/M. 1993

›aber die Echtheit‹ - Gerhard Hahn schrieb an EB: »Ihr Verhältnis zur deutschen Sprache ist eine [!] tiefe, aber keine durch und durch echte [!]. Sie spielen auf ihr wie ein hochbegabter Pianist auf einem Steinway oder Bechstein. Josef Beuys hat einmal einen Konzertflügel in Filz eingepackt. Ich weiß nicht mehr genau, wie er diese Installation betitelt hat, aber mein Verhältnis zum Deutschen entspricht mehr diesem eingepackten Flügel. Unter dem Filz entsteht Wärme; die Musik kommt auf andere Weise zum Erklingen als durch das Anschlagen der Tasten.« (8. 11. 1995)

In memoriam:
»Lieber Elazar, heute Morgen las ich in meinem Tagebuch von 95/96. Sie waren darin vertreten. Ich muß gestehen, daß Sie mich - mehr oder weniger - immer begleitet haben. Der Staat Israel auch. Gerhard starb im Sept. '96. Er war klar bis 2 Tage vor seinem Tod, und wir brachten sein Buch ›Was ist Geist?‹ zusammen mit dem Verleger in eine Endfassung. Gerhard starb zuhause. Ich war dicht neben ihm. Das Amt hatte mir gestattet, Gerhard 3 Tage zu Hause zu lassen. Gerhards älteste Tochter hielt Nachtwache. Wir schmückten ihn mit Rosen und Lilien. Am 3. Tag war die Wohnung voll von Freunden, Kindern, Enkelkindern. Wir sprachen zu Gerhard, wir musizierten, wir spielten jiddische Lieder [...]. Was ist das alles? Was ist der Tod, wo ist Gerhard jetzt? Ich weiß nichts. Aber Leben ist das Jetzt, und aus dem, wie ich das Jetzt lebe, formt sich das nächste Jetzt. Gestern beendete ich den 3. Band meiner Erinnerungen aus früher Zeit. Das war nötig zum ›Ablegen‹. Mein Buch über Heilpädagogik ist restlos verkauft. Ich spreche zu Ihnen, als säßen Sie hier. Das gibt es. Herzlich, Gisela« (Gisela Hahn an EB, Barnstedt, 12. Februar 1998)

Brief 151   24. 1. 1996
Schalom Ben-Chorin schrieb an EB zu seinem Bändchen *Beten* (Herrlinger Drucke 4):
»...Die Sammlung hat mich sehr in Erstaunen versetzt, da Sie das Neue Testament so ausführlich zitieren, nicht aber den Thenach und vor allem die jüdische Gebetstradition nur ganz randhaft erwähnen, während die christliche und die deutsche Literatur von Leopold Ranke bis Ricarda Huch ausführlich zu Worte kommt. Wie soll ich mir das erklären? Hier war doch die Gelegenheit geboten, christliche deutsche Leser mit der jüdischen Gebetstradition vertraut zu machen... Nehmen Sie mir dies offene Wort zwischen Freunden nicht übel.« (Jerusalem, 21. 1. 1996)

Brief 152   29. 07. 1996
Bernhard Stillfried, 1925, Dr. phil., österreichischer Diplomat, Geschäftsführer in ›Die Österreich-Kooperation (in Wissenschaft, Bildung und Kultur)‹, Präsident der Österreichischen Kulturvereinigung

Zweiter Wiener Kulturkongress: Auf der Suche nach dem verlorenen Gott/ Zukunft von Religion und Glauben in einer säkularisierten Welt/ 28. bis 30. November 1996/ Milleniumsveranstaltung in der Österreichischen Akademie der Wissenschaft.
›In Zweifel gezogen, dehnt sich der Glaube aus‹ - das war der definitive Titel des Beitrags von EB, abgedruckt in: Theodor Faulhaber/Bernhard Stillfried (Hg.), Wenn Gott Verloren Geht. Die Zukunft des Glaubens in der Säkularisierten Gesellschaft. Freiburg 1998; vgl. Karl-Josef Kuschel: Die erste Begegnung. Wien 1996. In: Christoph Grubitz/Ingrid Hoheisel/Walther Wölpert (Hg.), Keine Worte zu verlieren. Elazar Benyoëtz zum 70. Geburtstag. Herrlingen b. Ulm 2007, S. 81-84

Brief 153   10. 11. 1996
Verena Lenzen, 1957, promovierte im Fach Moraltheologie an der Universität Bonn, seit 2001 Professorin für Judaistik und Theologie an der Katholisch-Theologischen Fakultät der Universität Luzern, leitet dort das Institut für Jüdisch-Christliche Forschung; Herausgeberin der Werke Schalom Ben-Chorins. W: Jüdisches Leben und Sterben im Namen Gottes. Studien über die Heiligung des göttlichen Namens (Kiddusch HaSchem). 2. überarbeitete Auflage, München/ Zürich 2002.

»Nun habe ich einige Aphorismenbände und auch Ihren Briefwechsel mit Clara von Bodman gelesen, und das Gelesene läßt mich nicht los. Wenige Bücher haben mich in letzter Zeit so sehr angesprochen und nachhaltig beschäftigt wie Ihre, allenfalls die Schriften von Edmond Jabés, den ich mit wachsender Begeisterung entdecke.
Schalom Ben-Chorin, mit dem ich drei Bücher herausgab, teilte mir Ihre Anschrift mit und zugleich seine Wertschätzung Ihres Werks: ›Ich schätze Benyoëtz sehr als einen ganz einmaligen Autor in hebräischer und deutscher Sprache, der die fast vergessene Kunst des Aphorismus neu belebt hat.‹ Gern würde ich Sie persönlich kennen lernen! Ab Mitte August werde ich wieder - wie jeden Sommer - in Israel sein, in Tel Aviv und in Jerusalem, wo ich an der Dormition Abbey Vorlesungen halte.« (Verena Lenzen an Elazar Benyoëtz, Stolberg, 28. 7. 1996). So begann der bis heute andauernde, fruchtbare Briefwechsel

Brief 154   19. 12. 1996
Brian McGuinness, 1927, Professor für Geschichte der Philosophie in Oxford und Siena, Biograph Ludwig Wittgensteins, übersetzte (mit D. F. Pears) Wittgensteins Tractatus-logico-philosophicus ins Englische (London 1961), stand im Briefwechsel mit Paul Engelmann und Max Zweig. W: Wittgensteins frühe Jahre. Übersetzt von Joachim Schulte, Frankfurt/M. 1988

Paul-Engelmann-Symposion, Innsbruck, 3./4. April 1997, die Beiträge erschienen gesammelt in: Ursula A. Schneider (Hg.), Paul Engelmann (1891-1965). Architektur Judentum Wiener Moderne. Wien/Bozen 1999. Darin von Elazar Benyoëtz: Dem Menschen zum Segen, nicht der Gesellschaft zum Nutzen. Eine Lesung in memoriam, S. 167-188

›in Erinnerung an meine Lesung 1993 in Innsbruck‹ - Am 6. Mai 1993 im Kulturzentrum Hungerburg

Brief 155   7. 1. 1997
›auf Ihre Frage zur Kabbala könnte ich eine Variation über meine Lebensgeschichte liefern‹ - »um diese Variationen geht es mir in diesem Buch, nicht um die Kabbala, auch nicht um die bedeutenden Kabbalisten, mit denen sich der Kommentar nicht beschäftigen kann, mir ist es nur darum zu tun, auf zwei Bücher hinzuweisen, die mich nach Deutschland begleitet und dort beschäftigt haben: ›Sefer Jezirah‹ mit den traditionell beigedruckten Kommentaren, welche das Buch mehr beschützen als erklären. Der große, gewaltige, vielleicht auch erschütternde Text besteht aus nur wenigen Blättern und würde, für sich gedruckt, ein dünnes Heft ergeben. Erst mit den Kommentaren bekommt es das Ansehen eines Buches. Dieses ›Ansehen eines Buches‹ hörte nicht auf, mich von da an zu beschäftigen. Ich will darum auf alles andere hier nicht weiter, auch nicht kommentierend eingehen, nur mit dem Hinweis schließen, dass mein Handexemplar des ›Sefer Jezirah‹ sich als grundlegend für die Erschließung meines ›Sprachdenkens‹ erweisen könnte. Dazu gehörte mindestens ein Brief an Hugo Bergmann, der in seinem Nachlass zu finden wäre.« (EB an Monika Fey, 18. 9. 2008)

›Hindin der Morgenröte‹ - Psalm 22

›Es sind Stimmen, denen man sich auch mit Gewalt nicht entziehen kann.‹ -
Vgl. Die Stimme des Alters. In: Elazar Benyoëtz, Die Eselin Bileams und Kohelets Hund. München 2007, S. 145

›eines mich faszinierenden Fälschers‹ - Rabbi Moshe Botarel: siehe jetzt: Tsipora Brody, Rabbi Moshe Botarel, His Commentary on Sefer Yetzirah and the Image of Abu Aharon. In: Gershom Scholem (1897-1982). In memoriam. Editor Joseph Dan Vol. 1, Jerusalem 2007, p 159-206 (hebräisch)
›Sinai und Golgatha‹ - Elazar Benyoëtz, Variationen über ein verlorenes Thema. München 1997, S. 80f; ›Morija und Golgatha‹ - Elazar Benyoëtz, Die Eselin Bileams und Kohelets Hund, München 2007, S. 195ff

›Werner Kraft würde gesagt haben‹ - siehe Anmerkung zu Brief 181

Bergmann Bibliographie - Baruch Shohetman and Shlomo Shunami, The Writings of Shmuel Hugo Bergman. A Bibliography 1903-1967. Jerusalem 1968

Brief 156   9. 7. 1997
Andreas Wittbrodt, 1965, Dr. phil.; angeregt durch seinen Lehrer, Professor Dr. Dieter Lamping, (Mainz), befasste er sich mit der mehrsprachigen jüdischen Exilliteratur; 1997 Bekanntschaft mit EB, bemühte sich vorübergehend um eine Edition dessen Briefwerks und verfasste den fünf Jahre später erschienenen Aufsatz: Hebräisch im Deutschen. Das deutschsprachige Werk von Elazar Benyoëtz. In: Zs. f. deutsche Philologie 121, 04/ 2002, S. 584-606. W: Hototogisu ist keine Nachtigall. Traditionelle japanische Gedichtformen in der deutschsprachigen Lyrik (1849–1999). Göttingen 2005

›Einsprüche - Einsätze‹ - Elazar Benyoëtz, Einsprüche. München 1973; Einsätze. München 1975, 2. Aufl. 1977; vgl. Briefe 83, 84, 85, 177, 180, 182

›es gab dann Überarbeitungen von Renate Heuer und Marie-Luise Kaschnitz‹ - Die Überarbeitungen von M. L. Kaschnitz liegen im Manuskript vor; von Renate Heuers deutschen Fassungen sind in Druck erschienen: Zwei Gedichte. In: Auf gespaltenem Pfad. Für Margarete Susman. Zum neunzigsten Geburtstag von M. Susman. Hg v. Manfred Schlösser. Darmstadt 1964, S. 235 (Die Nacht pocht an; Ruht das weiße Gefisch). - Windsprüche (Gedichte). In: Unser Werk. Werkzeitschrift der Farbenfabriken Bayer Aktien-Gesellschaft. 16. (51.) Jg., H. 2, Februar 1965 [Innenseite des Titelblattes]: Wer allein geht; Den Himmel färbt der Rauch des Angesichts vergänglich; Laß ab von den Dingen. Kein Übers. genannt - alles von Renate Heuer überarbeitet. - Zwei Gedichte. In: Der Alleingang. Wien, Jg. 2, Nr. 5, Juli 1965, S. 16-18: Zu Häupten der Welt; Ruht das weiße Gefisch. - Für meine Freunde. 3 Gedichte, anonymer Privatdruck o. O., o. J. [1965: 4 S.]: Verzauberter Wanderer; Laß ab von den Dingen; Und jetzt, nicht jetzt. - Verspätete Liebe (Gedicht). In: Oberschlesische Presse, 10. 4. 1965. - Gedichte. In: Die Andere Zeitung. Hamburg, 3. 6. 1965. Aus dem Hebräischen v. Rina Heuer (Ein Kind träumt Liebesbriefe für den Himmel; Wer allein geht). - Abschied (Gedicht), aus dem Hebräischen übertragen von Rina Jagon[= Renate Heuer]. In: V. O. Stomps (Hg), Anthologie als Alibi. Berlin: Neue Rabenpresse 1967, S. 67: (Und jetzt, nicht jetzt…), vgl. Dorothea Neumeister, in: Die Welt, 28. 8. 67. - In memoriam Jacob Kahan (Gedicht), aus dem Hebräischen übertragen von Rina Jagon. In: Paian für die Dichtung. Berlin, H. V/VI 1968, S. 22/23. - Weitere Gedichte aus dem Jugendwerk enthalten als Belege, in: Renate Heuer, Auf dem Weg nach Jerusalem. Moderne Dichtung aus Israel. In: Judaica. Beiträge zum Verständnis des Jüdischen Schicksals in Vergangenheit und Gegenwart. Zürich, Jg 22, H.

1, März 1966, S. 25-63; Dies.: Hebräische Poesie und jüdische Haltung. Zur Dichtung von Elazar Benyoëtz. In: Eckart, Jahrbuch, 1966-1967. Berlin 1967, S. 248/256

Brief 157   27. 11. 1997
Paul Hoffmann, 1917-1999, Professor für Deutsche Philologie in Tübingen, hielt ein Seminar über EB und führte in die Lesung von EB im Hölderlin-Turm, Tübingen, 13. 11. 1997, ein. Seine Einführung, überarbeitet, wurde als Nachwort zu ›Keineswegs‹ abgedruckt (Herrlinger Drucke NF 1. Herrlingen b. Ulm 1998).
Herausgeber mit Klaus Bruckingei: Karl Wolfskehl. Tübinger Symposion zum 50. Todestag. Tübingen 1999. - Hansgerd Delbrück/Wolfgang Zwierzynski (Hg.), Dem Dichter des Lesens. Paul Hoffmann zum 80. Geburtstag. Tübingen 1997

Brief 158   14. 12. 1997
Heino Schmull, 1961, Mitherausgeber der Tübinger Celan-Ausgabe; sein Beitrag: Celans Übersetzungen von Shakespeares Sonetten. In: Arcadia. Bd. 32 (1997), Heft 1, S. 119-147; Widmung: Für Paul Hoffmann
»Benyoëtz bezieht sich auf den Haupttitel meines Aufsatzes ›Übersetzen als Sprung‹ (dort als Sprung von hüben nach drüben gemeint). Der angesprochene ›ungedruckte Brief‹ Paul Hoffmanns (ich zitiere daraus in einer Fußnote) war an Ulrich Erckenbrecht gerichtet, den Herausgeber der Sammlung ›Shakespeare 66‹, Göttingen 1996, die Shakespeares 66. Sonett in 80 deutschen Übersetzungen bringt, darunter auch in einer von Paul Hoffmann.« (Heino Schmull an Monika Fey, 13. 9. 2008)
Karl Emil Franzos,1848-1904; Hg.: Georg Büchner's Sämmtliche Werke und handschriftlicher Nachlaß. Erste kritische Gesammt-Augabe. Eingeleitet und herausgegeben … Mit Portrait des Dichters und Ansicht des Zürcher Grabsteins. Frankfurt/M.: Sauerländer 1879, CIXXIX, 471 S.
Paul Landau, 1880-1951; Hg.: Georg Büchner, Gesammelte Schriften. 2 Bände. Berlin: Cassirer 1909, 254; 207 S.
›bei Kerzenlicht‹ - vgl. Anmerkung zu Brief 2

Brief 159   11. 2. 1998
Jens Haasen, 1942, Theologiestudium in Göttingen und Heidelberg, Vikariat in USA. 10 Jahre Pfarrer in Hannover, dort, auf Vermittlung von Rufus Flügge, 1975 erste Begegnung mit EB, seither freundschaftlich verbunden; in seiner Funktion als langjähriger Dozent am Pastoralkolleg in Schwerte-Villigst veranstaltete er dort Lesungen mit EB, ebenso in Hagen, wo er von 1996-2000 als Pfarrer tätig war.
Jens Haasen, Entschieden und im Aufbruch. In: Christoph Grubitz/Ingrid Hoheisel/Walther Wölpert (Hg.), Keine Worte zu verlieren. Elazar Benyoëtz zum 70. Geburtstag. Herrlingen b. Ulm 2007, S. 85f

›Ich war ja auch in Hagen und im Haus Nordhelle, ich weiß Bescheid.‹ - Der aufwendigen Lesung in der Lutherkirche am Hauptbahnhof, Hagen, 10. 11. 1997 - Jens Haasen engagierte ein Quartett - ging eine gut besuchte Lesung in der Evangelischen Tagungsstätte ›Haus Nordhelle‹, Meinerzhagen, voraus (Musik: Frauke Schung, Flöte), der Jens Haasen beiwohnte. Vgl. Lesung mit Benyoëtz. In: Wochenmagazin und Anzeige-Post, 29. 10. 1997; Israeli liest in Valbert. Meinerzhagener Zeitung, 3. 11. 1997, und wiederum da am 5. 11. 1997:

Mitmenschlichkeit ist das Hauptthema der Aphorismen. Autorenlesung mit Elazar Benyoëtz im ›Haus Nordhelle‹; Meinerzhagener Rundschau, 6. 11. 1997: Lesung am 59. Jahrestag der Pogromnacht (mit Bild). - Zur Lesung in Hagen: Prominenter Gast. Autor Elazar Benyoëtz aus Israel liest in der Lutherkirche. Westfälische Rundschau, 8. 11. 1997

Brief 162   26. 5. 1998
›Gepinselte Bildsprachen‹ - vgl. Elazar Benyoëtz, Ichmandu. Herrlinger Drucke NF 3. Herrlingen b. Ulm 2000, S. 29f

›…denn wir wenden uns mit dem Ohr dem Bild zu.‹ - »Ich glaube, in Japan würde man den Begriff trivial verlieren - welche Wohltat. Auch das Häufigste dort ist vornehm und noch im niedrigsten Artikel ist eine Künstlerhand sichtbar. Die Dinge bringen einen Zauber mit; es ist wie ein Geruch für das Auge.« Alexander von Villers, Briefe eines Unbekannten. Hg. v. Margarete Gideon. Zürich 1948, S. 309

Brief 163   16.11. 1999
Verena Lenzen: Meine Buchempfehlung für das Jahr 2000/ Variationen über ein verlorenes Thema. München 1997 - Christ in der Gegenwart, 17. Oktober 1999

Zur Lesung in der Stiftskirche, Tübingen, 9. November 1999, siehe: Kurt Oesterle: Geführt ins Unausgesprochene. Tübinger Christen gedenken in der Stiftskirche auf neue Art der Pogromnacht. In: Schwäbisches Tagblatt, 11. 11. 1999 »Ermüdet sei das Gedenken an die deutsche Pogromnacht vom 9. November 1938, kann man ab und zu hören. Und ritualisiert bis zur Leblosigkeit. Oder auch erstarrt…Doch nichts von alledem am Dienstagabend in der gut gefüllten Stiftskirche […]. Es gab keine Reden, dafür eine mehrstimmige Lesung, in deren Mittelpunkt der Israeli Elazar Benyoëtz stand und unter anderem den 74. Psalm sprach. Vielleicht war er wirklich der erste Jude, der in der 500 Jahre alten Tübinger Hauptkirche aus der Bibel las. Was war Benyoëtz' Sprechen an diesem Ort? Predigt, Dichterlesung, poetisch-moralische Rede? All das und doch etwas anderes. Wiedererkennbar in seiner ruhig und getragen klingenden, aber nie pathetischen Rede waren die Formen des Gedichts, des Aphorismus und des Zitats. Durch dieses Netzwerk aus Worten, aus Mit-, An- und Nachklängen entstand, ohne sich zu erklären und ohne sich zu rechtfertigen, das Gedenken selbst.« Vgl. Kurt Oesterles Beitrag in: Christoph Grubitz/Ingrid Hoheisel/Walther Wölpert (Hg.), Keine Worte zu verlieren. Elazar Benyoëtz zum 70. Geburtstag. Herrlingen b. Ulm 2007, S. 19-21

Gerhard Kaufmann, Kantor der Stiftskirche
Concert Spirituel/ Ursulinenkirche/ Mittwoch, 29. November 2000, 20 Uhr/ Die Zukunft sitzt uns im Nacken/ Glaube - Hoffnung - Liebe/ Elazar Benyoëtz…./ Barbara Willendorfer, Sprecherin/ Christian Hieger, Sprecher/ Peter Paul Kasper, Orgelimprovisation/ Veranstalter: Israelitische Kultusgemeinde Linz/ Forum St. Severin/ Katholischer Akademieverband der Diözese Linz/ Kulturgemeinschaft d. Voest-Alpine

›in Wuppertal mit Klavier und Gesang‹ - am 20. Oktober 1999 in der Begegnungsstätte Alte Synagoge; Veranstalter: Else-Lasker-Schüler-Gesellschaft; musikalische Umrahmung: ›Feyne Töne‹ (Charles Kalman-Vertonungen von Else Lasker-Schüler Gedichten); Gesang: Monika

Fey; Klavier: Rudolf Haenel; Rezitation: Sabine Paas. »Auch die Verknüpfung mit der Sprache der Else Lasker-Schüler und mit der Musik war an diesem Abend Dialog. Ein - so Benyoëtz - ›Experiment‹, das glückte und das Publikum mit atemberaubender Intensität fesselte.« Christoph Haacker in: Westdeutsche Zeitung, 12. 11. 1999

›Aphorismen der Weltliteratur. Hg. v. Friedemann Spicker‹ - Stuttgart 1999, 2. Aufl. 2009; zu Spicker - siehe Briefe 180, 181

›Die Herrlinger Drucke sollen weiter erscheinen‹ - Privatdrucke, hg. v. Ingrid Hoheisel und Walther Wölpert, Herrlingen b. Ulm 1992-2007

Professor Dr. Michael Bongardt, 1959, geschäftsführender Direktor des Instituts für vergleichende Ethik an der FU Berlin; 1998-2000 Dekan des Ökumenischen Theologischen Studienjahrs an der Kirche Dormitio Sanctae Mariae in Jerusalem, in dieser Zeit erfolgreiche Veranstaltungen mit EB. W: Die Fraglichkeit der Offenbarung. Ernst Cassirers Philosophie als Orientierung im Dialog der Religionen. Regensburg 2000

Brief 164   7. 09. 2000
Lydia Koelle, 1962, Juniorprofessorin für Systematische Theologie an der Universität Paderborn. W: Paul Celans pneumatisches Judentum. Gott-Rede und menschliche Existenz nach der Schoah. Mainz 1997

›Untersuchung der Celan-Susman- Beziehung.‹ - Lydia Koelle, Hoffnungsfunken erjagen. Paul Celan begegnet Margarete Susman. In: Unverloren. Trotz allem. Paul Celan-Symposion Wien 2000. Hg. v. Hubert Gaisbauer/Bernhard Hain/Erika Schuster. Wien 2000, S. 85-144; vgl. Paul Celan - Margarete Susman, Der Briefwechsel aus den Jahren 1963-65. Hg. u. kommentiert v. Lydia Koelle. In: Celan-Jahrbuch 8 (2001/02), S. 33-61

›aus unserem Briefwechsel...aufgenommen‹ - Elazar Benyoëtz, Treffpunkt Scheideweg. München 1990, S. 115-118

›Erinnerungen an Michael Landmann‹ - Elazar Benyoëtz, Ein Teppich, aus Namen geknüpft... In: Exzerpt und Prophetie. Gedenkschrift für Michael Landmann. Würzburg 2001, S. 33-57

Brief 165   27. 9. 2000
Helga Bubert, 1938-2006, Höhere Handelsschule in Celle, Bachelor of Economics in London; seit 1966 Sekretärin bei Wilhelm Güssefeld und Marion Gräfin Dönhoff in der Redaktion der ›Zeit‹, Hamburg; seit Anfang der 80er Jahre bis zur Rente 1998 Schlussredakteurin im Baur Verlag, Hamburg

Die Lesung in den Hamburger Kammerspielen fand am 31. 10. 2000 statt mit Regina Pressler und der Musikerfamilie Lachmann

›er bekam das Buch geschenkt‹ - Elazar Benyoëtz, Die Zukunft sitzt uns im Nacken. München 2000; VIII. Else-Lasker-Schüler-Forum vom 7.-9. 4. 2000 in Wuppertal

Brief 166   10. 10. 2000
Regina Pressler, 1938, Schauspielerin, Rezitatorin, 1958 Abschlussdiplom am Schauspielseminar der von Ida Ehre geleiteten Hamburger Kammerspiele; unter Intendant Gustaf Gründgens Schauspielerin am Hamburger Schauspielhaus; Norddeutscher Theaterpreis; seit 1980 Rezitatorin bei verschiedenen Rundfunkanstalten

Brief 168   17. 7. 2001
Hilde Domin, 1909-2006, - Ich will Dich. Gedichte. Frankfurt/M. 2000, 3. Auflage. Handschriftl. Widmung: Für Elazar Benyoëtz/ dankbar für Ihre/ Heidelberger Lesung/ und in der Hoffnung/ auf eine neue Begegnung/ Ihre/ Hilde Domin/ Heidelberg 21. 5. 01/ vgl. S. 28 [Abel steh auf]
Die Lesung fand unter Mitwirkung mehrerer Studenten am 20. 5. 2001 im deutsch-amerikanischen Institut statt

›Wort Tier‹ - vgl. George Steiner, Das Sprachtier. In: Ders., Exterritorial. Schriften zur Literatur und Sprachrevolution. Frankfurt/M. 1974, S. 91ff

Brief 169   1. 8. 2001
Claudia Welz, 1974, Theologie- und Philsophiestudium, 1999/2000 Ökumenisches Studienjahr in Jerusalem, Kirche Dormitio Sanctae Mariae; Diss.: Love's Transcendence and the Problem of Theodicy. Tübingen 2008

Arno Nadel, 1878-1943, Dichter, Übersetzer, Maler, Bildhauer, Komponist, Herausgeber (Semirot shabbat/Die häuslichen Sabbatgesänge. Berlin 1937), Kantor, Chorleiter und Musiklehrer der Jüdischen Gemeinde Berlin, Sammler; in Auschwitz ermordet. W: Der Ton. Die Lehre von Gott und Leben. Berlin 1921; Rot und glühend ist das Auge des Juden. Berlin 1920 (Gedichte zu Radierungen von Jacob Steinhardt)

Brief 170   8. 8. 2001
›Anfang des Reclambuches‹ - Elazar Benyoëtz, Der Mensch besteht von Fall zu Fall. Mit einem Nachwort von Friedemann Spicker. Leipzig 2002
›Gewebe aus Aphorismen, Zitaten‹ - Elazar Benyoëtz, Allerwegsdahin. Mein Weg als Jude und Israeli ins Deutsche. Zürich/Hamburg 2001

›Sonderdruck Ihres *Teppichs*‹ schicken‹ - Elazar Benyoëtz, Ein Teppich, aus Namen geknüpft, zum Gedenken an Michael Landmann aufgerollt. In: Exzerpt und Prophetie. Gedenkschrift für Michael Landmann. Würzburg 2001; vgl. Anmerkung zu Brief 61

Brief 171   18. 8. 2001
Ein Widmungsexemplar in memoriam:
Hilde Domin, Gesammelte autobiographische Schriften. Fast ein Lebenslauf. 2 A. Frankfurt/M. 1992: Lieber Elazar,/ wir sind schon unterwegs/ zum April 2002: laß/ uns bis dahin öfter unsere Stimme hören/ in Vorfreude/ Hilde/ Heidelberg, 15. XI. 01

Elazar Benyoëtz, Hilde Domin ist tot. Eine Dichtung. In: Lichtenberg-Jahrbuch 2006, S. 52-54

Brief 172   28. 2. 2002
Annette Mingels, 1971; promovierte 2001 mit einer Arbeit über Sören Kierkegaard und Friedrich Dürrenmatt. Autorin und Journalistin. W: Puppenglück. Roman. Oberhofen/Thunersee 2005

Brief 173   22. 11. 2002
Armin Strohmeyr, 1966, Dr. phil., Studium der neueren deutschen und der französischen Literaturwissenschaft sowie der Musikwissenschaft an der Universität Augsburg; freier Schriftsteller, Biograf. W: Annette Kolb. Dichterin zwischen den Völkern. München 2002, S. 138, 272-278; Foto EB mit AK

Brief 174   23. 12. 2002
René Dausner, 1975, studierte in Bonn Katholische Theologie, Germanistik Erziehungswissenschaften; 1999-2000 Theologisches Studienjahr in Jerusalem, Dormitio Sanctae Mariae. Diss.: Schreiben wie ein Toter. Poetologisch-theologische Analysen zum deutschsprachigen Werk des israelisch-jüdischen Dichters Elazar Benyoëtz. Paderborn 2007. Weiteres aus dem Briefwechsel Benyoëtz-Dausner siehe: Das gerichtete Wort/ Briefe von und an Elazar Benyoëtz. Hg. v. Barbara Hoiß und Julija Schausberger, Bildschirmpräsentation des Brenner-Archivs, Briefe 24-39, www.uibk.ac.at/brenner-archiv/editionen/benyoëtz
Professor Josef Wohlmuth, Lehrer und Doktorvater von R. Dausner

Brief 175   7. 1. 2003
Paul Rutz, 1943, Pfarrer; 1978-1983 Einsatz im kleinen Seminar, Bujumbura, Burundi (Diözese Bujumbura); 1983-1998 Pfarrer in Breitenbach SO, Schweiz; 1998 Studienjahr an der Dormitio Sanctae Mariae, Jerusalem (als Gast für 3 Monate); 1999 Stadtpfarrer an der St. Ursen-Kathedrale, Solothurn, Bistum Basel; 2007 Domkapitular, Bistum Basel.
Seit seinem Studienaufenthalt in Jerusalem mit EB verbunden; gemeinsame Veranstaltungen in Solothurn

Brief 176   13. 2. 2003
Silja Walter (Ordensname: Schwester Hedwig), 1919, Schweizer Dichterin; trat 1948 ein ins Kloster Fahr. W: Der Tanz des Gehorsams/ oder/ Die Strohmatte. Fribourg 1996

Die Lesung fand, zum Abschluss der Solothurner Literaturtage, unter Mitwirkung Maria Beckers, am 1. 6. 2003 in der St. Ursen-Kathedrale statt.
Vgl. Silja Walter, Regel und Ring. Betrachtung, Erfahrung. Fribourg 2005, S. 22/23, 47/48; Elazar Benyoëtz, Silja Walter, meine Schwester Hedwig. In: Ozean Licht. Festgabe für Silja Walter zum 90. Geburtstag. Fribourg: Paulusverlag 2009, S. 22-27

Brief 177   8. 2. 2004
›in einem Herrlinger Druck‹ - Elazar Benyoëtz, Ichmandu. Herrlinger Drucke NF 3. Herrlingen b. Ulm 2000, S. 35; vgl. Ders.: Die Eselin Bileams und Kohelets Hund. München 2007, S. 9 und 170
Isolde Kurz, 1853-1944, deutsche Lyrikerin, Erzählerin, Übersetzerin; gehörte zu den erfolgreichen deutschen Literaten des Dritten Reiches. W: Die Pilgerfahrt nach dem Unerreichlichen. Lebensrückschau. Tübingen 1938

›An Fritz Arnold, 29. 11. 1976‹ - vgl. Brief 90

›H[ans] G[ünther] Adler, 1910-1988, mit dem ich damals eng befreundet war‹, vgl. Elazar Benyoëtz, Die Rede geht im Schweigen vor Anker. Bochum 2007, S. 51

Brief 178   12. 06. 2004
Burkhard Talebitari, geb. Tewes, 1958 in Bremen; Germanistikstudium in Bonn u. Frankfurt/M; Lektor im In- und Ausland für deutsche Sprache und Literatur; lebt seit 1987 in Berlin, dort Redakteur einer Fachzeitschrift; seit 2003 verheiratet mit der Dichterin Mahnaz Talebitari; Verf. einer Konkordanz zum Werk Elazar Benyoëtz; einer Studie über Oskar Pastior ›Namenaufgeben‹. Essen 1994
›Die Pappeln sind ruhiger jetzt‹ - »Wenn uns aber im Lauf der eigenen Jahre/ schon mehr Tote als Jahre durch das Blut rinnen,/ ist es das beste, Pappel zu sein.« (Rafael Alberti)
›Ihres neuen Buches‹ - Elazar Benyoëtz, Finden macht das Suchen leichter. München 2004
René Dausner, Zerbrechende Zeit. Zum Motiv der Zukünftigkeit im Werk von Elazar Benyoëtz. In: Akzente. Zs. f. Lit. 51 (1/2004) 48-54; S. 33: EB: Zur Einführung

Brief 179   22. 06. 2004
José Ortega y Gasset, Der Prinzipienbegriff bei Leibniz und die Entwicklung der Deduktionstheorie. Deutsch von Ewald Kirschner. München 1966

Brief 180   25. 11. 2004
Erstdruck, gekürzt, in: Elazar Benyoëtz, Die Rede geht im Schweigen vor Anker. Bochum 2007, S. 96-98
Friedemann Spicker, 1946, Dr. phil., Germanist und Aphorismusforscher, 2005 Errichtung der Angelika und Friedemann Spicker-Stiftung zur Förderung des Aphorismus, 2006 Gründung des Deutschen Aphorismus-Archivs (DAphA), Hattingen;
Sein Hauptwerk: Der Aphorismus im 20. Jahrhundert, Spiel, Bild, Erkenntnis. Tübingen 2004, 1000 S.; im Reclam-Verlag erschien seine Anthologie ›Aphorismen der Weltliteratur‹, 2. Aufl., Stuttgart 2009; widmete EB einige Studien und gab dessen Buch ›Die Rede geht im Schweigen vor Anker. Aphorismen & Briefe‹. Bochum 2007, als Band 1 der DaphA-Drucke heraus, darin enthalten ist eine Auswahl des Briefwechsels Benyoëtz-Spicker

›Joachim Günther,[...], über dessen Buch‹ - Joachim Günther, Findlinge. Heidelberg 1976
›Und also komme ich auf das mir gewidmete Kapitel‹ - S. 786-808

›Meine Wertschätzung Steiners als Dichter habe ich in meinen Büchern zitatweise bekundet‹ - Elazar Benyoëtz, Brüderlichkeit. München 1994, S. 5, 11; Ders., Die Zukunft sitzt uns im Nacken. München 2000, S. 143f.
Hans Margolius, 1902-1984, Aphoristiker und Herausgeber von Aphorismensammlungen, u. a.: Was wir suchen ist alles. Aphorismen d. Weltliteratur. Bern 1958. W: Das Gute im Menschen. Aphorismen und Sentenzen. Steyr 1986

Brief 181   28. 11. 2004
Erstdruck, gekürzt, in: Elazar Benyoëtz, Die Rede geht im Schweigen vor Anker. Bochum 2007, S. 100-104

›Die nahe liegende Grenze‹ - vgl. Elazar Benyoëtz, Das Meer gespalten. Jena 2007, S. 9
›Er sagte mir, ich solle nicht nur über *das Wort* schreiben‹ - Werner Kraft an EB: »Lassen Sie sich durch niemanden einreden, vor allem nicht durch Sie oder durch mich, daß Ihr Buch nicht gut wäre. Es ist sehr gut. Nur in dem Fall, daß Sie ein drittes Buch herausgäben, was ich hoffe, wäre ich dafür, daß Sie wenigstens einmal sich mehr dem ›Satz‹ zuwendeten als dem ›Wort‹. Karl Kraus, der doch ein unbedingtes Vertrauen in das Wort hat, hat immer wieder auch vom Satz gesprochen und daß ihm, diesem Satz, schon das Richtige über die Juden und Christen seiner Zeit einfalle, und aus dem größeren Zusammenhang seiner Sätze sind ursprünglich durch Ablösung seine Aphorismen entstanden.« (Jerusalem, 26. Dezember 1974)

Brief 182   10. 1. 2005
Dov Sadan (Stock), 1902-1989, schrieb hebräisch und jiddisch, übersetzte auch aus dem Polnischen und Deutschen; 1925 nach Palästina eingewandert, 1927-1944 Feuilleton-Redakteur von Davar, 1952-1970 Inhaber des Lehrstuhls für Jiddisch an der Hebräischen Universität in Jerusalem, 1965-1970 Professor für Hebräische Literatur an der Universität Tel-Aviv, 1965 in die Knesset gewählt; 1968 aus Protest gegen den Entschluss, eine Knesset-Delegation nach Deutschland zu entsenden, sein Amt niedergelegt; im gleichen Jahr Israel-Preis für Wissenschaft des Judentums

›Das bestätigte deutscherseits der Berliner Joachim Günther‹ - Unter dem Pseudonym Johann Siering rezensierte Joachim Günther: Elazar Benyoëtz, Eingeholt. Neue Einsätze. München 1979. In: Neue deutsche Hefte Jg. 26, H. 3/79, S. 600-603; vgl. Brief 59 und Anmerkung
Helmut Arntzen, 1931, Literaturwissenschaftler und Aphoristiker, 1968-1996 Professor für neue deutsche Literatur in Münster. W: Karl Kraus und die Presse. München 1975

Brief 183   18. 1. 2005
Harald Fricke, 1949, seit 1984 Lehrstuhlinhaber für deutsche Literatur und allgemeine Literaturwissenschaft an der Universität Fribourg/Schweiz; Mitherausgeber des Reallexikons der deutschen Literaturwissenschaft und der Frankfurter Ausgabe von Goethes Werken.
Sein Buch ›Aphorismus‹ in der Sammlung Metzler, Stuttgart 1984, war für die Aphorismus-Forschung bahnbrechend, so auch seine Edition: Johannn Wolfgang von Goethe, Sprüche in Prosa. Sämtliche Maximen und Reflexionen, in Goethes Originalgestalt wiederhergestellt und mit Erläuterungen herausgegeben. Frankfurt/M. 2005. W: Gesetz und Freiheit. Eine Philosophie der Kunst. München 2000.
Unter HF entstand die erste Doktorarbeit über EB - Christoph Grubitz, Der israelische Aphoristiker Elazar Benyoëtz. Mit einem Geleitwort von Harald Weinrich. Tübingen 1994. »Es gehört zu den schönen Zufällen des akademischen Lebens, daß mein Freund Harald Fricke die erste deutschsprachige Dissertation über Ihr Werk betreut hat - ein Verdienst, das ich mir gern erworben hätte.« (Dieter Lamping an Elazar Benyoëtz, Mainz, 22. 1. 1996).

Harald Fricke an Elazar Benyoëtz, Fribourg, 15. 1. 05:
»Bei meiner allmorgendlichen Lektüre in Lichtenbergs Briefwechsel begegnete mir heute früh folgende Wendung: ›in der Hofsprache des Himmels, ich meine die Hebräische, mit Feuer am Himmel geschrieben‹. Kannten Sie die Stelle? (Brief Nr. 2224, 6. 2. 1793 an Fr. H. Jabobi; ed. Schöne/Joost, Bd. IV, S. 40)«
Zu diesem Brief Lichtenbergs vgl. Elazar Benyoëtz, Die Eselin Bileams und Kohelets Hund. München 2007, S. 123

Zu F. H. Jacobi siehe: Elazar Benyoëtz, Allerwegsdahin. Mein Weg als Jude und Israeli ins Deutsche. Zürich/Hamburg 2001, S. 135

›Den alten Streit...‹ um die Eintragung Lichtenbergs. - »Unter allen Übersetzungen meiner Wercke, die man übernehmen wollte, erbitte/verbitte ich mir die ins Hebräische«; vgl. Elazar Benyoëtz, Unter den Gegebenheiten kommt auch das Mögliche vor. Eine Morgenlesung. In: Lichtenberg-Jahrbuch 2009. Heidelberg 2009

Brief 184   24. 3. 2005
Marc Aurel, 121-180, Selbstbetrachtungen. Deutsch von Albert Wittstock. Stuttgart 1949

Yoshida Kenko, um 1283-1350, japanischer Autor und buddhistischer Mönch. W: Tsurezuregusa. Aufzeichnungen in Mußestunden. Hg. v. Mirok Li, übersetzt von Oscar Benl. Bergen II, Oberbayern: Müller u. Kiepenheuer Verlag. 1-10 Tsd 1948. - In der Insel-Ausgabe von 1963 heißt das Buch ›Betrachtungen aus der Stille‹

Wassili Rosanow, 1856-1919, russischer Autor. W: Solitaria: ausgewählte Schriften. Deutsch von Heinrich Stammler. Hamburg 1963

›Paul Adlers Buch‹ - Paul Adler/Richard Revon: Japanische Literatur. Geschichte von den Anfängen bis zur neuesten Zeit. Frankfurt/M. 1926

Karl Stieler, 1842-1885, deutscher Dichter. Ein Winteridyll. Stuttgart 1885, erlebte viele Auflagen; »von Paul Engelmann geliebt, wurde es mir um so teurer: Liebe zweiten Grades, ein Thema für sich.« (EB an Monika Fey, 16. 9. 2008)

›Oscar Bie, wenn er von der brutalen Vollständigkeit spricht‹ - »Dann kam die Epoche der brutalen Vollständigkeit: [...] ohne jeden Leichtsinn der Attraktion.« (Kunstliteratur. In: Die neue Rundschau XXXV. Jg. 1924, S. 395).
Zu Oscar Bie, 1864-1938, vgl. Elazar Benyoëtz, Die Eselin Bileams und Kohelets Hund. München 2007, S. 127, 202f.

Brief 185   1. 4. 2005
Josef Wohlmuth, 1938, Professor em. f. Dogmatik a. d. Kath.-Theolog. Fak. der Universität Bonn, Leiter der Bischöflichen Studienförderung Cusanuswerk. W: An der Schwelle zum Heiligtum. Christliche Theologie im Gespräch mit jüdischem Denken. Paderborn 2007, (über Elazar Benyoëtz S. 31-52)

Brief 186   15. 4. 2005
›... hat mich hingehalten und zermürbt‹ - »Vor zwei Jahren trug ich Ihnen meine ›letztwilligen‹ Projekte vor, des Umstands bewußt, daß es um die letzte Runde gehe - meinen 70. Geburtstag (2007) im Blick. Daraufhin wollte ich meine ›Lebenserinnerungen‹ schreiben, in einer Art, die ich nicht bestimmen wollte, da sie mich selbst überraschen müßte. Ich habe Ihnen Einblick in Materialien gewährt, die jeder ›Art‹ zugrunde liegen würden, für die Form aber unverbindlich bleiben müßten.« (An Eginhard Hora, Jerusalem, den 4. 1. 2005)

Brief 187   7. 7. 2005
Hans-Martin Gauger, 1935, deutscher Romanist, Sprachtheoretiker und Autor; 1969 zum Universitätsprofessor an die Albert-Ludwig-Universität, Freiburg, berufen, 1971-1974 Prorektor; 1994 Karl Vossler-Preis. W: Wort und Sprache. Sprachwissenschaftliche Grundfragen. Tübingen 1970. - In seinem Buch ›Das ist bei uns nicht Ouzo‹. München 2006, sind die Seiten 90-93 EB gewidmet

Hans Martin Gauger, Ist Gott ein Fremdwort? Sprachschöpfertum: Der israelische Dichter Elazar Benyoëtz (Rezension zu Elazar Benyoëtz' Finden macht das Suchen leichter. München 2004). In: FAZ, 6. 7. 2005, S. 34.

›Die Festung wird eingenommen‹ - H. M. Gauger schreibt: »Schließlich, nach mehrmaligem Anlauf, weicht die Irritation aber doch. Man kapituliert, tut dies gerne und sagt sich, zunehmend überzeugt, daß dieses Buch ein Sonderfall ist…«. Die handschriftliche Widmung seiner Erzählung ›Davids Aufstieg.‹ (München 1993) lautete dementsprechend: »EB mit einem herzlichen Gruß vom kapitulierenden Rezensenten Hans-Martin Gauger aus Freiburg 4. IX. 05.«

Brief 188   10. 8. 2005
›auch Robert Menasse‹ - Robert Menasse hielt die Laudatio anlässlich der Überreichung des Österreichischen Ehrenkreuzes für Wissenschaft und Kunst I. Klasse am 13. 1. 2009 im Audienzsaal des Palais Starhemberg in Wien an Elazar Benyoëtz. »Im Sinne der Laudatio, als Gründer einer literarischen Neustadt und nicht bloß aus Neustadt stammend, konnte ich die Ehrung dankbar als Anerkennung akzeptieren. Nun war es Österreich, denn Menasse sprach es aus.« (EB an Monika Fey, 22. 1. 2009).
Robert Menasse, Wunder aus Wunden. In: Spectrum/Die Presse, Wien, 17. 1. 2009

›[...] Friedemann Spicker [...] hat sich [...] dem KLG angeboten‹ - Friedemann Spicker, Kritisches Lexikon der Gegenwartsliteratur. 85. Nachlieferung, München 2007, S. 1-10 und A-F

›im Übrigen muß ein Artikel über mich [...] in einem deutschen Literatur-Lexikon erschienen sein‹ - siehe: Cornelia Zetzsche, Elazar Benyoëtz. In: Lexikon der deutschsprachigen Gegenwartsliteratur seit 1945. Begründet von Hermann Kunisch, fortgeführt von Herbert Wiesner, Sibylle Cramer und Dietz-Rüdiger Moser. Neu hg. v. Thomas Kraft. Vollständig überarbeitete und aktualisierte Neuausgabe. München: Nymphenburger 2003, S. 105-107

Der ›Rothenfelser Burgbrief 01/05‹ - hg. v. Vereinigung der Freunde von Burg Rothenfels, Red. Joachim Hake, mit Beiträgen von Michael Bongardt, Hans Michael Niemann, Christoph Grubitz, Josef Wohlmuth, Elazar Benyoëtz, Claudia Welz, Norbert Lüthy, Dominic Kaegi, Katharina Heyden, René Dausner, Gotthard Fuchs, Karl-Josef Kuschel, sowie Reflexionen zum Werk EBs' von Ludwig Brinckmann, Silke van Doorn, Harald Fricke, Walter Helmut Fritz, Matthias Hermann, Joachim Kalka, Verena Lenzen, Lea Ritter-Santini, Friedemann Spicker

›Aimé Pallière interessieren‹ - Ders., 1868-1949,: Das unbekannte Heiligtum. Berlin 1927, mit einem Vorwort von Leo Baeck

Brief 189   7. 12. 2005
Heinz-Ludwig Arnold, 1940, Honorarprofessor der Universität Göttingen, Herausgeber der 1963 gegründeten Zeitschrift für Literatur TEXT+KRITIK und des seit 1978 erscheinenden Kritischen Lexikons zur deutschsprachigen Gegenwartsliteratur - KLG sowie des seit 1983 erscheinenden Kritischen Lexikons zur fremdsprachigen Gegenwartsliteratur - KLfG und des neu bearbeiteten Kindler-Literatur-Lexikons. W: Krieger, Waldgänger, Anarch: Versuch über Ernst Jünger. Göttingen 1990.

›Gero von Wilpert - damals der maßgebliche, weil gängigste...‹ - vgl. Anmerkung zu Brief 75

Brief 190   2. 1. 2006
J. Wohlmuth, Jerusalemer Tagebuch 2003/2004. Münster 2006. JW war Studiendekan des Theologischen Studienjahres an der Dormitio Sanctae Mariae, Jerusalem, 1984/85 und 2003/04

Hugo Ball, 1886-1927, - Die Flucht aus der Zeit. München/Leipzig 1927
Theodor Haecker, 1879-1945, - Tag- und Nachtbücher 1939-1945. Hg. von Heinrich Wild. München 1947
Gabriel Marcel, 1889-1973, - Metaphysisches Tagebuch (1928-1933). In: Ders., Sein und Haben. Übersetzt v. Ernst Behler. Paderborn 1954, S. 9-164
Ferdinand Ebner, 1882-1931, - Notizen, Tagebücher, Lebenserinnerungen. Hg. v. Franz Seyr. München 1963
Fridolin Stier, 1902-1981, - Vielleicht ist irgendwo Tag. Aufzeichnungen und Erfahrungen. Freiburg 1981
Simone Weil, 1909-1943, - Cahiers. Aufzeichnungen. Hg. u. übersetzt von Elisabeth Edl und Wolfgang Matz. 4 Bde. München 1993-1999

Brief 192   17. 7. 2006
›Deine übrige Typographie (Kursiv, Kleindruck usw.) habe ich in ihrem Prinzip nicht ganz verstanden.‹ - siehe oben Brief 115 »Ob Sie vielleicht die Aphorismen, wenn sie nicht stärker mit Prosatexten vermischt werden, durch weitere Zwischentitel gliedern können? Das könnte zu einer gewissen Rhythmisierung der Lektüre beitragen.«

Brief 193   24. 7. 06
Harald Weinrich, Knappe Zeit. Kunst und Ökonomie des befristeten Lebens. München: C. H. Beck 2004

›Und sähe ich dieses Buch kommen‹ - Opfere deinen Sohn! Das Isaak-Opfer in Judentum, Christentum und Islam. Hg. v. Bernhard Greiner/Bernd Janowski/Hermann Lichtenberger. Tübingen 2007, darin von Elazar Benyoëtz: Keine Macht beherrscht die Ohnmacht. Eine ungebundene Lesung um Abraham und seinen Gott, S. 109-134. Im Buch sind die Vorträge erschienen, die im Sommersemester 2002 auf dem von dem Tübinger Graduiertenkolleg veranstalteten Internationalen Symposion über Genesis 22... gehalten wurden. »Der Sammelband, der 2003 erscheinen sollte, wollte und wollte nicht erscheinen, so nahm ich Teile daraus in die ›Eselin…‹ auf.« (EB an Monika Fey, 27. 1. 2009)

›Paul Koppel ist mit Dir… genannt‹ - In: Elazar Benyoëtz, Brüderlichkeit. Das älteste Spiel mit dem Feuer. München 1994; das Buch beginnt mit einem Motto von Paul Koppel: Noch scheint der Schein/ noch tanzen die Lichter/ nicht auseinander;
der Abschnitt ›In Erinnerung gedacht‹ (S. 31-38) ist Harald Weinrich gewidmet

Brief 194   19. 9. 2006
Hans Martin Gauger, Vom Lesen und Wundern. Das Markus-Evangelium. Frankfurt/M. 2005

Jacob Taubes, 1923-1987; Die politische Theologie des Paulus. Vorträge… Herausgegeben von Aleida und Jan Assmann. München 1993

›über ihn aber schrieb‹ - Elazar Benyoëtz, Ein Teppich aus Namen geknüpft, zum Gedenken an Michael Landmann aufgerollt. In: Exzerpt und Prophetie. Gedenkschrift für Michael Landmann. Würzburg 2001, S. 40f.

›ist von Renan‹ - Elazar Benyoëtz, Die Eselin Bileams und Kohelets Hund. München 2007, S. 28.
Ernest Renan, 1823-1892; französischer Religionswissenschaftler und Orientalist

›Das Einleitungszitat, hätte ich fast vergessen, ist von Renan…‹ - zitiert nach:
Ernest Renan, Paulus. Mit einer Karte (ohne Übersetzer). Autorisierte deutsche Ausgabe. Leipzig/Brockhaus/ Paris/Michel Lévy frères 1869

Brief 195   1. 3. 2007
Werner Helmich, 1941, Professor f. Romanistik an der Universität Graz. W: Der moderne französische Aphorismus. Innovation und Gattungsreflexion.Tübingen 1991
›habe die Festschrift‹ - Keine Worte zu verlieren. Elazar Benyoëtz zum 70. Geburtstag. Hg. v. Christoph Grubitz/Ingrid Hoheisel/Walther Wölpert, Herrlingen b. Ulm 2007, 182 S.

Brief 196   4. 3. 2007
Rahel Levin, später Varnhagen von Ense, 1771-1833
Keine Worte zu verlieren. Herrlingen b. Ulm 2007
EBs' Onkel Siegfried Shlomo Fleischmann, sein Beitrag ›Mein Neffe Elazar‹, S. 124-127

Bernd Auerochs, 1960, Ps. Dov Desperes, Autor und Privatdozent f. Neuere deutsche Literaturgeschichte und Vergleichende und Allgemeine Literaturwissenschaft an den Universitäten in Saarbrücken und Jena. W: Die Entstehung der Kunstreligion. Göttingen 2006

Dan Tsalka, 1936-2005, israelischer Autor, sein Hauptwerk: Tausend Herzen. Aus dem Hebräischen: Barbara Linner. Stuttgart 1999 (dtv 2006). Mit Elazar Benyoëtz befreundet.

Vgl. Dan Tsalka, Die Gabe des Zitats. Über das Buch K'zot Hachoschech. Nach dem französischen Tape transkribiert und übersetzt von Christoph Grubitz. In: Christoph Grubitz/Ingrid Hoheisel/ Walther Wölpert (Hg.), Keine Worte zu verlieren. Elazar Benyoëtz zum 70. Geburtstag. Herrlingen b. Ulm 2007, S. 155f.

Brief 197   7. 3. 2007
Lydia Koelle, Es begann in Jerusalem. In: Christoph Grubitz/Ingrid Hoheisel/Walther Wölpert (Hg.), Keine Worte zu verlieren. Elazar Benyoëtz zum 70. Geburtstag. Herrlingen b. Ulm 2007, S. 138-144

›Schmerz des Sohnes‹ - Erwin von Bendemann, 1906-2006, Sohn Margarete Susmans
In ihrer Antwort schrieb Lydia Koelle:»Da ich die Festschrift für Dich nicht kenne, also auch nicht den Beitrag von Josef Wohlmuth, kann ich noch nicht verstehen, was das ›Katholische‹ der ›Brutalität‹ ist, von der Du sprachst. Ich übersetze es für mich mit ›Schonungslosigkeit‹ - und doch habe ich ja nur angedeutet, den Schmerz nur angedeutet, Du aber kennst ihn!
Erwins Schmerz: er hätte ihn nicht empfinden können, wenn die Mutter ihm nicht schon vorher ›gestohlen‹ worden wäre: durch ihre Geistesarbeit, durch die vielen Beziehungen: alle Menschen sind ihr nah und fern zugleich. Grenzen werden von ihr nicht vital überwunden, sondern nach Traum, Stürzen, Enthüllungen niedergerissen, deshalb waren alle ihre Lebenswenden schmerzvoll. Lieber Elazar, sie hat Deine Liebe zu ihr zugelassen und gefördert. Sie hat Dir reich gegeben in Dein offenes Herz. Diese Liebe und diese Intensität ist ihrem eigenen Sohn versagt geblieben: das ist sein Schmerz.
Die unüberwindlichsten Wunden werden uns von unseren Eltern zugefügt. […]
Deine Begegnung mit M. Susman hatte etwas Schicksalhaftes, Richtungsweisendes, Unverzichtbares. M. Susman wurde für Dich ein Symbol. Du hast sie nicht gesehen (und auch nicht sehen müssen) in ihren realen Beziehungen. Du hast sie in einer Tiefe erkannt, in der sie am Tiefsten erkannt werden wollte. Aber die tiefste menschliche Beziehung (die der Eltern- und Nachkommenschaft) ist und bleibt ihrem Sohn vorbehalten.
Diese Tiefe wurde nicht gelebt, erfüllt, erkannt. Und deshalb gibt es für diesen Schmerz des Sohnes keinen Trost.« (Bonn, den 19. März 2007)
›über mich ergehen ließ‹ - siehe jetzt Brief Erwin von Bendemanns an Elazar Benyoëtz. In: Das gerichtete Wort/ Briefe von und an Elazar Benyoëtz. Hg. v. Barbara Hoiß und Julija Schausberger, Bildschirmpräsentation des Brenner-Archivs, Brief 4, www.uibk.ac.at/brenner-archiv/editionen/benyoëtz

Brief 199   2. 4. 2007
›umkreist und betastet‹ - Conrad Wiedemann: Zweifelrede. Elazar Benyoëtz, dem Aphoristiker und Wortfinder, zum Siebzigsten. In: Süddeutsche Zeitung vom
24./25. 3. 07

Brief 200   13. 6. 2007
›weil Du goldig warst in Rothenfels‹ - Anlässlich seines 70. Geburtstags fand auf Burg Rothenfels vom 20.-22. 4. 2007 ein Symposion statt zum Werk von EB unter dem Titel ›Humor - Leichtsinn der Schwermut‹ mit den Referenten Professor Michael Bongardt, Berlin; Dr. René Dausner, Freiburg; Professor Erich Garhammer, Würzburg. Im Toskana-Saal der Würzburger Residenz fand am 21. 4. ein Festakt mit Lesung statt. Die Laudatio auf EB hielt Professor Hans-Martin Gauger

Paul Celan/Rudolf Hirsch, Briefwechsel. Hg. v. Joachim Seng. Frankfurt/M. 2004, 399 S.
Rudolf Hirsch, 1905-1996, Dr. phil., Kunsthistoriker, 1933-1945 Exil in Amsterdam; übernahm 1948 die Leitung des Lektorats des Bermann-Fischer-Querido-Verlags, Amsterdam; redigierte 1948-1962 Die Neue Rundschau; ab 1950 Cheflektor des S. Fischer Verlags, 1954-1962 dessen Geschäftsleiter, 1963-1964 Geschäftsführer des Insel-Verlags; seit Beginn der 70-er Jahre bis zu seinem Tod Hauptherausgeber der ›Kritischen Ausgabe sämtlicher Werke Hugo von Hofmannsthals‹. In den Jahren 1963-1964 Briefwechsel mit EB
›Ich habe Rudolf Hirsch gut gekannt‹ - aus dem Briefwechsel:

Rudolf Hirsch/Insel Verlag/ an Elazar Benyoëtz
Frankfurt am Main, 30. 11. 1964
Lieber, verehrter Herr Benyoëtz,
in der TAT vom 27. November fand ich Ihren schönen Text ›Die Liebe ist eine chinesische Mauer‹ und möchte Sie zu ihm beglückwünschen. Sie sollten viel mehr in dieser Art äußern!
Herzlich gedenkt Ihrer
Ihr Rudolf Hirsch

Namenverzeichnis

Die Namen der Briefpartner sind *kursiv* gesetzt

Abraham
 22, 174, 190, 220, 222, 232f, 244, 255ff, 327, 331
Abramsky, Yaáqov David
 91, 293, 349
Adler, Hans Günther
 226, 323
Adler, Paul
 18, 72, 200, 242, 273, 325
Adorno, Theodor W.
 49, 55f, 229, 261, 264f, 295, 348
Agnon, Shmuel Josef
 29
Ajchenrand, Lajser
 20, 218, 279
Akavyahu, Yizchak
 136, 303
Alberti, Conrad
 101, 297
Alberti, Rafael
 178
Alejchem, Scholem
 297
Altenhofer, Norbert
 136, 303
Altermann, Natan
 43, 280
Alves-Christe, Silke
 163, 309
Amanshauser, Gerhard
 169
Amber, Karl Hugo
 81
Amir, Jehoschua
 29, 276, 347
Appelfeld, Aharon
 116, 302
Arendt, Hannah
 44f, 348
Ariosto, Ludovico
 224
Arndt, Adolf
 64, 286, 348

Arnold, Fritz
    99, 226, 296, 323, 349
Arnold, Heinz-Ludwig
    249f, 253, 327, 352
Arntzen, Helmut
    239, 324
Assmann, Aleida
    214, 328
Atabay, Cyrus
    301
Auden, Wystan
    63
Auerochs, Bernd
    263, 328
Ausländer, Rose
    61, 116, 134f, 285, 303, 348

Baader, Franz von
    251
Bab, Julius
    281
Babel, Isaak
    47
Bach, Johann Sebastian
    46
Baeck, Leo
    21, 30, 59, 248, 289, 327
Ball, Hugo
    192, 252, 327
Bartels, Adolf
    109, 300
Bar-Yuda, Moshe
    42, 52, 280
Basil, Otto
    175, 313
Bauer, Michael
    26
Bauschinger, Sigrid
    161, 289, 304, 308, 350
Becher, Johannes R.
    32, 276
Becker, Maria
    221, 322
Behr, Issachar, s. Falkensohn
Beil, Claudia
    134, 303, 350

Ben-Chorin, Avital
    9, 214
Ben-Chorin, Schalom
    9, 30, 70, 178, 184, 288, 294, 315f, 347
Bendemann, Eduard von
    69, 288
Bendemann, Erwin von
    293, 329
Ben-Gavriel, Mosheh Ya'aqov
    19, 273
BenGershom, David
    177, 314
Benjamin, Walter
    81, 287
Benn, Gottfried
    141, 250
Beradt, Martin
    44f, 281
Beradt, Charlotte
    44
Berdichevsky, Micha Josef
    281
Berdichevsky, Rahel, s. bin Gorion
Berendsohn, Walter A.
    33, 277, 294, 347
Berg, Leo
    100f, 296
Bergmann, Schmuel Hugo
    26, 29, 36, 48, 51, 152, 188, 192, 273f, 278, 283f, 293, 306, 316f, 347f
Bernays, Jacob
    206f
Bethge, Hans
    273
Beuys, Josef
    178, 314
Bickel, Lothar
    134
Bickel, Schlomo
    134
Bie, Oscar
    243, 325
bin Gorion, Emanuel
    46, 190, 281
bin Gorion, Rahel
    46, 281

Birkenhauer, Anne
    267, 302
Blass, Ernst
    44, 273, 281, 287
Bloch, Ernst
    35, 48, 282f, 308
Bloch, Jochanan
    63, 285
Blüher, Hans
    71f, 137, 288
Bodman, Clara von
    67, 87, 95, 103, 105, 112, 118, 133, 147, 190, 202, 238, 242, 279, 287, 292, 295, 298, 302, 305, 312, 316, 348f
Bölsche, Wilhelm
    297
Boétie, Etienne de la
    138
Bongardt, Michael
    201, 320, 326, 329
Borchardt, Rudolf
    195, 229
Bormann, Edwin
    147, 305
Botarel, Moshe
    317
Braakenburg, Johannes Jacobus
    100, 296f, 349
Brahm, Otto
    100, 296f
Brahms, Johannes
    173
Braun, Felix
    175, 313
Brecht, Bertold
    199
Brentano, Clemens
    63
Brentano, Franz
    274
Brod, Max
    25, 36, 92, 188, 192, 271f, 274
Brinckmann, Ludwig
    326
Bruckner, Ferdinand (d. i. Theodor Tagger)
    46f

Brücher, Daniel
   9
Brücher, Ernst
   9, 42, 280, 348
Brümmer, Franz
   82
Brunner, Constantin (d. i. Leo Wertheimer)
   134, 286
Buber, Martin
   26f, 34, 36, 66, 70ff, 183, 190, 192, 220, 231, 273, 275, 278, 284, 287f, 294, 302
Bubert, Helga
   203, 320, 351
Büchner, Georg
   193, 318
Burckhardt, Carl Jakob
   218

Calderón, Pedro, de la Barca
   290
Cameron, Esther
   303
Canetti, Elias
   45, 97, 112, 226, 300
Carmody, Francis James
   25, 274
Caro, Huene
   192
Carrell, Alexis
   251
Cassirer, Bruno
   27, 318
Cassirer, Ernst
   83, 320
Celan, Paul Anczel
   24f, 116, 135, 147, 193f, 202, 265f, 268ff, 271, 274, 294, 303, 318, 320, 330
Chabakuk
   186
Chamisso, Adelbert von
   112, 123, 173, 300, 305
Chamisso, Dorothea von
   147ff, 155, 172f, 244, 305, 350, 352
Cicero, Marcus Tullius
   88f, 97
Cioran, E. M. (Emile)
   201

Claassen, Hilde
    45, 49, 52, 189
Cohen, Hermann Jecheskel
    230
Cordovero, Moshe/Moses ben Jacob
    183
Corot, Camille
    186, 200
Coryllis, Peter (Ps.)
    200
Courths-Mahler, Hedwig
    82
Csokor, Franz Theodor
    175, 313
Curtius, Ernst Robert
    138, 304

Dausner, René
    206, 219, 223, 228, 229, 241, 252, 297, 322f, 326, 329, 351
David, König
    197, 326
Dehmel, Richard
    54, 209, 212
Derrida, Jacques
    229ff, 264f
Dingler, Hugo
    136f, 139ff, 304
Doerdelmann, Bernhard
    200, 278
Domin, Hilde
    9, 207-217, 321, 351
Doorn, Silke van
    326
Droste-Hülshoff, Annette
    113f, 147
Dühring, Eugen
    136

Ebner, Ferdinand
    251f, 313, 327
Ebner, Jeanni
    175, 313
Ebner-Eschenbach, Marie von
    54
Edschmid, Kasimir
    310

Ehrenstein, Albert
    18f, 24, 273, 290
Ehrenstein, Karl
    19
Eich, Günter
    199
Eichendorff, Joseph von
    261
Eichmann, Adolf
    24
Eisner, Kurt
    162, 308
Eiwen, Helmuth
    170, 312, 350
Elert, Werner
    162f, 309
Eliot, Thomas Stearns
    63
Eng, Anna
    290
Eng, Peter
    79, 290
Engel, Eduard
    108, 300
Engelmann, Paul
    36ff, 40-45, 52, 56, 71, 73, 75, 79, 175, 181f, 189, 192, 194, 274ff, 278f, 280, 284, 288, 290, 296, 316, 325, 347
Enzensberger, Hans Magnus
    9, 23
Eppelsheimer, Hanns W.
    49, 54f, 284, 348
Erckenbrecht, Ulrich
    318
Ettlinger, Anna
    173
Ettlinger, Friederike
    173
Ewald, Oscar
    99, 226

Falkensohn, Issachar Bär [Behr]
    88, 112ff, 133, 147, 293, 305
Fechter, Paul
    82, 284
Feuchtwanger, Lion
    46

Fey, Monika
> 9, 272f, 279f, 283, 286ff, 297, 310, 316, 318ff, 325f, 328

Fischer, Christina
> 164, 310, 350

Flaischlen, Cäsar
> 301

Fleischmann, Gisela
> 287

Fleischmann, Siegfried Shlomo
> 287, 328

Flex, Walter
> 80, 291

Flügge, Rufus
> 95, 105, 162, 176, 295, 309, 314, 318, 349f

Flügge, Sibylla
> 314

Flügge, Thomas
> 266, 314

Fontane, Theodor
> 52, 276, 283, 297

Franck, Sebastian
> 184

Franziska
> 124-131, 135, 138-142, 152, 307, 350

Franzos, Karl Emil
> 193, 318

Freiligrath, Ferdinand
> 96

Freud, Siegmund
> 273, 284

Fricke, Harald
> 240, 304, 324, 326, 351

Fried, Erich
> 216

Friedrich, Heinz
> 301

Friedrich, Hugo
> 122, 302

Frisch, Efraim
> 273

Fritz, Walter Helmut
> 33, 277, 326, 347

Fuchs, Gotthard
> 326

Y Gasset, José Ortega
      230, 323
Gauger, Hans-Martin
      246, 248, 258, 326, 328f, 352
Geibel, Emanuel
      96
George, Stefan
      35, 63, 103, 192, 214, 228, 277
Gerstl, Elfriede
      176, 313f
Gide, André
      174
Glaubrecht, Martin
      80-85, 89-91, 290, 348f
Goes, Albrecht
      93, 168, 294, 349
Goethe, Johann Wolfgang
      6, 57, 64, 88f, 95, 112, 136, 140, 147, 200, 215, 275, 285, 293, 299, 301, 305, 324
Gold, Hugo
      92
Goldberg, Oskar
      150ff, 192, 306
Goll, Claire
      9, 21f, 24f, 164ff, 269, 273f, 310, 347
Goll, Yvan
      21f, 24f, 33, 165, 190, 273, 277, 310
Goltz, Bogumil
      98f, 137, 296
Gomringer, Eugen
      226
Gottlieb, Benzion
      105f, 189, 298f
Gottlieb, Else
      69, 85, 106ff, 133, 143, 155, 170, 189, 208ff, 225, 245, 291, 299, 348
Gottlieb, Rivka
      299
Grabert, Willy
      276, 283
Graf, Oskar Maria
      9, 46f, 282, 348
Grell, Helene
      45f, 281, 348
Grimm, Hans
      33

Grimm, Gebrüder
   103
Grubitz, Christoph
   142ff, 154f, 158f, 164, 171f, 191, 252f, 260ff, 296, 304f, 307, 310ff, 318f, 324, 326, 328f, 350, 352
Günther, Joachim
   60f, 74f, 234, 239, 277, 284, 289, 323f, 348
Gürster, Eugen
   79f, 290, 348
Gütersloh, Albert Paris
   175, 313
Gundolf, Friedrich (Gundelfinger)
   214
Guttenbrunner, Michael
   175
Guttmann, Julius
   139

Haacker, Christoph
   320
Haas, Carl
   57
Haas, Helmuth de
   86, 291f, 348
Haasen, Jens
   195, 318, 351
Haecker, Theodor
   251f, 327
Haenel, Rudolf
   320
Hahn, Gerhard
   177, 314f, 350
Hahn, Gisela
   177, 315
Hake, Joachim
   326
Hakel, Hermann
   169f, 175, 312f, 350
Hamsun, Knut
   173f
Hamann, Johann Georg
   239, 267
Handl, Willi
   84
Hanina ben Teradion Rabbi
   115

Hansel, Michael
    292
Hanussen, Erik Jan
    290
Harel, Awraham
    178
Haringer, Jakob
    28, 38f, 276
Hasenclever, Edith
    14
Hasenclever, Walter
    13f, 154
Hatvani, Paul, s. Hirsch
Hauschner, Auguste
    80, 84, 156, 241, 290
Hausdorffer, Albert
    157, 307, 350
Heimann, Moritz
    36, 155f, 190, 281
Heinse, Wilhelm
    191
Heissenbüttel, Helmut
    226f
Heller, Erich
    98, 156
Heller, Seligmann
    84, 96, 291
Hellmann, Hanna
    83, 291
Helmich, Werner
    260f, 328, 352
Hennecke, Hans
    74
Henning, Emmy/Ball
    192
Heraklit
    230
Herder, Johann Gottfried
    239
Hermann, Georg
    81, 84
Hermlin, Stephan
    32, 277
Hermann, Matthias
    326

Herskovits, Leib
    299
Herz, Henriette
    57
Herzog, Wilhelm
    174
Hertz, Daphne
    118, 302, 349
Hessel, Franz
    81, 84
Hessing, Jakob
    286
Heuer, Renate
    189, 284, 291, 293f, 317
Heuschele, Otto
    260
Hever, Hannan
    288
Heyden, Katharina
    326
Heym, Georg
    192, 274
Heymann, Walther
    80f, 84, 291
Heyse, Paul
    96, 206
Hieger, Christian
    319
Hille, Peter
    82
Hillebrandt, Joseph
    83
Hillebrandt, Karl
    82
Hiob
    19, 68, 160, 163, 172, 186, 199, 232, 273, 287, 309
Hippel, Theodor
    88f, 98, 239, 296
Hirsch, Emanuel
    309
Hirsch, Paul
    74ff, 289f, 348
Hirsch, Rudolf
    269, 330
Hitler, Adolf
    32, 63, 82, 119, 136f, 141, 174, 215, 290, 304

Hölderlin, Friedrich
    191f, 193f, 318
Hoffmann, Paul
    191, 193, 318, 351
Hofmannswaldau, Hofmann von
    224
Hofmannsthal, Hugo von
    87, 103, 262, 278, 292, 313, 330
Hoheisel, Ingrid
    296, 304f, 307, 309ff, 314f, 318ff, 328f
Holz, Arno
    228
Holzner, Johann
    9, 166, 310, 350
Hora, Eginhard
    144, 185, 201, 304, 325, 350
Huch, Felix
    82
Huch, Friedrich
    82
Huch, Rudolf
    82
Huch, Ricarda
    82, 315
Husserl, Edmund
    35
Hübscher, Arthur
    51, 283, 348

Inreiter, L.
    166
Ionesco, Eugen
    22

Jabés, Edmond
    316
Jacob-Loewenson, Alice
    41, 280, 347
Jacobi, Friedrich Heinrich
    239f, 325
Jacobson, Eduard
    83f, 291
Jagon, Rina, s. Heuer
Jahnn, Hans Henny
    32

Jaskiel, Abraham
    287
Jean Paul/ Friedrich Richter
    48
Jehuda Halevi
    95f, 295
Jens, Walter
    33
Jentzmik, Peter
    200
Jesus
    128, 185, 252, 259, 269
Joyce, James
    24
Jona, Prophet
    187
Joseph von Ägypten
    254
Jünger, Ernst
    250, 253, 327
Jünger, Friedrich Georg
    249f, 253
Jung, Carl Gustav
    284

Kaegi, Norbert
    326
Kafka, Franz
    56, 68, 73, 247, 272ff, 287, 306
Kahan, Jaákov
    26, 28, 275, 317
Kaleko, Mascha
    287
Kalka, Joachim
    326
Kappstein, Theodor
    140, 304
Karsch, Walther
    310
Kasack, Hermann
    30f, 276, 347
Kaschnitz, Marie Luise
    9, 49, 111, 189f, 226, 317, 348
Kasper, Peter Paul
    319

Kaufmann, David
    291
Kaufmann, Gerhard
    319
Kaznelson, Siegmund
    60, 271, 285
Kemp, Friedhelm
    16, 23, 165, 272, 276, 347
Keren, Else
    200
Kerr, Alfred
    56
Kerry, Otto
    79, 92, 290
Kesten, Hermann
    53, 92, 283
Keyserling, Hermann Graf
    136
Kierkegaard, Sören
    219, 230, 322
Kittner, Alfred
    294
Klages, Ludwig
    297
Kleist, Heinrich von
    83, 291
Klostermann, Vittorio
    250
Koch, Richard
    308
Koelle, Lydia
    202, 266, 268, 320, 329, 351f
Kohelet
    122, 133, 138, 145, 159, 184, 186f, 190f, 195, 197, 228, 230, 236, 254, 257, 260f, 291, 305, 307, 316f, 322, 324f, 328
Kolb, Annette
    48, 80, 90, 105, 109, 111, 114, 124, 125-131, 159, 162, 217f, 282f, 289f, 293, 303f, 308, 322
Kolbenheyer, Erwin Guido
    33, 277
Kolmar, Gertrud
    23, 31, 50, 273, 276, 281, 287
Kolovic Emmerich
    169
Koppel, Yoëtz Gottlieb (*mein Vater*)
    69, 108

Korem, G.
  299
Korff, Hermann August
  64, 285
Korn, Karl
  269
Kornfeld, Paul
  273
Kossodo-Verlag
  25, 347
Kracauer, Siegfried
  308
Kraft, Werner
  17, 34, 45, 70, 73, 97f, 140, 185, 234f, 237, 278, 288, 294, 296, 314, 317, 324, 348f
Kramer, Theodor
  166
Kraus, Karl
  32, 36, 38, 40f, 54, 56, 70, 74f, 78f, 92, 98f, 101, 104, 153, 156, 175, 182, 192, 226, 247, 263, 279, 288ff, 294, 297f, 324
Krieck, Ernst
  71
Krüger, Heinz
  295
Krüger, Michael
  120, 168, 170, 211, 217, 302, 349f
Kürnberger, Ferdinand
  137
Kunz, Ludwig
  46, 282
Kurz, Isolde
  224, 322
Kuschel, Karl-Josef
  315, 326

Lachmann, Daniel
  320
Lachmann, Valentina
  320
Lamping, Dieter
  317, 324
Landau, Paul
  193, 318
Landauer, Gustav
  69, 71f, 137f, 192, 287

Landmann, Max
> 173
Landmann, Michael
> 63, 65, 102, 202, 216, 285f, 294, 320f, 328, 348f
Langen, Albert
> 174
Langgässer, Elisabeth
> 45f
Larese, Franz
> 249
Lasker-Schüler, Else
> 13ff, 16, 17-19, 22f, 31, 33, 49, 65, 66, 68, 72, 91, 109, 190, 203, 272-274, 276, 284, 286ff, 308, 319f
Lavant, Christina
> 167
Lavater, Johann Kaspar
> 78
Lavry, Marc
> 271
Leifhelm, Hans
> 166, 311
Lenz, Hermann
> 294
Lenzen, Verena
> 180, 182, 201, 315f, 319, 326, 354
Lessing, Gotthold Ephraim
> 147, 206, 243, 297, 305
Lessing, Theodor
> 297
Levi, Hermann
> 173
Levi, Primo
> 314
Levin, Julius
> 46, 314
Levin, Rahel, s. Varnhagen
Levinas, Emmanuel
> 143, 229, 304
Lichtenberg, Christoph Georg
> 115f, 194, 227, 240, 294, 301, 321, 324f
Lichtenbom, Josef
> 274
Liliencron, Detlev von
> 258, 273
Linde, Otto zur
> 278

Lissauer, Ernst
    77f, 290
Loerke, Oskar
    46, 190, 281
Loewenson, Erwin
    13, 15, 17, 22, 41, 44, 151, 192, 274, 306, 347
Loos, Adolf
    40f, 54, 75, 175, 182, 192
Lublinski, Samuel
    71, 100, 296
Luria, Isaak (Yzchak) ben Salomon
    183
Lüth, Erich
    53, 283
Lüthy, Norbert
    326

Malebranche, Nicole
    138
Mallarmé, Stephan
    265
Manger, Itzig
    62, 285
Mann, Heinrich
    45, 54
Mann, Thomas
    54, 131
Marc Aurel
    187, 191, 241, 325
Marcel, Gabriel
    252, 327
Margolius, Hans
    234, 323
Margul-Sperber, Alfred
    62, 134
Marie Madeleine, s. Puttkammer
Markus
    259, 328
Martini, Fritz
    84, 291
Marx, Karl
    72, 136
Mauthe, Marion
    175, 350
Mauthner, Fritz
    48, 140, 155f, 241, 304

Mayer, Hans
    111, 194, 349
McGuinness, Brian
    181, 316, 351
Meerbaum-Eisinger, Selma
    215
Meier, Walter
    28
Menasse, Robert
    247, 326
Mendel von Kozk, Menachem
    171
Mendelssohn, Arnold
    172
Mendelssohn, Moses
    20, 57, 76, 78, 273
Meyer, Hans Georg
    209, 215
Meyer, Richard Moses
    108, 300
Meyer, Rudolf
    26
Michael, Suse
    287
Mingels, Annette
    217, 322, 351
Mitgutsch, Waltraut Anna
    313
Mittelmann, Jacob
    28f, 34, 43, 189, 275f
Moeller, Michael Lukas
    176, 314, 350
Mörike, Eduard
    103, 118, 302
Mombert, Alfred
    66, 160, 192, 308
Montaigne, Michel de
    121f, 137f, 187, 302
Morgenstern, Christian
    26f, 36, 155, 275
Morgenstern, Margareta
    26f, 275, 347
Mozart, Wolfgang Amadeus
    118, 302
Müller, Gotthold
    93f, 294, 349

Müller, Max
    207
Müller, Otto
    167
Müller-Freienfels, Richard
    303
Mulot, Arno
    276, 283
Münkner, Dorothee
    295
Muschg, Walter
    47, 282, 348

Nadel, Arno
    207, 211, 217, 287, 321
Nadler, Josef
    239
Neske, Günter
    121, 302, 349
Nestroy, Johann
    298
Neumann, Robert
    32, 277
Niemann, Hans Michael
    326
Nietzsche, Friedrich
    100, 145, 198, 230, 250
Niv, David
    72, 288
Nürnberger, Helmuth
    52f, 238, 348
Nussbaum, Anna
    15, 271, 347

Oesterle, Kurt
    319
Omar Chajjam
    250
Onkelos
    189
Oppenheim, Meret
    94, 295
Oppenheimer, John F.
    292
Otten, Karl
    9, 18, 20f, 31, 44, 272, 276, 347

Paas, Sabine
    320
Pacelli, Papst Pius XII
    174
Paeschke, Hans
    73, 288f
Pagis, Dan
    116f, 280f, 227, 288, 302
Pallière, Aimé
    248, 327
Palm, Erwin Walter
    211ff
Pannwitz, Rudolf
    36, 278
Paracelsus, Theophrast von Hohenheim
    160, 308
Pascal, Blaise
    75, 138, 174, 289
Pasternak, Leonid
    47
Paulus
    209, 212, 258f, 328
Pfäfflin, Friedrich
    66, 348
Picard, Jakob
    43f, 281, 348
Pinthus, Kurt
    9, 13ff, 17ff, 21, 271f, 287, 347
Pokorny, Richard
    294
Pound, Ezra
    63
Pressler, Regina
    203f, 320f, 351
Proust, Marcel
    81
Puttkammer, Marie Madeleine von
    100, 296

Quadflieg, Christian
    203, 320

Raabe, Paul
    289
Radecki, Sigismund von
    218

Radoš, Mikloš
 85, 291
Raschi
 189
Reich-Ranicki, Marcel
 215, 248
Reimarus, Hermann Samuel
 307
Reisinger, Dan
 26, 275
Reisner, Erwin
 74f, 150, 306
Renan, Ernest
 7, 259, 328
Ricchi, Emanual Chaj
 183
Rilke, Rainer Maria
 103, 168, 303, 312
Ritter-Santini, Lea
 326
Röttger, Thilo
 286, 289
Rosanow, Wassili
 241, 325
Rosenheim, Jakob
 271
Rosenheim, Uri Felix
 12, 193, 195, 271, 347
Rosenkranz, Karl
 251
Rosenstock-Huessy, Eugen
 156, 308
Rosenzweig, Franz
 95ff, 187f, 220, 251, 273, 276, 295, 308
Rowohlt, Ernst
 14, 17, 49, 80, 272
Rutz, Paul
 220, 222, 322, 351
Rychner, Max
 9, 37f, 39f, 111, 218, 279, 301, 347

Saar, Ferdinand von
 54
Sachs, Nelly
 9, 23f, 33, 271, 274, 277, 287, 303, 347

Sadan, Dov
    238, 324
Saadi
    250
Salomo, König (Kohelet, Prediger)
    121, 133, 145, 197, 302
Samuel, Cäcilia
    69, 287

Schaukal, Lotte von
    54
Schaukal, Richard von
    53f, 62, 202, 284
Scherer, Wilhelm
    108, 300
Schick, Paul
    36, 79, 175, 279, 289, 313, 347
Schickele, René
    127f, 130f, 303
Schifferli, Peter
    17
Schindler, Wilhelm
    31ff, 276, 283, 347
Schlaffer, Heinz
    262
Schlenther, Paul
    100, 297
Schlösser, Manfred
    37, 38f, 63f, 275, 277, 280, 293, 317, 347
Schlotterer, Christoph
    97, 101f, 158, 295ff, 302, 349
Schlotterer, Franziska
    296
Schmidtbauer, Paul
    166, 311
Schmitz, Oskar
    71
Schmull, Heino
    193, 318, 351
Schnitzler, Arthur
    54, 104, 149, 297
Schöne, Albrecht
    114f, 122, 124, 267, 301, 305, 349, 352
Schoeps, Hans Joachim
    71, 288

Scholem, Gershom
: 160, 187, 287, 307, 317
Schonauer, Franz
: 276
Schopenhauer, Arthur
: 283
Schuler, Alfred
: 151
Schultz-Baltensperger, Hildegard
: 116, 167, 301, 311f, 349f
Schumann, Gerhard
: 32, 277
Schung, Frauke
: 318
Schwandt, Erhard
: 310
Schwedhelm, Karl
: 34, 277
Schwester Hedwig, s. Walter, Silja

Seelig, Carl
: 28, 276
Seneca, L. A.
: 187
Shalom, Shin
: 11ff, 271, 294, 347
Sheppard, Richard
: 306
Silagi, Denis
: 140f, 304
Silbergleit, Arthur
: 287
Simmel, Georg
: 20, 160, 178, 273, 308
Skupy, Hans-Horst
: 294
Soergel, Albert
: 109, 300
Sonnemann, Ulrich
: 154, 164, 168, 294, 310
Sor Juana Inés de la Cruz
: 221, 260
Sperber, Manès
: 215
Spicker, Friedemann
: 201, 220, 226, 233-237, 248, 262, 320f, 323, 326, 351

Stein, Edith
    184, 221
Stein, Werner
    57, 66, 286, 348
Steinbarg, Elieser
    62, 285
Steiner, Franz Baermann
    226, 235, 323
Steiner, George
    321
Steiner, Rudolf
    27
Steinhardt, Jacob
    321
Steinhausen, Hermann (d. i. Eugen Gürster)
Steinitz, Hans
    292
Stenzel, Abraham Nochem
    286
Stenzel, Jürgen
    9, 123, 271, 305, 350
Sternberger, Dolf
    49
Stieler, Karl
    242, 325
Stier, Fridolin
    252, 327
Stillfried, Bernhard
    179, 315, 351
Stirner, Max (Caspar Schmidt)
    137
Stöcklein, Paul
    158, 307
Stonborough, Thomas H. W.
    37, 280
Stone, Shepard
    65, 348
Strauß, David Friedrich
    259
Strauss, Emil
    174
Strauss, Ludwig
    93, 156, 235, 294
Strich, Fritz
    51f, 283

Strich, Gertrud
    51f, 348
Strohmeyr, Armin
    218, 322, 351
Sturmann, Manfred
    16, 23, 68, 272

Suhl, Abraham
    286f
Susman, Margarete
    19f, 26, 27f, 34f, 37, 38, 48, 51, 63ff, 67ff, 91, 137, 151, 158ff, 178, 191f, 202, 213, 237, 266f, 273, 275, 278, 280, 287f, 293, 317, 320, 329, 347

Talebitari, Burkhard, s. Tewes
Taubes, Jacob
    65, 238, 286, 328
Teich, Meir
    92f, 293f, 349
Tengler, Carola
    176
Tewes, Burkhard
    227ff, 237ff, 246ff, 323, 351f
Thomas, Elisabeth
    305
Thomas, Johann Georg
    147f, 313
Torberg, Friedrich
    86f, 175, 281f, 313
Torczyner, Harry
    189
Trakl, Georg
    167, 192, 303
Tretjakow, Sergej
    47, 282
Trost, Lazarus
    263
Tsalka, Dan
    264, 328f
Tschuppik, Walter
    137, 304
Tucholsky, Kurt
    57

Unger, Erich
    151f, 192, 306

Urzidil, Johannes
　　36
Usener, Hermann
　　63

Valéry, Paul
　　265
Van Hoddis, Jakob
　　15, 192, 272, 274
Vanít, Kosal
　　6, 263
Varnhagen von Ense, Rahel
　　57, 78, 262, 328
Villers, Alexander von
　　137, 319
Vischer, Wilhelm
　　121f, 137f, 302f
Voigts, Manfred
　　150f, 159, 306f, 350
Vossler, Karl
　　260, 326
Vring, Georg von der
　　166, 311

Walser, Robert
　　25, 192, 276
Walter, Silja
　　220ff, 322, 351
Wamlek, Hans
　　166, 311
Warschawsky, Mark
　　102, 297
Weigel, Hans
　　37f, 40f, 104, 175, 218, 297f, 313, 347, 349
Weil, Simone
　　252, 327
Weinheber, Josef
　　77f
Weininger, Freed
　　134, 303
Weinrich, Doris
　　132f
Weinrich, Harald
　　107-110, 112, 123, 132, 153, 168, 254-257, 295, 299ff, 304f, 306, 312, 324, 327f, 349f, 352

Weiss, Ernst
  273
Weissglas, Immanuel
  135
Weltsch, Felix
  14, 19, 272
Welz, Claudia
  209-216, 321, 326, 351
Whistler, James Abbot McNeill
  263
Widmaier, Karl
  239
Wiechert, Ernst
  82
Wiedemann, Barbara
  274
Wiedemann, Conrad
  268, 329, 351
Wilamowitz-Moellendorff, Ulrich von
  144
Wille, Bruno
  224
Willemer, Marianne von
  215
Willendorfer, Barbara
  319
Wilpert, Gero von
  82, 250, 291, 327
Winkler, Manfred
  154, 307
Wittbrodt, Andreas
  188, 197ff, 220, 293, 317, 351
Wittgenstein, Ludwig
  40, 41, 45, 52, 70, 73, 75, 175, 192, 227, 230, 274ff, 279ff, 288, 296, 316
Wölpert, Walther
  296, 304f, 307, 310f, 314f, 318ff, 328f
Wohlmuth, Josef
  219, 233, 243, 251, 266, 322, 325ff, 329, 351f
Wolfskehl, Karl
  33, 35, 45, 191f, 273, 277, 318
Wunberg, Gotthart
  296

Yoshida, Kenko
  200, 241ff, 325

Zetzsche, Cornelia
 326
Zweig, Arnold
 32, 272
Zweig, Max
 37, 42, 43, 149, 279f, 294, 316, 350
Zweig, Stefan
 56

Briefe - Adressanten und Adressaten

1	von	Shin Shalom	12. 07. 1958
2	an	Felix Uri Rosenheim	18. 02. 1959
3	von	Shin Shalom	12. 10. 1959
4	an	Kurt Pinthus	13. 09. 1960
5	von	Kurt Pinthus	28. 09. 1960
6	von	Anna Nussbaum	10. 11. 1960
7	an	Friedhelm Kemp	16. 11. 1960
8	von	Kurt Pinthus	22. 12. 1960
9	von	Margarete Susman	19. 01. 1961
10	von	Karl Otten	o. D. 1961
11	von	Claire Goll	6. 03. 1961
12	von	Erwin Loewenson	7. 03. 1961
13	an	Friedhelm Kemp	10. 03. 1961
14	von	Nelly Sachs	26. 04. 1961
15	von	Claire Goll	8. 05. 1961
16	an	Kossodo –Verlag	5. 06. 1961
17	von	Hugo Bergmann	30. 06. 1961
18	von	Margareta Morgenstern	2. 07. 1961
19	von	Margarete Susman	28. 07. 1961
20	von	Jacob Mittelmann	21. 08. 1961
21	von	Jehoschua Amir	13. 09. 1961
22	von	Schalom Ben-Chorin	26. 09. 1961
23	von	Hermann Kasack	5. 12. 1961
24	von	Wilhelm Schindler	12. 02. 1962
25	von	Walter A. Berendsohn	4. 03. 1962
26	von	Walter Helmut Fritz	24. 03. 1962
27	von	Margarete Susman	8. 04. 1962
28	von	Hugo Bergmann	10. 09. 1962
29	von	Paul Engelmann an Paul Schick	15. 09. 1962
30	von	Max Rychner	18. 12. 1962
31	an	Paul Engelmann	25. 12. 1962
32	von	Paul Engelmann	10. 01. 1963
33	von	Manfred Schlösser	29. 01. 1963
34	von	Max Rychner	30. 01. 1963
35	von	Paul Engelmann	30. 01. 1963
36	von	Hans Weigel	3. 02. 1963
37	von	Alice Jacob-Loewenson	4. 02. 1963
38	von	Paul Engelmann	22. 02. 1963
39	von	Ernst Brücher	7. 03. 1963

40	von	Paul Engelmann	24. 03. 1963
41	von	Jacob Picard	30. 04. 1963
42	von	Hannah Arendt	9. 05. 1963
43	an	Paul Engelmann	26. 08. 1963
44	von	Helene Grell	12. 05. 1963
45	von	Oskar Maria Graf	15. 06. 1963
46	von	Walter Muschg	11. 08. 1963
47	von	Hugo Bergmann	25. 08. 1963
48	von	Marie Luise Kaschnitz	6. 09. 1963
49	von	KA	11. 09. 1963
50	von	Arthur Hübscher	18. 09. 1963
51	von	Gertrud Strich	2. 10. 1963
52	von	Paul Engelmann	27. 10. 1963
53	von	Helmuth Nürnberger	31. 10. 1963
54	an	Theodor-Körner-Stiftungsfonds	12. 11. 1963
55	von	Hanns W. Eppelsheimer	17. 11. 1963
56	von	Theodor W. Adorno	28. 01. 1964
57	von	Paul Engelmann	11. 05. 1964
58	an	Werner Stein	22. 07. 1964
59	an	Joachim Günther	9. 10. 1964
60	an	Rose Ausländer	Oktober 1964
61	von	Michael Landmann	(Stempel) 10. 11. 1964
62	an	Adolf Arndt	1. 01. 1965
63	an	Michael Landmann	30. 03. 1965
64	von	Shepard Stone an Michael Landmann	31. 03. 1965
65	von	Werner Stein	1. 06. 1965
66	an	Friedrich Pfäfflin	23. 02. 1966
67	an	Clara von Bodman	29. 09. 1966
68	an	Clara von Bodman	Oktober 1966
69	an	Werner Kraft	12. 02. 1966
70	von	David Niv	15. 12. 1966
71	von	Werner Kraft	16. 12. 1966
72	an	Paul Hirsch	24. 02. 1967
73	an	Paul Hirsch	1. 11. 1967
74	an	Eugen Gürster	10. 01. 1968
75	an	Martin Glaubrecht	10. 01. 1968
76	von	Martin Glaubrecht	18. 01. 1968
77	von	Else Gottlieb	28. 02. 1968
78	an	Helmut de Haas	2. 03. 1968
79	an	Clara von Bodman	10. 07. 1972
80	von	Martin Glaubrecht	17. 07. 1972
81	von	Yaákov D. Abramsky	10. 09. 1972

82	von	Meir Teich	14. 03. 1973
83	von	Albrecht Goes	6. 11. 1973
84	von	Gotthold Müller	26. 12. 1973
85	von	Gotthold Müller	18. 03. 1974
86	an	Rufus Flügge	2. 10. 1975
87	an	Clara von Bodman	30. 01. 1976
88	an	Christoph Schlotterer	29. 03. 1976
89	an	Werner Kraft	Mai 1976
90	an	Fritz Arnold	29. 11. 1976
91	an	Johannes Jacobus Braakenburg	17. 01. 1977
92	an	Johannes Jacobus Braakenburg	13. 02. 1977
93	an	Christoph Schlotterer	4. 07. 1977
94	an	Christoph Schlotterer	4. 09. 1977
95	an	Michael Landmann	7. 09. 1977
96	an	Clara von Bodman	31. 10. 1977
97	an	Hans Weigel	Juni 1978
98	von	Hans Weigel	7. 06. 1978
99	an	Rufus Flügge	3. 11. 1980
100	an	Clara von Bodman	28. 01. 1981
101	an	Harald Weinrich	29. 10. 1981
102	von	Harald Weinrich	19. 10. 1983
103	an	Hans Mayer	8. 11. 1983
104	an	Albrecht Schöne	15. 12. 1983
105	an	Albrecht Schöne	1. 03. 1984
106	an	Hildegard Schultz-Baltensperger	30. 06. 1986
107	an	Daphne Hertz	1. 07. 1986
108	an	Michael Krüger	16. 06. 1987
109	an	Günter Neske	20. 09. 1987
110	an	Albrecht Schöne	20. 12. 1987
111	an	Harald Weinrich	28. 12. 1987
112	von	Albrecht Schöne	5. 01. 1988
113	an	Franziska	15. 03. 1988
114	an	Franziska	13. 04. 1988
115	von	Harald Weinrich	3. 05. 1988

116	an	Claudia Beil	28. 05. 1988
117	an	Franziska	9. 08. 1988
118	an	Franziska	14. 11. 1988
119	an	Franziska	Januar 1989
120	an	Christoph Grubitz	9. 03. 1989
121	an	Eginhard Hora	23. 05. 1989
122	an	Christoph Grubitz	6. 11. 1989
123	von	Jürgen Stenzel	22. 04. 1990
124	von	Dorothea von Chamisso	2. 05. 1990
125	von	Max Zweig	17. 07. 1990
126	an	Manfred Voigts	6. 08. 1990
127	an	Manfred Voigts	4. 12. 1990
128	an	Franziska	13. 02. 1991
129	an	Christoph Grubitz	29. 07. 1991
130	an	Dorothea von Chamisso	23. 10. 1991
131	an	Albert Hausdorffer	5. 01. 1992
132	an	Christoph Grubitz	2. 06. 1992
133	an	Manfred Voigts	7. 07. 1992
134	an	Sigrid Bauschinger	26. 01. 1993
135	an	Rufus Flügge	17. 02. 1993
136	an	Christoph Grubitz	31. 03. 1993
137	an	Christina Fischer	20. 06. 1993
138	an	Johann Holzner	28. 07. 1993
139	an	Hilde Schultz-Baltensperger	13. 12. 1993
140	von	Michael Krüger	9. 03. 1994
141	an	Hakel-Gesellschaft, Wien	27. 07. 1994
142	an	Helmut Eiwen	10. 08. 1994
143	von	Michael Krüger	5. 09. 1994
144	an	Christoph Grubitz	13. 09. 1994
145	an	Dorothea von Chamisso	2. 02. 1995
146	an	Dorothea von Chamisso	16. 03. 1995
147	an	Marion Mauthe	22. 03. 1995
148	von	Rufus Flügge	13. 05. 1995
149	an	Michael Lukas Moeller	2. 06. 1995
150	an	Gerhard Hahn	20. 11. 1995
151	an	Schalom Ben Chorin	24. 01. 1996
152	an	Bernhard Stillfried	29. 07. 1996
153	an	Verena Lenzen	10. 11. 1996
154	an	Brian McGuinness	19. 12. 1996

155	an	Verena Lenzen	7. 01. 1997
			+ 20. 02. 1997
156	an	Andreas Wittbrodt	9. 07. 1997
157	an	Paul Hoffmann	27. 11. 1997
158	an	Heino Schmull	4. 12. 1997
159	an	Jens Haasen	11. 02. 1998
160	an	Andreas Wittbrodt	2. 03. 1998
161	an	Andreas Wittbrodt	19. 05. 1998
162	an	Andreas Wittbrodt	26. 05. 1998
163	an	Verena Lenzen	16. 11. 1999
164	an	Lydia Koelle	7. 09. 2000
165	an	Helga Bubert	27. 09. 2000
166	an	Regina Pressler	10. 10. 2000
167	an	René Dausner	11. 05. 2001
168	an	Hilde Domin	17. 07. 2001
169	an	Claudia Welz	1. 08. 2001
170	von	Claudia Welz	8. 08. 2001
171	von	Hilde Domin	18. 08. 2001
172	an	Annette Mingels	28. 02. 2002
173	an	Armin Strohmeyr	22. 11. 2002
174	an	René Dausner	23. 12. 2002
175	an	Paul Rutz	7. 01. 2003
176	an	Silja Walter	13. 02. 2003
177	an	René Dausner	8. 02. 2004
178	von	Burkhard Tewes	12. 06. 2004
179	an	René Dausner	22. 06. 2004
180	an	Friedemann Spicker	25. 11. 2004
181	an	Friedemann Spicker	28. 11. 2004
182	an	Burkhard Tewes	10. 01. 2005
183	an	Harald Fricke	18. 01. 2005
184	an	René Dausner	24. 03. 2005
185	an	Josef Wohlmuth	1. 04. 2005
186	an	Dorothea von Chamisso	15. 04. 2005
187	an	Hans-Martin Gauger	7. 07. 2005
188	an	Burkhard Tewes	10. 08. 2005
189	an	Heinz-Ludwig Arnold	7. 12. 2005

190	an	Josef Wohlmuth	2. 01. 2006
191	an	Christoph Grubitz	3. 01. 2006
192	von	Harald Weinrich	17. 07. 2006
193	an	Harald Weinrich	24. 07. 2006
194	an	Hans-Martin Gauger	19. 09. 2006
195	an	Werner Helmich	1. 03. 2007
196	von	Christoph Grubitz	4. 03. 2007
197	an	Lydia Koelle	7. 03. 2007
198	von	Albrecht Schöne	15.03. 2007
199	an	Conrad Wiedemann	2. 04. 2007
200	an	Lydia Koelle	13. 06. 2007